厦门大学知识产权研究丛书 · “一带一路”系列

本书受厦门大学“双一流”建设规划项目
“一带一路”研究和福建省高校特色新型智库
——创新与知识产权研究中心经费资助出版

“一带一路”商标法律制度研究

林秀芹◎主　编

知识产权出版社
全国百佳图书出版单位

图书在版编目（CIP）数据

“一带一路”商标法律制度研究/林秀芹主编. —北京：知识产权出版社，2018.12（2020.1 重印）

ISBN 978-7-5130-5896-4

Ⅰ.①一… Ⅱ.①林… Ⅲ.①商标法—研究—世界 Ⅳ.①D913.04

中国版本图书馆 CIP 数据核字（2018）第 229943 号

责任编辑：刘　睿　邓　莹　　　**责任校对：**王　岩

文字编辑：邓　莹　　　**责任印制：**刘译文

“一带一路”商标法律制度研究

林秀芹　主编

出版发行：	知识产权出版社有限责任公司	**网　　址：**	http://www.ipph.cn
社　　址：	北京市海淀区气象路 50 号院	**邮　　编：**	100081
责编电话：	010-82000860 转 8346	**责编邮箱：**	dengying@cnipr.com
发行电话：	010-82000860 转 8101/8102	**发行传真：**	010-82000893/82005070/82000270
印　　刷：	北京建宏印刷有限公司	**经　　销：**	各大网上书店、新华书店及相关专业书店
开　　本：	720mm×1000mm　1/16	**印　　张：**	23
版　　次：	2018 年 12 月第 1 版	**印　　次：**	2020 年 1 月第 2 次印刷
字　　数：	423 千字	**定　　价：**	86.00 元

ISBN 978-7-5130-5896-4

编 委 会

主　　编　林秀芹

副 主 编　朱　冬　李　晶

编委会成员　林秀芹　丁丽瑛　龙小宁　Martin Senftleben　乔永忠　张新锋　董慧娟　罗立国　王　俊　李　晶　周　璐　朱　冬

撰写分工

第一章　孙　智

第二章　孙　智

第三章　陈学宇　杨正宇

第四章　李　晶

第五章　刘　禹　周克放　游凯杰

第六章　李　晶

第七章　朱　冬　王　轩　陈可欣　游凯杰

第八章　陈可欣　周克放　朱　冬

第九章　刘　禹　游凯杰　王　轩

第十章　陈学宇　郭壬癸

第十一章　杨正宇

序　言

“一带一路”是我国新时期顺应全球化新形势、扩大同各国各地区利益汇合点的重要倡议。随着我国与“一带一路”沿线国家和地区之间在各领域的合作与交流的不断深化，特别是经贸往来的持续深入，沿线国家地区之间的合作逐步从“硬实力”领域延伸到“软实力”领域。2016年7月，在北京召开的“一带一路”知识产权高级别会议形成了《加强“一带一路”国家知识产权领域合作的共同倡议》。2017年9月，金砖国家领导人厦门会晤期间，核准了《金砖国家知识产权合作指导原则》，强调增进知识产权信息交流、立场协调和能力建设。在此背景下，为更好地推动“一带一路”倡议的实施，防范沿线国家和地区政策法律风险，推动沿线国家和地区在知识产权领域合作的进一步深化，加强对沿线各国知识产权法律制度的研究，具有特殊的时代价值和实践意义。

厦门大学知识产权研究院自2008年成立以来，充分发挥厦门大学作为综合性大学的学科交叉优势，立足海西，秉持国际视野，已经初步形成学科优势明显、布局合理的知识产权教学与研究团队。2017年，研究院进入厦门大学“双一流建设”的“一带一路”交叉学科群，迎来了新的发展机遇期。为此，研究院开始关注“一带一路”倡议推进过程中的知识产权问题，着手对“一带一路”沿线国家和地区的知识产权法律制度展开系统研究。本套丛书就是上述研究的初步成果。本套丛书采取分领域专题研究的方式，选取“一带一路”沿线三十余个典型国家和地区，按照地理位置和法律制度协调的密切程度划分为若干区域，分别对其知识产权法律制度进行系统研究，概括共性与规律，分析区域特色，探讨“一带一路”沿线知识产权法律制度的协调机制，并为我国企业“走出去”过程中可能遇到的知识产权法律风险作出示警。

水平所限，不足之处难免，请各位专家、同仁批评指正。

林秀芹

2018年10月

CONTENTS 目录

第一编 亚 洲

第二编 欧 洲

第三编　非　洲

第一编　亚　洲

第一章　东北亚地区商标法律制度

第一节　区域概况

一、东北亚地区总体情况与投资环境概述

（一）区域总体情况

本区域重点考察日本、韩国和蒙古国。日本和韩国均为我国一衣带水的邻国。中日韩三国不论从地理位置上，还是经济、文化交往上，都十分接近和密切，而且都是全球重要的经济体。蒙古国与我国领土相邻，在“一带一路”分布图上，该国处于窗口位置，是丝绸之路经济带的前沿。

（1）日本国。日本国简称日本，是一个高度发达的资本主义国家。明治维新后，日本的国力显增。20世纪前半叶，日本对中国等亚洲国家发动侵略战争，给亚洲人民带来巨大灾难。“二战”后，日本经济发展迅速，并成为西方发达国家之一。截至2017年4月，该国人口总数约为1.27亿人，居世界第10位，是世界上人口密度最大的国家之一。[1] 日本是以大和民族为主的国家，官方语言是日本语。日本国为君主立宪制国家，实行立法、行政、司法“三权分立”的“议会内阁制”。天皇为国家元首，但不参与国政。国会为最高权力机关和唯一立法机关，由参、众两院组成。内阁为最高行政机关，对国会负责，由内阁总理大臣（首相）和分管各省厅的大臣组成，首相由国会提名、天皇任命。司法权属于最高法院和下属各级法院，采用“四级三审制”。“二战”后，日本实行“政党政治”，代表不同阶层的各种政党相继恢复和建立，目前主要的政党有自民党、公明党等。日本不仅经济发达，而且是一个融传统文化与尖端科技于一体的国家。在外交上，日本基本外交政策是坚持美日同盟这一基轴，并以亚洲为战略依托，重视发展大国关系，积极参与地区及全球事

---

[1] 商务部国际贸易经济合作研究院，中国驻日本大使馆经济商务参赞，商务部投资促进事务局处. 对外投资合作国别（地区）指南——日本（2017年版）[R/OL]. [2018-02-11] http://fec.mofcom.gov.cn/article/gbdqzn/.

务，谋求政治大国地位。自1972年9月中日邦交正常化后，中日两国关系得以改善，并逐步向前发展。

（2）韩国。韩国是新兴经济体中发展较快的国家。1991年9月17日，韩国和朝鲜一起加入联合国。截至2015年年底，韩国人口约5 107万人。[1] 该国为单一朝鲜民族国家，韩语为通用语言。韩国政体为"民主共和制"，权力的分配实行"三权分立"原则。其政府体制中，总统权力较大，是总统制国家。总统是国家元首、政府首脑和武装部队最高司令，由全民选举产生，任期5年，不能连任。行政权属于总统，立法权属于国会，司法权属于大法院和大检察厅。韩国深受儒家传统思想熏陶，十分重视科教事业发展。在外交上，"二战"后，韩国以对美、日外交为主。20世纪70年代后，韩国实行门户开放外交政策。1992年8月24日，中韩两国建交。建交后，两国各方面关系迅速发展。2008年5月始，两国关系上升为战略合作伙伴关系。

（3）蒙古国。蒙古国是仅次于哈萨克斯坦的世界第二大内陆国家，是世界上国土面积第17大的国家。该国人口非常少，截至2015年年底约294万人。首都及最大城市为乌兰巴托，政治制度是议会制共和国。官方语言为蒙古语。蒙古国是"一带一路"倡议北线的重要支点。2014年9月，上合组织杜尚别峰会期间，中国国家主席习近平提出建立中俄蒙三国经济走廊、共建丝绸之路经济带的倡议，获得俄方和蒙方的积极响应。中俄蒙三国经济走廊是丝绸之路经济带的重要组成部分，经济走廊将俄罗斯的欧亚大陆桥、蒙古国的"草原丝绸之路"同中国提出的"一带一路"建设连接起来，[2] 其对推动中俄蒙三国经济发展和"一带一路"建设，具有重要意义。

（二）区域经济概况

（1）日本。日本是全球第三大经济体，部分产业在世界上占有重要地位，尤其是汽车、机床、钢铁、造船、机器人等产业十分发达。同时，该国也是重要而成熟的消费大市场，其国内市场秩序规范，信用体系健全，基础设施配套完善，各项法律法规也甚为健全。2016年，日本人均名义GDP为38 917美

---

[1] 商务部国际贸易经济合作研究院，中国驻韩国大使馆经济商务参赞，商务部投资促进事务局处. 对外投资合作国别（地区）指南——韩国（2017年版）[R/OL].［2018－02－11］http：//fec. mofcom. gov. cn/article/gbdqzn/.

[2] 罗铭君，桂磊. "一带一路"国家知识产权概况［EB/OL］.（2016－01－04）［2016－11－15］http：//mp. weixin. qq. com/s？ src = 3&timestamp = 1488102420&ver = 1&signature = KXQs9U2v － mm － MJZl5dEKvt2JXQO6GIKY5HPhGxHjqtJ0tspoamTroeP0ekqV33zJ7vrAJdEf44Nry2VJUUHq7 * BwkYnMnnEvv6x8K9jH2qxo3S7Q1 － Tr7EliUUZgx1gWvHFhecA68OvArc7DTQqZCA = =.

元，在全球189个国家和地区中排名第19位。[1] 日本拥有众多资本、技术和管理实力雄厚的大企业，也有大量掌握核心技术、产品的中小企业，很多企业拥有全球领先的资源、能源利用效率和先进的节能环保技术、设备和专有技术。由于日本自然资源匮乏，因此，该国许多中低档商品和原材料主要依靠从国外进口。2013年6月，日本出台《日本再兴战略》，对未来日本经济发展提出新的战略规划。为落实《日本再兴战略》，日本提出"三大行动计划"，即产业再兴计划、战略市场创造计划和国际开拓战略。在国际上，近年来，日本成为《跨太平洋伙伴关系协定》（TPP）谈判的重要推手。尤其自美国退出TPP之后，日本独担大梁、试图"复活"TPP，以求为日本营造更加开放的国际投资贸易环境。根据世界经济论坛《2016—2017年全球竞争力报告》显示，日本在全球138个经济体中，排名第8位。

中国是日本最大的贸易伙伴，占日本外贸总额的20.5%。日本是中国第五大贸易伙伴，占中国外贸总额的7.0%。可见，中日经贸关系是两国关系中非常重要的组成部分。2011年以来，两国贸易规模维持在较高水平，且贸易结构不断优化，有力地促进了两国经济发展。"一带一路"倡议为两国经贸关系的深入发展提供了新的契机。2014年年底，中日双方就处理和改善两国关系达成四点原则共识，两国领导人在APEC会议期间实现会晤。2015年4月22日，两国首脑在亚非领导人会议期间再次会见。两国高层的交流，为两国关系的改善注入新的政治动力。

（2）韩国。近年来，韩国经济保持持续增长势头。据韩国银行统计，2015年韩国GDP为13 775亿美元，位居世界第10位。人均GDP为27 214美元，位居世界第28位。据统计，韩国第一产业、第二产业、第三产业比重分别为2.3%、34.8%和62.9%，可见该国的第三产业十分发达。同时，韩国的制造业实力也较强，2015年韩国制造业实现产值416.6万亿韩元（约合3682.3亿美元），占该国全年GDP的28.5%，代表产业有汽车、造船、钢铁、电子、石化等。[2] 值得一提的是，韩国的电子通信产业在国际上占据重要地位，该国电子通信产业在短短30年的时间便取得了世界瞩目的成就，包括半导体、平面显示装置、机器人产业等居世界领先地位。世界经济论坛《2016—2017年全球竞争力报告》显示，韩国在全球138个经济体中，排名第26位。

---

[1] 商务部国际贸易经济合作研究院，中国驻日本大使馆经济商务参赞，商务部投资促进事务局处. 对外投资合作国别（地区）指南——日本（2017年版）[R/OL].［2018-02-11］http://fec.mofcom.gov.cn/article/gbdqzn/.

[2] 商务部. 对外投资合作国别（地区）指南——韩国（2016）[R/OL].［2017-09-22］http://fec.mofcom.gov.cn/article/gbdqzn/.

据介绍，韩国政府正致力发展"创造型经济"和促进"经济民主化"，促进制造业和服务业、出口和内需、大企业和中小企业协调、均衡发展，拟创造"第二个汉江奇迹"。[1] 下一步，韩国将重点扩大研发力度，缩小与发达国家的技术差距，加强各部门协调力度，挖掘潜在的消费需求。为此，韩国政府正在改革积弊，放松管制，转变增长方式，积极利用与主要经济体签署的自贸区协定，开拓国际市场。

中韩两国之间的经济依存度较高，两国政府于2015年6月正式签署《中韩自由贸易协定》，该协定于2015年12月20日正式生效。"一带一路"倡议同样能够为两国关系发展创造新的活力。

(3) 蒙古国。蒙古国经济以畜牧业和采矿业为主，曾长期实行计划经济。20世纪90年代后，该国开始向市场经济过渡，进行私有化改革。1997年1月，蒙古国加入世界贸易组织（WTO）。蒙古国素有"畜牧业王国"之称，畜牧业是该国传统的经济部门和国民经济的基础。其工业以轻工、食品、采矿和燃料动力工业为主，交通运输以铁路和公路为主。出口产品主要为纺织品、矿产品和畜产品等，进口商品主要有机器设备、电器、食品和纺织品等。蒙古国的主要贸易伙伴有中国、俄罗斯、美国、韩国和日本等。2016年3月22日，该国在亚洲经济体竞争力排名第25位。[2] 根据世界经济论坛《2016—2017年全球竞争力报告》显示，蒙古国在全球138个经济体中，排名第102位。

2015年2月，蒙古国与日本签署两国经济合作协定，这是蒙古国首个双边经济合作协定。随着"一带一路"建设的持续深入，我国与蒙古国之间的经贸合作进一步加强，两国经贸合作成效显著，尤其是在农牧业、能矿、基础设施建设、经济技术、广播电视等领域的合作不断取得新的突破。

（三）区域投资环境

(1) 日本。日本为了给本国经济发展注入活力，近年来正在不断改善国内投资环境。根据日本贸易振兴机构统计，截至2012年年底，外国在日本投资存量2063.01亿美元，投资以非制造业为主。2013年，外国对日投资增长约23.41亿美元。美国、卢森堡、英国、瑞典和新加坡是主要投资国。日本是中国重要的外国投资来源地之一，2015年日本对华实际投资占中国吸引外资总额的2.5%，主要投资领域为制造业，中国已经成为日本企业的重要生产基地。近年来，日本非制造业对华投资逐渐增多，金融保险以及零售等领域成为

[1] 商务部. 对外投资合作国别（地区）指南——韩国（2016）[R/OL].［2017-09-22］. http://fec.mofcom.gov.cn/article/gbdqzn/.

[2] 博鳌亚洲论坛亚洲竞争力2016年度报告.

日本企业投资的重要选择。作为日本最大的贸易伙伴，中国对日本投资规模相对较小，但近年来呈上升趋势。据中国商务部统计，截至2015年年末，中国对日本直接投资存量30.38亿美元。[1] 近年来，随着中日经贸关系的发展以及中国企业实力的增强，中国企业“走出去”步伐不断加快，中国企业对日本投资逐渐增加，投资领域不断拓宽，特别是民营企业对日投资增长明显，涉及高科技、制造、消费、旅游、房地产等众多领域。

（2）韩国。韩国投资环境总体良好，具有较强吸引力。近年来韩国经济发展态势总体较好，产业发展水平较高，研发创新能力较强。韩国政府日益重视环境保护、劳动者权益、反对不正当竞争等问题，积极鼓励利用外资，并出台一系列有利于外商投资的政策与措施，设立了各具特色、遍布全国、实行较为宽松行政管理的特殊经济区。据中国商务部统计，截至2015年年底，中国对韩国直接投资存量36.98亿美元，[2] 对韩国投资逐年增长，投资领域和形式逐步多元化，但仍处在起步阶段。2015年12月生效的中韩自贸协定为中韩投资、经贸合作创造了诸多有利条件，增长潜力巨大。

（3）蒙古国。蒙古国经济对外依存度较高，对外贸易是拉动经济增长的重要力量。目前，蒙古国已与全球139个国家和地区展开双边贸易。1996年加入华盛顿“解决投资争议公约”，1997年加入世界贸易组织（WTO），1999年成为首尔“关于成立投资多边担保机构公约”成员，同时也成为世界银行多边投资担保组织成员。目前蒙古国政府已与39个国家和地区签订《避免双重征税协定》，与39个国家和地区签订《相互促进和保护投资协议》等双边条约。我国是蒙古国最大贸易伙伴，在蒙注册的中资企业数量占蒙古国外资企业总数近半。2014年8月，习近平主席访蒙期间，中国商务部同蒙古国经济发展部共同签署新的《中国与蒙古国经济贸易合作中期发展纲要》，提出力争到2020年实现双边贸易额突破100亿美元的目标。2016年，中蒙双边贸易额达46.1亿美元，中方对蒙古国非金融类直接投资2.4亿美元，已成为蒙古国第二大投资来源地。[3] 目前，《中蒙自由贸易协定》正在研究中。由于两国经济互补性强，未来的合作潜力巨大。

（四）区域经济合作

在东北亚地区，尤其是中日韩三国的人口总数占世界的20%左右。中日

---

[1] 商务部．对外投资合作国别（地区）指南——日本（2016）[R/OL]．[2017-09-22]．http://fec.mofcom.gov.cn/article/gbdqzn/.

[2] 商务部．对外投资合作国别（地区）指南——韩国（2016）[R/OL]．[2017-09-22]．http://fec.mofcom.gov.cn/article/gbdqzn/.

[3] 商务部．中国与蒙古启动自贸协定联合可行性研究 [EB/OL]．（2017-05-12）[2017-08-08]．http://fta.mofcom.gov.cn/article/chinamongol/chinamongolnews/201705/35064_1.html.

韩三国的经济总量合计超过16万亿美元，占亚洲的70%，世界的20%；中日韩三国外汇储备占世界的47%；中日韩三国对外贸易总额和对外投资总额均占世界的20%。[1] 可见该地区在亚洲乃至全球的巨大经济实力和影响力。加强地区经济合作，不仅对中日韩三国有利，而且对东亚、亚洲乃至整个世界都将产生重要影响。

事实上，中日韩三国之间虽然经济贸易往来不断，但受到地缘政治等多重因素的影响，三国之间的投资和经贸合作仍然存在很大的拓展空间。尤其是中国对日本与韩国的投资才刚刚起步，未来投资潜力巨大。不过，由于日本与韩国国内比较内向的商业习惯，中国对日本、韩国两国的投资还有诸多障碍有待克服，目前尚难以形成迅速扩大的局面。应当说，加强中日韩三国之间在投资、经贸等领域的合作，是一件惠及三国人民的重大利好，而且中日韩三国之间的经济合作也具有深厚的战略基础。加强地区经济合作也是中日韩三国的共同愿景。早在2002年，中日韩三国领导人峰会就提出了建立中日韩自由贸易区的设想。2012年11月，中日韩三国经贸部长举行会晤，宣布启动中日韩自贸区谈判。截至2017年4月，中日韩自贸区谈判已进行12轮，在诸多领域进行深入的讨论，为推进区域经济合作做了积极努力。

二、区域商标法律制度概况

（一）区域知识产权法律制度简介

（1）日本。日本知识产权事业发展起步较早，很早就确立了知识产权立国的战略，知识产权法律制度健全。2002年，日本设立直属于首相的“知识产权战略会议”，同年颁布《知识产权基本法》，并于2005年成立知识产权高级法院。在日本，涉及知识产权保护的主要法律包括专利法、实用新型法、外观设计法、商标法、著作权法、反不正当竞争法，等等。

（2）韩国。韩国十分重视知识产权保护，知识产权法律制度也比较完备。该国的知识产权法律主要包括知识产权基本法、专利法、实用新型法、外观设计法、商标法、半导体电路布图设计法、防止不正当竞争及保护营业秘密法，等等。值得关注的是，韩国为知识产权保护、运用构筑了高水平的服务体系，并且不断推动行政改革，力图建立知识产权强国。韩国政府尤为重视新兴知识产权保护，十分注重对韩国民众的保护和尊重知识产权意识和能力的宣传和

[1] 澎湃新闻．中日韩经济合作的大方向［R/OL］．（2017-03-07）［2018-02-12］．http://www.thepaper.cn/newsDetail_forward_1633791.

教育。

（3）蒙古国。中蒙两国是友好邻邦，在地域、历史、文化、民族等方面有着相同或者相近之处。20世纪下半叶，中蒙两国近乎同时建立市场经济体制。发展至今，蒙古国也建立了相对完善的法律制度。该国现行知识产权法律制度主要包括《蒙古国著作权及相关权法》《蒙古国商标及地理标志法》《蒙古国专利法》《蒙古国技术转移法》，以及《蒙古国民法典》《蒙古国刑法》《蒙古国竞争法》《蒙古国海关法》《蒙古国消费者权益保护法》等法律法规中的知识产权条款。

（二）区域商标法律制度概要

在东北亚地区，无论是经济发达的日本、韩国，还是处在不断发展中的蒙古国，与本国经济社会发展相适宜，均拥有现代市场经济条件下不可或缺的商标法律制度，并且都在适应经济社会的发展而不断完善。

日本早在1899年就制定了商标法，但后来被废止。现行《日本商标法》颁布于1959年，发展至今，已经过很多次修订，最后一次修订时间为2015年。目前，日本已建立起完善的市场经济体系，与之相配套，其商标法律制度经过几十年的发展演变，在立法技术上也十分成熟，并且拥有较为充足的实践经验。

韩国的商标法令最早形成于1908年，正式的商标法颁布于1949年。为顺应经济发展，发展至今，该国商标法已经过十数次大大小小的修订，最后一次修订时间为2014年。目前，韩国也已建立起较为完善的市场经济体系，与之相配套的商标法律制度也较为健全、完备，同样拥有比较充足的实践经验。在立法体例上，韩国商标法深受日本商标立法的影响，在很多方面与日本商标法律制度比较近似。

蒙古国商标法的全称为《蒙古国商标及地理标志法》，该法于1997年颁布，经2003年、2010年两次修订。相比日、韩商标法，蒙古国商标法颁布时间较晚。蒙古国商标法与日本商标法律制度存在较大差异，其不仅在法律文件名称上有别，同时在具体的制度内容上也存在很大的不同。而且，蒙古国商标法也不具有日、韩商标法为顺应国内经济发展诸多次的频繁修订，从中也透露出日韩蒙三国经济发展水平上的巨大差距。

日本、韩国和蒙古国均已加入与商标保护有关的大多数国际条约或协定（见表1-1）。下文将围绕日本、韩国和蒙古国商标法律制度的具体内容展开研究。

表1-1　日本、韩国和蒙古国已加入的与商标保护有关的国际条约

序号	条约名称	日本	韩国	蒙古国
1	与贸易有关的知识产权协定	1995年1月	1995年1月	1997年1月
2	建立世界知识产权组织公约	1975年4月	1979年3月	1979年2月
3	保护工业产权巴黎公约	1899年7月	1980年5月	1985年4月
4	商标国际注册马德里协定	—	—	1985年4月
5	商标国际注册马德里协定有关议定书	2000年3月	2003年4月	2001年6月
6	制止商品产地虚假或欺骗性标记马德里协定	1953年7月	—	—
7	商标注册用商品和服务国际分类尼斯协定	1990年2月	1999年1月	2001年6月
8	建立商标图形要素国际分类维也纳协定	—	2011年4月	—
9	保护奥林匹克标志的内罗毕条约	—	—	2002年8月
10	保护原产地名称及其国际注册里斯本协定	—	—	—
11	商标法新加坡条约	2016年6月	2016年7月	2011年3月
12	商标法条约	1997年4月	2003年2月	—

第二节　日本商标法律制度

一、概　　述

日本现行商标法颁布于1959年4月13日，1960年4月1日开始实施。为顺应科技、经济、社会的发展变化，《日本商标法》分别于1962年、1964年、1965年、1970年、1975年、1978年、1981年、1984年、1985年、1987年、1990年、1991年、1993年、1994年、1996年、1998年、1999年、2002年、2003年、2004年、2005年、2006年、2008年、2011年、2014年、2015年进行修改。现行商标法有九章共85个条文，其中，第一章为总则，第二章规定商标注册和商标注册申请，第三章为商标审查，第四章规定商标权，第四章之二规定注册异议的提出，第五章为准司法审判，第六章为再审以及诉讼，第七章规定防御标识，第七章之二规定基于《马德里协定》的特例，第八章为杂则，第九章为罚则。

《日本商标法》的立法宗旨为通过保护商标，以维护商标使用者业务上的信用，促进产业的发展，保护消费者的利益。

二、商标权的取得、续展和变更

（一）商标注册条件

1. 商标的构成要素

日本现行商标法保护的商标既包括可视性商标，也包括非可视性的声音商标。2014 年以前，日本商标法仅对可视性商标的注册保护做了规定，非可视性的声音并不能作为商标注册并受到保护；同时，颜色必须在与文字、图形等可视性符号组合在一起时，才能获得商标注册，单纯的颜色在日本不能注册为商标。2014 年《日本商标法》修订后，对商标的构成要素做了比较大的调整。根据新的《日本商标法》第 2 条第 1 款规定，颜色、声音均能够在日本作为商标注册并受到日本商标法的保护。

2. 商标注册原则及注册条件

在日本，商标权以注册取得为原则。《日本商标法》第 18 条第 1 款明确规定，商标权因设定注册而产生。可以申请注册的商标类型包括普通商标（商品商标和服务商标）、集体商标、地理标志集体商标以及防御商标。值得一提的是，日本现行商标法上没有证明商标的保护制度。中国福建的“平和琯溪蜜柚”地理标志证明商标曾在寻求国际注册保护指定日本时，由于没有搞清楚日本商标制度的具体内容，最终在国家阶段因日本缺乏证明商标制度而宣告失败（当然，同时还因为“平和琯溪蜜柚”在日本早已被他人抢注）。日本商标法规定，申请注册商标需要具有显著性、识别性和非冲突性。关于商标注册的条件，可分为实质条件和形式条件。实质条件是指商标注册的实体条件，形式条件是指商标注册的程序条件（在商标注册程序中介绍）。《日本商标法》第 3 ~ 13 条对商标注册条件做了详细规定。在商标注册的实质条件上，表现为商标的使用要求、注册商标的显著性要求以及商标注册的禁止性规定。

（1）商标使用的要求。

根据《日本商标法》第 3 条规定，“在与自己有关的商品或服务上使用的商标”，可以获得商标注册。按照日本商标法的规定，此处的“使用”包括两层意思：一是现在正在使用，二是具备使用的意愿。不过，根据日本学者的介绍，从 2007 年 4 月 1 日开始，《日本商标法》第 3 条第 1 款的运用发生了变化，确认商标的使用或使用意愿的驳回理由出现得更加频繁。[1] 也就是说，日本商标注册审查过程中，对商标使用的要求越来越严格，这是值得重视的。

---

[1] ［日］森智香子，广濑文彦，森康晃. 日本商标法实务［M］. 北京林达刘知识产权代理事务所，译. 北京：知识产权出版社，2012：26.

（2）缺乏显著性的标志。

这一要求是基于商标法上的公共利益考虑而做出的安排，目的是防止将那些缺乏显著性的标志被个体所独占，从而不恰当地挤占公共资源。根据《日本商标法》第3条第1款的规定，缺乏显著性的标志具体包括：

（a）仅由该商品或服务的通用名称采用普通使用方法进行表示的标志所构成的商标，比如在“苹果”商品上使用“苹果”商标等；

（b）该商品或服务的惯用标志，比如“观光宾馆”“彩票中心”等；

（c）仅由商品的产地、销售地、质量、原材料、功能、用途、数量、形状（包括包装的形状）、生产或者使用方法和日期、质量、价格，或服务提供的场所、质量、提供服务所用的物品、功能、用途、数量、形状、价格，或者提供的方法、日期构成的商标，比如“东京”“意大利菜”等；

（d）仅由普通的姓氏或者名称采用普通使用方式进行表示的标志构成的商标，比如“50音图顺序电话号码簿”（日本电信变化株式会社发行）中比较常见的姓氏和名称等；

（e）仅由极为简单而且普通的标志构成的商标，如“△”“#”符号形状等；

（f）除上述各项规定之外，消费者无法识别出是与某人业务有关的商品或者服务的商标，比如日本年号“昭和”“平成”等。

根据《日本商标法》第3条第2款的规定，上述第（a）（b）项的情形属于不能获得注册的绝对事项。但是，在属于第（c）至（e）项所列标志的情况下，如果经过使用，消费者能够据此识别某人提供的商品或服务时，也就是通过使用获得了显著性的情况下，则属于商标注册的允许范围，达到识别条件的相应标志能够在日本获得商标注册。其中，商标是否通过使用获得了显著性，可以结合实际使用的商标和商品或者服务，使用时间和使用的地域范围，生产、证明或转让的商品或服务数量或经营规模，广告宣传情况，相关媒体商标的报道情况，以及消费者对商标认知度调查问卷结果等情况，进行综合判断。总而言之，也就是通过对商标的实际使用情况和消费者的认知程度的衡量，判断这类标志是否已经通过使用获得了显著性，以此决定其能否获得商标注册。

例如，可口可乐包装瓶的形状（立体商标）就曾在日本引起《商标法》第3条第1款第（c）项的注册争议，最终因考虑到该立体商标的商品“自昭和32年（1957年）开始在日本国内销售，创造了惊人的实际销售量且从来没有对其形状进行变化。在长期持续销售中加以广告宣传，其形状特征给人留下了深刻印象”，所以，该商品“循环使用汽水瓶的立体形状在消费者中已经达到了可以作为区别其他公司商品的标志被认知的程度”，[1] 即通过使用而具有了显著性，因此满足《日本商标法》第 3 条第 2 款规定的条件，最终获得注册。

（3）商标注册的禁止事项。

在日本，相关标志即使不属于该国《商标法》第 3 条第 1 款的规定，如果存在下列情形之一的，也不能获得商标注册：

（a）与国旗、菊花徽章、勋章、奖章或者外国国旗相同或者近似的标志；

（b）与日本经济产业大臣指定的巴黎公约成员、世界贸易组织成员或者商标法条约缔约方的国徽或者其他徽章相同或者近似的标志；

（c）与日本经济产业大臣指定的表示联合国或其他国际组织的标记相同或者近似的标志；

（d）与《关于红十字标志及名称等限制使用的法律》第 1 条规定的标记或名称相同或者近似，或与《关于在武力攻击状态下保护国民措施的法律》第 158 条第 1 款规定的特殊标记相同或近似的标志；

（e）与日本经济产业大臣指定的日本国，或巴黎公约成员，或世界贸易组织成员，或商标法条约缔约方的政府或地方公共团体监督或证明用的印章或者标记相同或者近似，并使用在与该印章或者标记所使用的商品或者服务相同或类似的商品或者服务上的标志；

（f）与表示国家或者地方公共团体及其机关、不以营利为目的的公益团体或不以营利为目的的公益事业的著名标记相同或近似的标志；

（g）可能对公共政策造成损害的；

（h）含有他人的肖像、姓名或名称、著名雅号、艺名、笔名及其著名简称的标志（经过他人同意的除外）；

（i）与政府或者地方公共团体（以下称政府等）举办的博览会或特许厅长官指定的政府等以外的人举办的博览会，或者外国政府等以及经外国政府同意的人举办的国际博览会的奖章相同或者近似的标志（奖章获得者将其作为自己商标的一部分使用的除外）；

（j）与表示他人业务相关的商品或服务且为消费者众所周知的相同或近似的商标，并使用在相同或者类似商品或者服务上；

（k）与商标注册申请日之前他人已经提出注册申请的商标相同或者近似、并使用在与其指定的商品或者指定的服务相同或者类似的商品或者服务上；

（l）与他人注册防御商标相同，并使用在该防御商标指定商品或指定服

---

[1] 2007 年（行ケ）第 10215 号复审撤销请求决定事件。［日］森智香子，广濑文彦，森康晃．日本商标法实务［M］．北京林达刘知识产权代理事务所，译．北京：知识产权出版社，2012：36.

务上；

（m）与《植物新品种保护和种子法》第18条第1款规定的获得品种注册的品种名称相同或者近似，并使用在和该品种种苗相同或类似的商品或服务上；

（n）有可能与他人业务所属商品或者服务发生混淆的；

（o）有可能发生商品品质或服务质量误导的；

（p）由特许厅长官指定的表示日本葡萄酒或烈酒原产地的标志，或表示世界贸易组织成员的葡萄酒或烈酒原产地的标志，该标志是所述成员禁止使用非源自该成员地区的葡萄酒或烈性酒，如果这种标志用于不是源自日本或者该成员地区的葡萄酒或烈酒的；

（q）商品或者商品包装的形状是为了确保本商品或商品包装的功能而不可或缺的立体形状，只以其构成的商标；

（r）出于不正当目的使用与日本国内或者国外消费者众所周知的他人业务所属商品或者服务的标志相同或者近似的商标。

从上述内容来看，日本商标法对商标注册的禁止注册事项规定得十分明确。特别是其中的关于他人姓名权等的保护、未注册驰名商标的保护、植物新品种名称等的保护，颇为耀眼。需要注意的是，上述第（h）项关于姓名权等的保护，仅限于对现有人物姓名等的保护，而非对历史人物姓名的保护。关于历史人物姓名的保护，日本学界也存在争议。上述第（m）项关于品种名称等的保护，根据《日本植物新品种保护和种子法》的相关规定，即使依照该法获得注册的品种名称，在注册失效以后，仍然不能注册商标。同时，日本商标法曾经在禁止注册事项中有关于“商标权失效日起未满一年的他人商标或者与其近似的商标，并用于该商标权指定的商品或者服务或者与其类似的商标或服务上的”禁止注册的规定，但自2011年商标法修改后，已将该项规定删除。

（二）商标注册程序

1. 商标注册申请

在日本，商标注册申请实行先申请原则。不同日期有两人以上就使用在相同或者类似商品或服务上的相同或者近似商标申请商标注册时，只有最先的商标注册申请人能够获得该商标的注册。如果同日申请的，则特许厅指定一定期限，先由申请人协商确定。如果协商未果，则特许厅将采取公正的方法抽签决定。同时，在日本，商标注册遵循单一性原则，即一份商标注册申请只能涉及一个商标。商标注册的申请，必须按照每个商标、指定一种或者两种以上商品或者服务分别提出（采用“一标多类”的申请原则）。

希望获得商标注册的申请人，如果拟申请注册的商标属于下列情形的，在提出注册申请时，申请人必须在申请书中做出声明：第一，商标由任何文字、图形、符号或立体形状或颜色或其任何组合构成，其中的文字、图形、符号或三维形状与该商标变化密切相关；第二，立体形状商标；第三，单纯色彩商标；第四，声音商标；第五，经济产业省令规定的商标。一般情况下，特许长官将申请人提交商标注册申请书之日认定为商标注册申请日。

在申请主体问题上，日本商标法规定，在日本进行商标注册申请的可以是自然人或者法人。但是，非法人的社团等团体在日本是不能作为商标注册申请人的，此时必须要以团体代表人的名义进行申请。同时，在日本国内没有住所或居所的人，如果希望在日本获得商标注册，必须通过代理人办理商标注册申请。

日本负责商标注册及行政管理的机关是经济产业省下设的特许厅，商标注册申请应向特许厅提出。

2. 商标注册申请变更制度

日本商标法上规定了商标注册申请变更制度。依照日本商标法，商标注册申请人可以将集体商标注册申请变更为普通商标注册申请或地理标志集体商标注册申请，也可以将地理标志集体商标注册申请变更为普通商标注册申请或集体商标注册申请，以及可以将普通商标注册申请变更为集体商标注册申请或地理标志集体商标注册申请。前提是，相应的变更必须在商标注册申请做出的审查决定或复审决定生效前进行。申请人提出变更申请后，原来的商标注册申请即视为撤回。同时，在防御商标注册申请做出审查决定或复审决定生效前，防御标识注册申请人也可将其防御商标注册申请变更为普通商标注册申请。

3. 商标注册审查

（1）形式审查。形式审查是指对商标注册申请书的形式等形式要件进行审查。在日本，商标注册申请的形式审查由受理商标注册申请的特许厅进行。按照日本商标法的规定，特许厅在收到商标注册申请之后，必须公开商标注册申请。通常从申请开始一个月左右，申请的内容将被公告。需注意，申请内容的公告并不意味着能够给予临时保护。在一定的条件下，为了弥补商标注册人从申请到获得注册的过程中的业务损失，《日本商标法》第 13 条之 2 规定了商标设定注册前的损失补偿请求权制度。即在提示记载了已经提出商标注册申请有关内容的书面文件进行警告后，商标注册申请人可以请求在警告发出后商标权设定注册前，在其申请指定的商品或者服务上使用其申请注册的商标的人，支付与因该使用给其业务造成损失相当的金钱。不过该请求权必须在商标注册后才能行使，在商标设定注册之前，不得行使。而且，在商标注册申请被放弃、撤回、驳回时，或者不予核准注册的审查决定或准司法判决生效时，或者对注册商标的商标无效准司法判决生效时，该请求权视为自始不存在。

（2）实质审查。申请注册的商标如果满足形式要件的，则进入实质审查环节。所谓实质审查，即对申请注册的商标是否满足日本商标法上规定的商标注册的实体条件进行审查（《日本商标法》第 15 条），包括是否符合：第一，《日本商标法》第 3 条、第 4 条第 1 款、第 7 条之 2 第 1 款、第 8 条第 2 款和第 5 款、第 51 条第 2 款等情形；第二，申请注册的商标是否属于按照条约的规定不得申请注册的商标；第三，申请注册的商标是否具备《日本商标法》第 5 条第 5 款、第 6 条第 1 款或者第 2 款规定的要件。

在商标注册审查过程中，如果发现存在不予注册的情况的，将会做出不予核准注册的决定。在做出不予核准注册决定时，审查员应当将不予注册理由通知商标注册申请人，并指定一定的期限，给予其提出意见的机会。对于不予核准商标注册的决定，如果商标注册申请人不服该决定时，可以自该决定副本送达之日起 30 日内请求准司法审判。对于已经生效的准司法审判决定，当事人可以请求再审。对于准司法审判决定或者再审请求的驳回决定，当事人可向法院提起诉讼，由东京高等法院专属管辖。

如果在规定的期限内没有发现不予注册的理由的，审查员应当做出核准商标注册的审查决定。在日本，根据商品、服务领域的差别，从提出商标注册申请到核准注册，通常需要 5～8 个月。但是，根据申请的不同，也可能需要比之更长的时间。

核准注册决定做出后的规定期限内，如果申请人缴纳了规定的商标注册费用的，商标设定注册，商标权因设定注册而产生。根据《日本商标法》第 41 条的规定，商标注册费用必须在核准注册的审查决定或准司法判决副本送达之日起 30 日内缴纳。根据《日本商标法》第 40 条的规定，获得商标权设定注册的人，每件申请应当缴纳 28 200 日元乘以指定商品或者服务类别数所得乘积的注册费。申请商标权保护期限续展注册的商标权人，每件申请应当缴纳 38 800 日元乘以类别数所得乘积的注册费。值得一提的是，日本商标注册费用在 2015 年修改商标法时做了调整，原先的商标注册基本费用为 37 600 日元，续展基本费用为 48 500 日元，2015 年商标法修改后，明显降低了商标注册的资费标准。

日本商标注册简要流程如图 1－1 所示。

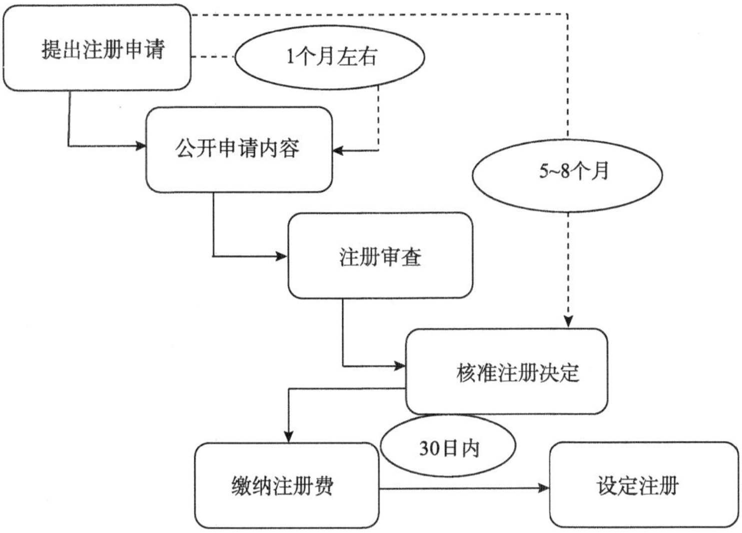

图1-1　日本商标注册审查流程

（三）商标权保护期限

1. 一般情形

在日本，商标权的保护期限为10年，自商标被设定注册之日起算。期满的可以根据商标权人的续展申请进行续展。续展申请应当在商标权有效期届满前6个月提出。在规定的期限内无法提出续展申请时，期满后享有6个月的宽展期。期满申请人未提出申请的，商标权视为自原保护期限届满时消灭。

2. 商标恢复制度

较为独特的是，日本商标法上存在商标恢复制度。根据这种制度，在一定条件下，本来因为保护期限经过而已经丧失商标权利有效性的商标，可以让原商标权人失而复得。[1]《日本商标法》第21条规定，按照《日本商标法》第20条第4款视为消灭的商标权的原商标权人，由于不可归责的事由，在第20条第3款规定的可以提出续展申请的期限内无法提出申请时，从该事由消除之日起14日内（侨居海外者2个月）但不超过该期限届满后6个月的期限内，可以申请续展。按照这一规定申请续展的，保护期限视为自原保护期限届满之日起开始续展。需要注意的是，按照《日本商标法》第21条恢复的商标权的效力，不及于按照第20条第3款（法定续展期限内续展）规定可以提出续展申请的期

[1] 杜颖．社会进步与商标观念：商标法律制度的过去、现在和未来［M］．北京：北京大学出版社，2012：7．

限经过后、按照第 21 条第 1 款规定申请的商标权保护期限续展注册前的下列行为：一是在指定的商品或者服务上使用该注册商标的行为；二是《日本商标法》第 37 条（视为侵害商标权或专有使用权的行为）规定的各项侵权行为。

从上述内容可以发现，日本商标法对商标权的续展需要满足几个条件：一是错过续展期和宽展期必须是非归因于商标权人的原因导致的；二是恢复申请必须在规定的期限内提出，即从不可归责事由消除之日起 14 日内（侨居海外者 2 个月）但不超过该期限届满后 6 个月的期限内提出，逾期将不再享有相应的权利。同时，在商标权保护期限届满后的特定恢复期限内，商标权受到一定的限制，即在商标权有效期限届满后 6 个月期满之日至恢复申请提出的时间段里，商标权人无权制止《日本商标法》第 37 条规定的各种侵权行为。

三、商标使用与商标权的终止

（一）商标使用

商标的价值在于使用。从世界范围来看，无论是注册制国家还是实际使用制国家，商标法都规定商标注册后必须使用。日本商标法对"商标使用"也有着详尽规定。其中，商标使用主体包括商标权人的使用，也包括独占许可使用权人和普通许可使用权人对注册商标的使用。

根据《日本商标法》第 2 条第 3 款规定，"商标使用"是指下列行为：第一，在商品或者商品包装上贴附商标的行为；第二，将贴附了商标的商品或者商品包装转让、交付，为了转让或者交付进行展示、出口，或者通过电信通信线路进行提供的行为；第三，提供服务时，将商标附着在供服务接受者的物品（包括转让或者出借之物）上的行为；第四，在提供服务时，使用贴附了商标的、供服务接受者使用的物品提供服务的行为；第五，为了提供服务而将贴附了商标的、提供服务所使用的物品（包括提供服务时供服务接受者所利用的物品）进行展示的行为；第六，提供服务时，在服务接受者与该服务提供有关的物品上贴附商标的行为；第七，通过电磁方法（指通过电子方法、磁性方法和其他人的知觉不能认识的方法）提供影像画面服务时，在该影像画面上标示商标提供服务的行为；第八，在商品或者服务广告、价目表或者交易文书上附着商标进行展示、发行，或者在以它们为内容的信息中附着商标、通过电磁方法进行提供的行为；第九，对于声音商标，除前述各项列举外，为转让、交付商品或者提供服务而播放声音商标的行为；第十，政令规定的其他行为。

（二）商标权因撤销而终止

1. 连续 3 年不使用而撤销

《日本商标法》规定，如果商标权人、独占许可使用权人或者普通许可使用权人连续3年以上在日本国内没有在指定的商品或服务上使用注册商标时，任何人都可以提出撤销商标注册的准司法审判申请，请求撤销该指定的商品或者服务上的商标注册。在此情形下，若无正当理由，只要被请求人不能证明在该撤销请求登记前3年内在日本国内商标权人、独占许可使用权人或者普通许可使用权人中的任何一个在请求撤销的任何一种指定的商品或者服务上使用了该注册商标的，该商标权人在该指定的商品或者服务上的注册商标将会被撤销。在撤销商标注册准司法审判申请提出前3个月始至撤销请求被登记之日，假若出现商标权人使用该注册商标的情况，如果请求人能够证明该使用发生在被请求人知晓撤销请求之后，则该使用同样不满足连续3年使用的要求。

2. 商标使用不当的撤销

依照《日本商标法》，如果注册商标使用不当，出现下列情形之一的，任何人都可以提出撤销注册商标的准司法审判请求：第一，商标权人故意在指定的商品或服务上使用与注册商标近似的商标或者在指定的商品或服务类似的商品或服务上使用注册商标或者与其近似的商标，致使他人对商品品质或服务质量发生误认或者与他人业务所属商品或服务发生混淆的；第二，商标权转移导致使用在相同商品或者服务上的近似注册商标或者使用在类似商品或者服务上的相同或近似商标的商标权属于不同的商标权人，其中任何一个注册商标的商标权人出于不正当竞争目的，在指定的商品或服务上使用注册商标导致与其他注册商标的权利人业务所属商品或服务发生混淆的；第三，独占许可使用权人或者普通许可使用权人在指定商品或者服务或者与之类似的商品或者服务上使用注册商标或者近似商标，致使他人对商品品质或服务质量发生误认或者与他人业务所属商品或服务发生混淆的。其中，如果出现上述第一种情形和第三种情形的，自撤销决定生效之日起5年内，该商标权利人还不得在该商标注册指定商品或者服务或者与之类似的商品或者服务上申请商标注册。

根据《日本商标法》的规定，撤销商标决定生效时，商标权随即消灭。

（三）商标权保护期满的终止

根据《日本商标法》的规定，商标权保护期限为自设定注册之日起10年。到期未办理续展申请的，商标权自动终止。

四、商标许可与转让

（一）商标许可使用

商标许可使用是商标权行使的一种重要方式。商标的许可使用在早期曾被某些国家（如美国等）的法律所禁止。后来尽管逐步放开了商标的使用许可，但仍然对商标权人和被许可人施加诸多限制，尤其是对商品质量的监督保证要求。

在商标法上，商标许可使用方式包括独占许可使用和普通许可使用两种。除了注册商标是根据《日本商标法》第4条第2款规定申请注册的商标和地理标志集体商标之外，商标权人可以对其商标权设定独占许可使用权，被许可人在设定行为规定的范围内，在指定的商品或者服务上，对注册商标享有专有使用权。被许可人在得到权利人独占许可的情况下，可以转让其独占许可使用权或设定质权。同时，商标权人也可以对其商标权设定普通使用许可，被许可人在设定行为规定的范围内，在指定的商品或者服务上，享有使用该注册商标的权利。但在普通使用许可的情况下，除非被许可人获得商标权人的同意，否则不能转让普通许可使用权。在普通使用许可已登记的情况下，对于此后取得商标权或独占许可使用权的人，发生法律效力，即适用民法理论上的“买卖不破租赁”原则，需注意的是，其前提是必须要登记，否则是不能对抗第三人的。

《日本商标法》还规定，具有集体商标权的法人成员或地理标志集体商标权的协会成员，具有根据法人或者协会的规定在指定的商品或者服务上使用该集体商标或者地理标志集体商标的权利。但是，如果对商标权（仅限于集体商标，不包括地理标志集体商标）设定独占许可权时，独占许可使用权人的专有使用注册商标权利的范围，不在此限。

（二）商标权的转让

商标权的转让是指商标权人通过合同将商标权转移给他人的行为。注册商标转让的实质，是商标权利主体的变更。通常情况下，商标权的转让均要求，在遵循意思自治原则前提下，转让人和受让人签订书面转让合同，并在依法办理商标权转让手续后，转让才发生法律效力。日本商标法对商标权转让的规定较为特别。

1. 分类别转让与限制

依照《日本商标法》第24条之2的规定，在指定的商品或者服务有两个以上时，商标权可以按照每个指定商品或者指定服务进行转移。但是，有几项例外情形：一是对于国家、地方公共团体或者不以营利为目的的公益团体的注册商标（按照《日本商标法》第4条第2款规定申请注册的商标），不能转让；二是对于不以营利为目的开展公益事业者，其注册商标（按照《日本商标法》第4条第2款规定申请注册的商标）除了在与该事业同时转让外，不能转让；三是对地理标志集体商标的特殊规定，即地理标志集体商标的商标权禁止转让。

2. 集体商标转让的特殊规定

对于集体商标权的转让，日本商标法上的规定也颇为独特。《日本商标法》第24条之3规定，集体商标的商标权作为集体商标的商标权转移时，必须将记载该要旨的书面文件以及《日本商标法》第7条第3款规定的书面文件在提出转让注册申请时一起提交给特许厅长官。否则，转让集体商标的商标权时，该集体商标的商标权视为变更为一般商标权。

3. 商标权转让的混淆防止标识请求

《日本商标法》还规定，如果商标权转让的结果，在相同商品或者服务上使用近似商标，或者在类似商品或者服务上使用相同或者近似的注册商标，在商标权变为不同商标权人的情形下，一件注册商标的商标权人、独占许可使用权人、普通许可使用权人在指定的商品或者服务上通过使用该注册商标，有可能侵害其他注册商标的商标权人或者独占许可使用权人业务上的利益（限于正在使用该其他注册商标的指定商品或者服务的）时，其他注册商标的商标权人或者独占许可使用权人为了防止此人业务的商品或者服务与自己业务的商品或者服务发生混淆，可以请求该注册商标的商标权人、独占许可使用权人或者普通许可使用权人在使用中应当附着适当区别标识（《日本商标法》第24条之4）。

五、商标权的限制

（一）正当使用限制

根据《日本商标法》的规定，商标权效力不及下列情形（包括构成其他商标组成部分的商标）：第一，以普通使用方法标示自己的肖像，或者自己的姓名、名称、著名雅号、艺名、笔名或者它们著名简称的商标；第二，以普通使用方法标示指定商品或者与之类似商品的通用名称、产地、销售地、质量、原材料、功能、用途、数量、形状、生产或使用方法或者日期及其他特征、数量、价格，或者与该指定商品类似的服务的通用名称、提供服务的场所、质量、提供服务用的物品、功能、用途、形态、提供方法或者日期及其他特征、数量、价格的商标；第三，以普通使用方法标示指定服务或者与之类似服务的通用名称、提供服务的场所、质量、提供服务用的物品、功能、用途、形态、提供方法或者日期及其他特征、数量、价格，或者与该指定服务类似的商品的通用名称、产地、销售地、品质、原材料、功能、用途、数量、形状、生产或使用方法或者日期及其他特征、数量、价格的商标；第四，在指定商品或者服务或者与它们类似的商品或者服务上惯用的商标；第五，商品等当然具备的特征中，仅由政令规定者构成的商标；第六，在前述各项列举之外，不是按照需要能够识别是何人业务的商品或者服务的方式使用的商标。如果商标核准注册之后，以不正当竞争的目的使用自己的肖像或者自己的姓名、名称、著名雅号、艺名、笔名及其著名简称的情形，前述商标限制情形不再适用。

（二）在先权利限制

按照《日本商标法》，如果在指定的商品或者服务上使用注册商标，因使用形态和商标注册申请日前申请的他人的专利权、实用新型权、外观设计权，或者在商标注册申请日前产生的他人的著作权或者著作邻接权相抵触时，商标权人、独占许可使用人或者普通许可使用人对指定的商品或者服务中抵触的部分，不能按照其形态使用注册商标。

（三）在先使用限制

1. 普通商标在先使用限制

根据《日本商标法》，他人商标注册申请之前，在日本国内非不正当竞争的目的，在商标注册申请指定的商品或者服务或者与它们类似的商品或者服务上，使用商标或者与之类似商标的结果，在商标注册申请时，实际上其商标作为标示自己业务的商品或者服务在消费者当中已众所周知时，此人继续在商品或者服务上使用商标的情形，拥有在其商品或者服务上继续使用商标的权利。即使是继受该业务的人，也拥有相同的权利。同时，商标权人或者独占许可使用权人为了防止此人提供的商品或者服务与自己提供的商品或者服务发生混淆，可以请求根据具有使用商标权利的人应当附着适当的区别标识。

2. 地理标志集体商标在先使用限制

《日本商标法》规定，对于他人在地理标志集体商标注册申请前，在日本国内非不正当竞争目的，在商标注册申请指定的商品或者服务或者与其类似的商品或者服务上使用商标或者与之类似商标的人，继续在商品或者服务上使用该商标的，拥有在其提供的相应商品或者服务上继续使用商标的权利。即使是继受该业务的人，也拥有相同的权利。但同时，地理标志集体商标权人为防止此人提供的商品或者服务与自己或者成员提供的商品或者服务发生混淆，可以请求具有使用该商标权利的人应当附着适当的区别标识。

3. 专利权等有效期届满后使用商标的权利

依照《日本商标法》，商标注册申请日前或者与之同日申请专利的专利权与商标注册申请的商标权相抵触的情形下，在专利权有效期届满时，原专利权人在原专利权范围内，在商标注册申请指定的商品或者服务或者与其类似的商品或者服务上，有使用注册商标或者与之类似商标的权利。但是限于非以不正当竞争目的进行使用的情形。商标注册申请日前或者与之同日申请专利的专利权与商标注册申请的商标权相抵触的情形，专利权有效期届满的，在届满时实际上对专利权具有独占许可使用权或者对专利权或者独占许可使用权具有普通许可使用权的人，在原有权利范围内，在注册商标申请指定的商品或者服务或者与其类似的商品或者服务上，有继续使用注册商标或者与之类似商标的权利。但是，也仅限于不以不正当竞争目的进行使用的情形。

六、商标侵权与救济

（一）商标侵权行为及判定

商标是识别商品或服务来源的标志，为保护商标的这种来源识别功能，现代商标法赋予了商标注册人以专有权，禁止他人在相同或类似商品或者服务上混淆性使用与注册商标相同或近似的商标。为有效保护商标权，各国商标法通常规定，注册商标的保护范围要大于注册商标的专用权范围，即商标权的保护范围不仅包括核准注册的商标和核定使用的商品，而且延及与注册商标相近似的商标和与核定使用的商品或者服务相类似的商品或者服务。在判断是否侵犯商标权时，TRIPS 协议规定了商标侵权混淆可能性这一判断标准，并为大多数成员商标保护实践所援引。不过在具体的制度规定上还是存在很大的差异，比如，美国商标法采用混淆可能性吸收相似性的判断标准；欧盟商标法采取的是以相似性为基础而以混淆可能性为限定条件的判断标准。在日本，其商标法对商标侵权的判定则是采取了混淆可能性内化于相似性标准的做法。[1]

根据现行《日本商标法》第 37 条的规定，下列行为，在日本被视为侵犯商标权或独占许可使用权：第一，在指定的商品或者服务上使用与注册商标近似的商标，或者在指定的商品或者服务类似的商品或者服务上使用注册商标或者与其近似商标的行为；第二，为转让、交付或者进口指定的商品或者服务类似的商品，在商品或者商品的包装上附着注册商标或者与之近似商标而持有的行为；第三，在提供指定服务或者与指定服务或者指定商品类似的服务过程中，为使用在供客户使用的物品上附着的注册商标或者与其近似的商标，使他人提供该服务，转让、交付、为转让或者交付而持有或者进口其物品的行为；第四，在提供指定服务或者与指定服务或指定商品类似的服务时，为使用在供顾客使用的物品上附着的注册商标或者与其近似商标，使他人提供该服务，转让、交付、为转让或者交付而持有或者进口的行为；第五，为在指定商品或者指定服务或者与其类似的商标或者服务上使用注册商标或者与其近似商标，持有标示注册商标或者与其类似商标的物品的行为；第六，为使他人在指定商品或者指定服务或者与其类似的商品或者服务上使用注册商标或者与其近似的商标，转让、交付或者为转让、交付而持有标示注册商标或者与其近似的物品的行为；第七，为在指定商品或者指定服务或者与其类似的商品或者服务上使用

[1] 王太平．商标法：原理与案例［M］．北京：北京大学出版社，2015：228－234．

或者使他人使用注册商标或者与其近似商标，制造、进口标示注册商标或者与其近似商标的物品的行为；第八，以只用于为制造标示注册商标或者与其近似商标的物品为业，制造、转让、交付、进口其物品的行为。

从上述情形可以看出，仅仅在商标法上而言，日本商标法对侵犯商标权的行为几乎均可以归纳为“在相同或者类似商品或者服务上使用相同或者近似商标”的行为，即相似性判定标准。从商标保护实践来看，1968 年之前，日本法院在判断是否构成侵犯商标权时，一般仅审查商标是否构成相似，并没有考虑混淆性标准。但从 1968 年起，日本最高法院通过审理的“山水印案”，正式引入了混淆可能性的判断标准，并一直延续至今。至此，商标侵权判定的混淆性标准被内化于商标相似性标准，成为日本商标注册审查和侵权判定的一项基本原则。值得一提的是，《日本商标法》第 4 条第 1 款在商标禁止注册事项当中，就明确有一项规定，即有可能与他人业务所属商品或者服务发生混淆的商标，不予注册。

关于商标近似性的判断，日本的实际做法是，在商标申请注册和准司法审判阶段，商标是否构成近似由特许厅根据“商标审查标准”进行判断；对于商标侵权行为，则由法院进行判定。不过，法院在判断商标是否构成近似时，基本上也是参照特许厅的审查标准来实施的。在具体案件中，法院一般从两商标是否在相同或类似商品或者服务上使用，商品的出处是否导致消费者混淆误认进行判断。对于是否导致消费者混淆误认，法院一般从商标的外观、商标拥有的观念上的描述特征、称谓，以及商品的交易实际情况上着手，综合相关要素给消费者的印象、记忆、联想等情况，并结合商品的交易状况进行判断，以确定是否构成商标侵权。

（二）救济途径与法律责任

1. 民事救济

《日本商标法》规定，商标权人或者独占许可使用权人的商标权或独占许可使用权受到侵犯时，可以通过以下途径寻求民事救济。

第一，停止侵害请求权。即商标权人、独占许可使用权人可以请求侵害或者有可能侵害自己商标权或者独占许可使用权的人停止侵害或者预防侵害。商标权人、独占许可使用权人提出请求时，可以同时请求销毁构成侵害行为的物品，拆除用于侵害行为的设备，以及其他预防侵害的必要行为。

第二，损害赔偿。即商标权人、独占许可使用权人请求因故意或者过失侵害自己商标权或独占许可使用权的人赔偿其侵害自己已受损害的情形，在侵权人转让构成侵害行为的商品时，可以将转让商品数量，乘以如果没有其侵害行为则商标权人或者独占许可使用权人已售产品每单位数量利益额得到的金额，在不超过符合商标权人或者独占许可使用权人使用能力的数额限度内，作为商标权人或者独占许可使用权人已受损害额。但是，有相当于商标权人或者独占许可使用权人不能销售的全部或者部分转让数量的情况时，扣除符合相当于该情况数量的金额。如果商标权人或者独占许可使用权人请求因故意或者过失侵害自己商标权或者独占许可使用权人赔偿因其侵害自己已受损害的情形，侵权人通过侵害行为已获得利益时，其利益额推定为商标权人或者独占许可使用权人已受损害额。商标权人、独占许可使用权人可以请求因故意或者过失侵害自己商标权或独占许可使用权的人将相当于使用注册商标应当获得的金额，作为自己已受损害额予以赔偿。前述规定，不妨碍请求超过这些规定金额的损害赔偿。在此情形下，侵害商标权或者独占许可使用权的人没有故意或者重大过失时，法院可以酌情决定损害赔偿额。

2. 刑事救济

根据《日本商标法》的规定，针对侵犯商标权的行为，可以进行刑事制裁，主要包括以下几种。

（1）侵害罪，即侵害商标权或者独占许可使用权的人（《日本商标法》第37条或第67条规定的视为侵犯商标权或者独占许可使用权的侵权行为除外），处10年以下有期徒刑或者1 000万日元以下的罚金，或者并处之。如果属于根据日本《商标法》第37条或者第67条规定被视为侵害商标权或者独占许可使用权行为的人，处5年以下有期徒刑或者500万日元以下罚金，或者并处之。

（2）欺诈罪，即通过欺诈行为获得商标注册、防御商标注册、基于商标权或者防御商标权有效期续展注册、注册异议申请的决定或者准司法判决的人，处3年以下有期徒刑或者300万日元以下罚金。

（3）虚假标示罪，即违反《日本商标法》第74条（虚假标示的禁止）的人，处3年以下有期徒刑或者300万日元以下罚金。

（三）驰名商标的保护

综观世界各国商标法，驰名商标保护模式主要有三种：一是淡化模式，以美国为代表；二是驰名商标制度模式，以中国等为代表；三是防御商标制度模式，以日本为代表。《日本商标法》第7章对防御商标的保护做了专章规定。

1. 防御商标的认定

依照《日本商标法》的规定，商标权人在其商品的注册商标作为标示自己提供的指定商品在消费者中众所周知的情况下，在注册商标的指定商品、非类似商品或者非指定商品类似服务上，因他人使用注册商标，有可能使其商品或者服务与自己提供的指定商品产生混淆可能时，对于该种商品或者服务，商标权人可以将与注册商标相同的标志申请防御商标注册。同时，商标权人在其服务的注册商标作为标示自己提供的指定服务，在消费者中众所周知的情况下，在注册商标的指定服务、非类似服务或者非指定服务类似商品上，因他人使用注册商标，有可能使其服务或者商品与自己提供的指定服务产生混淆可能时，对于该种服务或者商品上，商标权人可以将与注册商标相同的标志申请防御商标注册。地理标志集体商标权同样享有这一规定的权利。

2. 防御商标保护的特殊规定

依照《日本商标法》，在商标注册申请审查决定或准司法审判决定生效前，商标注册申请人可以将商标注册申请变更为防御商标注册申请。

防御商标注册权利的有效期为10年，自设定注册之日起计算。基于防御商标注册的权利有效期，可以通过申请续展。但是，注册的防御商标丧失了《日本商标法》第64条（防御商标注册要件）规定的可以获得防御商标注册的要件时，不得续展。同时，基于防御商标注册的权利，在商标权分割时消灭，在转移商标权时跟随商标权转移，在商标权消灭时消灭。

3. 防御商标的侵权判定

《日本商标法》第67条规定，如果存在下列行为的，被视为侵害防御商标的商标权或者独占许可使用权：第一，在指定商品或者服务上使用注册的防御商标的行为；第二，为了转让、交付或者出口指定商品，在指定商品或者商品的包装上附着注册的防御商标而持有的行为；第三，在提供指定服务时，为使用在供顾客使用的物品上附着注册的防御商标提供该指定服务，持有或者进口该物品的行为；第四，提供指定服务时，为使用在供顾客使用的物品上附着注册的防御商标提供该指定服务，转让、交付、为转让或者交付而持有或者进口的行为；第五，为在指定商品或者服务上使用注册的防御商标，持有标示注册的防御商标的物品的行为；第六，为使他人在指定商品或者服务上使用注册的防御商标，转让、交付或者为转让、交付而持有标示注册的防御商标的物品的行为；第七，为在指定商品或者服务上使用或者使他人使用注册的防御商标，制造、进口标示注册的防御商标的物品的行为。对于侵犯防御商标的行为，同样可以获得侵犯一般商标同等的民事或者刑事法律救济。

第三节　韩国商标法律制度

一、立法概述

现行《韩国商标法》于1949年11月28日颁布施行。为顺应科技、经济、社会的发展变化，《韩国商标法》分别于 1958 年、1963 年、1974 年、1976 年、1981 年、1986 年、1990 年、1993 年、1994 年、1996 年、1997 年、1998 年、1999 年、2001 年、2002 年、2003 年、2005 年、2007 年、2008 年、2009 年、2010 年、2011 年、2012 年、2013 年、2014 年、2016 年进行修改。现行商标法共有十章、98 条。其中，第一章为总则，第二章规定商标注册条件和商标注册申请，第三章为商标注册审查，第四章规定商标注册费和商标注册等，第五章为商标权，第六章为商标权人的保护，第七章规定了审判，第八章之一为再审和诉讼，第八章之二为基于议定书的国际申请，第九章为附则，第十章为罚则。

《韩国商标法》的立法宗旨为，通过保护商标，以维护商标使用者业务上的信用，促进产业的发展，保护消费者的利益。

二、商标权的取得、续展和变更

（一）商标注册条件

1. 商标的构成要素

根据《韩国商标法》，“商标”是指生产、加工、证明或者销售商品的人，为了将自己的商品与他人的商品相区别而使用的标志，这里的“标志”，是指用于识别商品来源的所有标志，而不考虑其构成或表达方法，具体包括：符号、文字、图形、声音、气味、三维形状、全息图、动作、颜色，等等。

在《韩国商标法》上，商标的类型包括：商品商标、服务商标、集体商标、证明商标、地理标志集体商标、地理标志证明商标、业务商标。其中，服务商标是指提供服务的经营者为了将自己提供的服务与他人提供的服务相区别而使用的标志。集体商标是指由从事商品生产、制造、加工、证明或销售的人或者提供服务的经营者共同设定的法人，在商事活动中自己使用或者供该法人组织中的成员用于商品或者服务的标志。地理标志集体商标是指将生产、制造或者加工可以使用地理标志的商品作为业务的法人，在商事活动中自己使用或者供其成员使用的集体标志。地理标志证明商标是指被证明满足地理标志使用条件的人在商业上使用的用以证明所提供的商品符合特定地理特征的标志。业务商标是指不以营利为目的的经营者为表征其业务而使用的标志。

2. 商标注册主体

在韩国，已经使用商标或者将要使用商标的人，包括自然人和法人，有获得商标注册的权利。但是，特许厅及知识产权法院的职员，在职期间不能获得商标注册，除非是继承或接受遗赠。

以生产、制造、加工、证明或者销售商品作为业务的人或提供服务的人联合创办的法人，有权获得自己的集体商标。能够证明和管理商品或者服务的品质、原产地、生产方法或其他特征作为业务的人，以商品的生产、制造、加工或销售作为业务的人或者经营服务业的人，为了证明经营的商品或者服务适用于满足特定的品质、原产地、生产方法或其他特征的，有权获得证明商标。在韩国从事非营利业务的，有权获得业务商标注册。

在韩国，非法人协会或者基金会的代表人或者管理人可以社团或者基金会的名义作为商标注册异议申请人，在复审或者再审中作为原告或被告出现。

3. 商标注册的实体要件

依照韩国商标法，商标权以注册取得为原则。《韩国商标法》第 41 条规定，商标权因设定注册而生效。申请注册的商标需要具有显著性、识别性和非冲突性。《韩国商标法》第 2 章对商标注册的条件作了具体规定，包括注册商标的显著性要求和商标注册的禁止性规定。

首先，缺乏显著性的标志不能获得商标注册。根据韩国商标法的规定，缺乏显著性的标志包括：第一，由仅限使用该商品的普通使用方法表示该商品的普通名称的标志构成的商标；第二，商品的惯用标志；第三，仅由商品的产地、品质、原材料、效能、用途、数量、形状（包括包装形状）、价格、生产方法、加工方法、使用方法或为普通使用方法进行表示的标志构成的商标；第四，仅由显著的地理标志、其简称或其他地图进行标识的商标；第五，仅由普通的姓或名称采用普通使用方法进行表示的标志构成的商标；第六，仅由极为简单而且普通的标志构成的商标；第七，除前述规定之外消费者无法识别是由何人提供的商品的商标。不过，韩国商标法同时规定，对于构成前述第一项至第六项的标志，如果商标注册申请人经过使用，使得消费者可以明显识别其商标属于何人业务的，即通过使用而获得了显著性的情况下，是可以获得商标注册的。同时，对于上述第一项（仅限产地标志）和第四项规定的商标，如果该商标属于特定商品的地理标志时，使用其地理标志的商品可作为指定商品获得地理标志商标注册。

其次，商标注册的排除事项。根据《韩国商标法》的规定（《韩国商标法》第 34 条第 1 款），商标注册的禁止事项具体包括以下内容。

（1）包括国家国旗、国际组织徽章等的下列标志：第一，与韩国国旗、国徽、颜色、奖牌、装饰或徽章，或用于韩国公共机构监督或认证的印章或标志相同或相似的商标；第二，与巴黎公约成员、WTO 成员或《商标法条约》缔约方的国旗相同或相似的商标；第三，与红十字会、国际奥委会或知名国际组织的名称、简称或标志相同或相似的商标；第四，与 WIPO 根据《巴黎公约》第 6 条之 3 的规定，通知韩国知识产权局局长指定的与联盟成员的徽章、旗帜、奖牌、装饰或勋章相同或近似的商标，或联盟成员加入的政府间国际组织的名称、简称、徽章、旗帜、奖牌、装饰品或勋章相同或近似的商标；第五，与 WIPO 根据《巴黎公约》第 6 条之 3 的规定，通知韩国知识产权局局长指定的用于监督或认证的印章或标志相同或相似的商标，或者与其公共组织机构用于与使用这种印章或标志相同或相似的货物的商标。

（2）与国家、种族、民族、社会团体、宗教或者已故名人相关联的显示为虚假、诋毁或者侮辱或者可能对其造成污蔑的商标。

（3）与不以营利为目的的国家、公共组织或其机关、公益法人等公共事业的著名标志相同或者类似的商标。

（4）标志本身或者标志在商品上的使用有违大众通常的道德观念或善良风俗，或者可能危害公共秩序的商标。

（5）与政府或经其认可举办的博览会或者外国政府或经该外国政府认可的博览会的奖牌、荣誉证书或者奖章相同或者近似的商标。

（6）含有名人的姓名、名称或者商号、肖像、签名、印章、雅号、艺名、笔名或其简称的商标。

（7）与商标注册申请前他人已经注册的商标（不包括地理标志集体商标）相同或近似，并使用在与其指定商品相同或者类似的商品上的商标。

（8）与商标注册申请前他人已经注册的地理标志集体商标相同或近似，并使用在与其指定商品相同的商品上的商标。

（9）与消费者广泛认可的他人的商标（不包括地理标志）相同或相似，并使用在与其指定商品相同或者类似的商品上的商标。

（10）与消费者广泛认可的他人表明特定区域商品的地理标志相同或相似，并使用在于该地理标志被认可的相同商品上的商标。

（11）可能与他人的商品或者被消费者显著认可的业务发生混淆，或者可能淡化其显著性或声誉的商标。

（12）可能使消费者对商品的质量产生误导或者欺骗消费者的商标。

（13）与在韩国或海外被消费者确认为指向特定人的商品的商标（不包括地理标志）相同或相似的商标，其出于非法目的的使用，如不当得利或者造成特定人的损失。

（14）与韩国或海外被消费者确认为指向特定地区商品的地理标志相同或相似的商标，其出于非法目的使用，如不当得利或者对这种地理标志的合法使用者造成损失。

（15）仅由确保拟注册商标的商品或者商品包装功能不可或缺的三维形状、颜色、颜色组合、声音或者气味构成的商标。

（16）与作为WTO成员的葡萄酒和烈酒产地的地理标志构成或者包含该标地理志的商标。

（17）与《韩国植物新品种保护法》第109条上的植物新品种名称相同或者近似，并使用在与该品种名称相同或近似的商品的商标。

（18）与他人按照《韩国农产品和水产品质量监管法》第32条的规定注册的地理标志相同或者近似，并使用在与该地理标志商品相同的商品上的商标。

（19）与按照韩国（包括韩国与外国和外国之间）缔结的已生效的双边或多边自由贸易协定所保护的他人地理标志，或者由地理标志构成，或者含有该地理标志，并使用在与该地理标志商品相同的商品上的商标。

（20）通过合同关系（如合伙关系、雇用关系、商业交易关系或其他关系）知晓他人使用或打算使用某商标的情况下，对与该商标相同或类似的商品上申请注册的商标。

（21）与注册商标权人具有合同关系（如合伙关系、雇用关系、商业交易关系或者其他关系）的人，未经注册商标权人同意，在条约的缔约方注册与注册商标相同或近似的商标，并以该注册商标指定商品相同或类似的商品作为指定商品。

（二）商标注册程序

1. 商标注册申请

在韩国，商标注册遵循先申请原则、优先权原则和单一性原则。

（1）先申请原则。按照先申请原则，如果不同时间有两个以上申请主体就使用在相同或者类似商品上的相同或者近似商标申请注册时，只有最先申请该商标注册的申请人才能获得该商标注册。如果是同日申请，则先由当事人协商确定（须在特许厅指定的期限内进行申告），协商不成则由特许厅厅长实行抽签决定。

（2）优先权原则。商标申请优先权包括条约优先权和展会优先权。在韩国，申请商标注册时，如果主张条约优先权的，优先权人应当在优先权主张的基础申请的申请日起6个月内提交优先权主张的商标注册申请，并应当自商标注册申请日起3个月内向特许厅厅长提交记载有最初申请的国家政府认定的加载申请日的书面商标及指定商品的副本。如果主张展会优先权的，自参展日起6个月内将参展商品作为指定商品申请商标注册的，该商标注册申请视为参展之日提出的申请，申请人应当向特许厅厅长提交记载了其意图的商标注册申请书，并且应当在商标注册申请日起30日内提交证明其意图的文件。

（3）单一性原则。在韩国，商标注册亦遵循“一商标一申请”原则的单一性申请原则。希望获得商标注册的申请人，必须指定韩国知识经济部令规定的一种或者两种以上商品，并分别提出，不允许一件申请书申请两个以上的商标。

依照《韩国商标法》的规定，针对某一商标注册申请，特许厅厅长应将该商标注册申请书送达特许厅之日认定为商标注册申请日。在韩国，负责商标注册及行政管理的机关是知识经济部下设的特许厅，商标注册申请向特许厅提出。

2. 商标注册审查

针对商标注册审查，韩国特许厅厅长必须指定审查员对商标注册申请以及商标注册异议申请进行审查，审查员的资格事项由总统令规定。审查程序如下。

第一步：商标检索及听取意见。根据商标注册申请，在对其进行审查如果有需要的情况下，特许厅厅长可以指定专门的检索机构并委托商标检索和商品分类业务；对于按照《韩国农产品和水产品质量监管法》规定的地理标志注册对象申请注册地理标志集体商标时，特许厅厅长需要就该申请是否属于地理标志征询农林水产食品部长官的意见。

第二步：审查顺序的特殊规定。商标注册申请后，如果存在以下两种情形：第一，申请人之外的人没有正当理由在商业上将与商标注册申请的商标或近似商标，在相同或类似的指定商品上使用；第二，商标注册申请人将商标注册申请的商标使用指定全部商品类别的，按照总统法令的规定，对该商标注册申请被认为需要加快处理。在这两种情况下，根据《韩国商标法》的规定，特许厅厅长可以指示审查员对该申请优先于另一申请进行审查。

第三步：驳回商标注册决定及驳回理由。如果存在《韩国商标法》第3条，第27条，第33～35条，第38条第1款，第48条第2项、第4项、第6～8项规定的不能注册商标的情形，审查员应当对该商标注册申请做出拒绝注册的决定，并通知申请人决绝理由并给予其在指定期间内提出意见的机会。

第四步：申请公告。审查员对于商标注册申请没有发现驳回理由的，应当做出申请公告的决定（类似于我国商标法上的商标初步审定公告）。审查员审定公告时，如果在商标注册申请书记载的指定商品或者其商品服务类别的内容上发现明显错误的，可以依职权补正。申请公告后，如果审查员发现驳回理由时，可依职权做出驳回商标注册的决定。在商标注册驳回决定不服时，可以在收到驳回决定之日起30日内申请复审。针对已生效的复审决定，可以请求再审，再审请求必须在复审决定成为终局之后请求人知道再审理由的30日内提出，复审决定成为终局之日超过3年，不得请求再审。当事人不服复审决定或者再审裁决的，可以提起诉讼，该类诉讼韩国知识产权法院享有独家管辖权。当事人可以自收到复审决定或者再审裁决的核准副本之日起30日内提出。对于知识产权法院的判决不服的，可以向韩国大法院提起上诉。

第五步：商标注册异议。对于已公告的商标注册申请，任何人可以在公告之日起2个月内，根据相关理由向特许厅厅长提出商标注册异议申请。对于异议申请，审查员应将商标注册异议申请书副本送达商标注册申请人，并指定期限，给予其提交答辩的机会。商标注册异议申请的决定以书面方式做出，并送达商标注册申请人和异议申请人。对于该决定，当事人不能不服。

第六步：商标注册决定。审查员对商标注册申请没有发现驳回理由时，应当做出商标注册决定。商标注册与否的决定均须以书面的方式做出、说明决定理由。做出决定后，特许厅应当将该决定的正本送达申请人。

根据《韩国商标法》的规定，希望获得商标权的注册商标、指定商品的追加或者商标权的续展注册，进行缴纳相应的注册费和续展费。具体注册费用标准、缴纳方法和缴纳期限等必要事项，由韩国知识经济部令规定。

3. 核准注册前的损失补偿请求权

根据《韩国商标法》的规定，在申请公告后，申请人对于该商标注册申请指定商品相同或近似商品，可以向将与该商标注册申请的商标相同或近似商标的使用者发出书面警告。申请人在提出商标注册申请的副本时，申请公告前也可以提出书面警告。商标注册申请获得注册后，提出警告的申请人（商标权人）可以就提出书面警告到注册商标权期间所发生的由于使用该商标所造成的业务上的损失，请求相当的补偿金。该请求权的行使不影响商标权的行使。

（三）注册商标权保护期限

根据《韩国商标法》的规定，注册商标权的保护期为自核准注册之日起10年。商标权的保护期限，按照商标权人的续展申请，每10年可以更新续展。续展申请应在商标保护期届满前1年内提交。期满后享有6个月的宽展期。商标权保护期限续展注册自原保护期届满之日的次日起生效。

三、商标的许可与转让

（一）商标许可使用

在《韩国商标法》上，商标权人可以对其商标权设定独占使用许可和普通使用许可。但对于业务商标、集体商标或证明商标则不能设定独占使用许可。独占许可使用权人在设定行为规定的范围内，享有独占使用在指定商品的注册商标的权利。

独占许可使用权人应当在该商品上标示自己的姓名或名称。除以遗产继承或者其他概括继受外，未经商标权人的许可，不得转移独占许可使用权。未经商标权人的许可，不得设定将其独占许可使用权为目的的质权或普通许可使用权。

普通许可使用权人在其设定的行为规定的范围内，享有使用在指定商品的注册商标的权利。该权利不具有排他性。同样，除以遗产继承或者其他概括继受外，未经商标权人的许可，不得转移普通许可使用权。未经商标权人的许可，不得设定将普通许可使用权为目的的质权。

（二）商标权的转让

《韩国商标法》规定，注册商标权可以按照每个指定商品进行分割转移。此时，类似指定商品必须一同转移。如果存在商标权共有时，未经其他全部共有权人的同意，各共有权人不能转让其份额，不能就其份额设定质权，也不能设定该商标权的独占许可使用权或者普通许可使用权。另外，《韩国商标法》还规定，业务商标不能转让，集体商标不能转让，也证明商标不能转让，而且均不能设定质权。

四、商标权的限制

（一）正当使用限制

依照《韩国商标法》，在注册商标申请日前或同日申请的专利权与商标权相抵触的情形下，该专利权保护期届满时，原专利权人在原专利权的范围内，有权在该注册商标的指定商品相同或者近似的商品上，使用该注册商品相同或近似商标的权利。在注册商标申请日前或同日申请的专利权与商标权相抵触的情形下，该专利权保护期届满时，在原专利权的范围内，对期届满时存在的专利权的独占许可使用权，或者对其专利权或者独占许可使用权具有《韩国专利法》第 118 条第 1 款的效力的普通许可使用权人，在原权利的范围内对与该注册商标的指定商品相同或类似的商品具有使用该注册商品或近似商标的权利，但此情形非以不正当竞争为目的。同时，对于该商标具有使用权的人，应当向商标权人或独占许可使用权人支付相应的代价。上述正当使用的情形下，商标权人或独占许可使用权人可以请求对该商标具有使用权的人进行必要的区别标记，以免对方商品与自己商品产生混淆。同时，如果对商标享有使用权的人转移该商标使用权时，必须得到商标权人或独占许可使用权人的同意。

（二）在先权利限制

按照《韩国商标法》的规定，商标权人、独占许可使用权人或普通许可使用权人使用其注册商标时，按照该商标的使用状态，与该商标注册申请前申请的他人的专利权（包括发明专利、实用新型专利和外观设计专利）或者他人的著作权相抵触时，对在指定商品中相抵触的指定商品的商标使用未经专利权人或者著作权人的同意，不能使用该注册商标。

（三）在先使用限制

根据《韩国商标法》的规定，与他人的注册商标相同或者近似的商标使用于与其指定商品相同或类似的商品的人，在具备下列所有条件时，可以继续将该商标使用于该商品：第一，无不正当竞争之目的，在国内于他人商标注册申请前一直使用；第二，该使用结果在他人的商标注册申请时，国内消费者能够识别该商标指向特定人的商品。在此情形下，商标权人或者独占许可使用权人可以向在先使用人请求进行适当的区别标记，以免混淆或误认自己的商品和在先使用人的商品。

五、商标侵权与救济

（一）商标侵权行为及判定标准

《韩国商标法》规定，注册商标的保护范围按照商标注册申请书上记载的商标决定。指定商品的保护范围按照在商标注册申请书或商品分类转换注册申请书上记载的商品决定。

根据《韩国商标法》的规定，如果存在下列各项行为的，在韩国被视为侵犯商标权：第一，将与他人的注册商标相同的商标使用在与该指定商品类似的商品，或者将与他人的注册商标近似的商标使用在与该指定商品相同或类似的商品；第二，将与他人注册商标相同或近似的商标使用在与该指定商品相同或类似的商品，或者以使用为目的投递、销售、伪造、仿造或者携带；第三，伪造或者仿造他人的注册商标或者以伪造或仿造为目的制造、投递、销售或者携带其工具；第四，将显示与他人的注册商标或者与该注册商标相近似的商标指定商品相同或者类似的商品转让或者以交付为目的携带。

如果存在下列各项行为的，在韩国被视为侵犯地理标志集体商标权：(1）将与他人的地理标志集体商标近似的商标使用在与该指定商品相同的商品；(2）将与他人的地理标志集体商标相同或近似的商标使用在与该指定商品相同商品，或者以使用为目的投递、销售、伪造、仿造或者携带；(3）伪造或者仿造他人的地理标志集体商标或者以伪造或仿造为目的制造、投递、销售或者携带其工具；(4）将显示与他人的地理标志集体商标相同或近似的商标指定商品相同的商品转让或者以交付为目的携带。

(二) 救济途径与法律责任

1. 民事救济

(1) 停止侵害请求权。商标权人或独占许可使用权人对于侵犯自己商标权的人，或可能进行侵犯的人，可以提出请求停止或者预防其侵权。

(2) 损失额的推定。商标权人或者独占许可使用权人向故意或者过失侵犯自己商标权的人要求赔偿损失时，在侵权人转让侵权商品的情况下，商标权人的损失额可依下列方式推算：该转让物品数量乘以权利人在没有侵权的情况下所能销售的单件产品的利润。此时，赔偿额度不得超过如下额度：权利人原本能够生产的产品数量减去已出售产品数量乘以单件产品利润。权利人向故意或过失侵犯自己商标权的人要求赔偿因其侵犯所受到的损失时，侵权人因侵害行为所获得的利润推定为权利人所遭受的损失。权利人向侵权人要求赔偿损失时，可以要求赔偿对该注册商标的使用通常能够取得的收益作为权利人遭受的损失。如果实际损失超过前述数额的，超过的数额也可以损失请求赔偿，此时法院将参考侵权人是否存在故意或重大过失确定损失赔偿额。如果法院在认定损失时，因案件性质非常难以证明实际损失的，法院可以基于具体的证据和辩论意见，确定一个合理的赔偿数额。

(3) 法定损害赔偿请求。《韩国商标法》规定，权利人将与自己使用的注册商标相同或近似的商标使用在与该指定商品类似或相同的商品，对于故意或过失侵权者，除按照前述推定额请求赔偿外，还可在 5 000 万韩元范围内以合理数额作为损害额请求赔偿。具体数额由法院根据案件情况合理确定。

(4) 恢复名誉。对于因侵犯商标权而损害权利人商业信誉的人，根据权利人的请求，可以在损害赔偿之外，命令采取必要措施恢复权利人的商业信誉。

2. 刑事救济

(1) 侵害罪。在韩国，对于侵犯商标权的人，可处以 7 年以下的劳动监禁或 1 亿韩元以下的罚金。

(2) 虚假标示罪。违反《韩国商标法》第 224 条规定（禁止虚伪标示）的人，处 3 年以下劳动监禁或 2 000 万韩元以下的罚金。

(3) 欺诈罪。通过欺诈或其他不正当受到获得商标注册、指定商品追加注册、续展注册、商品分类转换注册或复审决定的人，处 3 年以下劳动监禁或 2 000 万韩元以下的罚金。

第四节　蒙古国商标法律制度

一、概　　述

蒙古国商标法全称为《蒙古国商标及地理标志法》。该法于1997年2月1日颁布实施，经2003年、2010年两次修订。现行法为2010年修订本，包括8章34条。

蒙古国商标法律制度与国际接轨度较高，现已加入大多数与商标保护相关的国际公约或协定，是《保护工业产权巴黎公约》《商标国际注册马德里协定》及世界知识产权组织的成员方之一。1985年4月21日，加入《商标国际注册马德里协定》。2001年6月16日，加入《商标国际注册马德里协定有关议定书》，且同属于协定、议定书成员方。在如何处理国际条约与国内法的关系问题上，《蒙古国商标及地理标志法》规定：“蒙古国加入的国际条约中的规定与本法不一致的，适用国际条约的规定。”

二、商标的取得、续展与变更

（一）商标注册条件

1. 注册原则

商标注册是确定商标专用权的法律依据。蒙古国商标法对商标注册的申请人、商标注册应具备的条件、申请的原则均作了具体的规定。在蒙古国，自然人或者法人在生产商品或者提供服务的时候，均可申请注册商标，商标权基于注册而产生。可注册的商标种类包括商品商标、服务商标、集体商标和证明商标。商标权取得遵循在先申请原则。依照该国商标法的规定，商标权授予最新申请人。同时，该国商标法第7条还对商标优先权作了具体的规定。

2. 注册条件

在蒙古国，可作为商标注册的构成要素包括：文字、图形、字母、数字、三维标志、颜色、声音和气味等，以及上述要素的组合。关于商标注册的条件，可以分为实质条件和形式条件，实质条件是指商标注册的实体条件，形式条件是指商标注册的程序条件（见商标注册申请与审查部分）。在实体条件上，根据蒙古国商标法的规定，商标权以注册取得为原则，申请注册的商标一般需要具有显著性、识别性、合法性和非冲突性（不得与他人在先取得的合法权利相冲突）。

《蒙古国商标及地理标志法》第5条对不能作为商标的情形、不得作为商标注册的情形，以及不予注册的情形，分别作了具体的规定。其中，不能作为商标的情形包括：第一，常用的术语、形状或者其他标志，不具备显著性的字母和数字；第二，商品或服务的通用名称，以及表示数量、大小、重量、质量、用途、价格、生产地点、时间或方法的文字或者图形；第三，商品常见的形状或者包装；第四，地图或者地图上的某个地点。

不得作为商标注册的情形包括：第一，含有蒙古国或者其他国家的国徽、国旗或其他国家标志，官方标志，国际组织、政府性或非政府性组织的全称或者简称，或者与前述标志相同或者近似的标志；第二，复制知名人物的全名或者名字的缩写、肖像、照片或其签名，但经本人或其继承人同意的除外；第三，以贬低的方式复制蒙古国历史人物的名字、假名、肖像、照片或者直接指代该人物的称呼；第四，以贬低的方式复制蒙古国历史或文化遗址的名称或者标志；第五，与国家勋章、奖牌或者其他奖章相同或者近似的标志，或者与表示控制和保证的官方标志相同或者近似的；第六，有悖于公序良俗的标志；第七，标志带有欺骗性或容易使消费者对商品或者服务的性质、质量、原产地或其他特点产生误认的。

不予注册的情形包括：第一，就同样的商品或者服务项目申请注册的商标与他人在先注册或申请的商标相同的；第二，就类似商品或者服务项目申请注册的商标与他人在先注册或申请的商标相同或者近似，其使用容易导致相关消费者误认的；第三，不论商品或者服务项目的类别，申请注册的商标与他人的驰名商标（即使未注册）相同或者近似，其使用容易导致相关消费者的误认，且申请人具有利用他人的驰名商标牟取不当利益、损害驰名商标权人利益的嫌疑的；第四，与他人在先的著作权或者其他工业产权相冲突的。

（二）商标注册程序

1. 申请注册要求

在蒙古国，商标申请遵循的是单一性原则，即一份申请仅限于 1 个商标。申请注册商标应符合规定手续。在语言上，要求使用蒙古语。如果申请商标注册使用外文的，需要翻译成蒙古语或者提供相应的翻译文本。

2. 注册部门及联系方式

蒙古国知识产权局主管全国的知识产权事务，包括办理商标注册。蒙古国知识产权局下设有商标注册管理处，专门负责蒙古国商标的注册及管理工作。

3. 注册申请与审查程序

第一步：确定申请日。知识产权局自收到商标注册申请书之日起 20 日内，审查该申请文件和信息是否齐全。官方收到申请书之日视为该商标注册的申请日。若知识产权局经审查发现申请人提供的文件或者信息不完整或者不符合规定的，知识产权局会向申请人发出书面补正通知，要求申请人在 2 个月内对申请进行补正。申请人按照要求进行补正的，商标申请日予以保留。若申请人未按照要求进行补正或者未补正的，则该申请将视为撤回。若申请人超过期限提交补正的，则之前的申请日不予保留，该申请将视作新的申请，申请日为官方收到补正的日期。若申请人在官方展会上展出其商品后6个月内提交商标注册申请的，商品展出的日期将视作该商标的注册申请日。不过，申请人需要在提交商标注册申请的同时，提供参展的证明。

第二步：商标审查。知识产权局在商标注册申请受理后，将会对所申请的商标进行实质性审查，以确定其是否符合该国商标法的相关规定。根据审查结果，知识产权局会在商标申请之日起12个月内做出是否核准注册的裁定；如有特殊情形，审查期限可以延长6个月。经审查，如果申请商标不符合规定的，知识产权局会书面通知申请人。申请人在收到该通知之日起3个月内未能提供合理答复，则知识产权局将做出驳回该商标申请的决定。申请人如不服审查结果，可以在收到该决定之日起30日内向知识产权局提出复审。

第三步：核准注册。如果知识产权局做出核准商标注册的决定，则知识产权局会向国家商标注册处备案，颁发注册证书，并将商标注册申请的相关材料归档。

蒙古国商标注册申请与审查的具体流程如图1－2所示。[1]

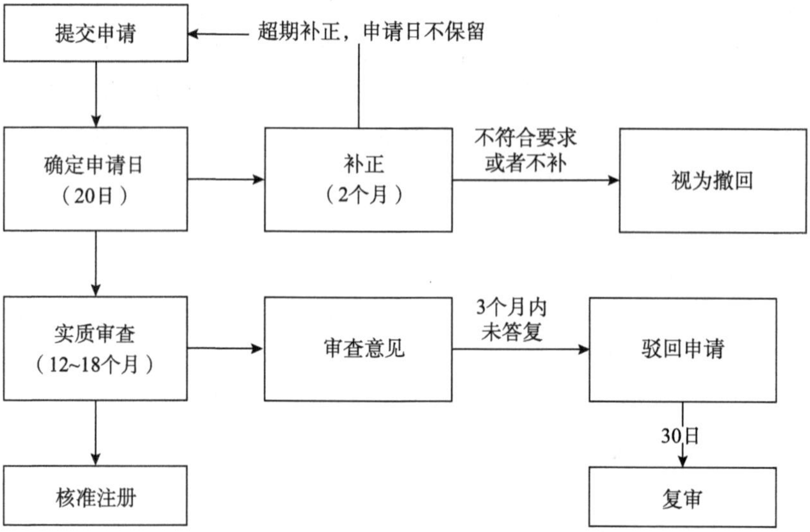

图1－2　蒙古国商标注册申请审查

[1] 胡杰．蒙古国知识产权环境研究报告［R/OL］．［2017－01－03］．http：//www.cnips.org/baogao/report.asp.

4. 注册登记及相关费用

在蒙古国，申请商标注册，包括后续的商标续展，均应当按照《蒙古国印花税法》的规定，缴纳规定的税费。按照商标法的规定，商标注册与续展的税费应当自注册或续展决定做出之日起3个月内缴纳。

（三）商标权的续展与变更

在蒙古国，注册商标有效期为10年，自申请之日起计算。期满后如果需要继续使用的，商标注册人应当在期满前一年内向知识产权局办理续展申请。在此期间未能办理的，可以给予其6个月的宽展期。每次续展注册的有效期也为10年，自该商标上一届有效期满的次日起计算。需要注意的是，对于商标的续展申请，申请人不得对商标进行任何的改变，也不得增加指定的商品或者服务类别。

如果注册人的名称或者地址发生变更的，注册人需要在变更之日起6个月内书面通知知识产权局。知识产权局会颁发相应的变更证明，所变更的信息将会在国家商标注册处进行登记。

根据蒙古国商标法的规定，如果存在下列情形，知识产权局可以注销商标注册：第一，商标续展申请未在6个月的宽展期内提交的；第二，商标权人书面宣布放弃商标权的；第三，商标权人解散但未将商标权转让给其他人，或者未通过许可使用合同的方式许可给其他人的；第四，商标连续5年未使用的，有正当理由除外。

如果已注册的商标违反《蒙古国商标及进理标志法》第5.2条（不能作为商标的情形）、第5.3条（不能作为商标注册的情形）、第5.4条（不予注册的情形）的规定，任何利害关系人均可以向法院宣告该注册商标无效。如果法院认为无效宣告请求合理充分的，将会做出该注册商标无效的决定，并通知知识产权局。

三、商标的许可与转让

（一）商标许可使用

根据该国商标法的规定，商标权人可以通过许可合同的方式将商标的全部或者部分商品/服务项目许可他人使用，但许可合同中必须对许可使用的商品或服务项目的质量要求和监控做出明确规定。

需要注意的是，在蒙古国，商标许可使用合同自向知识产权局登记之日起生效，许可合同需要载明的事项包括：第一，商标使用的方式、范围和期限；第二，许可使用的商品/服务项目的质量要求和监控；第三，合同双方的权利和义务；第四，商标许可使用费和支付的方式；第五，许可合同的覆盖区域。

(二) 注册商标的转让

在蒙古国，商标权的转让方式包括：继承和其他方式。商标权人可以通过继承或者其他方式将其名下商标的全部或者部分商品/服务项目转让给其他人。蒙古国商标法明确规定，商标转让必须通过转让双方签订书面协议的方式进行；如果双方同意的，可以对协议进行公证。商标转让协议必须经知识产权局登记，且转让自登记之日起生效。

根据蒙古国商标法的规定，如果存在下列情形，权利人丧失商标权：第一，根据法律规定或者合同约定，对商标权的全部转让；第二，商标权人的死亡或者商标权人被宣告死亡；第三，法人的解散且没有发生转让；第四，法律规定的其他事由。

四、地理标志保护之特殊规定

(一) 地理标志的注册条件和程序

1. 地理标志注册条件

地理标志是指标示产品来源于一国领土或该领土的一个地区或地方的标志，该产品的特定质量、声誉或其他特征本质上取决于其地理来源。在蒙古国，地理标志的注册需要满足关联性要素这一构成要件。其商标法规定，一个能够指明某产品原产于该地点的地名，应当注册为地理标志。蒙古国商标法对不能作为地理标志的情形和不能获得地理标志注册的情形分别作了具体规定。其中，不能作为地理标志的情形包括：第一，不满足《蒙古国商标及地理标志法》第3.1.4条规定的地理标志概念的；第二，在蒙古国境内已经成为表示某种商品的通用名称，而不考虑该产品的产地。

不能作为地理标志注册的情形包括：第一，在相同商品上与在先注册的地理标志或者商标相同的；第二，在类似商品上与他人在先注册的地理标志或者商标相同或者近似，其使用容易导致相关消费者混淆可能性的；第三，不论商品的属性，申请注册的地理标志与他人的驰名商标（即使未注册）相同或者近似，其使用可能导致相关消费者混淆可能性的，申请人具有利用他人的驰名商标牟取不正当利益、损害驰名商标权人利益的嫌疑的。

2. 地理标志注册程序

在蒙古国，地理标志的注册申请应当由在特定地点生产商品且该商品的特性与该地点相关联的自然人或者法人向蒙古国知识产权局提交。

在蒙古国，地理标志的审查程序遵循商标审查程序的相关规定。获得核准注册的地理标志，知识产权局将会向国家地理标志注册处备案，颁发注册证书，并将相关的申请材料归档。与普通商标注册相同，地理标志注册也应当依照《蒙古国印花税法》的规定支付税费，自注册决定做出之日起3个月内缴纳。由知识产权局对核准注册的地理标志进行公告。

3. 地理标志的保护期限

根据蒙古国商标法的规定，地理标志的保护时间自申请之日起计算，且没有期限限制。当产品的特性与该地理环境和固有的人为因素的联系不复存在时，该地理标志不再受到保护。

（二）地理标志的使用

根据该国商标法的规定，只有地理标志的注册人才有权在其生产活动中使用该地理标志，且该注册人的永久居住地是商品生产地。以下行为都属于对地理标志的使用：（1）将地理标志使用在产品、包装或容器上；（2）进口或者出口标有地理标志的产品；（3）在信函、说明书或者其他与产品活动相关的文件中，以及在广告或者在互联网上使用地理标志。

（三）地理标志注销和无效

蒙古国知识产权局基于以下情形，可以撤销商标注册：第一，地理标志使用者书面宣布放弃地理标志使用权的；第二，地理标志的使用者解散但未将地理标志的使用权转让给其他人的；第三，地理标志已经成为产品的通用名称的。

对于违反《蒙古国商标及地理标志法》规定的“不能作为地理标志”“不能作为地理标志获得注册”情形并已注册的地理标志，任何利害相关人可以向法院请求宣告无效。如果法院认为无效宣告请求合理充分的，将会做出该注册地理标志无效的决定，并通知知识产权局。

五、商标侵权与救济

（一）一般规定

依照《蒙古国商标及地理标志法》的规定，商标注册人拥有以下权利：第一，持有、使用和放弃注册商标；第二，在商品和服务项目上使用注册商标；第三，通过许可使用合同许可他人使用其商标；第四，将商标转让给他人；第五，向知识产权局请求出具与该注册商标相关的信息或者证明文件；第六，注册商标被他人不法使用以及商标权受到侵犯时，要求停止侵权、维护商标权；第七，要求停止使用与其注册商标相同或者近似的商标并请求损害赔偿，但是他人在商标注册申请之日前使用的除外。

地理标志的使用者拥有以下权利：第一，在产品上使用地理标志；第二，向知识产权局请求出具与该地理标志相关的信息或者证明文件；第三，当地理标志被他人使用在非产自该地理区域的产品上，且该使用会导致对产品真实来源产生混淆可能性的，要求停止使用、维护被侵犯的权利以及请求赔偿损失；第四，如果地理标志被他人使用在类似产品上，并因此利用或者有损该地理标志的声誉的，要求停止使用、维护被侵犯的权利以及请求赔偿损失。

（二）救济途径与法律责任

根据上述商标权与地理标志使用权的范围可知，在蒙古国，未经商标权人或地理标志使用权人的同意，在相同或者类似商品或者服务上使用与注册商标相同或者近似的商标的，构成侵犯他人商标权的行为。针对相关的侵权行为，权利人可以向法院起诉寻求救济。

在蒙古国，知识产权侵权人可能承担民事、行政、刑事三种法律责任，但该国对知识产权的保护主要以行政保护为主，运用行政手段调处相关的知识产权纠纷，制裁侵权行为。法律规定，对于违反商标及地理标志法的规定、尚未构成刑事犯罪的侵权行为，国家督查员可以对侵权的自然人、法人或者其他组织分别处以5万~25万图格里克的罚款。法官可以对侵权的自然人、法人或者其他组织分别处以50万~250万图格里克的罚款，并且可以决定将非法使用商标或者地理标志的所得判归商标权人或者地理标志使用权人，或者决定将销售产品的非法所得上缴国库并停止相关的生产或者服务活动。[1]《蒙古国刑法典》第68条（非法使用商标和商业机构名称罪）规定，他人伪造商标造成相当大损害的，对使用商标或名称从事制造类似商品的外国人或国内经营者，处以最低工资的100~250倍的罚金，100~200个小时的劳动改造，不低于3~6个月的监禁或2年的有期徒刑。

在蒙古国，因商标或者地理标志侵权而引起的损害赔偿，其商标法对赔偿数额等问题未作单独规定，而是完全融入《蒙古国民法典》，由法院依据《蒙古国民法典》的相关规定予以解决。

（三）驰名商标

该国商标法规定，驰名商标是指在蒙古国领土内相关领域已经成为众所周知的商标。关于驰名商标的保护，蒙古国采取的是全方位的跨类保护制度，保护范围扩大到了不相同或者不相类似的商品或服务类别。《蒙古国商标及地理标志法》第5.4.3条规定，不论商品或者服务项目类别，申请注册的商标与他人的驰名商标（即使未注册）相同或者近似，其使用容易导致相关消费者误认，且申请人具有利用他人的驰名商标牟取不当利益、损害驰名商标权人利益

[1] 胡杰. 蒙古国知识产权环境研究报告［R/OL］.［2017-01-07］. http://www.cnips.org/baogao/report.asp.

的嫌疑的，不能获得商标注册。但蒙古国商标法对驰名商标的认定仅规定知名度的要求，未对驰名商标的使用持续时间、宣传程度范围、保护记录等条件作进一步的规定。

第五节 本章小结

本章通过对日本商标法、韩国商标法和蒙古国商标法的考察，发现三国结合自身的国情，均作了颇为独特的制度安排。这些国家商标立法的特殊性及与我国商标法律制度的具体差异体现如下。

一、日本商标法律制度

我国与日本现行商标法律制度在具体内容上，拥有诸多共性特征。比如，在商标的构成要素上，两国商标法都规定声音可以申请商标注册；在商标的注册条件和程序，注册商标有效期，优先权制度，商标侵权与救济等方面均有比较近似的规定。但同时，由于两国国情不同，发展历史与现实经济、政治和文化等方面区别较大，因此在商标立法体例及具体保护规定上，也存在一些显著的差异。其中，日本商标法上的商标申请公告制度、核准注册前的金钱请求权制度、商标许可使用制度（日本商标法上对于商标使用许可的规定仅有两种类型：普通使用许可和独占使用许可，没有排他许可制度、驰名商标保护制度（日本称为防御商标制度）以及商标权的侵权判定及救济规则等方面，与我国均存在较大差别。

我国《商标法》自 1982 年颁布实施以来，已经过 1993 年、2001 年、2013 年三次大的修订，现行商标法共有 8 章 73 条。商标法的颁布实施和修订在我国知识产权法制建设进程上具有里程碑式的意义，对推动我国社会主义市场经济的发展做出巨大贡献。2016 年我国的商标注册申请量已达 352.7 万件，连续 15 年稳居世界第一。[1] 2016 年，地方各级人民法院新收商标类民事一审案件为 27 185 件，同比增长 12.48%。[2] 商标保护与商标事业均取得显著成就。但与此同时，我国现行商标法律制度仍有所不足，日本商标法律制度的特殊之处，包括商标使用制度、防御商标制度、商标侵权救济等方面，对完善我国商标法律制度具有很高的参考价值。

---

[1] 国家工商总局商标局. 2016 年度各省、自治区、直辖市商标申请与注册统计表［EB/OL］.［2017－05－05］. http：//sbj. saic. gov. cn/tjxx/.

[2] 人民法院报. 中国法院知识产权司法保护状况（2016）［R/OL］.［2017－05－05］. http：//www. chinacourt. org/article/index/id/MzAwNAAhMwMiAAA%3D. shtml.

二、韩国商标法律制度

通过对韩国商标法律制度内容的考察发现，该国商标法体系之完备、复杂和具体性，颇值得学习。尤其值得一提的是，该国商标法在 2016 年还进行较大幅度的修订。其中，商标法内容上的共性特征如两国商标法都规定声音可以作为商标的构成要素，均对集体商标、驰名商标保护作了规定，在商标的注册条件和程序、注册商标有效期、商标侵权与救济等方面也都有共同之处。同时，由于两国国情不同，发展历史与现实经济、政治和文化等方面区别较大。比如，韩国商标法上，商标构成要素不仅包括普通的文字、符号、图形、三维标志、颜色组合等可视性标志，而且规定声音、气味等非视觉元素，只要能以记号、文字、图形或者其他能够以视觉的方式生动表现，均可作为商标注册。我国商标法 2013 年修订时，在商标的构成要素上引入了非可视性的声音商标，但对于气味的可注册性问题，尚未获得立法上的认可。此外，韩国商标法在商标的类型、商标禁止注册事项、注册商标无效宣告、商标核准注册前的损害补偿请求权制度、商标许可使用制度等方面，也与我国存在较大差异。总体而言，韩国商标法是十分先进的。其商标法律制度与该国的经济发展水平相适宜，对于推动韩国经济发展和品牌强国建设起到了重要的推动作用，值得我国学习和借鉴。

三、蒙古国商标法律制度

与我国商标法相比，蒙古国商标法具有下列独特之处：第一，该国商标法规定，声音和气味均可以成为商标的构成要素。第二，该国商标法规定，商标的无效宣告是由任何利害相关人向法院申请，由法院做出商标无效决定，并通知知识产权局。在我国，则是向商标评审委员会提出申请。第三，关于商标许可使用合同的生效条件。蒙古国商标法规定，商标许可使用合同自向知识产权局登记之日起生效。我国商标法规定，商标许可使用合同自签订时生效，但需要报商标局备案。第四，在商标转让权转移问题上，蒙古国商标法规定商标权转移发生在完成合同登记之日。我国商标法规定，商标权自转让注册商标核准注册公告之日发生转移。第五，驰名商标认定上，蒙古国驰名商标仅有知名度的要求，而没有如我国商标法上的对驰名商标的使用持续时间、宣传的程度范围、保护记录等条件限制，等等。蒙古国商标法的诸多规定对我国商标法的完善也具有一定的启示意义。

第二章　中亚地区商标法律制度

第一节　区域概况

一、区域总体情况与投资环境概述

（一）区域总体情况

本区域主要包括中亚五国（哈萨克斯坦共和国、塔吉克斯坦共和国、乌兹别克斯坦共和国、吉尔吉斯斯坦共和国、土库曼斯坦共和国）。除土库曼斯坦和乌兹别克斯坦以外，其他三个国家均与我国领土相邻。在“一带一路”分布图上，中亚五国处于“一带一路”的窗口地带，地理位置十分重要，是“丝绸之路经济带”的建设前沿。

中亚五国地处我国新疆以西、里海以东的亚欧大陆腹地。其中，哈萨克斯坦还是横跨亚欧大陆的国家。俄国十月革命后，中亚五国成了苏联的一部分。苏联解体后，中亚五国分别独立，成为主权国家，但是仍与俄罗斯保持着密切联系。截至2013年，这五个国家均为“独联体”（CLS）的成员，故中亚有俄罗斯的“后院”之称。该地区总人口数近6 700万人（据2013年数据统计）。其中，乌兹别克斯坦最多，达2 900多万；哈萨克斯坦次之，约1 700万；吉尔吉斯斯坦最少，不到600万。中亚地区是以伊斯兰教为主的多宗教地区，主体民族哈萨克、乌兹别克、吉尔吉斯、土库曼、塔吉克族都是信仰伊斯兰教的民族。此外，其他民族群众普遍信仰伊斯兰教，至今信教人数在其人口中仍占有相当大的比重，这是在该地区开展贸易活动尤其需要注意的问题。中亚各民族都有自己的语言，除本民族语言外，俄语是该地区的通用语。

历史上，中亚是古丝绸之路的必经之地。2013年9月7日，习近平主席在哈萨克斯坦纳扎尔巴耶夫大学发表重要演讲，首次提出了加强政策沟通、道路联通、贸易畅通、货币流通、民心相通，共同建设“丝绸之路经济带”的倡议。2016年6月22日，习近平主席在塔什干乌兹别克斯坦最高会议立法院发表题为“携手共创丝绸之路新辉煌”的重要演讲，为推动“一带一路”建设向更高水平、更广阔空间迈进产生巨大影响。在"一带一路"建设背景下，中国与中亚国家之间的合作水平不断提高，交往不断加强，在诸多领域取得了重要成果。当前，随着"一带一路"建设的稳步、深入推进，我国与中亚国家的合作进一步深化，前景十分光明。

（二）区域经济状况

中亚五国属于小国经济。同时，各国之间经济总量差距很大，发展水平很不平衡。用 GDP 总量来衡量，2014 年中亚五国经济总量为 3 450.94 亿美元。其中，哈萨克斯坦一国占中亚五国经济总量的 63%，达 2 178.72 亿美元。其他四国中，乌兹别克斯坦为 626.44 亿美元，占 18%；土库曼斯坦为 479.32 亿美元，占 14%；塔吉克斯坦为 82.42 亿美元，占 3%；吉尔吉斯斯坦为 72.04 亿美元，占 2%。[1] 中亚各国经济主要依靠能源、大宗原料商品和外来汇款，受外来因素影响大，经济增长波动幅度较大，物价水平反复变化。

近年来，随着国家领导人的互访不断，中国对中亚各国的投资逐年增加，与这些国家经济合作的范围不断扩大。截至 2014 年年底，中国与中亚国家的贸易额达 450 亿美元。[2] 随着"一带一路"建设的稳步推进，我国与中亚各国在能源、交通、科技、农业等领域的投资和经贸往来将进一步加强。"丝绸之路经济带"的建设，为中国与中亚地区的经贸合作注入了新的活力。

（三）区域投资环境

（1）哈萨克斯坦。哈萨克斯坦是中亚地区经济发展最快、政治局势比较稳定、社会秩序相对良好的国家。哈萨克斯坦自独立以来，坚持奉行积极吸引投资的政策，并加强有关立法工作。1997 年，哈萨克斯坦颁布《哈萨克斯坦吸引外国直接投资的优先经济领域的清单》和《与投资者签订合同时的优惠政策》。近年来，又先后通过《国家支持直接投资法》等多部法律法规，对投资者做了各种保证。同时，哈萨克斯坦还加入国家与自然人或法人之间投资纠纷协调公约组织（ICSID），已与英国、美国、法国、俄罗斯等国家签订保护投资的双边协议。2015 年 12 月，哈萨克斯坦成为 WTO 正式成员。从目前来看，哈萨克斯坦尤其希望外国投资者对哈萨克斯坦中小企业的新技术、加工及服务领域进行再投资，同时希望外国投资者转变投资观念，关注基础领域如农业以及可再生能源等新经济领域的投资潜力。

---

[1] 徐坡岭．对中亚国家经济的几点思考［EB/OL］．(2016－10－17)［2016－11－04］．http://mt.sohu.com/20161017/n470506324.shtml.

[2] 李金金．专家："一带一路"为中国与中亚经贸合作注入新活力［EB/OL］．(2016－09－01)［2016－11－04］．http://www.dss.gov.cn/News_wenzhang.asp? ArticleID＝395818.

多年来，在良好的投资环境下，大量外国投资者不仅扩大对哈萨克斯坦投资规模，而且进入相关经济领域，为哈萨克斯坦非能源领域发展提供了必要的资金。世界经济论坛《2014～2015年全球竞争力报告》显示，哈萨克斯坦在全球最具竞争力的144个国家和地区中，排名第50位。世界银行《2015年经商环境报告》显示，哈萨克斯坦在189个经济体中排名第77位。2016年3月22日，亚洲经济体竞争力排名第12位。❶

（2）吉尔吉斯斯坦。吉尔吉斯斯坦的经济自由度较高，市场准入较宽松，过境运输优势明显。但同时，该国法制建设仍处于完善过程之中，执法不严、对外资的传统偏见、腐败现象等情况仍对吉尔吉斯斯坦投资环境有较大影响。值得注意的是，该国是中亚地区第一个加入WTO的国家。世界经济论坛《2014～2015年全球竞争力报告》显示，吉尔吉斯斯坦在全球最具竞争力的144个国家和地区中，排名第108位。世界银行发布《2015年经商环境报告》显示，吉尔吉斯斯坦在全球189个经济体中排名第102位。❷

（3）塔吉克斯坦。塔吉克斯坦政治局势相对稳定。该国实行对外开放的经济政策，为经济发展创造了有利条件。但在塔吉克斯坦投资也存在诸多不利因素：一是当地的交通、电力基础设施比较落后，与邻国关系不睦又使这一问题更加突出。企业货物运输常因自然及人为原因受阻，工程承包及投资项目的设备、原材料及产品成本较高，运输周期较长。二是塔吉克斯坦政府部门执法过程中随意性较大，这在造成运营成本增加的同时，加大了在塔企业，尤其是中小型企业的经营风险。而且塔吉克斯坦政府部门办事效率比较低，即使经营成本高企，也使项目启动阶段期限较长。三是融资难度和成本较大。塔吉克斯坦于2012年12月加入WTO，成为WTO第159个成员，是中亚地区继吉尔吉斯斯坦后第二个加入的国家。世界经济论坛《2014～2015年全球竞争力报告》显示，塔吉克斯坦在全球最具竞争力的144个国家和地区中，排名第91位。世界银行发布《2015年经商环境报告》显示，塔吉克斯坦在全球189个经济体中排名第166位。❸

（4）土库曼斯坦。土库曼斯坦政治稳定。该国油气资源储量丰富，地理位置优越，处于欧亚大陆中心地带，经济增长前景良好。不过，该国目前还不是WTO成员。2004年，美国政府与土库曼斯坦等5个中亚国家签署贸易与投资框架协议。2009年4月，欧洲议会批准了旨在放宽相互出口限制的《土库曼斯坦—欧盟贸易协定》。近年来，土库曼斯坦政府加大引资力度，利用各种机会宣

---

❶❷❸ 商务部国际贸易经济合作研究院，商务部投资促进事务局，中国驻哈萨克斯坦大使馆经济商务参赞处. 对外投资合作国别（地区）指南——哈萨克斯坦（2015年版）[R/OL]. [2016-11-23]. http://fec.mofcom.gov.cn/article/gbdqzn/.

传土改革开放政策和良好的投资环境。外资主要来自中国、日本、韩国、土耳其等国家，主要投资方向为能源、农业、化工、交通和通信等领域。

土库曼斯坦与中国保持着长期密切的经济贸易关系，并保持了较快的发展势头。中国与土库曼斯坦于1992年签署第一个政府间《经济贸易协定》，之后又签署了《鼓励和相互保护投资协定》《关于成立政府间经贸合作委员会协定》《对所得避免双重征税和防止偷漏税的协定》《中华人民共和国和土库曼斯坦关于土库曼斯坦向中华人民共和国增供天然气的协定》《中华人民共和国政府和土库曼斯坦政府在标准、计量和认证认可领域的合作协议》《中华人民共和国政府和土库曼斯坦政府经济贸易合作协定》等双边协议。而且，中国是土库曼斯坦第一大贸易伙伴国和天然气进口国。[1] 自2013年习近平主席到访土库曼斯坦后，两国之间在经贸、投资等领域的往来更加密切，推动"一带一路"建设不断取得新的成果。

（5）乌兹别克斯坦。乌兹别克斯坦地处中亚腹地，历史悠久，人文历史氛围浓厚。该国政局较稳定，生活成本较中亚周边国家处较低水平，生态环境良好，污染程度较轻，农产品种类丰富。乌兹别克斯坦经济发展较快，近5年GDP年增长率均超过8%。同时，乌兹别克斯坦为中亚第一人口大国，劳动力资源丰富。当地民风淳朴，对中国态度友好。所不足的是，该国计划经济色彩浓重，与国际接轨程度低，目前还不是WTO成员。世界银行发布的《2015年营商环境报告》显示，在全球189个经济体中，乌兹别克斯坦营商环境便利度排名第141位，比2014年上升8位。[2] 目前，中国是乌兹别克斯坦第二大贸易伙伴国和第一大投资来源国。近年来，两国之间的合作程度不断提升，尤其是随着诸多民营企业在当地的落地生根，取得很好的合作效果，给"一带一路"建设增添了新活力，前景甚好。

二、区域商标法律制度概述

（一）区域知识产权法律制度简介

近年来，中亚五国均重视经济社会的发展，重视对各项法律制度的建设，包括知识产权立法，并取得相应成效。

---

[1] 商务部国际贸易经济合作研究院，商务部投资促进事务局，中国驻土库曼斯坦大使馆经济商务参赞处. 对外投资合作国别（地区）指南——土库曼斯坦（2015年版）[R/OL]. [2016-11-23]. http://fec.mofcom.gov.cn/article/gbdqzn/.

[2] 商务部国际贸易经济合作研究院，商务部投资促进事务局，中国驻乌兹别克斯坦大使馆经济商务参赞处. 对外投资合作国别（地区）指南——乌兹别克斯坦（2015年版）[R/OL]. [2016-11-23]. http://fec.mofcom.gov.cn/article/gbdqzn/.

哈萨克斯坦的现行知识产权法律包括：《哈萨克斯坦商标、服务标记及原产地名称法》（1999 年颁布实施，经 2004 年、2012 年、2015 年三次修订），《哈萨克斯坦专利法》（1999 年颁布实施，经 2012 年、2015 年两次修订），《哈萨克斯坦著作权及相关权法》（1996 年颁布实施，经 2012 年、2015 年两次修订），《哈萨克斯坦微型集成电路布图设计保护法》（2001 年颁布实施，经 2012 年、2015 年两次修订），等等。

吉尔吉斯斯坦的现行知识产权法律包括：《吉尔吉斯斯坦著作权及相关权法》（1998 年颁布实施，经 1999 年、2003 年、2008 年、2011 年、2014 年五次修订），《吉尔吉斯斯坦专利法》（1998 年颁布实施，经 2003 年、2006 年、2013 年三次修订），《吉尔吉斯斯坦商标、服务标记及原产地名称法》（1998 年颁布实施，经 2003 年、2014 年两次修订），《吉尔吉斯斯坦传统知识保护法》（2007 年颁布实施），等等。

塔吉克斯坦的现行知识产权法律包括：《塔吉克斯坦著作权及相关权法》（1998 年颁布实施，2009 年修订），《塔吉克斯坦发明法》（2004 年颁布实施，2013 年修订），《塔吉克斯坦工业品外观设计法》（2004 年颁布实施，2012 年修订），《塔吉克斯坦商标及服务标记法》（2007 年颁布实施，2012 年修订），《塔吉克斯坦地理标志法》（2007 年颁布实施，2012 年修订），等等。

土库曼斯坦的现行知识产权法律包括：《土库曼斯斯坦发明与工业品外观设计法》（2008 年颁布实施，2013 年修订），《土库曼斯斯坦商标、服务标记及原产地名称法》（2008 年颁布实施，2013 年修订），《土库曼斯坦著作权及相关权法》（2012 年颁布实施），《土库曼斯斯坦植物新品种保护法》（2011 年颁布实施），《土库曼斯斯坦商业秘密法》（2000 年颁布实施，2012 年修订），等等。

乌兹别克斯坦的现行知识产权法律包括：《乌兹别克斯坦著作权及相关权法》（2006 年颁布实施），《乌兹别克斯坦发明、实用新型及外观设计法》（1994 年颁布实施，2008 年、2011 年两次修订），《乌兹别克斯坦商标、服务标记及原产地名称法》（2001 年颁布实施，2007 年、2011 年两次修订），等等。

从中亚五国现行法律制度体系来看，一方面，受苏联法律传统的影响，中亚各国的法律体例具有很多共性特征。比如，五国的民法典的体例安排有很多相似之处，包括知识产权法律在内的相关法律文件几乎都有俄语版本，等等。由于各国的发展情况不同，具体国情有别，因此其法律制度也各具特色。体现在知识产权法领域，例如，塔吉克斯坦有发明法和工业品外观设计法之分，并在商标法之外有专门的地理标志法；吉尔吉斯斯坦有专门的传统知识保护法；

土库曼斯坦有专门的商业秘密保护法。可见，各国结合自身的实际情况，对相关知识产权法律制度做了针对性的立法安排。

（二）区域商标法律制度概览

由于中亚地区在“一带一路”上的特殊地位，因此对该地区各国商标法律制度的考察便显得尤为必要。如上文所述，中亚五国的商标法律制度具体包括：《哈萨克斯坦共和国商标、服务标记及原产地名称法》（1999 年颁布实施，经 2004 年、2012 年、2015 年三次修订）；《吉尔吉斯共和国商标、服务标记及原产地名称法》（1998 年颁布实施，经 2003 年、2014 年两次修订）；《塔吉克斯坦共和国商标及服务标记法》（2007 年颁布实施，2012 年修订），《塔吉克斯坦共和国地理标志法》（2007 年颁布实施，2012 年修订）；《土库曼斯坦商标、服务标记及原产地名称法》（2008 年颁布实施，2013 年修订）；《乌兹别克斯坦商标、服务标记及原产地名称法》（2001 年颁布实施，2007 年、2011 年两次修订），等等。

综合来看，受历史因素、区位条件等因素的影响，中亚五国的商标法律制度既存在差异性，也存在一些共性特征，比如包括在商标法律制度的名称、具体的制度内容、制度变革历程等方面，均存在某些项类似的地方。尤其是在地理标志（原产地名称）的保护问题上，除塔吉克斯坦制定了专门的地理标志保护法之外，其他各国均在商标法制度体系下对地理标志的保护作了归纳，并且从国家层面的商标法律制度命名上对服务标记和原产地名称予以直观体现，颇为独特。

下文将重点结合哈萨克斯坦和乌兹别克斯坦的商标法律制度进行深入考察。

第二节　哈萨克斯坦商标法律制度

一、概　　述

哈萨克斯坦共和国商标法全称为《哈萨克斯坦商标、服务标记及原产地名称法》（以下简称《哈萨克斯坦商标法》）。该法于 1999 年颁布实施，经 2004 年、2012 年、2015 年三次修订。新法即现行法为 2015 年修订文本，共有 13 章 48 条。第 1 章为总则，第 2 章规定注册商标的法律保护与商标取得条件，第 3 章规定商标审查，第 4 章规定商标注册，第 5 章规定商标的使用，第 6 章规定商标注册效力的终止，第 7 章规定原产地名称的法律保护与取得条件，第 8 章规定原产地名称审查，第 9 章规定原产地名称使用权的登记与授权，第 10

章规定原产地名称的使用，第11章规定原产地名称法律保护效力的终止，第12章规定商标专用权与原产地名称使用权的保护，第13章是最后条款。

哈萨克斯坦已与全球190多个国家和地区建立起贸易联系，[1] 其商标法律制度与国际高度接轨，现已加入大部分与商标保护有关的国际公约或协定（见表2-1）。对于如何处理国际条约与国内法的关系问题，《哈萨克斯坦商标法》第2条第2款规定："哈萨克斯坦共和国加入的国际条约中的规定与本法不一致的，优先适用国际条约的规定。"

表2-1 哈萨克斯坦加入的与商标保护有关的国际条约

序号	条约名称	加入时间
1	与贸易有关的知识产权协定	2015年11月
2	建立世界知识产权组织公约	1991年12月
3	保护工业产权巴黎公约	1991年12月
4	商标国际注册马德里协定	1991年12月
5	商标国际注册马德里协定有关议定书	2010年12月
6	制止商品产地虚假或欺骗性标记马德里协定	尚未加入
7	商标注册用商品和服务国际分类尼斯协定	2002年4月
8	建立商标图形要素国际分类维也纳协定	尚未加入
9	保护奥林匹克标志的内罗毕条约	2011年3月
10	保护原产地名称及其国际注册里斯本协定	尚未加入
11	商标法新加坡条约	2012年9月
12	商标法条约	2002年11月

《哈萨克斯坦商标法》一个比较显著的特点是该法对原产地名称的保护吸纳，包括对原产地名称的取得条件、审查、登记与授权，以及原产地名称的使用等，都作了十分具体的规定。

二、商标权的取得、续展和变更

在哈萨克斯坦，可申请注册的商标类型包括商品商标、服务商标、集体商标。根据该国商标法的规定，商标权以注册取得为原则，申请注册的商标一般需要具有显著性、识别性、合法性和非冲突性（不得与他人在先取得的合法

[1] 商务部国际贸易经济合作研究院，商务部投资促进事务局，中国驻哈萨克斯坦大使馆经济商务参赞处．对外投资合作国别（地区）指南——哈萨克斯坦（2015年版）[R/OL]．[2016-11-23]．http：//fec. mofcom. gov. cn/article/gbdqzn/. 第35页。

权利相冲突）。该国商标法第5~7条对商标注册条件作了详细规定。

（一）商标注册条件

依照《哈萨克斯坦商标法》，商标注册条件包括积极条件和消极条件两个方面。

1. 积极条件

在积极条件上，表现为商标构成要素的法定性和商标的识别性要求。该国商标法第5条规定，图形、文字、字母、数字、声音和任何其他符号及其组合，以及任何颜色及颜色组合，只要能够将法人或自然人的商品/服务与其他法人或自然人的同类商品/服务相区别，即可作为商标注册。可见，只要是能够将不同主体提供的同类商品/服务相区别的标志，包括图形、文字、字母、数字、声音、颜色及其组合，在满足商标注册消极条件的基础上，均可作为商标申请注册。

2. 消极条件

在消极条件上，表现为商标注册的显著性要求以及合法性和非冲突性要件。

一是缺乏显著性的标志不能作为商标注册，包括：（1）商品和服务的通用名称；（2）通用的符号和术语；（3）表明商标的形状、质量、数量、特征、名称、商品用途，以及表示商品生产或销售的地点和时间的标志；（4）国际上用于表示非专利医药品的名称；（5）被用来直接描述商品或服务的标志。但如果上述标志在商标中不占有显著地位，则可以作为商标中不受保护的构成要素，不构成商标整体注册的障碍。

二是混淆可能性标志一般不能作为商标注册，包括：（1）一国国徽、国旗和国家标志；（2）国际组织的简称或全称及其官方标志、旗帜和徽章；（3）官方控制印章，质量保证或检验标记；（4）勋章和其他荣誉性标志，以及与上述标志相近似的容易造成混淆的标志。同样，如果不是仅仅由上述标志构成或获得相应主管当局或上述标志的所有人同意，上述标志可以作为商标中不受保护的要素，不构成商标注册的绝对排除事由。

三是欺骗性、误导性标志和损害公益的标志，不能作为商标及其构成要素注册，包括：（1）具有欺骗性或在商品或商品生产者方面给消费者造成误导的，包括在商品产地方面可能产生误导的；（2）形式上标明商品的真实产地，但给人以商品来自另外一个地方的错误印象的；（3）构成或包含识别矿泉水、葡萄酒或烈性酒类的地理名称，但商品原产地不是当地，以及采用地理名称的译文或者附有诸如“种类”“类型”“风格”或其他类似字样的；（4）违反社会公共秩序、人道主义和道德原则的。这类标志属于商标注册的绝对排除事由。

四是其他注册排除事由，包括：（1）与已在哈萨克斯坦注册的商标、已被认定的驰名商标、已注册企业名称以及原产地名称相冲突；（2）与已在哈萨克斯坦受保护的他人在先享有权利的工业品外观设计，文学、艺术、科学作品名称，著名艺术作品及其片段，名人的姓名、笔名、派生名，肖像或临摹作品相冲突，未经权利人同意；（3）与哈萨克斯坦历史和文化遗产的代表性标志相冲突，未经相关主管机关授权。这一排除事由囊括了对他人合法在先的专利权（工业品外观设计权）、著作权、人身权及文化遗产的保护。

3. 商标注册的其他要求

在哈萨克斯坦，个人、企业和法人团体均可以申请注册商标，商标注册遵循申请在先原则，商标权授予最先申请人。该国商标法第 10 条对商标优先权作了专门规定，包括公约优先权和展会优先权，优先权期限为 6 个月（自首次递交申请书或展出日起计算）。需要注意的是，外国人在哈萨克斯坦申请商标注册时，需要通过哈萨克斯坦主管机关认可的该国专利代理人办理。同时，在哈萨克斯坦，商标注册遵循单一性原则，即一份商标注册申请只能涉及一个商标。申请书的撰写及所提交的材料均应符合规定的格式和要求，且申请书及其附件应当使用哈萨克语或俄语。如果以其他文字递交的，需要在申请书提交之日起 1 个月内提交哈萨克斯坦语或俄语的翻译文本。关于申请的方式，可以书面形式向注册部门提交申请，也可以通过电子申请，提交有数字签名的电子文档。

哈萨克斯坦共和国司法部下辖的知识产权委员会是国家负责知识产权相关事务的授权机关，位于首都阿斯塔纳，其职责主要包括：知识产权的注册，实施国家知识产权领域的相关政策，发放著作权、专利和商标证书，认定驰名商标等。国家知识产权局是知识产权委员会下属的专业机构（注册部门），负责受理发明专利、实用新型、工业品外观设计申请，以及商标的注册。由此可见，在哈萨克斯坦，商标注册申请应向主管商标事务的国家知识产权局（注册部门）提出，并由知识产权委员会（授权机关）予以注册登记。

（二）商标注册程序

在哈萨克斯坦，商标审查由注册部门负责，商标注册申请要经过初步审查和完全审查两个环节，以及注册部门审查、授权机构决定两个步骤（见图 2-1）。

1. 注册部门审查

（1）初步审查。由审查部门自收到申请书之日起 1 个月内进行初步审查，核实申请书内容，检查该国商标法第 5 条、第 9 条要求的文件是否齐备。申请

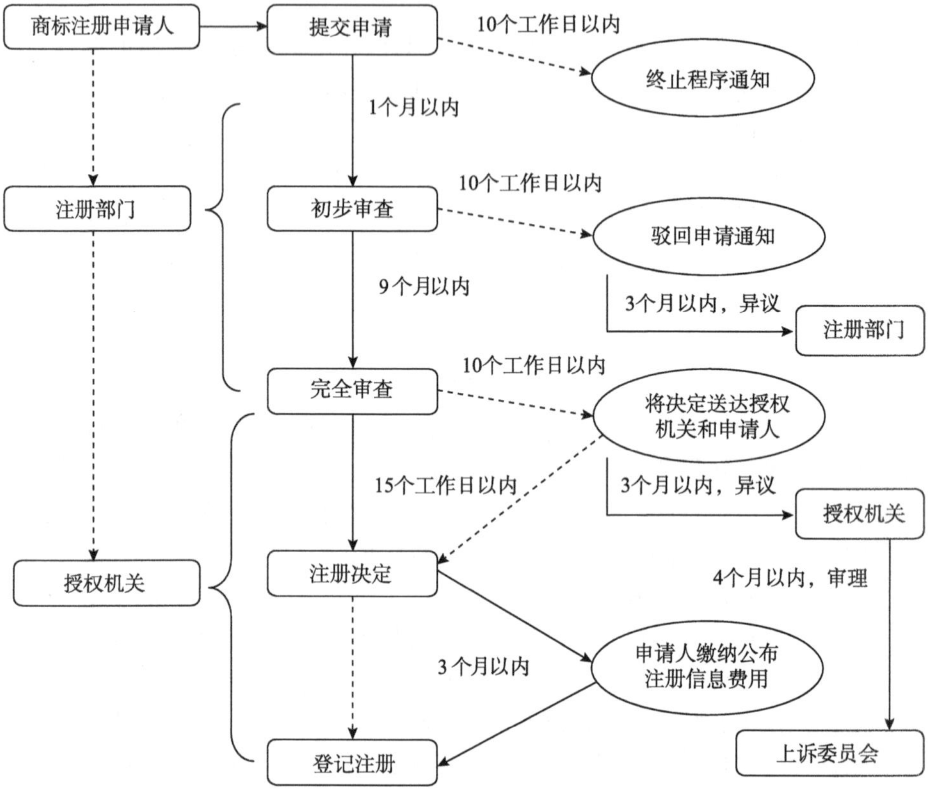

图 2-1　哈萨克斯坦商标注册申请审查流程

人将在10个工作日内收到是否进入下一环节或驳回申请的审查结果通知。根据初步审查结果，申请人将在10个工作日内收到注册部门对申请进行进一步审理的通知，并取得相应的申请号、申请日和优先权日；或者收到有合理理由拒绝受理申请的通知。在审查的任何阶段，注册部门有权要求提供补充材料，补充材料应当自收到请求函之日起3个月内提交。如果规定期限内申请人未提交补充材料或请求延长规定的期限，注册记录将被终止，且申请被视为撤回。

（2）完全审查。审查部门自收到申请书之日起9个月内进行全面审查，以核实申请标志是否与《哈斯克斯坦商标法》第6条、第7条的要求。如果申请人提出书面付费加急审查请求的，商标注册审查应早于上述规定期限，但是不得早于提交申请之日起6个月。根据完全审查结果，注册部门会做出给予注册、给予部分注册或拒绝注册的意见后，在10个工作日内报送授权机关。注册部门的初步拒绝注册意见会在意见做出之日起10个工作日内送达申请人。申请人有权自收到注册部门的意见之日起3个月内提出异议并说明理由，注册部门会在收到异议之日起3个月内，做出最终结论。申请人不同意最终结论的，可在审查意见公布之日起3个月内向授权机关内设的上诉委员会提出异议。上诉委员会将在收到异议之日起4个月内对异议进行审理。

2. 授权机关决定

根据整个审查结果，授权机关会在15个工作日以内做出商标注册或拒绝注册的决定。注册决定可以涉及商品和服务的全部类别，或者其部分（由此可以看出该国商标注册实行的是与我国《商标法》类似的“一标多类”注册原则，即申请人可以通过一份申请就多个类别的商品申请注册同一商标）。在商标注册决定记录在国家商标注册登记簿之前，如果发现存在享有优先权的在先申请，可以提出复审。

根据授权机关做出的商标注册决定，申请人有缴纳注册费用的义务，并应在收到注册部门的注册意见之日起3个月内向注册部门缴纳公布注册信息的费用。申请人向注册部门缴纳商标注册服务费用后，商标注册信息将被记录在国家商标注册登记簿中。注册费用为300~500美元。

（三）商标权的保护期限

1. 保护期限

根据哈萨克斯坦商标法的规定，商标注册有效期为10年，自申请书递交之日起计算。需要注意的是，在哈萨克斯坦，商标权保护期限的起算时间点为申请日，而非注册日。

2. 商标权的续展

根据哈萨克斯坦商标法的规定，注册商标所有人在有效期满前最后一年提出申请，可以延长商标注册有效期，每次延长期限为10年。

注册商标所有人在注册有效期届满后，可享有6个月内的宽展期。

（四）商标权的终止

在哈萨克斯坦，注册商标因出现下列情形而终止：

第一，注册商标保护期限届满；

第二，由于商标所有人之法人被清算、经营活动终止或自然人死亡；

第三，根据商标所有人放弃商标注册的书面声明；

第四，商标因不使用而终止。《哈萨克斯坦商标法》第19条第4款规定，商标自注册之日起3年内或提出异议之前3年内连续没有使用，任何利害关系人都可向授权机关提出反对商标注册有效的异议。该异议可以针对注册证书所指定的全部商品或部分商品，并且上诉委员会必须在收到异议之日起6个月内予以处理。

商标的价值在于使用。从世界范围来看，无论是注册制国家还是实际使用制国家，商标法都规定商标注册后必须使用。在哈萨克斯坦，商标使用证据包括：（1）商标所有人或依照商标法的规定签订商标权转让合同而获得商标权的人在注册商标核定使用的商品上和（或）其包装上使用该商标；（2）制造、进口、储存、许诺销售、销售该商标的商品；（3）在广告、招牌、出版物、官方公报以及在哈萨克斯坦举办的展览会上的展品中使用该商标；（4）以及在其他市场流通环节的采用，均被认定为商标使用。

三、商标的许可与转让

（一）商标的许可使用

商标许可使用是商标权行使的一种重要方式。商标的许可使用在早期曾被某些国家（如美国）的法律所禁止，后来尽管开始允许商标的使用许可，然而却加诸商标权人对被许可人的商品质量加以监督控制的义务。哈萨克斯坦商标法也有类似规定。

在哈萨克斯坦，商标所有人（许可人）可以通过签订许可合同，以使其他人（被许可人）享有所获商标证书上指定的全部或部分商品/服务的商标使用权。但是，允许被许可人使用注册商标的许可使用合同应包含被许可人的商品和服务质量不得低于许可人的商品和服务质量的条款，并且许可人有权对该条款的实施情况进行监督。当商标权效力终止时，许可合同的效力也应终止。不过，为了保护相对人的信赖利益，如果存在在先许可，商标权转让给他人不发生许可合同的终止。

（二）商标权的转让

商标权的转让是指商标权人通过合同将商标权转移给他人的行为。注册商标转让的实质，是商标权主体的变更，是一种双方的法律行为。在遵循自愿原则的前提下，转让人和受让人签订书面转让合同，并在依法办理商标权转让的手续后，转让才发生法律效力。注册商标的转让作为商标权的重要内容，是商标所有人行使处分权的具体体现。

在哈萨克斯坦，商标所有人可以依合同将所获证书上指定的全部或部分商品/服务的商标专用权转让给其他人。但如果商标权转让可能引起相关商品或其生产者混淆的，则不得转让。商标权转让方式包括依据合同转让或按法定程序继承（继受），但不论以哪一种转让，均需要在授权机关注册登记。在法人分立时，如果商标权归新产生的法人所有，则该注册商标所涉及的商品和服务一并转移。如果新产生的若干法人均保留了注册商标所涉及商品和服务的部分权利，经一致同意，新的法人被视为商标共有人。

(三) 商标许可和转让的形式要件

依照哈萨克斯坦商标法，商标的许可使用和商标权的转让，均应以书面合同的形式签订，并在授权机关登记，商标权转让合同、商标许可合同均自授权机关注册登记之日起生效。不遵守书面形式和登记要求的将导致合同无效。

应特别注意的是，许可使用合同登记材料必须在合同签订之日起6个月内提交。提交的申请书和其他附件应当使用哈萨克语和俄语。外国人姓名或法人名称应翻译成哈萨克语和俄语。如果提交的文件有其他语言的，应翻译成哈萨克语和俄语版本并做成公证。

四、驰名商标的法律保护

自1925年《巴黎公约》海牙文本第一次提出驰名商标的保护问题之后，驰名商标的保护成为世界各国商标法上的一个重要课题，但其保护范围仅限于相同或类似商品上。1994年签订的《与贸易有关的知识产权协议》将驰名商标的保护范围扩大到不相同和不相类似的商标/服务类别上。在哈萨克斯坦，驰名商标有着非常重要的法律地位，商标法对驰名商标的认定和保护均有专门规定。

(一) 驰名商标的认定

在哈萨克斯坦，驰名商标的认定采取行政认定模式。其商标法规定，在哈萨克斯坦已注册的商标或根据国际条约而受保护的商标，以及未受哈萨克斯坦共和国法律保护，但由于积极使用而获得良好声誉的，按照哈萨克斯坦商标法的规定，可以在该国被认定为驰名商标，由授权机关驰名商标认定委员会对驰名商标认定申请进行审理。申请人对驰名商标委员会驳回认定不服的，可以向法院起诉。若申请人提交的事实信息能够证实该标志在指定申请日之前已变得驰名，商标可以被认定为从该事实日起既已驰名。

认定驰名商标的事实信息根据消费者调查结果予以确认，该调查应由在哈萨克斯坦境内的独立的专业机构进行。调查范围包括该国的重要城市、首都以及不少于5个城市的重要区域，而且每个所在地的受访者总人数不得少于100人。

(二) 驰名商标保护模式和保护期限

哈萨克斯坦商标法对驰名商标的保护采取类似于中国的“设权模式”。该国商标法第7条第1款规定：“与下列商标相同或相近似易造成混淆的标志，不得作为商标注册，(2) 已在哈萨克斯坦共和国被认定为驰名商标的任何类型的商品和服务。”这一规定明确了驰名商标的跨类保护标准，驰名商标的保护范围被延及“任何”（包括不相同和不相类似）商品和服务类别。

依照该国商标法，驰名商标专有权的保护期限为10年，期满经权利人申请和数据显示驰名商标仍处于驰名状态的，驰名商标有限期可被延续。

此外，该国商标法还规定，如果所有人的商标与驰名商标相同或近似易造成混淆，但在其注册前，该商标既已被认定为具有一定知名度的，在授权机关规定的期限范围内，商标所有人可以保留继续使用该商标的权利，但是不得超过7年。这一规定本为商标权利限制的一种方式（先用权限制），但在驰名商标的保护问题上，先用权限制受到了限制。

五、地理标志（原产地名称）的法律保护

地理标志又可称原产地名称，其保护最早起源于法国。1883年签订的《巴黎公约》将其纳入保护范围之后，与驰名商标类似，地理标志也成为世界各国关注的重要课题，这比驰名商标的保护要早得多。但由于国际上（尤其是美欧之间）在地理标志保护问题上历来争议较大，地理标志国际保护进程较之驰名商标，则缓慢太多。目前，从世界范围来看，大多数国家都结合本国地理标志资源和产业发展状况，对地理标志设置了不同的立法模式。在哈萨克斯坦，地理标志以原产地名称的概念存在，其保护被规定在商标法中，但又有别于一般商标，而是通过规定专门的章节（第7~11章）进行保护。

（一）原产地名称专用权

根据哈萨克斯坦商标法，所谓原产地名称，是指表示或包含一个国家、地区、地方或其他地理事物名称，及其所派生的名称，该名称因相关产品的使用而变得知名，该产品的特殊属性、质量、声誉以及其他特征完全或本质上主要归因于其地理来源，包括自然因素和人文因素。这一定义明显源自《保护原产地名称国际注册里斯本协定》，尽管该国目前还未加入该协定。

在哈萨克斯坦，原产地名称专用权可授予一个或多个企业单位，但不能授予个人。外国地理标志也可以作为原产地名称在哈萨克斯坦注册，前提是在来源国已经获得地理标志注册保护。

（二）原产地名称注册条件

原产地名称的注册条件包括积极条件和消极条件。

1. 积极条件

在积极条件上，可以作为原产地名称注册的标志包括：当代的或历史的、正式的或非正式的、国名的全称或缩写、地区、地方、行政区域或其他地理事物名称，以及从这些名称中所派生的标志，经与特定商品名称组合，便可以作

为原产地名称注册。

2. 消极条件

所谓消极条件，即不得作为原产地名称注册的标志，包括：（1）容易让公众对商品产地产生混淆的地理名称；（2）形式上表明商品实际生产地，却给出商品来自其他地方的错误印象；（3）含有与商品原产地无关的地理标志。另外，如果某一标志，尽管代表或包含地理来源名称，但由于其已成为哈萨克斯坦某类商品通用名称时，该标志不得被认定为原产地名称。可见，哈萨克斯坦对地理标志的保护虽然借鉴了《里斯本协定》的相关规定，但又与欧盟国家的地理标志保护存在差别，尤其不存在对已经演变为通用名称的原产地名称的“逆转”保护制度。

（三）原产地名称的注册程序

在哈萨克斯坦，申请原产地名称和获得原产地名称专用权应向该国商标注册部门递交申请书。与普通商标注册申请相同，原产地名称注册亦实行单一性原则，一份申请书只能涉及一个原产地名称。如果原产地名称所适用的地理范围位于哈萨克斯坦境内，申请材料中应包括当地行政机关出具的意见，以证明申请人在该地理范围内所生产的产品的特殊特性、质量、声誉以及该产品的其他特征主要取决于该地理范围的自然条件和（或）人文因素。如果拟申请的原产地名称属于哈萨克斯坦境外的地理标志，申请人应在申请书中附有要求原产地名称权利的相关证明文件。

与普通商标注册程序类似，原产地名称注册也包括注册部门审查和授权机构决定两个环节，也需要缴纳相应费用。注册部门自收到申请书之日起6个月内进行审查，核实申请书是否符合《哈萨克斯坦共和国商标法》第26条、第27条和第29条规定的要求。

根据审查结果，授权机关将做出“注册原产地名称和/或授予原产地名称专用权”或“拒绝原产地名称注册和/或授予原产地名称专用权”的决定。申请人有权在拒绝注册决定发出之日起3个月内提出有理由的异议，请求修改审查决定。如果申请人不服重新做出的审查决定，可在决定公布之日起3个月内向授权机关下设的上诉委员会提出异议，上诉委员会将在收到异议之日起4个月内对异议进行审理。

（四）原产地名称的保护期限

在哈萨克斯坦，原产地名称注册与原产地名称专用权注册相对分离。

已经注册的原产地名称，如果一直保持着指定地理范围生产的商品的特殊特性，原产地名称的注册永久有效。

原产地名称专用权的有效期为10年，自向注册部门递交申请书之日起计算。

根据专用权人在注册有效期满前最后一年提出的申请，如果使用保持了原产地名称注册的商品特殊属性的，可以延长注册有效期，每次延长期限为10年。与商标续展相同，原产地名称专用权人也可以享有6个月的宽展期。

需要注意的是，原产地名称专用权人提出续展申请时，应同时提供根据《哈萨克斯坦商标法》第29条规定的主管机关出具的结论报告。

（五）原产地名称与原产地名称专用权的终止

依照该国商标法，原产地名称和原产地名称专用权的终止情形有所不同。

原产地名称终止情形包括：（1）该地理区域的特定条件消失，不可能再生产出具有国家原产地名称注册登记簿中该原产地名称所指明的特殊商品；（2）原产地名称在来源国的法律保护效力终止。

原产地名称专用权终止情形包括：（1）《哈萨克斯坦商标法》第24条规定的有效期限届满；（2）国家原产地名称注册登记簿中指明的该原产地名称商品的特殊属性丧失；（3）原产地名称专用权人向授权机关提出申请；（4）法人被清算或原产地名称专用权人经营活动终止。

（六）原产地名称的使用

原产地名称专用权人享有使用原产地名称的专有权利。

该国商标法对原产地名称的使用有严格的要求，并且：（1）禁止原产地名称的许可与转让；（2）禁止未经注册在同类商品上使用与已注册原产地名称相同或相近似易造成混淆的地理名称；（3）禁止使用表示或包含识别矿泉水、葡萄酒或烈性酒精类饮料的地理名称，如果这些商品原产地不是来源于当地，尽管指明了其真正的原产地，或采用译文名称，或者附有“种类”“类型”“风格”或其他类似字样的标志。

六、商标侵权与救济

（一）商标侵权行为及判定

商标是识别商品/服务来源的标志，为保护商标的这种来源识别功能，商标法赋予了在先使用该商标的人以专有权，禁止在后的人在相同或类似商品或服务上使用相同或近似商标。为有效保护商标权，各国商标法通常规定，注册商标的保护范围要大于注册商标的权利范围。因此，商标权的范围不仅包括核定注册的商标和核准使用的商品，还延及与注册商标相近似的商标和与核定使用的商品相类似的商品。基于此，在判断是否侵犯商标权时，TRIPS协议规定了商标侵权混淆可能性这一判断标准，并为成员方商标立法实践所援引。

依照《哈萨克斯坦商标法》，侵犯商标所有人的专有权利或原产地名称专用权，是指其未经许可，在同类商品/服务上——如果是驰名商标，在任意商品/服务上——使用其商标或原产地名称，或与其相近似易造成混淆的标志。侵犯商标专有权或原产地名称专用权也指在公共通信网络中（互联网等），未经许可使用其注册商标/原产地名称。如果违反规定在同类商品中使用受保护的商标/原产地名称，以及与其相近似易造成混淆的标志，侵权人应承担哈萨克斯坦法律规定的责任。由此可见，哈萨克斯坦商标法对侵犯商标权行为的判断也采用混淆可能性的判定标准。

（二）救济途径

在哈萨克斯坦，针对侵犯商标权的行为，可以通过以下途径来保障权利人的合法权益：一是民事法律保护；二是行政法律保护；三是刑法保护。

具体救济方式包括当事人之间的和解和向法院起诉以寻求司法保护。

（三）法律责任

1. 民事责任

依照该国商标法，针对侵犯商标权的行为，具体的民事责任承担方式包括：（1）停止侵害，并赔偿对商标或原产地名称所有人造成的损失。（2）销毁非法使用商标或商品原产地名称以及与其相近似易造成混淆的标志所生产的商品及其包装，除非该商标的来源商品由权利持有人所生产。如果出于公共利益需要而将商品投放到流通领域，应当删除该商品及其包装上的非法使用商标或商品原产地名称以及与其相近似易造成混淆的标志的图像。（3）删除来自货物或服务以及其他文件、广告、标签等资料上的商标或易造成混淆的标志。

2. 刑事责任

《哈萨克斯坦刑法典》第 199 条规定了非法使用商标罪，包括：（1）非法使用他人的商标、服务标记、商号、商品原产地名称，或在类似商品或服务上非法使用近似商标，如果这种行为是反复发生或引起相当大的损害，应当处以每月 200 ~ 500 元或处以定罪人 2 ~ 5 个月的工资或其他收入的罚金，或处以从事市政工程 180 ~ 240 个小时，或被处以 6 个月的刑事拘留，或 2 年的劳动教养。（2）非法使用有警示说明的未在哈萨克斯坦共和国注册的商标或商品原产地名称，如果这种行为是反复发生或引起相当大的损害，应当处以每月 100 ~ 200 元或处以定罪人 2 个月的工资或其他收入的罚金，或处以从事市政工程 120 ~ 180 个小时，或被处以 3 个月的刑事拘留，或 1 年的劳动教养。

第三节 乌兹别克斯坦商标法律制度

一、概　　述

乌兹别克斯坦共和国最早于1992年制定了第一部商标法。2001年，乌兹别克斯坦实施了新的商标法，新商标法全称为《乌兹别克斯坦共和国商标、服务标记及商品原产地名称法》（以下简称《乌兹别克斯坦商标法》），并经2007年、2011年两次修订。现行法为2011年修订本，共38条。

目前，乌兹别克斯坦已与世界上150多个国家和地区建立起贸易关系，产品出口到138个国家和地区，并给予45个国家和地区最惠国待遇。其前三大贸易伙伴国为俄罗斯、中国和哈萨克斯坦。[1] 该国已加入了部分与商标保护有关的国际公约或协定（见表2-2）。在处理国际条约与国内法的关系问题上，《乌兹别克斯坦商标法》第2条第2款规定："如果乌兹别克斯坦已签订的国际协定的某些规则和规定与乌兹别克斯坦商标、服务标记及商品原产地名称法的规定不同的，适用前者。"截至目前，该国尚未加WTO，不是TRIPS协议成员。

表2-2　乌兹别克斯坦加入的与商标保护有关的国际条约

序号	条约名称	加入时间
1	与贸易有关的知识产权协定	尚未加入
2	建立世界知识产权组织公约	1991年12月
3	保护工业产权巴黎公约	1991年12月
4	商标国际注册马德里协定	尚未加入
5	商标国际注册马德里协定有关议定书	2006年12月
6	制止商品产地虚假或欺骗性标记马德里协定	尚未加入
7	商标注册用商品和服务国际分类尼斯协定	2002年1月
8	建立商标图形要素国际分类维也纳协定	尚未加入
9	保护奥林匹克标志的内罗毕条约	尚未加入
10	保护原产地名称及其国际注册里斯本协定	尚未加入
11	商标法新加坡条约	尚未加入
12	商标法条约	1998年9月

[1] 商务部国际贸易经济合作研究院，商务部投资促进事务局，中国驻乌兹别克斯坦大使馆经济商务参赞处. 对外投资合作国别（地区）指南——乌兹别克斯坦（2015年版）[R/OL]. [2016-12-22]. http://fec.mofcom.gov.cn/article/gbdqzn/. 第22页。

二、商标取得、续展与变更

（一）商标注册要件

1. 注册原则

在乌兹别克斯坦，商标权的注册遵循在先申请原则。依照该国商标法，商标权授予最新申请人。

该国商标法第 12 条还对商标优先权作了具体规定。依照规定，商标优先权根据商标注册申请日确定。商标优先权可以根据商标注册在一国提交首次申请书的日期确定，只要该国加入了《巴黎公约》（公约优先权），前提是代理机构在规定的 6 个月期限内收到商标注册申请书。商标优先权附属于展览的，在官方或官方认可的已加入《巴黎公约》成员的国际展览组织展出，可以根据展览已开始的展出公众集会证明确定（展会优先权），只要代理机构在确定日期后 6 个月内收到商标注册申请。申请人寻求传统优先权或展览优先权，必须指明提交商标注册申请的时间，或在代理机构受理商标注册申请后 2 个月内提交，并附上法律规定的该申请所有必要的证明文件。或者申请人提交相关文件应当在专利部门收到商标注册申请后至迟不得超过 3 个月。如果商标注册申请拆分为多份申请的，每份申请的优先权均依照最初的首次申请日确定。

2. 商标的构成

在商标的构成要素上，乌兹别克斯坦商标法规定，文字、图形、三维标志，以及颜色和颜色组合，只要符合商标的构成要件，均可作为商标申请注册，但是该国商标法尚未对声音商标进行规定。

3. 注册条件

根据乌兹别克斯坦商标法的规定，申请注册的商标应具有显著性、识别性，并不得与他人在先取得的合法权利相冲突（非冲突性）。该国商标法第 10 条和第 11 条分别对不得作为商标和商品原产地名称注册的情形作了具体规定。

依照该国商标法，不能作为商标注册的情形包括：（1）国家的象征、国旗和荣誉；（2）国家的官方名称、简称或国际组织或政府间组织的全称；（3）官方控制和保证标志、印记和图章；（4）乌兹别克斯坦国家机关使用的等级奖章或徽章；（5）缺乏显著性的图案；（6）已作为特定商品广泛使用的标志；（7）被视为通用符号或术语的标志；（8）被用来描述商品属性的标志，如种类、质量、数量、性能特点、目的和用途，以及其商品所生产或销售的地点和时间；（9）欺骗性标志或那些可能误导消费者的特定商品及其生产者；（10）形式上指明商品的真实产地，却给人以该商品来源于其他地方的错误概念的标志；（11）标志构成或包含识别矿泉水、葡萄酒或烈性酒类的地理名称，这些商品不是产自当地，以及采用翻译标志或者附有诸如“品牌”“种类”“风格”或其他类似标志；（12）违反公共利益、人道主义和道德原则的标志；（13）与他人的商标相同或近似的标志，商标容易被混淆的。

依照该国商标法，不得作为商品原产地名称注册的情形包括：（1）商品的产地能够给消费者造成欺骗性的地名标志；（2）形式上表明商品的真实产地，但给人以来源于其他地方的错误概念的；（3）包含地理名称但与商品的产地没有任何联系的标志，以及在乌兹别克斯坦已成为特定商品通用名称的标志。

（二）商标注册程序

1. 注册申请

在乌兹别克斯坦，可申请注册的商标类型包括商品商标、服务商标和集体商标。关于申请人的资格问题，其商标法规定，普通的商品或服务商标可由法人或自然人向注册部门申请注册，而集体商标的注册则只能由使用集体商标的法人或自然人成员所认可的协会代为申请。

居住在乌兹别克斯坦共和国以外的自然人以及外国法人，办理商标注册和商品原产地名称注册及从事相关法律活动，应通过在乌兹别克斯坦共和国注册部门注册登记的专利代理人进行。

申请书及其附件应当使用乌兹别克语或俄语。根据该国法律规定，外国人申请商标注册，也应到乌兹别克斯坦国家知识产权局办理。

2 注册部门及联系方式

在乌兹别克斯坦，商标注册申请应向知识产权局下设的注册部门提出，并由注册部门予以注册登记。乌兹别克斯坦共和国知识产权局由原国家工业产权局和版权局于 2011 年 5 月合并成立，主管全国的知识产权事务，包括商标注册。

3. 商标注册的审查程序

在乌兹别克斯坦，商标注册申请要经过形式审查和实质审查两个阶段，且均由注册部门进行审查并予以注册登记，具体申请流程如图 2－2 所示。

根据该国商标法，商标、商品原产地名称和商品原产地名称使用权注册申请的形式审查将在注册部门收到申请之日起 30 日以内进行。形式审查程序期间核实下列内容：商标、商品原产地名称和商品原产地名称使用权注册申请的内容，所有必备材料的有效性以及这些材料符合规定的要求。形式审查程序完成后，注册部门应当将受理申请或拒绝申请的决定告知申请人。

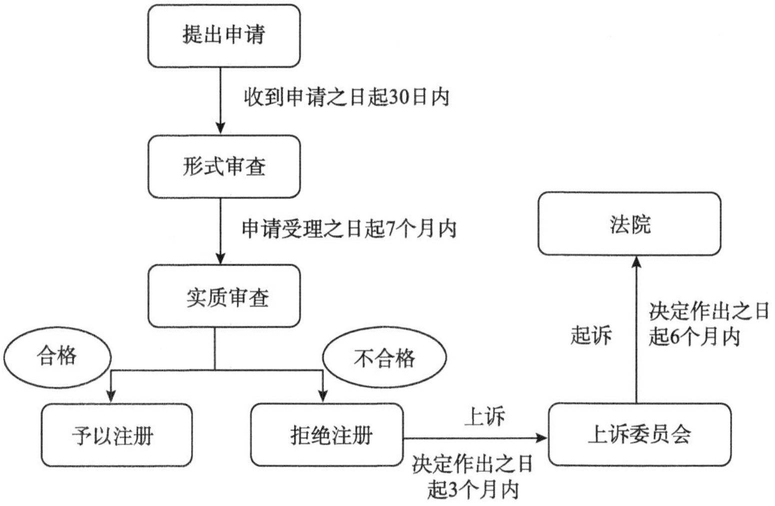

图 2-2 乌兹别克斯坦商标注册申请审查流程

根据商标、商品原产地名称和（或）商品原产地名称使用权注册申请的受理决定，注册部门将自申请受理之日起 7 个月内对要求的标志进行审查。审查程序完成后，注册部门对商标、商品原产地名称和授予商品原产地名称使用权做出注册或拒绝注册的决定，两种不同决定都会通知申请人。

申请人对官方审查决定不服的，自决定做出之日起 3 个月以内，有权向知识产权局上诉委员会（“上诉委员会”）提起上诉。对官方审查程序不服向上诉委员会上诉的程序由注册部门规定。申请人不服上诉委员会的决定的，有权自决定做出之日起 6 个月内向法院提起上诉。

在知识产权局审理的任何阶段，申请人都可以撤回或撤销商标、商品原产地名称和（或）商品原产地名称使用权的注册申请，但不得晚于商标、商品原产地名称和（或）商品原产地名称使用权各自的注册日。

（三）商标续展、变更与无效

1. 商标续展

在乌兹别克斯坦，注册商标的有效期为 10 年，自申请之日起计算。

在每 10 年有效期届满的最后一年，经证书持有人申请，注册商标可以被续展。在注册商标有效期届满后 6 个月内，根据注册商标证书所有人的合理申请，续展申请的期限可以被适当延长。

2. 商标的变更

在乌兹别克斯坦，商标所有人的头衔、姓名、名称的任何改变，以及有关商标注册信息的其他改变，商标所有人应当告知注册部门。另外，任何减少已注册商标的商品类别，以及对后来其他任何构成要素的改变，也应当告知注册部门。

3. 商标无效

在注册商标证书的整个有效期限内，如果该证书的颁发违反了《乌兹别克斯坦商标法》第 4 条第 2 部分、第 10 条第 1 部分第 1 ~ 12 项的规定，可以被部分或全部无效；或者商标自官方公报公布的注册信息之日起 5 年内，该证书的颁发违反了《乌兹别克斯坦商标法》第 10 条第 1 部分第 13 ~ 14 项的详细要求，也可以被无效。另外，在整个有效期限内，如果商品原产地名称使用权证书的颁发违反了《乌兹别克斯坦商标法》规定的要求，也可以被无效。

商标证书应根据上诉委员会或法院的决定，被认定为全部或部分无效。如果因异议而认定注册商标证书无效，商标分案注册在受法律保护的一个或一部分商品上，当事人没有提出质疑的，依照商标所有人的申请，在这几种商品类别上注册的商标继续有效。

依照该国商标法，在保护期限内，下列情形可能会导致注册商标证书被全部或部分无效：（1）法院根据利害关系人的申请做出的判决；（2）商标自注册之日起连续 5 年不使用，以及集体商标的使用协议构成侵权。当然，如果商标所有人能够证明商标未使用是由于不可抗力的合理理由，在指定期限之前基于不使用而作出商标证书无效时，应当予以合理考虑。

三、商标权的终止

（一）商标注销

乌兹别克斯坦商标法规定，下列情形商品原产地名称使用权可以被注销：一是特定地理位置的自然条件特征消失，因此不可能再生产出具有注册信息表上指定属性的商品；二是外国自然人或法人在商品原来源国丧失该商品原产地名称的使用权。

（二）商标权有效期届满而终止

乌兹别克斯坦商标法规定，注册商标证书或商品原产地名称使用权证书因有效期届满而终止。

乌兹别克斯坦商标法还规定，在规定的商标失效期限以前，基于下列事由，将导致注册商标证书或商品原产地名称使用权证书失效：一是上诉委员会做出的合理决定；二是注册商标证书所有人向注册部门提出申请。

四、商标许可与转让

（一）商标许可使用

乌兹别克斯坦商标法规定，商标所有人（许可人）的商标使用权可以依照规定的合同许可给他人（被许可人）使用。

许可合同应当保证被许可人的商品质量不得低于许可人的商品质量，且许可人有权监督被许可人遵守该要求。

（二）商标权的转让

商标所有人可以按照规定的合同将商标权转让给他人。如果商标权的转让会导致相关商品或制造商给消费者造成欺骗的，不得转让。

集体商标及其使用权均不得转让给他人。

（三）商标许可与转让合同登记

乌兹别克斯坦商标法还规定，商标权转让合同和许可合同都应当在注册部门办理注册登记。

五、商标侵权与救济

（一）商标侵权行为

乌兹别克斯坦商标法规定，未经授权生产、使用、进口、许诺销售和销售，以及通过其他方式进入市场流通环节或基于此目的囤积商标或贴有该商标的货物，或在近似商品上附有任何其他可能导致混淆的近似性标志，均被视为侵犯商标专有权。

（二）救济途径及法律责任

乌兹别克斯坦商标法还规定，与商标或商品原产地名称法律保护有关的任何纠纷，依照法律规定的程序处理。任何人被认定为侵犯法律保护的商标和商品原产地名称的，均应承担相应的法律责任。

在乌兹别克斯坦，对知识产权侵权行为应按照行政责任法和民法的有关规定处理。其行政责任法第 177 条规定，如果发生侵权行为，对责任人和领导人分别处以 1～3 倍及 3～5 倍最低工资（约 21 美元）的罚款。[1]

《乌兹别克斯坦刑法典》规定了侵犯著作权和专利权罪（第 149 条），但

---

[1] 商务部国际贸易经济合作研究院，商务部投资促进事务局，中国驻乌兹别克斯坦大使馆经济商务参赞处. 对外投资合作国别（地区）指南——乌兹别克斯坦（2015 年版）［R/OL］.［2016－12－22］. http：//fec. mofcom. gov. cn/article/gbdqzn/.

是未规定侵犯商标权罪。

（三）驰名商标的保护

依照乌兹别克斯坦商标法，根据法人或自然人的申请，在乌兹别克斯坦范围内已注册受保护的商标，或在乌兹别克斯坦没有注册、依照乌兹别克斯坦参加的国际协定受保护的商标，以及某一标志在乌兹别克斯坦作为商标使用但在乌兹别克斯坦不享有法律保护，如果该商标或标志截至申请日前，在乌兹别克斯坦因为广泛使用而在相关消费者中变得知名的，都可以被认定为驰名商标。

在乌兹别克斯坦，驰名商标的认定申请应向上诉委员会提出。上诉委员会将按照规定的程序做出决定，认定是否构成驰名商标。如果商标被认定为驰名的，由注册部门记入驰名商标保护名录。驰名商标相关信息被记入驰名商标名录后，由注册部门在官方公报上予以公布。在商标被记入驰名商标名录后10日内，注册部门颁发驰名商标证书。证书形式及其所包含的内容信息由注册部门规定。

乌兹别克斯坦商标法规定，商标被认定驰名之后，在该商标的整个有效期限内，其法律效力不受限制。

（四）地理标志（商品原产地名称）的保护

在乌兹别克斯坦，商品原产地名称的注册与取得遵照商标注册的有关规定。与哈萨克斯坦商标法相类似，乌兹别克斯坦商标法关于原产地名称的规定，也区分商品原产地名称权和商品原产地名称使用权。但该法未能像哈萨克斯坦商标法那样对其作更为详细的规定。

依照该国商标法，不允许转让或出租原产地名称使用权和按照许可合同授予他人商品原产地名称使用权。不享有商品原产地名称使用权证书的主体不得使用已注册的商品原产地名称，尽管其指示了商品的真实来源，或作为翻译文本使用，或与诸如"类型""种类""风格"等词一起使用。同时，任何商品近似标志的商标注册申请，易使消费者对商品原产地和特定属性产生误导的，也不被允许。

第四节　本章小结

"一带一路"背景下，中国与哈萨克斯坦、乌兹别克斯坦等中亚各国之间的合作与交流不断深化，加强对相关国家商标法律制度的研究，作用特殊。考察发现，中亚各国均拥有与各自国情相契合的商标法律制度安排。

本部分通过重点对哈萨克斯坦和乌兹别克斯坦商标法内容的考察发现，到目前为止，哈萨克斯坦已拥有较为完备的商标保护体系，且近年来随着该国经济社会的快速发展，该国商标法律制度处于不断变化和调整状态，这一状况与我国商标法律制度变革实践相类似，而且在具体内容上也有诸多的共性特征。例如，两国商标法都规定声音可以作为商标的构成要素，均对集体商标、驰名商标保护作了规定，在商标的注册条件和程序、注册商标有效期、商标侵权与救济以及参加的国际条约等方面都有近似之处。但同时，由于与我国的国情不同，发展历史与现实经济、政治和文化等方面区别较大，商标立法体例及具体保护规定，也存在一些显著的差异，这其中，哈萨克斯坦商标法律制度不乏诸多亮点和特色之处。乌兹别克斯坦作为中亚地区第一人口大国，自 1991 年 9 月独立以来，该国政治局势保持稳定，经济发展潜力巨大，法律制度逐步健全。2010～2015 年，乌兹别克斯坦连续实现 8% 以上的经济增长率。[1] 为适应经济社会的快速发展，该国的法律制度也在不断地变化和调整。但与我国相比较，由于两国国情以及在经济、政治、文化等方面的巨大差距，两国商标法律制度也存在诸多不同。

一、哈萨克斯坦商标法律制度

（1）立法模式的独特性。哈萨克斯坦商标法全称为《哈萨克斯坦共和国商标、服务标记及原产地名称法》，从名称上即可窥知，该国对商标和地理标志（原产地名称）的保护在同一部法律文本中予以规定。其优越性体现在：第一，这一立法模式既保持了商业标识立法的体系化，同时又体现出该国对地理标志保护的高度重视；第二，实现了地理标志专门立法保护的制度设计，能够满足该国对地理标志保护的特殊制度需求，达到与单独立法保护地理标志相近似的制度功效；第三，其既从国家立法层面明确了地理标志的私权属性，同时又合理界定了地理标志权与商标权的不同权利特征。

（2）制度内容的与时俱进性。知识产权制度是当今国际社会关注的焦点问题，也是知识经济时代的主要制度基础。[2] 知识经济是以知识为基础的经济，知识经济的发展深受科技创新的影响和知识革命的冲击，同时也备受经济全球化的“滋扰”。当前，世界各国为应对全球化的新挑战和科学技术发展带来的新问题，均在不同程度地努力推动本国知识产权制度的现代化、国际化进程，并体现于具体的立法、修法实践及相应制度内容的合理安排上。在哈萨克

[1] 商务部国际贸易经济合作研究院，商务部投资促进事务局，中国驻乌兹别克斯坦大使馆经济商务参赞处. 对外投资合作国别（地区）指南——乌兹别克斯坦（2015 年版）[R/OL]. [2016－12－22]. http://fec.mofcom.gov.cn/article/gbdqzn/.

[2] 吴汉东. 知识产权制度变革与发展研究 [M]. 北京：经济科学出版社，2013：1－11.

斯坦，其商标法律制度为满足知识经济时代的发展要求、应对科技变革的冲击和全球化的挑战，近年来的修法工作做了诸多颇具特色的制度调整，包括：第一，在商标的构成要素上已不限于可视性标志，引入了声音商标的可注册性；第二，在商标侵权问题上，明确规定了网络环境下的商标侵权与救济；第三，该国2015年加入了WTO，商标立法与TRIPS协议的相关规定和要求逐步趋同；第四，规定了有限的平行进口范围。[1] 其商标法规定，允许平行进口的范围仅限于欧亚经济联盟成员国内，等等。一系列的制度变革新实践充分体现出该国商标法律制度的与时俱进特征和前瞻性的立法理念。

（3）科学化与颇具实操性的制度设定和管理职能安排。其主要体现在：第一，该国商标法规定，普通商标的种类分为商品商标、服务商标和集体商标，地理标志单列，这一规定明确了普通商标与地理标志的界分，为避免地理标志沦为普通商标作了科学的制度安排。第二，驰名商标认定机构的单一性，即所有的驰名商标均由统一的驰名商标认定委员会进行行政认定，同时在驰名商标保护问题上，规定了先用权限制的反限制制度。第三，商标注册要件的精细化规定，尤其在商标注册要件之消极条件上，不仅对他人在先的商标权/地理标志专用权、工业品外观设计权及著作权的保护作了规定，而且对名人的姓名权、肖像权以及文化遗产的保护作了明确规定。第四，该国包括商标注册在内的知识产权行政管理机构的设置，无论是普通商标、地理标志，还是其他类型知识产权的授权确权，均统一由司法部下设的知识产权局进行管理，知识产权管理职能相对集中，管理效率高效，既能有效节约行政管理成本，同时还能够有效防止因管理职能分散而导致知识产权重复授权、审查标准不统一等问题。

二、乌兹别克斯坦商标法律制度

乌兹别克斯坦商标法律制度的特殊性体现在：（1）商标的构成未规定声音要素；（2）商标注册不使用的撤销期限为自注册之日起连续5年不使用；（3）商标法对驰名商标的认定仅规定知名度的要求，未对驰名商标的使用持续时间、宣传程度范围、保护记录等条件作进一步规定；（4）与哈萨克

---

[1] 《哈萨克斯坦共和国商标、服务标记及原产地名称法》第19条第6款规定：在欧亚经济联盟成员国范围内，如果第三人使用该商标的商品是商标所有人或经过其同意合法进入市场流通环节的，不构成侵犯商标专有权。2014年5月29日，俄罗斯、白俄罗斯和哈萨克斯坦三国总统在阿斯塔纳签署《欧亚经济联盟条约》，宣布欧亚经济联盟将于2015年1月1日正式启动。俄白哈三国将在2025年前实现商品、服务、资本和劳动力的自由流动，终极目标是建立类似于欧盟的经济联盟，形成一个拥有1.7亿人口的统一市场。2015年1月2日，亚美尼亚正式加入欧亚经济联盟；8月12日，吉尔吉斯斯坦加入欧亚经济联盟。

斯坦商标法相类似，该国商标法也将商标与商品原产地名称作了统一规定；（5）该国刑法典规定了侵犯著作权和专利权罪，但是未规定侵犯商标权罪，等等。

总体而言，相比哈萨克斯坦，该国商标法律制度内容相对粗糙、不够成熟。

三、与我国商标法律制度的主要差异及启示

比较哈萨克斯坦商标立法，该国与我国的制度差异主要体现在：第一，我国商标法规定了集体商标和证明商标保护体系；该国仅规定了集体商标制度。第二，我国驰名商标由三部门（商标局、商标评审委员会和人民法院）分别进行个案认定；该国驰名商标认定由专门的驰名商标认定委员会统一受理，并采取单一的行政认定模式。第三，我国商标法对商标侵权行为采取列举式的规定（我国《商标法》第57条）；该国商标法对商标侵权行为的判定采用概括式的规定（第43条）。第四，我国商标法上暂无平行进口制度；该国商标法规定了平行进口，并对平行进口的范围作了限定。第五，我国注册商标的有效期自核准注册之日起计算；该国注册商标有效期起算时间为自申请书递交之日。第六，关于地理标志（原产地名称）的保护，我国目前存在三套保护体系并存的现状，商标法体系下的地理标志保护主要通过注册证明商标或集体商标的方式进行；该国商标法对地理标志的保护作了专门规定。第七，在我国，经过机构调整商标注册工作由国家知识产权局商标局管理；在哈萨克斯坦，商标注册由国家知识产权局管理，而且外国申请人在该国申请商标注册时，应委托该国相关主管机关认可的专利代理人办理，等等。哈萨克斯坦商标法律制度独特的立法模式，与时俱进的制度架构，以及科学化、颇具实操性的制度内容安排，对我国商标法律制度的完善富含启示价值。同时，其集中统一的知识产权管理体制，也值得我国学习。

比较我国与乌兹别克斯坦的商标法律制度，不难看出，为顺应本国经济社会的不断发展，两国的商标法律制度体系也都在不断发展完善，但相对来说，该国商标法律制度内容相对粗糙、尚不够成熟，欠缺我国商标法所具有的体系化、系统性、全面性等特征。这种差距容易造成两国合作过程中，出现可衔接性和执行性差等问题。因此，国内相关企业或个人到乌兹别克斯坦发展，从事相关的商业和贸易活动，特别要注意防范法律风险。

此外，还需要注意的是，中亚各国宗教色彩浓厚，尤其是乌兹别克斯坦，是一个伊斯兰教国家，国内企业到该国该地区办理商标注册及从事相关贸易活动，需要注意伊斯兰教等的影响，处理好宗教关系，尊重当地法律和风俗习惯。

第三章　东南亚地区商标法律制度

第一节　区域概况

一、区域概述

东南亚地区的国家包括新加坡、越南、印度尼西亚、马来西亚、老挝、柬埔寨、泰国、缅甸、文莱、菲律宾、东帝汶，共11个国家。在“一带一路”倡议分布图上，东南亚与我国海陆相连，经济、政治、文化和历史关系密切，地理位置十分重要，是海上丝绸之路的建设前沿。近年来，东南亚国家的经济形势总体呈现出良好的发展态势，投资环境日益改善，逐渐成为国际投资的一片热土。由于经济、地理、文化、历史等方面的原因，东南亚对中国企业的投资尤其具有吸引力。在“一带一路”倡议背景下，东南亚地区日益成为中国企业“走出去”的优先实施地区。然而具体来看，东南亚地区内部的经济、政治、法律、宗教等方面存在巨大的差异，东南亚国家的投资环境相比其他地区而言较为复杂，中国企业应当在充分了解各种直接或间接影响投资效果的投资因素的基础上，进行综合的把握与分析，方能进行正确投资。

（一）东南亚国家的经济环境

近几十年来，东南亚经历了“战后”初期的经济恢复、20世纪六七十年代工业化发展、80年代中期至90年代中期经济高速增长、后起国家的经济开放与改革、90年代后期金融危机及其重组等几个重要时期。当前，东南亚经济已成为世界经济增长的热点地区，东南亚地区具有丰富的自然资源、众多的良港优势，年轻的人口结构以及庞大的市场规模，都为东南亚的经济发展奠定了基础。随着东南亚经济的迅速崛起和区域一体化的加速发展，东南亚在世界经济的地位不断提升。当前，东南亚地区对基础设施和各种产品服务需求强烈，拥有丰富的劳动力和巨大的市场，是中国企业走出国门进行产能合作的重要机遇。然而，东南亚国家经济发展水平分化也是比较严重的，除了新加坡率先成为新兴工业化国家外，马来西亚、泰国等尚处于工业化的中期阶段，而其他的后起国家仍处于工业化的初期阶段，各个国家的经济环境存在较大的差异。

自2002年以来，中国与东盟签署《中国—东盟全面经济合作框架协议》正式启动了自贸区建设的进程，促进了双边经贸发展进入快车道。经过十几年的发展，中国与东南亚经贸上的互补性不仅没有削弱，而且在自贸区制度保障下得到加强。中国于2013年提出的构建“丝绸之路经济带”和“21世纪海上丝绸之路”即“一带一路”倡议，得到了国际社会的巨大关注和积极反响。东南亚是实施“一带一路”倡议特别是建设“21世纪海上丝绸之路”的重点地区，经济合作前景广大。❶

（二）东南亚国家的政治环境

目前，东南亚国家从威权政治逐渐过渡到民主政治，新加坡、马来西亚等国民主制度较为成熟；缅甸、越南、老挝等国还有明显的集权特征；目前除泰国外，东南亚各国政治整体发展稳定，政治环境相对宽松、自由，政治制度逐步完善和法制化。❷ 马来西亚、菲律宾、泰国于1961年7月31日在曼谷成立东南亚联盟，是为东南亚国家联盟（Association of Southeast Asian Nations），简称东盟（ASEAN）。随后在1967年8月，印度尼西亚、新加坡、马来西亚、泰国和菲律宾联合在曼谷发布《曼谷宣言》（《东南亚国家联盟成立宣言》），正式标志东南亚国家联盟的成立。及至今日，东盟成员国已经包括有马来西亚、印度尼西亚、泰国、菲律宾、新加坡、文莱、越南、老挝、缅甸和柬埔寨等国，几乎涵盖东南亚地区的所有国家。东盟总部坐落于印度尼西亚雅加达，格言是“同一愿景，同一立场，一同联盟”。本着“平等合作精神，共同促进本地区的经济增长、社会进步和文化发展，为建立一个繁荣、和平的东南亚国家共同体奠定基础，以促进本地区和平与稳定”的目标，东盟各国的合作共识已经不局限于成立之初的人权范畴，而是逐步拓展至经济、政治、文化、安全等多领域的合作机制的合作组织。尤其是在“冷战”结束以后，东盟的重心更是经历了一个从政治安全向经济合作的转移。

然而东南亚各国存在的一些政治风险和安全隐患也是值得注意的，大致可以分为传统安全和非传统安全两个方面。传统安全问题包括：中国与南海声索国之间的涉及南海岛礁的主权归属、海域划界和海洋资源争夺的一系列问题；东南亚国家相互之间的争端；东南亚国家内部的局势动荡等。非传统安全领域的隐患包括恐怖主义的滋生蔓延、海盗猖獗、跨国犯罪等。❸ 然而总体来看，

---

❶ 陆建人，蔡琦．“一带一路”倡议下中国与菲律宾的经济合作［J］．国际经济合作，2017(3)：12－19.

❷ 刘娜．东南亚国家投资环境分析［J］．对外经贸，2014(7)：27－29.

❸ 毕海东．“一带一路”在东南亚面临的地缘政治风险与中国的政策选择［J］．战略决策研究，2016(2)：54－68，100－101.

东南亚国家的政治环境还是有利于中国企业的投资发展。

中国自改革开放以来，积极改善和发展与东盟及其成员国的友好关系，相互间政治关系、经济关系不断有新的发展，尤其是自 1991 年中国与东盟建立对话伙伴关系以来，相互间合作关系进入一个新的发展阶段。2013 年 10 月 3 日，习近平主席在印度尼西亚国会发表重要演讲时明确提出，中国致力于加强同东盟国家的互联互通建设，愿同东盟国家发展好海洋合作伙伴关系，共同建设"21 世纪海上丝绸之路"。东南亚各国对"一带一路"倡议反应最热情，为了响应这一倡议，各国纷纷做出反应。在"一带一路"的驱动下，东南亚的国内政治环境亦将有望更利于国际合作。

（三）东南亚国家的法律环境

由于东南亚许多国家曾经被西方殖民统治过，因此在法制上深受西方法律文化的影响，主要存在大陆法系和普通法系两大类，其中，越南、印尼、菲律宾、泰国、柬埔寨和老挝属于大陆法系，其他国家则以普通法系为主。就法制完善水平来看，新加坡最为完善，泰国、马来西亚和越南较为完善，其他国家则较为落后。东南亚国家投资法律环境存在的主要问题包括投资法律体系不够完善、司法与执法环境不理想、政府腐败仍然严重、政府工作效率低以及对外商投资领域与行业还存在较多的限制等问题，对外国企业的投资将形成阻碍。[1] 近年来，东南亚国家为了吸引外资投资，以加快本国和本地区的经济发展，还纷纷制定国内法，通过多种税收政策、措施鼓励和促进国际投资。另外，东南亚部分国家政府除了在投资促进法规定的优惠项目以外，还会给予额外的优惠权益，目的是促进投资或者促进对本国发展有利方面的支出并带动本国工业整体发展。

中国与东盟长期保持着紧密的经济法律方面合作。随着 2002 年《中国—东盟全面经济合作框架协议》的签订，正式启动了建立中国—东盟自由贸易区（CAFTA）的进程。2014 年，我国提出 CAFTA 升级版的构想，旨在打造"钻石十年"。目前，中国与东盟国家对于投资相关协议基本上是采用 WTO 模式，但是由于东盟各国的发展水平不尽相同，以及对于 WTO 机制的接受和了解程度也不尽相同，因此中国 - 东盟自由贸易区的相关投资法律环境仍以成员国国内法以及外交行为为主。[2] 可以想见，随着中国与东盟国家在"一带一路"框架下取得更多的共识，未来中国政府将与东盟国家签订的一系列双边或多边协议，将为中国企业开拓东南亚国家市场提供更多的法律支持。

---

[1] 黄若君. 东盟国家投资法律环境分析 [J]. 广西财经学院学报，2006(6)：10 - 15.

[2] 植文斌. 新常态下 CAFTA 投资法律环境研究 [J]. 法制与经济，2016(9)：23 - 27.

二、东南亚地区知识产权法律制度概况

东南亚地区各国大多有被西方资本主义国家殖民统治的历史，各国的商标法也打上了历史的烙印。20 世纪 80 年代以前，东南亚国家之间的商标保护水平差距不大，大都沿用了殖民地时期的旧法制。但随后，迫于美国和欧盟要求引入现代知识产权保护制度的压力，各国都对构建和完善商标法制付出极大的努力。进入 21 世纪以来，随着东南亚自由贸易区协定（AFTA）和 TRIPS 协议的要求，各国纷纷修订和增加商标法律法规体系。目前，东南亚国家在知识产权法律制度建设方面取得的成就一定程度上获得了国际的广泛认可，尤其是新加坡等国知识产权立法水平已经达到世界前列，越南、马来西亚等国的知识产权法制水平的快速提升也获得一定程度的国际认可，即使像缅甸、柬埔寨等最不发达国家，也建立了基本的商标法律制度。

从法律渊源来看，菲律宾、新加坡、缅甸等承袭了英国和美国的知识产权法律传统，其中，新加坡、文莱、马来西亚、缅甸等国沿袭英国法制，菲律宾沿袭美国法制，与此同时，判例法在这些国家的知识产权保护体制中具有重要地位。印度尼西亚、越南等国则受大陆法系国家影响较大。印度尼西亚的许多现行知识产权法是以荷兰殖民统治时期的法典为蓝本而制定；越南的民法典等涉及商标法律文件则深受法国的影响。在此背景下，东南亚诸国的知识产权法采取了多种不同的形式。新加坡等国采取的是专利法、商标法和著作权法分别立法的模式，而菲律宾、老挝等国则制定了知识产权法典，越南等国则将知识产权规则纳于民法典中。

近些年来，东南亚国家的知识产权法制正在逐步实现一体化。随着贸易自由化的不断推进，虽然东南亚各国的知识产权保护水平还有巨大差距，但是其知识产权法制一体化的趋势在逐步加快。1995 年 12 月 5 日，东南亚各国就通过了《东南亚关于知识产权保护合作的框架协议》，确立了促进各国在知识产权领域的合作，建立东南亚专利事务局和商标事务局，促进统一的区域性专利和商标保护制度实现的目标。为了执行该框架协议，1996 年 4 月 10 日东南亚知识产权合作工作组（WGIPG）又通过了一个为期两年的行动计划（1996 ~ 1998），其主要内容包括建立区域电子信息网络，建立知识产权数据库，建立统一的外观设计、专利和著作权保护制度。虽然 1997 年的亚洲金融风暴打断了东南亚知识产权一体化的进程，以致 21 世纪以来一体化进程有所放缓，但近年来，随着东南亚贸易自由化的不断深入，东南亚司法界已将建立“统一的知识产权注册和保护法律体系”提上议事日程，并在 2007 年的“东南亚知识产权协会”年会上，基本达成了向“严谨且强调执行力”的欧盟体系学习的共识。

第二节　新加坡商标法律制度

一、概　　述

新加坡是亚洲地区商标制度比较发达的国家，已经制定的商标法律包括知识产权法、商标法、商标规则、商标边境执法规则等，其中该国商标法是新加坡商标管理的核心法律。新加坡知识产权局成立于2001年4月，统一负责管理商标、专利和版权等工作。在商标服务、管理、调解、执法和教育等方面，新加坡均建立了相关的制度和措施，颇具特色且行之有效。新加坡在商标、专利和版权等方面的知识产权工作取得出色的成绩。在商标注册方面，新加坡还支持电子商标注册，各国申请者可通过知识产权署网站"一站式"完成商标查询，在线填写申请和相关交易等活动。2001～2011年，商标申请量上涨72%，总共近3.5万件。2013年商标总申请量达4万多件，与前两年相比，增长近15个百分点。根据WIPO制定的《2016年全球创新指数》排名来看，新加坡高居亚洲第一、世界第六，是亚洲国家中最具创新活力的国家之一。

新加坡的现行商标法是1999年版商标法，最近的一次修订发生在2005年，修订后的商标法内容包括序言、注册、注册商标的权利与救济、注册商标的财产权属性、许可、违法行为等11个部分共109条，并附4个附件。[1] 2007年，新加坡率先完成《商标法新加坡条约》核心内容的国内法化，对其他国家，特别是东南亚诸国和中国商标法修改产生示范作用。截至2016年年底，新加坡在商标法领域已经加入《商标法新加坡条约》《商标国际注册马德里协定》《商标注册用商品和服务国际分类尼斯协定》《保护工业产权巴黎公约》等（见表3－1）。

表3－1　新加坡现行商标法律法规

基本法律	配套规则
商标法 （第332章，2005年）	商标（修正案）规则2013（2013年） 商标规则（2008年修订版）（2008年） 商标（国际注册）规则（2002年） 商标（边境执行措施）规则（2001年） 商标通知（关于适用商标法第75条的国家）（1998年） 将商标法第75条适用于英联邦国家（1959年）

[1] TRADE MARKS ACT（CHAPTER 332）.

二、注册商标权的取得、续展与变更

根据《新加坡商标法》，商标是指任何能够以用于将某一商品或服务与他人的商品或服务相区别的图形化标识，可以是字母、文字、名称、署名、数字、图案、标示、标题、标签、形状、颜色、包装或者上述的混合体，此外，诸如声音、气味和味道等非视觉性商标也是可以接受的。新加坡商标法实行商标注册制度，经过注册程序，商标权人才能获得注册商标权并依商标法而获得相应的权利和救济，但商标法并不禁止未注册商标的维权。

（一）注册商标的申请

注册商标申请人想获得注册商标，应当向新加坡知识产权局提交商标注册申请，具体可通过新加坡知识产权局网站或者直接到新加坡知识产权局进行注册。申请时申请人应当提交的资料包括：（1）商标注册请求；（2）申请人的姓名和地址；（3）具有显著代表性的商标标识；（4）列明拟注册商标所涉及的商品或者服务；（5）已经或者意图使用该注册商标的声明。该注册商标申请需要缴纳适当的费用，注册商标的申请日是从提交完整的资料和交付申请费开始计算。

（二）注册商标申请的审查

在受理注册商标的申请之后，新加坡知识产权局将对该申请的显著性等条件进行审查。新加坡商标法对于商标注册的规定比较严格，明确规定在多种情形下商标不予注册，主要分为绝对不能注册的情形和相对不能注册的情形。

1. 绝对不能注册的情形

根据《新加坡商标法》，在某些特定情形下，一些商标是绝不能被允许注册的。如果标识（a）不能满足商标法上对商标所作出的定义、（b）缺乏任何区别性特征、（c）商标是仅包括那些指示商业活动中的商品或者服务的种类、质量、用途、价值、源产地、生产日期等特征信息的标识以及（d）仅包括那些在通用语言或善意交往中和商业活动中的习惯性标识的；但是如果一个商标在申请日之前已经在使用中获得显著性特征，那么也不能根据（b）、（c）和（d）项规定而不予注册。如果申请注册的商标形状，（1）来自商品本身的性质；（2）某种技术的必然结果或者；（3）仅仅是商品基本价值的来源的，也不应被注册。如果申请注册的商标（1）违背了公共政策或者道德；（2）具有欺骗公众的性质（如在商品或者服务的性质、质量或者源产地方面）不得注册。如果新加坡的其他法律禁止、注册申请属于恶意的也不允许注册。

此外，新加坡商标法还对酒类进行特殊规定，如果含有地理标志但并非来源于该地方的也不允许注册，除非申请人在1999年1月15日或者地理标志受保护之前是善意使用或者已经连续使用并获得较好声誉，等等。

2. 相对不能注册的情形

相对不能注册的情形主要是指申请注册的商标与在先注册商标存在冲突的情形，如果两者存在冲突，那么后申请的商标不能予以注册。具体体现在：（1）如果一个注册商标申请与另一个在先商标相同，且所申请的商品或者服务与在先商标保护的商品或者服务也相同的，那么这个申请将不能得到注册。（2）如果一个注册商标申请与另一个在先商标相同，且所申请的商品或者服务于与在先商标保护的商品或者服务相似；或者如果一个注册商标申请与另一个在先商标相似，且所申请的商品或者服务于与在先商标保护的商品或者服务相同或相似，那么这个商标将因可能存在公众混淆可能性而不能得到注册。（3）在2004年7月1日以前提出的注册商标申请与先注册商标不相同或不相似且所申请的商品或者服务也不相似，但如果在先注册商标是新加坡的驰名商标、在后商标在相关领域的注册会将表明这些商品或服务与在先商标的所有者之间的联系、在后商标的使用可能造成混淆或者可能对在先商标权的信誉造成不利影响的，也不能被注册；除非在后注册商标是在在先注册商标成为驰名商标之前提出的申请；等等。但如果在后注册商标申请人获得在先注册商标权人授权同意，或者在后注册商标申请人已经诚信使用的情况下，新加坡知识产权局也可能会给予注册。

（三）注册商标的注册程序

新加坡知识产权局下设商标注册处[1]专门负责商标注册事宜。从法律规定上看，新加坡商标注册制度所体现的原则和特点与世界上大多数国家的商标法基本一致，即体现了注册自愿、分类申请、诚实信用等商标注册基本原则。

根据《新加坡商标法》的规定，申请人向商标注册处提交申请资料和缴纳指定的费用后，商标注册处将对商标注册申请进行在先注册商标的检索查询，并进行审查以确定是否存在相对不予注册的情形和绝对不予注册的情形以及是否符合商标法的其他要求。如果该申请未能达到商标法的要求，那么商标注册处应当通知申请人，给予他在一定期限内答辩的机会。收到这些通知后，申请人可以对原申请进行修改提供附件或者其他任何信息和证据。如果申请人在限期内按要求提交了资料但仍然未能达到商标注册处认为的商标法要求的，商标注册处可能驳回该注册商标申请。如果申请人未能在期限内提交相关资料的，该申请将被视为撤回。如果商标注册处认为该申请符合商标法的相关要

[1] 注：新加坡商标注册处地址：Intellectual Property Office of Singapore/51 Bras Basah Road #01－01，Manulife Centre/Singapore 189554。

求，该注册商标申请将被受理注册。

受理后，商标注册处将对该商标申请进行公告；公告期间，任何人均可向商标注册处提出注册异议。在申请过程中，申请人可以在任何时候撤回该申请或者对申请注册的商品或者服务范围进行限缩；当该申请已被公告的，申请人的撤回或限缩要求也应进行公告。申请人也可以要求对申请中的申请人姓名或住址、笔记或复制错误以及明显的错误进行修改，但这些修改不得实质性地影响商标的识别或者扩张了商品或者服务范围。在准予注册登记之前，若商标注册处发现其受理注册商标申请存在错误或者存在不应准许注册的情形的，该受理将被撤回且被视为从未被受理。如果已受理的注册商标申请在公告后没有收到异议或者异议均被驳回，那么该申请应当被准予注册登记，商标注册的有效期自申请日算起。

值得一提的是，已经在新加坡参加的公约成员国家或地区进行国际注册的商标申请并被受理后的 6 个月内，可就相同商品或服务就同一商标提出优先权。在新加坡一个商标注册还可以按“尼斯分类”同时申请一个系列多个商品或服务类别，缴费方式仍按一个商标一个类别进行；在续展时，则只需递交一个申请，可进行多类别的续展，费用则按照注册时的类别数累加。此外，在商标注册申请过程中，该注册商标申请是可以根据申请人的要求分为两个或两个以上的独立商标申请。

（四）注册商标的续展与变更

新加坡注册商标的有效期为 10 年，自申请之日起算。《新加坡商标法》要求商标注册处应在注册商标到期前通知商标权人，商标权人最晚不迟于注册商标到期后的 6 个月之内进行续展，且注册费分为注册商标到期前的注册费用与商标到期后 6 个月内的注册费用两种。预期未能续展的注册商标将被注销。

一般而言，商标注册以后是不能随意变更的，即使是在商标续展期也不行。但是在不对注册商标产生实质性影响的情况下，商标注册处可以允许注册商标权人变更其姓名和地址。此外，对于明显的错误以及商标注册处认为其他合理情形的，注册商标权利人亦可申请变更。

三、商标的许可和转让

（一）注册商标的许可

自行使用和许可使用均是注册商标权人行使注册商标权利的基本方式。在注册取得商标权的国家，商标的使用许可一般指注册商标的使用许可。从注册商标权人可许可商品或服务范围来看，注册商标的许可既可以是一般许可（所注册的全部商品和服务），也可以是特定许可（仅针对某些已注册的商品和服务）。从注册商标权人权利的排他性来看，注册商标许可也可以分为普通许可和排他许可（包括排除注册商标权利人自己行使这一权利）。注册商标许可作为一种财产性权利也能被继承，许可合同对被许可人的继承人一样有效；如果许可合同允许，被许可人还可进一步授予他人分许可。在遭受商标侵权时，无论是普通许可还是排他许可，被许可人均可以依商标法行使救济权；而且在排他许可情况下，被许可人享有与注册商标权利人一样的权利。

值得关注的是，注册商标许可一般是要式行为，注册人与被许可人以书面合同形式明确注册商标使用的权利和义务关系，新加坡也不例外，注册商标权利进行许可需向新加坡知识产权局办理登记，否则不能对抗第三人。[1] 原本新加坡商标法仅允许注册商标进行许可登记。从 2007 年 7 月 2 日起，未决申请商标也可以进行许可登记，变相承认了未决申请注册商标的地位，提高了商标注册人对其合法持有或设计的商标的充分利用程度，加快了商标的许可使用效率。[2]

（二）注册商标的转让

注册商标的转让存在很多种情形。注册商标权利人既可转让正在申请过程中的注册商标申请权，也可以转让注册商标专用权；既可以转让所有的权利，也可以仅针对某些已注册的商品和服务转让给他人。但所有的转让均是要式行为，均需依法到新加坡知识产权局进行登记。未经依法登记，注册商标权利人的转让行为不得对抗存在利益冲突的善意第三人。在注册商标转让登记之前，受让人不得请求其在登记之前的损害赔偿或者其他利益。

四、新加坡注册商标的终止

（一）注册商标的注销

注册商标权人也可以依法申请注销注册商标所保护的一部分或者全部商品或服务。新加坡知识产权局就注册商标的注销制定具体规则，以提供注销的程序和法律效果，平衡各方主体对注册商标享有的利益。

（二）注册商标的撤销

《新加坡商标法》规定，在以下情形下，注册商标可能会被撤销：（1）在完成商标注册程序后的 5 年内，无合理理由未将注册商标进行商业性使用的；

[1] 蔡磊．新加坡共和国经济贸易法律指南［M］．北京：中国法制出版社，2006：309.

[2] 陈宗波．新加坡商标注册制度的最新发展及其对中国的启示［J］．广西师范大学学报，2009(6)：27－31.

(2) 无合理理由停止使用注册商标达5年的；(3) 由于法律的规定或注册商标权利人的无作为导致它已成为在贸易中的共同名称的产品或服务的；(4) 由注册商标权人或经其同意而注册范围的货品或服务的性质、质量或地理来源等方面误导公众的。在 (1) 和 (2) 的情况下，如果在撤销决定做出前开始使用或重新使用的，不应被撤销。

任何人均可向商标注册处或法院提出撤销申请，但是 (1) 如果法院正在进行涉及该商标的案件审理，那注销申请只能向法院提出；(2) 如果因为其他理由已经向商标注册处提出撤销申请的，他可以在这些撤销程序的任意阶段向法院提出诉讼申请。

(三) 注册商标的无效

如果发生以下情形，注册商标会被主张无效：(1) 注册商标违反了绝对不能注册情形的规定；(2) 注册商标违反了相对不能注册情形的规定，但获得了在先注册商标权利人同意除外；(3) 若商标注册是因欺诈或虚假标识而获得准许的。但在后注册商标申请经在持续使用满5年之后，在先注册权人构成默示许可，不能提出在后注册的无效，也不能反对在后注册商标权人在原有的商品和服务范围内使用，除非该注册属于恶意。

任何人均可向商标注册处或法院提出无效主张，但是如果法院正在进行涉及该商标的案件审理，那无效申请只能向法院提出；如果因为其他理由已经向商标注册处提出撤销申请的，他可以在这些撤销程序的任意阶段向法院提出诉讼申请。然而，在违反商标法酒类包含地理标志的特殊规定时，必须在注册登记程序完成或在新加坡广为人知之后的5年内提出。

五、商标侵权

新加坡商标法上的商标侵权是指未经注册商标权人的许可，在相同或相似的商品或服务上使用与注册商标相同的商业标识；或者在相同或相似的商品或服务上使用与注册商标相似的商业标识以及在相似的商品或者服务上使用与注册商标相同的商业标识，导致公众产生混淆的。新加坡法上的注册商标侵权并不以主观故意为要件，主要构成要件包括三个方面：(1) 未取得注册商标权人的同意；(2) 存在使用注册商标相同或者相似的商业标识的行为；(3) 在相同或相似的商品或服务上使用与注册商标相似的商业标识，以及在相似的商品或者服务上使用与注册商标相同的商业标识的，还要存在造成公众混淆的可能性。与其他发达国家相似，新加坡商标法对已注册的驰名商标的保护强度明显要高于一般注册商标，这一部分将在后续“驰名商标保护”部分加以论述。

《新加坡商标法》对商业标识的使用进行明确规定，如果对标识的使用符合下列情形，那么这个使用就构成商标法上的商标性使用：（1）将该标识粘贴在商品或者商品的包装上；（2）为销售的目的提供或者陈列带有该标识的商品，将商品投放市场或者以投放市场为目的进行储存，或者带此标识提供服务；（3）进口或者出口带有此标识的商品；（4）在发票、酒类一览表、目录、商业信件、商业文书、价格表或者其他商业文件，或者在任何传播媒介中使用上述商业文件；（5）在广告中使用此商业标识。

为了保证善意的市场主体不至于受到损害，维持正常的市场秩序，商标法也有一些不认为是商标侵权的情形。例如，如果行为人将与注册商标相同或相似的标识用于或试图用于商品的标签和包装上，或者用于上述商业文件或广告之中，只要行为人确实是并不知道或者没有理由相信其使用行为并未获得注册商标权人或者许可人的同意的，则可以不认为构成使用。如果行为人用的是自己的名字或者经营地点的名称或者是指示商品种类、质量、地理标志等与诚实经营相一致的行为，也不认为是侵权。

六、商标权的限制与例外

（一）权利用尽

权利用尽是知识产权法上的一个特有原则，无论专利法、版权法还是商标法均对权利用尽原则有所规定。《新加坡商标法》第 29 条对商标权利用尽进行规定，并对不适用权利用尽原则的一些情形进行排除。根据《新加坡商标法》第 29 条第 1 款的规定，如果对于经注册商标所有人（或被许可人）明示或默示同意（有条件或其他）而首次将商品投放市场后，无论是在新加坡还是在新加坡境外，他人对该商品上注册商标的使用并不构成注册商标侵权。但该法第 29 条第 2 款也同时规定，如果商品在投放市场后被改变或者受损，或者使用这些与商品相关的注册商标会导致注册商标区别性不公平淡化的，那么不适用上述关于商标权利用尽的规定。

由此可见，新加坡商标法上的权利用尽是国际用尽，即在全球范围内承认商标权利用尽，商标权利在商品首次投放市场之后即在全世界用尽，商标所有人不能援引其商标权限制该商品在全球范围的自由流通。

（二）关于平行进口的规定

平行进口是指本国的商标权人将自己生产的商品出售给国外经销商或者将自己的商标许可给国外生产企业后，这些国外的经销商或者生产企业将其与商标权人在国内生产的相同的商品，重新进口到国内的做法。由于《新加坡商标法》第 29 条规定的商标权是国际权利用尽，因此本质上是允许经注册商标所有人（或被许可人）明示或默示同意（有条件或其他）而首次将商品投放市场后的商品平行进口到新加坡的。

七、驰名商标保护

（一）驰名商标的认定

新加坡商标法上的驰名商标包括注册商标和未注册商标两类，属于注册商标的驰名商标是指在新加坡领域内任何依法进行商标注册的驰名商标；属于未注册商标的驰名商标的范围较窄，是指在新加坡领域内任何未经注册，但属于巴黎公约缔约方或世界知识产权组织成员有一个住所或有真实有效经营实体的主体，且不要求是否善意或者是否在新加坡已经开展业务。在认定某一商标是否属于驰名商标时主要考量因素包括以下几个方面：（1）新加坡相关公众对该商标的认知程度；（2）使用或者宣传该商标的持续时间、程度和地理范围；（3）在任何国家的注册或申请历史；（4）在任何国家作为商标被保护的记录；（5）任何可证明该商标价值的有关情况。[1]

（二）属于驰名商标的注册商标保护

新加坡商标法对已注册的驰名商标的保护强度明显要高于一般注册商标。根据《新加坡商标法》27 条第 3 款的规定，对属于侵犯已注册的驰名商标的一般行为构成要件进行了明确：（1）未经注册商标权人的许可，在相同或相似的商品或服务上使用与注册商标相同或相似的商业标识；（2）在这些商品或者服务上使用这一标识可能暗示这些商品和服务与注册商标权人存在联系；（3）公众将因这样的行为而产生混淆；（4）注册商标权利人的利益可能会因此造成损害。

八、商标司法保护

（一）司法保护的基本情况

新加坡的法院实行三审终审制，上诉法院是新加坡的最高司法裁决庭，上诉法院做出的终审判决可在英联邦国家内，以及政府公告的区域（目前有中国香港）的法院登记后予以执行。新加坡对刑事、民事等案件实行级别管辖，在诉讼制度上采用两审终审制。新加坡区初级法院的管辖权是涉案金额为 25 万新元以下的案件。超出上述金额，一审法院则是高等法院。高等法院内设有专门的知识产权庭。如前所述，新加坡在知识产权司法保护的实体法方面的依

---

[1] 陈宗波. 新加坡商标注册制度的最新发展及其对中国的启示［J］. 广西师范大学学报，2009（6）：311.

据主要是《新加坡商标法》及其相应的配套规则，而程序法方面有民事诉讼法、刑事诉讼法等相关规定，商标权利人可以选择民事或刑事途径，来保护自己的合法权利。

（二）注册商标的民事司法保护

任何侵犯商标法保护的是在新加坡知识产权局的商标注册处注册过的商标。构成侵犯注册商标的行为包括：（1）未经商标权人同意使用与某注册商标相同的标记，并且在其商标或者服务过程中提供与注册商标一样的商标或者服务。（2）未经商标权人同意使用与注册商标相同（或相近），且提供相近似（或相同）商品或者服务，可能引起混淆的。（3）如果注册商标在新加坡是驰名商标，未经商标权人同意使用与注册商标相同（或相近），且提供相近似（或相同）商品或者服务，可能表明与注册商标权人存在一定的联系，可能引起混淆，且商标权人的利益可能因此遭受损害的。（4）尤其指将这些标识应用于包装、商品陈列等方面的行为。所有遭受这些侵权行为的，注册商标的所有权人可以依照《新加坡商标法》提起侵犯注册商标权之诉。与此同时，商标法也对不构成侵权以及权利用尽（国际权利用尽）的情况进行规定，防止商标权的过度扩张而影响市场正常竞争。

根据《新加坡商标法》第31条的规定，侵犯注册商标的诉讼由注册商标的所有权人提起，在侵权诉讼过程中，值得一提的是，虽然新加坡商标法是处理商标纠纷和违法行为的主要法律，但在商标法之外，仍存在依靠普通法进行救济的可能。当被告为了出售商品，声称其商品是另一个经营者的，该行为是一项可诉的不法行为。这种侵权行为，称为"假冒"，规定了新加坡有关商标的第二层的法律体系，独立于商标法，又可与之共存。原告在一项假冒之诉中必须证明下面三个要件：（a）商誉；（b）虚假陈述；（c）损失。

所有遭受这些侵权行为的，注册商标的所有权人可以依照《新加坡商标法》提起侵犯注册商标权之诉。在诉讼过程中，法院可以采取以下救济方式，包括强制令、损害赔偿、利润返还等，确定损失时，法院还会考虑侵权行为的恶劣性、已经遭受或可能遭受的损失、被告侵权的获益和其他相关事宜；就损害赔偿而言，原告可在（1）可归因于侵权损失和所获利润、（2）利润额以及（3）法定损失之间进行选择。

（三）刑事司法保护

新加坡是实行重刑主义的国家，在商标司法保护方面也存在重刑主义的色彩。新加坡国内的商标犯罪活动由新加坡刑事调查局下的商业调查组负责调查，其亦无权做出处罚决定，必须向法庭起诉，由法庭做出裁决。在救济途径上，新加坡特别注意加快救济程序，法院有权发出临时禁令，而且这种临时禁令可以在当天做出，在周末和公休日也可以申请发出紧急禁令；在原告提出申请的当天或者第二天，法庭即可以发出搜查令。

从《新加坡商标法》来看，任何人伪造商标、对商品或者服务虚假使用注册商标、为违法行为提供帮助（制造或者保存）、进口和出售虚假商标的商品、虚假登记以及假冒注册商标等行为都是犯罪行为，都将被处以罚金或者监禁。其中，商标的伪造行为将被处以10万新元以下罚金和5年以下监禁；对商品或者服务虚假使用注册商标的行为将被处以不超过1万新元的罚金或5年以下监禁，两者可一并使用；明知或者有理由相信这些物品属于伪造商标或者虚假使用而对违法行为提供帮助的，包括制造为特地设计或者采用注册商标的物品复制件或有可能造成误解的标识以及保管这些物品的，且应当被判处不超过10万新元或者5年以下监禁；进口或者出售虚假注册商标的商品将被判处每件商品或者任何虚假使用商标的商品不超过10万新元的罚金（总计不超过10万新元），或判处不超过5年的监禁，两者可并罚；明知或者应知是虚假的还制造或者让他人制造虚假注册项的，将被处以5万新元以下罚金或者不超过5年的监禁；假冒注册商标的应被判处10万新元罚金。此外，《新加坡商标法》还规定，任何人未经总理许可而在其贸易活动或许可他人在其商标上展示武器或者新加坡旗帜，或者任何武器或者设备可能造成误解的，应被处以不超过5万新元的罚金或者不超过5年的监禁或者两者并罚。而且，所有上述这些违法行为所涉及的商品或者物品将被判没收和销毁。

总体来看，尽管新加坡商标司法救济的高效和完整性获得广泛的国际好评，但总体上说，诉讼这种对抗式的争议解决方式，往往需要支付较高的费用，也会耗费较长时间。

九、商标行政保护

新加坡注册商标最重要的行政保护手段是边境保护。当注册商标权利人或者被许可人发现他人意欲进口侵犯有关注册商标的商品的，应当给海关处长一个通知，详细列明相关信息，并支付相应的费用；而且经授权，对于在权利人依照商标法做出有效通知且官员认为该商标（在包裹上）与注册商标相同或相近的，官员可以扣押该商品。但是，海关官员并非必须进行扣押，除非权利人已经缴纳了足够数额的保证金或者已经按照法院的命令支付了赔偿金。扣押的物品应当依照处长的指令放到安全的地方。确定执行扣押时，应当通过发送或者邮寄的方式给予被扣押人通知，除非有诉讼等特殊情况，通知上应当有解除扣押的期限。经海关同意，进口商或者权利人在做出承诺后可以对已扣押商品进行检查，甚至提取样品，但应在规定的时间内归还。进口商可以书面通知海关官员，同意将扣押的商品由政府没收，但该通知应当在权利人提起诉讼前做出。如果在扣押期限届满时，权利人没有就扣押商品提起诉讼且书面通知海关的，海关署长应当解除扣押。如果通知扣押的权利人未在期限内提起诉讼且发生损害，或者经法院认定应对扣押商品损害负责的，扣押申请人应当赔偿进口商的损害。在诉讼开始后，海关应当按照规定保留控制扣押物；如果法院命令将扣押物品没收给政府，则应当按照规定或者海关署长的指令进行具体执行。

此外，在没有权利人申请的情况下，对于假冒商品，海关官员依然可以依照程序进行留置和审查。

第三节　越南商标法律制度

一、概　　述

中国和越南毗邻而居，在政治、经济贸易、文化体育等各个领域均有长久的合作关系，中国也一直是越南的主要贸易合作伙伴之一。中越双方的经贸合作发展迅速，已经从2007年的160亿美元发展到2015年的600亿美元。在投资合作领域，中国与越南已经签署了《发展越—中五年经济贸易合作（2012—2016）的规划》，同时中国在越投资项目已经超过千个，在所有对越投资的国家和地区中居于前列。虽然中越两国同为东南亚地区重要的贸易伙伴，但是两国科学技术和创新能力的发展状况有着较大差别，如《2016全球创新指数》显示，中国已经排在第29位，而越南仅排在第59位，虽然其排名在东南亚国家中还算理想，但与中国的创新水平相距较远。同样地，在《2016全球创新指数》和《美国商会国际知识产权指数》等全球知识创新水平的评估文件中，两国的差距也不可同日而语。但是越南在近年来愈加重视知识产权的保护水平，国内立法修改较为频繁，发展势头良好。

越南处于经济增长高速期，据《越南新闻》报道，越南计划投资部数据显示越南2016年新设11万家公司，比上年同期增长16%。新设公司注册资本总额增长48%。随着中越两国贸易合作关系，两国之间已有不少企业互相在对方国家申请商标注册。而依据越南知识产权局网站显示，截至2015年，中国企业在越南申请商标注册已达到4 630件，其中有2 988件已获得商标注册。按照中国知识产权统计年报，2008年至今，越南企业在华商标申请数量超过千件，其中约有800件商标获得注册。中越两国商标制度的发展离不开两国的相关立法，其中越南在2005年颁布的《越南知识产权法典》更是具有相当的立法水准，也是全球范围内为数不多的单就知识产权专门制定法典的国家之一。这一方面受越南自身发展需求的影响，另一方面也受到其加入世界贸易组织过程中国际社会与发达国家的外部压力。

越南在1958年就有知识产权立法，当时正值越南社会主义初级阶段，立法较为粗糙。1980年2月，越南第八届国会通过《工业产权保护法》，最早的商标专门立法为1982年的《商标保护法令》。及至1995年10月，越南制定《民法典》，知识产权的所有内容被规定在第六编之中。随后越南政府于1996年颁布了第63/CP和第76/CP法令作为民法典对工业产权和著作权规定的实施细则，2000年颁布第54/2000/ND－CP号法令，对商业秘密、地理标志、商号等知识财产进行保护。进入21世纪，在加入世界贸易组织、美国施加压力、自身发展需求等多重因素作用下，越南有关知识产权的立法选择和立法技术发生重大变革。同法国一样，越南成为全球为数不多的几个制定知识产权统一法典的国家。2005年，越南颁布第一部《越南知识产权法典》,2009年颁布该部法典中有关工业产权部分的修正案。新颁布的《越南知识产权法典》对越南之前知识产权的相关立法进行梳理整合以保证其知识产权法律制度的协调统一。新法典的主要内容包括总则、著作权与邻接权、工业产权、植物新品种权、知识产权的保护。其中有关商标的法律与有关专利的法律合并称为工业产权法，因此随后的相关法案均为主要针对工业产权部分加以修正完善。与《知识产权法典》相应，越南同时颁布了有关工业产权部分的指南与法典一同配套实施，并且紧跟法典修改的步伐进行相应补充修订，以利于法典的实施。2006年，越南颁布《实施知产法典工业产权部分的指南》，2010年又颁布有关该指南的修正案。

二、商标权的取得

（一）商标注册条件

在商标的取得模式方面，越南同中国一样都是采用先注册制的国家。《越南知识产权法典》第72～73条分别规定了商标得以保护的积极要件和消极要件。其中，第72条规定了两条取得商标权的积极要件：第一，商标为可视标记。包括由字母、单词、图像等元素或其组合而成的标记。第二，显著性（区别性），即标记可以起到区别商品或服务来源的作用。值得一提的是，越南商标法上关于区别性的认定有较为详细的规定。《越南知识产权法典》第74条规定具有区别性的标记须包含一个或多个可识别、可记忆的因素或其组合。与此同时，该条还规定了多达13种不满足区别性的情形，分别为：a. 简单的形状、集合图形、数字、字母或非常用语言的字迹，除非该标记已经被广泛使用与认知；b. 商品或服务对应的相关公众广为熟知和使用的通信标记、图形及名称；c. 描述货物或服务的标记，如表明时间、地点、生产方法、种类、数量、质量、财产、原料、用途等，除非以上标记在申请商标前已经取得显著性；d. 描述法律状态及企业经营范围的标记；e. 表明商品或服务地理来源的标记，除非这些标记已经依据本法注册成为集体商标或证明商标；f. 对于那些已经依据越南参加的国际条约申请了商标或者在优先权日范围内的商标，现有申请不得与其相同或相似以引起混淆；g. 他人在申请日前或优先权日内已经在相同或类似商品上广泛使用的标记，现有申请不得与其相同或相似以引起混淆；h. 他人已经注册的商标被无效后 5 年以内的，现有申请不得与其相同或相似以引起混淆，除非该商标的无效事由是该法第 95 条第 1 款 d 项之规定；i. 对于他人已经注册在相同或类似商品、服务类别上的驰名商标、现有申请不得与其相同或相似以引起混淆，且不得基于利用他人驰名商标商誉的目的在不同种类的商品或服务上注册商标；j. 标记不得与他人正在使用的商号相同或相似以引起混淆；k. 标记不得与他人正在使用的地理标志相同或相似以引起混淆；l. 对于已经注册并使用的酒类地理标志，现有申请不得与之相同、不得包含其标志也不得翻译该标志用于非产于该地的酒类商品上；m. 标记不得与他人已经授权的外观设计相同或无实质性区别。

在商标授权的消极要件方面，《越南知识产权法典》第 73 条规定了五类不得作为商标使用的情形；（1）与国旗、国徽相同或近似的标记；（2）与越南国家机关、政治组织、社会政治组织、社会政治专业组织、社会组织、国际组织的徽章、旗帜、臂章、简称、全程相同或类似的标记，除非得到该组织允许；（3）与越南国内或国际领导人、英雄、名人的真名、别名、假名或图像相同或近似的标记；（4）对于非经允许不得使用其标记的国际组织，申请标记不得与其认证印章、检查印章或保证印章相同或近似；（5）会引起消费者误认、混淆或欺骗消费者有关商品或服务来源、权属、用途、质量、价值等特征的标记。

与我国商标法规定相比，越南有关商标权取得要件方面主要有以下区别：第一，标记的构成要素较少。越南商标的取得要件明确要求标记具有可视性，由此就排除了声音商标、气味商标等类型标记获得注册的可能性。而我国 2013 年修订《商标法》后明确将声音商标纳入其中，注册商标的类型广于越南。第二，消极要件缺乏兜底性条款。《越南知识产权法典》第 73 条明确列举了五类不得作为商标使用的情形，我国《商标法》第 10 条、第 11 条在罗列列明 11 种具体情形的基础上，还增加了"有害于社会主义道德风尚或者有其他不良影响"条款作为兜底表述。在商标构成要素日趋多元的情境下，规定否定要件的兜底条款对于监管商标有着不容忽视的意义。第三，越南对于商标的显著性有着较为细致的规定。商标使用的本质属性在于区别商品或服务来源，显著性（区别性）是一个标记得以独立的核心特征，法律对此加以详细规定并不为过。与我国《商标法》第 11 条第 3 款笼统表述为“其他缺乏显著特征”不同，《越南知识产权法典》第 74 条详尽规定了 13 种不得认定为显著性的情形。虽然这 13 种情形的立法本意在我国商标法中均有所体现，并不能简单以数量对比认定越南立法更为先进。但是《越南知识产权法典》在此体现出的对商标显著性的重视程度及其提炼概括的立法技术仍值得我国借鉴。

（二）商标注册程序

依据《越南知识产权法典》的规定，商标的申请主要包括申请、正式审查、通知审查结果、公示、异议、授权、登记等步骤。在收到拒绝授予通知或者授权之前，申请人可以在任何时间修改、拆分或者撤回其申请。整个申请流程如图 3－1 所示。

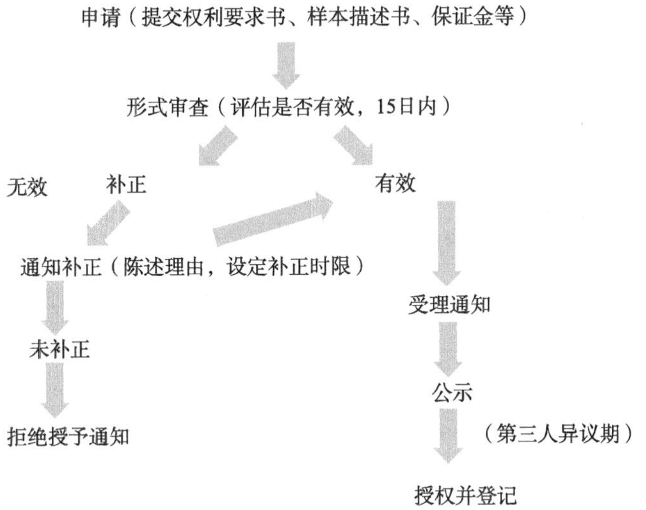

图 3－1 越南商标申请流程

（三）商标权的范围

如前所述，越南同中国均是采用先申请制的国家。《越南知识产权法典》第 90 条对此有明确规定，对于两个以上申请人同时申请相同或近似商标的情形，商标权应当授予最先提出商标申请的人或在优先权日范围内的人；若两人以上同时提出申请，则由申请人协商达成协议，商标权仅能授予其中一个申请；若申请人经协商后未能达成协议，则所有申请都会被拒绝。

《越南知识产权法典》第 87～88 条分别规定了注册商标和注册地理标志的权利范围，第 123 条还规定了工业产权的权利范围。依照其第 87 条和第 123 条规定，注册商标包括六项权能：（1）使用权，即该法第 87 条前 3 款规定的权利人可将其商标使用在其自己生产或合法购买的他人提供的商品或服务上（只要他人未使用该商标且不反对权利人使用该商标）。对于集体商标，集体组织可以将其商标使用在成员提供的商品或服务上；而注册为集体商标的地理标志，集体组织则需为当地相关的生产组织。该法第 124 条还针对“使用”行为列举了附着于服务或商品之上、许诺销售、宣传、存储、进口等情形。（2）排他权。权利人可以禁止他人将其注册商标使用在相同或类似商品上，除非该标记在申请日前已经被他人诚信使用。（3）监管权。权利人应当保证其商品或服务的品质、来源及标准等。（4）共有权。两个及以上的组织或个人可以共同注册成为商标的共同权利人，但需要满足两项条件：a. 商标应当以共同所有人的名义使用或用在其共同提供的商品或服务上；b. 使用该商标不会引起消费者对商品或服务来源的混淆。（5）处分权。含有上述权能的商标可以许可或通过书面合同、遗赠、继承等方式让与符合条件的公民。除规定上述 5 项权能外，该条第 7 款还增加了遵守共同条约的表述。即在他国与越南共同参加了某一国际条约，该条约规定某项标记不得注册但他国国内法又保护该项标记时，非基于公正事由越南也不会授予该项标记商标权。

三、商标权保护期限、续展、变更、终止

依据《越南知识产权法典》第 93 条的规定，注册商标的保护期限为 10 年，期满可以无限申请续展，每次续展期限为 10 年。但是对于注册的地理标志，则自其授权之日起一直有效，这是《越南知识产权法典》对地理标志保护的一大特点。在注册商标有限期内，商标权人可以依法许可其商标或通过书面合同、遗赠、继承等方式让与符合条件的公民。

关于注册商标的终止与无效问题，《越南知识产权法典》第 95～96 条有着较为详细的规定。其中，导致商标权终止的情形包括：a. 权利人未缴纳续展相关费用；b. 权利人声明主动放弃其商标权；c. 权利人死亡（注销）或其继承人不再从事商业活动；d. 商标在被提起终止申请前非基于正当理由已经连续 5 年未经使用，除非在申请前 3 个月又开始使用；e. 集体商标所有人未依据规定对其商标的适用实施有效监管；f. 集体商标所有人违反使用集体商标的监管规定；g. 地理条件的改变引起产品商誉、品质减损后仍以欺骗目的使用该标记表征其原有商誉、品质的。随后，该法典第 96 条也明确列举了导致商标无效的集中情形；（1）导致商标全部无效的情形有：a. 申请人没有或未获

得商标，b. 在获得授权时商标的构成要素未满足本法要求；（2）部分构成要素未达到本法要求的将导致权力部分无效；（3）权利人缴纳费用后主动申请其商标无效。

四、其他标记的保护制度

（一）驰名商标保护体系

依据《越南知识产权法典》第 4 条，驰名商标意指越南领土内被消费者广泛熟知的标志。对于驰名商标的认定标准，该法典第 75 条明确列举了 8 条参考因素：（1）经买卖、使用、宣传等途径了解标志的消费者数量；（2）标记流通的地域范围；（3）标记标识商品或服务的销售额或销售数量；（4）标记连续使用的时间；（5）标记附着商品或服务享有的声誉；（6）保护标记的国家数量；（7）将该标记认定为驰名商标的国家数量；（8）彰显标记价值的许可费、转让费、投资数额等。与普通商标相比，驰名商标可以获得跨类别保护，但是驰名商标的认定应是基于其使用的事实基础，而无须再向行政机构申请注册。有关驰名商标的侵权认定与救济部分，请参见本文后续的商标侵权与救济部分。

（二）企业名称的保护机制

《越南知识产权法典》并未对企业名称的保护做出过多要求，主要针对其显著性做出以下 3 点规定：（1）构成名称选取适当，但不得是已经使用被广为熟知的名称；（2）不得与相同地域内同一经营领域的企业名称构成相同或近似；（3）不得与他人已经取得保护的商标或地理标志构成相同或近似。

（三）地理标志保护机制简述

《越南知识产权法典》对地理标志的保护有着较为翔实的规定，尤其是其在认定地理标志的地域、品质、声誉方面均有法条列明参考因素，值得我国借鉴。关于地理标志的权利取得方面，该法典在第 79 ~ 80 条分别规定了积极要件和消极要件。其中，积极要件包括两条：（1）附有地理标志的产品应当产自该特定地域；（2）附有地理标志的产品应当基于该特定地域的影响而具备特殊的商誉、质量、风味等特性。与此同时，取得地理标志的消极要件则包括：（1）标志已经成为通用名称；（2）表明国外来源的标志已经不再在国外受到保护或不再被使用；（3）该地理标志与已受保护的商标构成相同或近似，并可能引起消费者混淆；（4）可能误导消费者真实地域来源的地理标志。

《越南知识产权法典》在规制地理标志方面，最大的特点在于明确了商誉、品质、地理影响、地域等构成要素的具体含义。该法典第 81 条阐述了商誉和品质的内涵：地理标志的声誉基于其产品被消费者选择并广泛使用的程度而衡量；地理标志的品质指可被科学方法测试或经专家采科学方法评估的一个或多个有关数量、质量、化学、微生物等的因素。有关地理标志的地理条件，该法典第 82 条给出 3 点参考因素：（1）特定地域的自然或人文因素赋予产品特定的声誉、品质；（2）自然因素包括气候、水源、地质、地形、生态等因素；（3）人文因素包括当地制作产品的技巧、经验、传统流程等。随后，该法典还要求地理标志中的特定领域可以通过语言或地图准确界定其边界。

与我国地理标志相关立法相比，越南有关地理标志具体内涵的规定更为翔实且更具操作性，我国的规定则侧重于规范申请的流程，需要在界定地理标志概念的内涵及外延方面借鉴越南的有关规定。除此之外，越南对地理标志自其注册时起给予无限保护期。

五、商标侵权与救济

（一）侵犯商标、企业名称、地理标志行为的认定

《越南知识产权法典》第 129 条对侵犯商标、商号、地理标志行为的认定加以明确规定。依据该条第 1 款，未经权利人允许而实施以下行为构成侵犯商标权：a. 在相同商品或服务上使用与受保护商标相同的标记；b. 在相似的商品或服务上使用与受保护商标相同的标记并可能引起有关商品或服务来源的误认；c. 在相同或相似的商品或服务上使用与受保护商标相似的标记并可能引起有关商品或服务来源的误认；d. 使用与驰名商标或其翻译、笔迹相同或近似的商标在任何商品或服务类别（包括与驰名商标所在商品不相似或无关的类别），可能引起有关商品或服务来源的混淆或误认为该标记与驰名商标有某种联系。随后，该条又规定在相同或相似商品或服务上使用与他人在先商业名称相同或相似的商业标记，并可能引起企业或其商业活动混淆的行为属于侵犯商业名称的侵权行为。最后，该条还规定了侵犯地理标志的四种行为：a. 在产于地理标志所代表的地域但是不满足其品质特点的产品上使用该地理标志；b. 基于利用商誉和广泛受众的目的，而在与地理标志标识产品相似的商品上使用受保护的地理标志；c. 在不是产自特定地域的产品上使用与受保护的地理标志相同或相似的标记，引起消费者误认其产品来自该特定地域；d. 将受保护的酒类地理标志使用在非产自该特定领域的酒类产品上，即使使用的是该地理标志的翻译版、转录版或伴有种类、模型、类别、仿制等字样。该条对酒类地理标志的特殊规定并不突兀，因为地理标记作为一类知识产品的立法初衷就在于保护欧洲以酒类为代表的农副产品。越南在其法典中对地理标志做出诸多细致规定且给予较高保护水平，可能是出于加入世界贸易组织的被迫之举。

（二）侵犯商标、企业名称、地理标志行为的救济

当权利人的合法权利受到侵犯时，《越南知识产权法典》规定了自力救济、行政救济和司法救济三条路径。在自力救济方面，该法典第 198 条规定权利人可以采取四种自救措施：a. 采用科技手段组织侵权行为；b. 要求实施侵权行为的组织或个人停止侵权、公开赔礼道歉或纠正行为并赔偿损失；c. 请求行政机关依据相关法律采取措施；d. 诉诸法院或仲裁中心以保护自身合法权益。以上自救措施对于受到反不正当竞争行为侵犯的权利人同样适用。关于行政救济方面，除了应权利人请求外，在必要时行政机关也可以依据相关法律规定采取紧急措施、控制相关产品进出口或做出其他行政处罚。当然，权利人也可以寻求司法救济。

依据《越南知识产权法典》第 202 条，侵犯知识产权的组织或个人承担民事责任的方式有 5 种：（1）停止侵权；（2）公开赔礼道歉并纠正行为；（3）继续履行民事义务；（4）赔偿损失；（5）基于非商业目的处置、交易或使用知识产权侵权产品的商品、原材料或制造方法，但是不得影响权利人正常行使其权利。该法典第 214 条规定的行政处罚种类包括：警告、罚款、没收违法所得、责令停产停业。总体来看，《越南知识产权法典》与我国相关法律法规规定的救济方式与手段较为相似，值得一提的是其民事责任方式中继续履行一项也已经规定在我国 2017 年通过的《民法总则》当中。

（三）与标记相关的不正当竞争行为

《越南知识产权法典》在第 130 条规定了 4 种不正当竞争行为：a. 使用商业标记以引起有关企业、企业经营活动或商品、服务来源的混淆；b. 使用商业标记以引起有关商品或服务特征或条件中有关来源、生产方法、用途、质量、数量等特征的混淆；c. 对于和越南同时加入条约而该条约约定受保护商标不得由权利人的代理人使用的，则该代理人在越南同样不得使用该商标，即使获得权利人的同意；d. 未经权利人同意，基于借助他人商誉目的注册或使用与受保护的企业名称、商标等相同或近似易引起混淆的域名。本条中的商业标记指指代商品或服务来源的标记或服务信息，包括商标、商号、商业象征、商业口号、地理标志、包装外观和物品标签。本条中的使用行为指将标记附着于商品、包装、提供服务工具、商业文件或宣传媒介上的行为，还包括销售、许诺销售、贮存、进口行为。

可以看出，越南在反不正当竞争法领域使用商业标记一词代称可能与受保护知识产品相混淆的所有标记，其范围广于我国反不正当竞争法所保护的未注册商标、知名商品名称、包装、装潢等客体的范围。同时，该条对商业标记的范围及使用行为加以具体界定，对于指导司法裁判及引导当事人行为有重要意义。

第四节　马来西亚商标法律制度

一、概　　述

马来西亚有关商标的立法肇始于1976年，历经2000年、2002年两次修订，现行版本为针对商标的专门立法《马来西亚商标法》。与商标单行法相配套的还有商标条例，该条例颁布于1997年，历经2001年、2007年、2011年三次修订，配套商标法加以实施。除此之外，马来西亚还对地理标志进行单独立法，地理标志条例颁布于2007年，2013年做了最近一次修订。

在国际条约和地区条约方面，马来西亚分别在1989年加入《建立世界知识产权国际公约》《巴黎公约》，2007年加入《维也纳协定》和《尼斯协定》。在经贸合作领域，马来西亚分别与日本、柬埔寨签订经贸伙伴双边条约和保护投资双边条约。值得注意的是，在商标保护方面马来西亚已经通过马德里体系进行国际商标注册。

二、商标权的取得

（一）商标注册条件

在商标权利构成要件方面，《马来西亚商标法》将其分为积极要件和消极要件。积极要件构成方面，《马来西亚商标法》第10条规定至少应当具备以下要素：a. 个人、公司的名称非常特殊；b. 申请人或其前身的签名；c. 臆造词汇；d. 根据词汇的常用含义并不直接指向商品或服务的特征或品质；e. 其他具有显著性的标志。总体看来，马来西亚商标法中有关商标构成的积极要件实为突出标志应当具有显著性，该条第2款规定显著性指商标可以起到区别商品或服务来源的作用。接下来，该条进一步规定显著性可以借助两项因素加以考量：商标构成本身符合上述要求或通过使用使商标产生了区别商品、服务来源的作用。

在消极要件构成方面，《马来西亚商标法》第14条规定了不得注册商标的7种绝对禁止情形：a. 商标的使用易引起欺骗或混淆，或者与法律规定相冲突；b. 商标中包含丑化或攻击性的元素，或者不受到法律保护；c. 商标中包含的元素被审查员认为歧视公共利益；d. 商标与同类商品或服务上已有的驰名商标相同或近似；e. 虽然与已有驰名商标注册在不同商品或服务种类上，但是该商标的使用可能会表明与现有驰名商标具有某种联系，且该驰名商标的商誉可能会因此受损；f. 商标中包含地理标志而该商品又并非产自该特殊地域，使用该商标可能会使消费者对商品的原产地产生误认；g. 酒类标记上含有的地理标志代表了酒类品质，该产品却并非产自该地域。但是，在 2000 年以前或者该商标已经经过长期诚信使用的除外。在规定了以上 7 种绝对禁止情形之后，《马来西亚商标法》又在第 15 条规定了两种相对禁止情形：a. 商标构成的词语中含有“专利”“已获得专利”“皇家许可”“已注册”“已注册外观”“著作权”等表述；b. 任何部委颁布的规章规定不得注册为商标的。在先后规定了商标注册的绝对禁止要件和相对禁止要件之后，《马来西亚商标法》第 19 条专门规定了假冒/相同商标的认定，这实质上也是商标注册的绝对禁止要件之一。依据该条规定，不得注册为商标的情形包括：a. 与已有的在相同或高度近似的商品或服务上注册的商标相同；b. 与已有商标非常相似以至于很有可能引起欺骗或混淆。

可以看出，《马来西亚商标法》的立法技术不够先进，对商标取得要件部分的规定非常松散，既没有从形式上加以统一，将商标取得的积极要件与消极要件分别归类后统一罗列，更缺乏实质层面的统一考量，商标取得的消极要件之间存有重叠交叉之处，而且缺乏诸如不得使用国徽、国旗、政府机构名称等常见的禁止性规定，更缺乏不得违背公序良俗等兜底式条款。

（二）商标权的取得机制

同我国一样，马来西亚施行商标注册取得制度。但是，其商标法又有两处与我国商标法制度不同的规定：第一，仅限一种商品类别。《马来西亚商标法》第 25 条第 2 款规定，一个商标仅能申请一个商品或服务类别。作为表明商品或服务来源的特殊标记，商标确实应当使用在特定种类的商品或服务之上，而商品和服务种类则依据《尼斯协定》分为 45 类。在如此众多的类别当中，许多企业基于其经营范围的扩展或未来规划，往往不局限于在一类商品或服务上使用同一商标。因此，我国允许同一商标注册于多个商品或服务类别之上，这也与 TRIPS 协议规定的驰名商标跨类保护的理念相一致。第二，注册审查人员自由裁量中主观判断突出。《马来西亚商标法》第 25 条第 3 款规定，即使申请人申请的商标符合法定要件，注册审查人员仍有可能拒绝其申请。我国商标法明确规定了注册商标的形式要件和实质要件，申请人提出的申请在满足以上要件的情况下基本可以获得商标注册，审查人员并非拥有马来西亚规定般自由裁量权。

（三）商标注册程序

依据《马来西亚商标法》第 25 条的规定，符合条件的申请人可以就某一商品或服务类别申请进行商标注册。总体看来，马来西亚商标申请主要包括以下几个步骤：第一，提出申请。申请应当提交的材料包括申请人姓名、地址、国籍、商标图样、注册的物品或服务类别、宣誓书公证原件等。商标注册审查人员可以随时要求申请人纠正或补充申请材料内容。第二，公告接受申请。商标注册审查人员应就申请被接受的条件、修改事项和限制事项进行公告。第三，商标异议。在商标公告期限内，任何人均可以以书面形式向商标注册部门陈述事由进行商标异议。在任何人提交异议申请之后，申请人应当针对其提出的异议予以反驳。如果申请人未就该异议事项进行反驳，则该申请将被视为撤销。第四，做出授予或拒绝决定。在提交反驳意见之后，申请人还应提交相关证据证明其反驳理由成立。在给予异议双方充分的书面辩论自由之后，注册审查人员应当就异议做出最终决定，其内容包括核准注册、拒绝注册和修改后予以注册 3 种情形。对于该决定，异议双方均可以将其诉至法院作为最终的救济方式。第五，未完成注册。如果申请人自申请注册之日起 12 个月之内未完成注册，则注册审查人员可以最后指定特定期限。如果申请人在该特定期限内仍未完成相关注册，则该申请将视为自动撤回。这是马来西亚商标注册申请流程当中的特殊环节，也是加快其申请流程的重要举措。因此，马来西亚整个商标申请流程的时间要求为 12 个月，但是遇到商标异议或诉讼等特殊情形的，商标申请应当在注册审查人员或法官规定的时间内完成。

图 3 – 2 较为清晰地呈现马来西亚商标申请的整个流程。

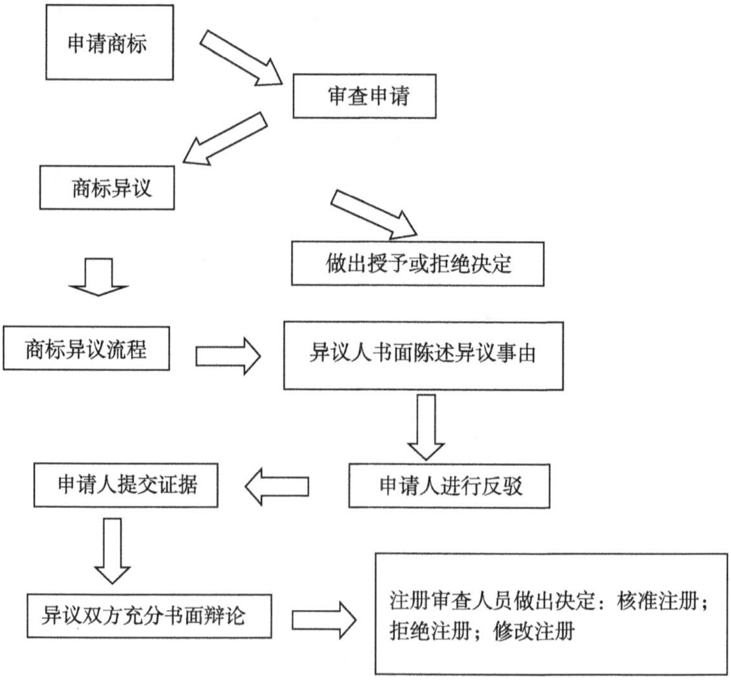

图 3 – 2　马来西亚商标申请主要流程

（注：该决定可以被诉至法院）

三、商标权保护期限、续展、变更、终止

《马来西亚商标法》第41条规定，商标的保护期为10年，10年之后可以进行续展。即权利人需要在保护期限届满之前以特定方式向注册部门提出续展申请并缴纳续展费用。但是马来西亚同样给未及时续展的权利人规定了一年的宽限期，即在商标保护期限届满后一年之内，权利人还可以提出续展请求，如果超过保护期限后一年权利人仍为提出续展请求的，则其商标将不得作为注册商标。对于一年宽限期内提出续展的商标，《马来西亚商标法》也加以特别限制，要求该商标在期限届满前两年内应进行过诚信使用且不得是已被移除注册的商标。

对于转让、变更商标的情形，《马来西亚商标法》第47条规定受让方应当向商标登记部门提出变更登记的申请，且转让商标事项以完成登记作为生效要件。与转让商标类似，权利人在注册商标保护期限内同样可以申请变更商标登记事项或终止商标权利，以上事项均以完成登记作为生效要件。

四、商标权的归属

马来西亚知识产权方面的法律法规还不够完善，其商标法缺乏大陆法系国家立法具备的体系性和逻辑性，而是针对实践中出现的各种情形在立法中做出列举式的回应。在商标权的归属方面亦同样如此。但是有两种特殊情形需要予以特别关注。

第一种情形是商标共有。《马来西亚商标法》第21条规定了商标共有的适用情形，两方或多方主体意图使用同一商标，则应满足：a. 该商标可以代表两方或多方主体；b. 在交易过程中提供商品或服务时，两方或者多方主体可以注册为商标的共同所有人且可以自由行使权利，其可以行使的权利与单独所有商标的情形相同。在规定了以上情形之后，该条还特别强调不允许其他情形共同注册商标。第二种情形是商标共存情形。马来西亚商标法对商标共存的前提条件有着严格限制，即各方须诚信使用且符合法律规定的特殊情形。不同主体针对相同或有密切联系的商品或服务注册商标时，法院可以视其情况做出允许各方商标共存的裁决。

五、驰名商标保护体系

关于驰名商标的保护，《马来西亚商标法》中的规定主要体现了《巴黎公约》和TRIPS协议的要求而进行跨类保护：对于同驰名商标相同或类似的商标注册在相同商品或服务上的标志，《马来西亚商标法》规定不得注册；对于

同驰名商标相同或近似的商标注册在不同商品或服务上，可能引起消费者误认两者有某种联系的，也不得进行注册。可见，《马来西亚商标法》对于驰名商标的保护同样引入了反淡化理论。

第五节　本章小结

一、东南亚地区的国内商标法制水平评估

从商标法制完善程度和保护水平来看，目前东南亚各国大致可以分为四个层次。第一层次的国家是新加坡。新加坡的经济发达且开放，国际化水平较高，因此十分注重与贸易有密切联系的商标制度的建设，其商标制度的运行和保护也比较成熟，是东南亚地区的商标法制的典范。

第二层次的国家是越南、菲律宾、马来西亚、印度尼西亚、泰国和文莱，商标法制度较为完善。越南、菲律宾、马来西亚等 6 国从 20 世纪中叶前后开始进行商标法律制度建设，经过半个多世纪的发展均已有了比较健全的商标法律体系，设置了专门的行政管理部门，保护水平较高。

第三层次的国家是老挝和柬埔寨。老挝和柬埔寨两国虽然目前已经草拟了有关商标法制，但一方面相关立法较为粗糙，另一方面受本国政治环境和经济基础等因素的影响，商标等方面的执法水平也较低。

第四层次的国家是缅甸和东帝汶。缅甸于 2005 年出台了一系列涉及专利、工业设计、商标和版权保护的法律草案。严格意义上讲，缅甸尚无针对商标注册的完善法律体系，商标注册实际上不过只是一种登记制度，而不是由某个政府部门授予的专用权。东帝汶目前尚未建立知识产权法律体系，也未加入任何知识产权国际协定，但是《东帝汶宪法》第 60 条规定保护文学、科技和艺术作品，因此有些国际知名企业会在当地报纸上刊登启事，声明对其商标和专利的所有权。

二、东南亚地区商标的国际保护程度不断提高

近年来，随着社会经济的不断发展，东南亚地区的包括商标在内的知识产权保护国际化程度均在不断提高。除东帝汶外，东南亚国家目前已经全部加入世界知识产权组织（WIPO），东南亚国家均已成为世贸成员，受到 TRIPS 协议的约束。根据以上情况和相关国际公约的惯例来看，目前到东南亚注册商标的话，针对东南亚已经加入《巴黎公约》的国家（缅甸除外），可以按照“巴黎公约”设定的基本原则，如国民待遇原则、优先权原则向各国逐一提出商

标注册申请。虽然缅甸还未加入《巴黎公约》，但是其已经加入世界贸易组织，根据 TRIPS 协议的规定，在一定条件下，世界贸易组织的全体成员应视为巴黎公约的成员，因此，理论上缅甸也可直接适用巴黎公约提供的便利途径为世界贸易组织的成员提供商标的国际保护。所以，目前东南亚各国均可以按照《巴黎公约》的基本原则接受商标的逐一注册。

东南亚国家中，新加坡、越南、菲律宾已加入《马德里协定议定书》，越南还加入了《马德里协定》，而其他国家均不是《马德里协定》或《马德里协定议定书》的成员。但是值得注意的是，马德里体系仅仅是一种程序上的统一提出申请的机制，而并不是申请了商标国际注册，其商标在各缔约方都受到保护。因而，通过马德里商标国际注册体系向新加坡和越南一并提出申请后，两国还将按照自己的法律进行实质审查，若不符合该国法律规定或有在先注册人，申请也会被驳回。

此外，在商标的国际公约方面，新加坡和马来西亚加入《商标注册用商品和服务国际分类协定》（又称《尼斯协定》）；马来西亚是《建立商标图形要素国际分类协定》（又称《维也纳协定》）的成员；新加坡是《商标法新加坡条约》的成员。

三、与中国商标法的差异与协调

改革开放以来，中国与东南亚国家的经贸关系日益密切。随着“一带一路”倡议构想的提出与深入推进，中国赴东南亚国家经商、投资、创业等现象日益增多。作为影响国际贸易的重要因素，目前中国与东南亚国家之间、东南亚各国之间存在的商标法律差异也值得各方（尤其是投资者）高度关注。

在新加坡这一商标保护水平很高的国家，中国投资者应当综合比较中国和新加坡两国的商标法立法情况，注意新加坡在商标法上的更超前之处，提前布局和防范，强化商标保护意识，防范侵权与被侵权风险，充分利用新加坡的商标法律和政策维护自身的权益：一是商标构成要素方面比中国更为多元，声音、气味等非视觉性商标也是可以接受注册的。二是禁止注册的商标范围较窄，对民族、文化、道德等因素没有像中国这般的严格限制。三是审查效率较高。四是对因不使用而撤销的年限较长，为 5 年。五是侵权诉讼时效较长，达 6 年等。六是商标使用行为的认定存在差异。在新加坡商标法上使用行为是指使用已注册商标的任何一种形式（只要不改变这个商标的显著性特征），而且在新加坡使用包括将商标用做商品或材料的标签，或者仅用于出口的目的的包装上，尤其指将这些标识应用于包装、商品陈列等方面的行为。相比于国内，新加坡的商标使用更为广泛。上述中国与新加坡的商标法差异，体现了新加坡对注册商标实行较大范围的保护，在一定程度上体现了新加坡营商环境的优越性。与此同时，新加坡政府和民间能够为商标的确权、用权和维权提供高效便捷的培训和服务也是重要因素。

在越南、菲律宾、马来西亚、印度尼西亚等第二层次国家，中国投资者既应当注意到这些国家在商标保护方面存在的某些优点，同时更应当注意被侵权的风险。例如，相较于中国，越南的商标法保护体系主要有以下不同，可供我国对比借鉴：第一，商标的构成要素。我国在 2013 年最新修订的《商标法》中，将声音作为重要的构成要素加入其中，而越南仍以可视化作为其商标的重要判定因素，商标类型有待丰富。第二，驰名商标认定因素。中越两国在认定驰名商标事实方面，秉承了诸多相同的认定标准。越南的参考标准比我国更为具体，同时还将驰名商标的域外认定与保护情况作为其国内认定的参考因素，值得我国借鉴。第三，地理标志的认定标准。地理标志的认定与保护应当被广大发展中国家给予高度重视，是发展中国家彰显其传统文化、工艺的重要载体。但是在地理标志的认定方面，我国的规定显得较为笼统，越南则在其立法中对商誉、品质、地理影响、地域等构成要素的具体含义予以明确阐述，值得我国借鉴。第四，申请商标的流程与难易程度。中越两国在商标申请方面均大致包含申请、审查、异议、公告等主要步骤，但是越南取得商标的程序相对更为复杂、耗时更久。第五，商标的刑法保护力度。在商标保护体系方面，中越两国均给予权利人民事、行政、刑事全方位保护，但是越南的刑事保护力度不及我国，没有像我国一样规定单独罪名。此外，近年来我国著名、驰名商标在这些国家被抢注的现象就时有发生。

在老挝、柬埔寨、缅甸和东帝汶等国，这些国家的商标保护实际上尚处于起步阶段，各方面的制度尚不完善，尤其应当提前做好分析和布局，充分利用现有的法律手段保护自身的商标和品牌。例如，老挝和柬埔寨除了建立商标注册登记制度外，还同时规定了竞争法等配套法律，一定程度上可以通过反不正当竞争弥补商标法律制度较为粗糙的不足。而目前缅甸农业灌溉部主管全国的商标注册，根据其颁布的注册法和注册检察长第 13 号令的规定，可以通过发布商标所有权声明的方式实现商标注册。注册一旦完成便是永久性的，不需要续展。如果商标持有人的名称、地址、商标的图案、使用商标的商品/服务等事项发生重要变更，那就需要重新进行注册，等等。在这些国家，商标保护或许需要一个更为综合的考量。

第四章　南亚地区商标法律制度

第一节　区域概况

一、区域总体状况和投资环境

（一）区域基本情况

南亚主要指喜马拉雅山脉以南，远至印度洋的地域。南亚区域共有 8 个国家，包括印度、巴基斯坦、孟加拉国、阿富汗、尼泊尔、不丹、斯里兰卡及马尔代夫，总面积达 495 万平方公里。这一区域居住人口高达 16 亿，超过世界总人口 1/5，是世界上人口最为密集的区域，也是除非洲撒哈拉地区外最贫穷的地区。

（二）区域经济概况

由于印度在南亚地区举足轻重，因此印度的发展直接决定南亚的整体经济增长速度。过去 10 年印度经济始终处于强劲增长的态势，以此带动整个南亚的区域经济增长，南亚区域长期属于世界经济增长最快的地区。虽然近年来全球经济处于不景气周期，南亚始终对全球波动保持一定的独立性，原因是其对其他主要经济体增速放缓的依存度有限，加上有利的油价、资本流动和汇款等推动，大部分南亚国家显现出经济快速增长的潜力。不过，南亚的部分国家，例如阿富汗、孟加拉国在宗教、政治局势、安全方面的不确定性阻碍了其商业活动和整体内需的发展，与此同时整个南亚区域国家的财政和金融依然存在脆弱性。

（三）区域投资环境分析

《2016 年世界投资报告》显示，2013～2015 年，南亚地区流入的外国直接投资仅占同期全球外国直接投资总量的 2.8%。制约南亚地区吸引外资主要存在以下三个原因：第一是南亚复杂和严格的监管法律框架。例如，当开始创业并确立创业地点时，监管规则烦琐且复杂。法律问题司空见惯、缺乏透明度和过于烦琐的程序也使得商业环境恶化。法律和秩序的缺乏（这对民营企业的安全至关重要）也是造成南亚地区监管问题层出不穷的原因。近年来，由于外国对许多南亚地点发出建议性旅游警告，南亚地区的法律和秩序已经恶化。这种建议性警告推升了交易成本，抑制了外商直接投资的动机。第二是南亚地区基础设置配套不够完善。《2015～2016年全球竞争力报告》显示，在140个国家中的整体基础设施质量指数排名中，巴基斯坦、印度、不丹和尼泊尔的指数分别位于第98位、第74位、第72位和第127位。高质量的基础设施降低了经商的交易成本，从而推动了生产效率和竞争力的提高。要想从区域一体化中受益，南亚必须改善基础设施状况。尽管南亚已经采取措施改善其基础设施的质量，如扩大全国公路和铁路网络，但仍然是一个大问题。第三是南亚地区的经商指数普遍偏低。经商指数是衡量外国直接投资流入水平最重要的指标，主要从税负、基础设施、合同履行诚信度等十大指标考核一国经营环境。在全球190个国家中，南亚区域国家排名除不丹排在73名，其余国家排名处于107～183的区间，这意味着在南亚国家新设企业及持续运营企业的成本与难度均较大。

（四）区域一体化趋势

南亚区域合作联盟（南盟）于1985年成立，2004年签署的《南亚自由贸易区协定》对南亚区域经济一体化的进程有所推动，一些南亚国家（包括印度、不丹、斯里兰卡和巴基斯坦）也在寻求通过双边渠道增进经济一体化，然而区内贸易额仅占南亚贸易总额的5%，南亚仍然是全球一体化程度最低的地区，南亚区域经济一体化进程仍然滞后。各种研究也表明，南亚国家缺乏从区域一体化中受益的必要性制度框架。在这些经济体中，时间被耗费在繁文缛节上，贿赂、违规行为和地下交易的猖獗，造成投资环境不稳。鉴于证据表明区域和双边贸易协议只有在受到成熟和完善的制度框架支持下，才能在促进贸易增长中发挥重要作用，这一点尤为令人担忧。

（五）区域安全

宗教对政治的渗透与影响是南亚区域政治与安全最大的不确定因素。英国在南亚大陆结束殖民后，遗留下的印巴国界问题始终悬而未决，导致印度和巴基斯坦常年在克什米尔地区发生战争。南亚区域国家的内部因宗族、语言与宗教方面的差异，始终存在许多不同的政治立场与主张，造成社会与政治的动乱与纷扰。21世纪以来，全球恐怖袭击主要集中在中亚和南亚地区，基于民族分离主义而演变的恐怖活动，严重影响了南亚地区各国政治发展与民族融合的进程，给南亚各国政府带来严峻挑战，也严重影响和恶化了南亚地区的社会稳定。

二、区域知识产权法律制度概况

在挑选本区域典型国家时，首先基于法律资料的完备性排除马尔代夫及阿富汗（阿富汗只有普什图语的法条资料，马尔代夫则没有任何英文的法条资料）；其次依据该区域国家与我国的双边贸易额（见表4－1），挑选出双边贸易额排名前三名的国家进行详细的商标法法律分析。然后挑选在美国商会国际知识产权指数进行统计的南亚国家基本知识产权分数进行比较（见图4－1），可以看出南亚知识产权有待进一步发展，知识产权水平与中国有一定差距，与统计中分数最高的美国相比，差距显著。

表4－1 南亚区域与我国双边贸易情况（统计周期：2016年1～6月）

国家＼指标	双边贸易额	增速（同比）
印度	335.01亿美元	－2.0%
巴基斯坦	95.24亿美元	9.1%
孟加拉国	74.94亿美元	2.6%
斯里兰卡	22.31亿美元	7.5%
尼泊尔	3.82亿美元	－34.7%
不丹	258.3万美元	－58.4%

资料来源：中华人民共和国商务部亚洲司：双边合作简况，中华人民共和国商务部网站，2016年9月2号。

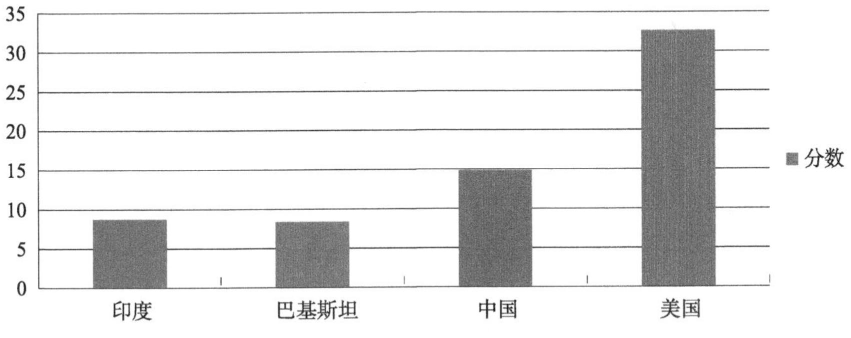

图4－1 美国商会国际知识产权指数统计分数

资料来源：U. S. Chamber International IP Index网站。

第二节 印度商标法律制度

一、概 述

1947年印度独立之前，印度作为英国殖民地适用英国法律体系。1940年之前，印度商标法相关事宜主要依据普通法的仿冒原则以及英国法上的衡平原则。1940年，印度颁布了第一部商标领域的成文法《1940年商标法案》，这一法案是在1938年《英国商标法案》基础上进行简单修改而成。印度独立之后，1958年的《贸易与商业标示法案》成为商标领域最重要的成文法。为了加入世界贸易组织，确保印度商标法符合TRIPS协议规定的义务，印度于1999年颁布《商标法案》。《1999年商标法案》与《2002年商标法条例》共同构成印度商标领域主要的现行法律。

印度采纳"注册优先"体系，这意味着在注册前无须对标志进行商业利用。商标申请可以基于"对商标的使用意图"以及对商业中的实际使用。1999年商标法案中的"使用"具备宽泛的含义，并不限定于货物在印度实际存在或出现。在印度流通的国际杂志和期刊以及互联网上出现的商标都可被视为在印度的使用。关于使用的标志性案例是惠而浦案［N. R. Dongre v. Whirlpool Corporation 1996（16）PTC 583］。法院认定，权利人可以对基于其商标的跨境声誉对侵权人提出仿冒之诉，货物在印度的实际使用或货物在印度的实际流通并不是必要条件。如果权利人在印度通过广告或其他方式已经获得商标的声誉及商誉，权利人即已达到举证要求。另一个案件则是印度最高院审理的Milmet Of the Industries & Ors. v. Allergan，Inc. 案［2006（32）PTC 495］。法院颁布了临时禁令，禁止一家印度公司使用商标氧氟沙星滴眼液，"被告没有在印度使用商标是无关事实，只要被告在世界市场范围内首先使用了这一商标"。因此，法院最终并未否决临时禁令，虽然权利人既未在印度使用这一商标，且这一商标也并未在印度注册。随后，加尔各答高院判定使用人禁止在印度使用这一商标。

商标注册赋予权利人在印度保护其商标的排他权。然而鉴于印度的法律体系基于普通法。即使未注册商标也有权获得保护，未注册商标权利人有权提起仿冒之诉。

虽然印度的市场经济已经取得举世瞩目的进步，但对知识产权的保护仍然是外商投资关注且顾虑的仿冒。虽然印度的法律体系取得长足的进步，但印度知识产权的实施仍然备受诟病。

除了在印度注册商标外，企业还应采取一系列策略以保护其商标。包括以下几个方面：

（1）在印度商标登记机构进行各个分类的权利清算检索。

（2）进行普通法检索，包括互联网、市场调研，以确保是否有第三方使用商标及使用的程度。

（3）如果权利人拥有一个已被使用并获得良好商誉的商标，建议在进行印度商标申请时，应该进行媒体发布、广告发布等形式确保相关公众已经意识到这一商标进入印度市场，以防止可能的第三方侵权。

（4）建议权利人不仅在印度，同时在与印度毗邻的南亚地区，例如，巴基斯坦、斯里兰卡、孟加拉国、尼泊尔、不丹、马尔代夫、阿富汗同时进行商标注册。这些区域相互临近，而印度是这一区域最大的市场，任何在印度获得商誉的商标，都极有可能在这些市场遭遇侵权。这些国家的侵权人不仅制造侵权产品，也可能导致这些侵权产品进入印度市场，甚至流入全球市场。

（5）权利人应立即注册商标的域名，包括顶级域名。在南亚国家，已经发生一系列抢注域名再高价卖出的恶性案件。

（6）如果权利人发现其商标遭遇侵权，应立即采取行动保护商标，例如通过提出异议、提出撤销、进行调查、发送停止通知，或提出民事或刑事诉讼。

二、商标权的取得

（一）商标注册条件

1. 商标注册原则

与中国一样，印度采纳“注册优先”体系，这意味着在注册前无须对标志进行实际的商业利用。商标申请既可以基于商业中的实际使用，也可以基于“对商标的使用意图”。

2. 商标的构成

商品的形态、包装材料和颜色组合，只要能够表明该商品标识或服务标识与其他标识的区别，都可以被注册为商标，具体包括：三维图标；声音，即以传统的形式记录下的乐曲式声音；气味，即依据气味的光谱分析组成、化学式、气味样本的储存、具体的语言能够说明某种气味的存在以及上诉要素的组合。

3. 商标分类

（1）产品商标：能够被附着以注明商品的商标。

（2）服务商标：用以注明服务的商标，例如广播服务、零售大卖场的商标。

（3）证明商标：在商业贸易过程中，能够用以区分产品或服务，并能够由权利人证明具备某一原产地、材质、制造方法、质量或其他特征的商标。

（4）集体商标：以团体、协会或其他组织的名义注册，为团体成员在商业活动中证明其团体成员资格的商标。

4. 驳回注册的绝对理由

印度法规定驳回注册的绝对理由分为以下几类。

（1）缺乏商标显著性。

缺乏显著特征，即不能把一人的商品或服务与他人的商品或服务区别开；

仅由可以在贸易中用来表示商品的种类、质量、数量、用途、价值、原产地、生产时间或服务提供时间或者商品或服务的其他特征的标志或说明构成；

仅由在现代语言中或在善意和公认的贸易做法中已经成为惯用的标志或说明构成，但商标在申请注册之日前已经由于使用而获得显著特征或者商标是驰名商标的，不得驳回注册。

（2）由于违反公序良俗而拒绝注册。

具有欺骗公众或导致混淆的性质；

含有的任何内容可能伤害印度任何公民阶层或族群的宗教感情，或者由任何此种内容构成；

由毁谤或猥亵内容构成，或者含有此种内容；

其使用为《1950年标志与名称（预防不当使用）法》所禁止。

（3）对于形状注册的禁止性规定。

仅由商品自身的性质产生的商品形状；为获得技术效果而需有的商品形状；使商品具有实质性价值的形状。

值得强调的是，对于此禁止性规定，商标所用于或准备用于的商品或服务的性质，不得作为驳回注册的理由。

（4）对于颜色的禁止性规定。

印度关于颜色商标有特殊的限定，即只有颜色组合可以被核准为商标，这意味着单一颜色无法在印度获得商标保护。同时，如果商标注册未限定颜色的，视为在所有颜色上注册。

5. 驳回注册的相对理由

（1）由于可能造成混淆而拒绝注册。

与在先商标相同，与该商标所涵盖的商品或服务类似；与在先商标近似，与该商标所涵盖的商品或服务相同或类似。

对于属于以上情况导致公众可能产生混淆，包括可能与在先商标产生联想的，不予注册。

（2）对于驰名商标的加强保护。

如果一拟注册商标与在先商标相同或近似，且拟注册的商品或服务与以不同所有人名义注册的在先商标的商品或服务不类似，如果在先商标在印度为驰名商标，且后一商标的使用无正当理由，将不公平地利用在先商标的显著特征或声誉或者有损于在先商标的显著特征或声誉，则该商标不得注册。

（3）由于法律禁止而不得注册。

当商标在印度使用，可能被某一法律，特别是保护贸易过程中使用的未注册商标的反假冒法或版权法所禁止时，不得注册。

（二）商标的续展和变更

印度的商标续展期为10年。需要在下一次续展期过期前的6个月内提出商标续展申请，同时需要一并提交续展费用。在下一次续展期过期后的6个月内仍然可以提出商标续展的要求。

三、商标的终止

《印度1999年商标法案》规定了如下商标变更与撤销的理由：商标在注册时即不具备显著性；商标与现有商标冲突；对商标的使用可能造成公众或贸易往来的混淆和欺骗；恶意使用商标；超过5年未使用商标。

只有因上述事由而遭受商贸利益损失的“受害人”才有权提出变更/撤销程序。受害人只能向该商标原始注册地的商标注册处提出变更/撤销程序。对于注册处做出的变更/撤销命令可以在命令做出的3个月内向知识产权上诉委员会提出上诉。对于商标的变更程序也可以直接向知识产权上诉委员会提出。印度商标法并没有对知识产权上诉委员会做出的命令规定上诉途径。然而根据《印度宪法》第226条与227条规定可以对知识产权上诉委员会的命令向高级法院提出复审书。对于5年不使用的撤销理由，印度法院会考虑以下理由作为抗辩：市场供应过饱和；缺乏产品需求；进口限制；战时限制。

四、商标的许可和转让

（一）法律规定

《印度1999年商标法案》规制印度商标的许可行为。虽然法案没有明文提及商标“许可”字样，但在“注册使用者”一节中涉及若干商标许可的内容。

（二）许可备案

印度对商标许可不要求强制备案，然而在实务中仍然建议对于注册使用协议/许可协议在商标注册处进行注册公示。备案应注明备案的申请日，该日即为可有效对抗第三人的生效及可实施之日。备案将在注册日的2个月内在杂志上进行公示。登记处应向被许可人发出登记通知。如果申请人要求，登记处应采取步骤确保申请信息不向第三方公开。

（三）转让的终止

值得注意的是，印度法规定，注册商标一旦被出售，许可将被自动终止。

《印度1999年商标法案》第50条规定，注册使用人/被许可人的备案可以在以下情况取消或修改：使用人/被许可人以不符合协议的方式使用商标，权利人/使用人未对备案注册披露关键事实，协议中关于货物质量的规定无法实施，注册日后发生情势变更。在备案取消前，应进行通知及听证。

（四）注册使用人/被许可人的权利

注册权利人有权以自己名义提出侵权之诉，且有权要求注册权利人/许可人提出侵权之诉。如果权利人拒绝提出侵权之诉，注册使用人/被许可人有权在发出通知1个月后，以自己名义提出诉讼。注册使用人/被许可人无权对商标进行商标转让或对任何商标权利进行转让。未注册商标使用人无权自行提出侵权之诉。此类被许可人可以将商标权利人列为共同被告。如果权利人被列为注册使用人的共同被告，只有在他参与并出席诉讼时才可免除责任。

五、商标侵权与抗辩

（一）商标侵权

《2010年印度商标法修正案》中规定的"使用"具备宽泛的含义，具体可以体现在以下几类场合：将其贴在货物或其包装上；基于该商标以提供或公开出售货物，将货物或服务投放市场或进行储存；基于该商标进出口货物；在商业文件或广告中使用该注册商标；当一个注册商标的显著要素由文字构成或包含文字，对这些文字的口头使用以及视觉呈现构成使用。

《印度1999年商标法案》第29~30条对注册商标的侵权进行规定。第29条规定，不是注册权利人且未获得合法许可，在贸易过程中使用了商标，即构成对注册商标的侵权。

（1）与注册商标相同且相似的货物/服务。与注册商标相同、与商标涵盖的货物或服务类似并可能造成一般公众的混淆。

（2）与注册商标类似且相同的货物/服务。与注册商标相类似，且与商标涵盖的货物或服务类似或相同并可能造成一般公众的混淆。

（3）与注册商标相同且货物/服务相同—推定混淆。与注册商标相同且与商标涵盖的货物/服务相同，此时法院将推定这一使用将造成公众的混淆。

（4）与驰名注册商标相同。当商标与印度的驰名注册商标相同或类似，即使商标使用的相关货物或服务与商标注册不类似，也可以跨类保护。

（5）与注册商标的企业名称相类似。在与商标注册的货物或服务类似的交易中使用企业名称。

（6）在标牌或包装上使用注册商标，且明知这一使用未经许可。明知或有理由相信这一商标使用未获得注册使用人或被许可人许可，将注册商标用于商标标牌、外包装、公司信纸或广告上。

（7）在广告中使用注册商标，且这一使用利用了不当优势，损害注册商标的声誉。

（8）不当利用且有悖行业或商业诚信的做法。

（9）损害其显著性特征。

（10）损害商标声誉。

（二）侵权抗辩

《印度1999年商标法案》第30条规定了注册商标的限制与例外，列举了不属于侵权的事由。这些行为被作为商标侵权的抗辩理由。

1. 为表明种类、质量或数量等信息而使用商标

当侵权商标被用于表示注册商标涵盖的产品或服务的种类、质量、数量的特征。例如，第三十类－非乳制品浇头、冷冻制品、添加剂中注册的商标“RICH'S WHIP TOPPING”的权利人在新德里高级法院对使用“BELLS WHIP TOPPING”的商标权人提起商标侵权以及仿冒商标之诉。新德里高级法院认定“WHIP TOPPING”说明了货物质量，因此并不构成对商标的侵权，除非能够证明“WHIP TOPPING”这一商标已经获得商标的第二含义。

2. 在注册范围之外使用商标

当注册商标的注册受限于某些条件或限制，而商标以注册范围之外的方式进行运用。例如，“ABC Garden Market”的注册可能受限于权利人对“garden”和/或“MARKET”两词不具有排他使用权。因此，他人对“garden”或“market”的使用不构成对注册商标的侵权。

3. 默示同意

如果有人在注册商标所有人曾经使用过其商标的货物或服务上使用商标，且商标权人未移除，则视为默示同意这一使用。

4. 在零部件上使用注册商标

货物上使用之注册商标可以在其他货物或服务相关的零部件上使用，只有这一使用是必要合理且不会对来源造成欺骗。

5. 使用两个相同或类似的注册商标

如果两个注册商标相同或类似，则使用任一注册商标不构成对另一商标的侵权。

（三）驰名商标的保护

1. 驰名商标概述

印度商标法对“驰名商标”采取特殊保护，并确保驰名商标免收侵权及

对非注册商标的仿冒之诉。印度知识产权局基于商标的国际、国内以及跨境声誉对印度的驰名商标进行确认。《印度1999年商标法案》在两个层面对驰名商标做出规定：对抗类似商标的注册及对抗驰名商标的滥用。在印度商标局网站上可以查询已被认定为驰名商标的商标。

2. 驰名商标定义

《印度1999年商标法案》明晰了驰名商标的定义：与货物或服务相关的驰名商标，指使用某一商品或接受某一服务的公众的绝大部分，可能将使用某一与货物或服务相关的商标视为，货物贸易或服务的过程与使用该商标的人具有某种联系。

该法案的第11（6）条详细列举了商标注册机构决定某一商标是否属于驰名商标时应考虑的要素：

（1）在相关公众中，对于商标的了解或认知，包括在印度接受商标推广后获得的认知。

（2）商标使用的年限、程度及地理范围。

（3）商标推广的年限、程度及地理范围，包括广告或公告及展示，在货物或服务商标适用的展会或集会上。

（4）商标依据本法案得以体现商标使用或承认的，任何注册或注册申请的时限及地理范围。

（5）商标权利成功实施的记录；尤其是商标在法院或登记机构被认可为驰名商标的记录。

该法案第11（7）条规定，登记机关在决定某一商标在某一公众群体中是否被认定为驰名，应考虑如下因素：

（1）货物或服务的实际或潜在消费者人数。

（2）在某一货物或服务的流通渠道中涉及的人数。

（3）商标适用的、与货物或服务贸易的商业界。

第11（8）条规定，只有在法院或商标登记机关已经至少在一个印度的相关公众群体中被认定为驰名，登记机关才能依据本法案考虑将商标认定为驰名。

第11（9）规定，登记机关不得为了判定某一商标是否构成驰名商标，而要求以下任何条件：

（1）商标已在印度使用。

（2）商标已被注册。

（3）商标已在印度进行注册申请。

（4）商标驰名或已经被注册；或在印度以外的国家已经提交注册申请；或商标在印度被大部分公众认为驰名。

第 11（10）规定，商标注册机构在考虑一项商标的注册与异议时，应防止驰名商标的相同或类似商标进行注册。

3. 驰名商标相关案件

印度法院对驰名商标的保护一般通过普通法进行保护。

（1）禁令 – 在案件 Daimler Benz Akietgesellschaft v Hybo Hindustan，原告对被告提起禁令。被告使用了原告注明的原型标志以及“Benz”字样。法院认定，原告的商标为驰名商标，基于跨境声誉以及商誉，并颁发禁令禁止被告侵权使用标志出售其配件。

（2）对非注册商标的仿冒之诉。

在 Rolex Sa vs Alex Jewellery Pvt Ltd & Ors 2009（41）PCT 284（Del）案中，原告对被告提起诉讼，要求禁止被告出售假冒珠宝，或任何标有 Rolex 字样的产品。法院援引 Section 2（z）（g）指出，大部分使用原告手表这一品种/价位范围手表的公众的大部分将 Rolex 视为驰名商标。这部分公众如果遇到带有 Rolex 字样的珠宝或假冒珠宝，将可能相信这一珠宝与原告具有某种关联。法院据第 11（6）条认定原告商标符合驰名商标的要素。

在 Maricco Ltd v. Madhu Gupta，I A Nos 15565 and 16243/2009 in CS（OS）No 2275/2009 案中，新德里高院在处理“KAYA”商标时，考虑到原告已经在广告上花费巨额金钱，并因此获得差异性，据此法院支持原告诉请。

从以上案例可以得出，印度法院在解释与驰名商标相关的法律上较为弹性。法院将考虑跨境剩余、溢出效应、诚信以及同时使用、延展使用以及广告的因素作为判定驰名商标的要素。

六、侵权法律救济

（一）司法途径

印度对于确定为专利侵权的惩罚措施也是相当严厉的。惩罚措施包括禁令与损害赔偿，并且赋予胜诉原告充分选择权。同时印度法院也有权命令查封、没收或者销毁侵权货物和主要用于生产侵权货物的原料和工具，而不给予任何补偿。

1. 关于禁令

印度商标法对禁令的适用条件并没有做出具体规定，只是表明如法院认为存在合适的条件，可发出禁令给予原告救济。1999 年的印度商标法修改中，删除了 1958 年印度商标法关于限制法院颁发禁令职权的几类案件的情形。由此可看出，印度关于知识产权保护的立法趋势是愈来愈严苛。

2. 关于遭遇禁令后的救济

（1）请求召开听证会。禁令在发出之前，法院是有权不作预先通知；但是在执行措施后，被告有权提出申请，对这些措施进行审查。其中国际惯用的方法是申请召开听证会，以期在做出关于有关措施的通知后一段合理期限内，决定这些措施是否应进行修改、撤销或确认。如印度德里高等法院就曾应当事人的申请暂缓取消了禁售令，决定召开听证会做出下一步裁决。

（2）申请禁令撤销或终止生效。如果对禁令的审查的裁决程序如上述听证会未在一定合理期限内启动。届时，作为被告便可直接提出请求，请求撤销禁令或终止禁令生效。这里的合理期限一般由责令采取该措施的司法机关确定。

（3）请求经济补偿。如临时措施被撤销或由于申请人的任何作为或不作为而失效，或如果随后认为不存在知识产权侵权或侵权威胁，则被告可请求司法机关责令申请人就这些措施造成的任何损害向被申请人要求经济补偿。

（二）行政途径

（1）行政救济。对于商标杂志公告的商标申请，可以提出异议。可以在商标注册机构提起商标的更正或取消程序。

（2）边境措施。印度1962年海关法赋予中央政府禁止某类货品的进口或出口的权利。中央政府可以禁止使用假冒商标或假冒贸易陈述的货品进口。1999年商标法案规定，注册商标的被许可人可以书面形式通知海关官员禁止构成商标侵权的货物进口。

第三节　巴基斯坦商标法律制度

一、概　　述

巴基斯坦商标法源于印度1940年的商标法，独立后对该法的细节部分做了必要的修改，并作为巴基斯坦商标法于1948年生效实施。1998年，为履行TRIPS协议和商标法条约的要求，巴基斯坦对该国商标法进行修改，加强和扩大了对商标的保护，如提供驰名商标的保护等。最终，巴基斯坦政府于2001年4月13日通过商标法，从而废除1940年旧的商标法。该法案的制定生效符合商标发展的趋势，符合TRIPS协议的相关规定。

二、商标权的取得

不论国籍，任何人都可以在巴基斯坦申请商标。商标的所有人或权利人有权提起商标注册，并有权以认为恰当的方式使用商标。如果两人及以上是商标的共同所有人，这一商标将由二人共有。除非另有协议，共同所有人对商标具有平等的、不可分的权利。

（一）商标构成要素

只要能够被图形展示，并能够用以区分类似的商品或服务，就可以被注册为商标。因此商标包括保护了个人、标语、签字、文字、数字、字母、象征要素或其组合的设备、品牌、标示、票、姓名。包括声音、颜色及3D设计的非传统标准也可受商标注册保护。然而在气味的保护方面存在模糊之处，因为难以通过图形展示。

不得被注册及保护的商标：缺乏显著性；只包含在商业中用于代表服务或物品质量、品种、数量、价值、作用、制造时间、地理来源特征的陈述。

（二）商标注册程序

1. 商标注册的时间与成本

商标注册一般需要花费大约两年时间，还是在不存在异议的情况下。在一个类别中提出一个申请需要花费10美元，但如果遭到驳回，总体的费用包含法律服务费等400～600美元不等。注册过程的时间将因为官方动议或驳回而增加。如果第三方提出异议，则时间会更长。文件需要委托书及商标陈述，包括包装材料及产品标示。如果要求在先使用，还需要提交真实使用的证据。

2. 公约优先权

如果申请人已对商标进行公约申请，应在申请的6个月内在巴基斯坦申请注册这一商标，在公约注册过的相同种类中。在这一情况下，申请人或其继任人可以主张优先权。优先权将确立权利在先适用的相关日期。这一在先日期为最初公约申请之日。无论这一商标在最先申请日和在巴基斯坦提出注册之间的这段时间，是否在巴基斯坦使用都不影响该商标在巴基斯坦的注册。

3. 审查程序

商标权利人必须提出TM－1申请，注册处将分配一个申请号码。注册处将审查决定其是否符合商标定义以及是否存在已注册的冲突商标。

如果商标不满足必要条件，注册处将出具审查报告，注明其可能驳回的意见。商标权利人应在1个月内提交书面说明以反对注册处的意见。随后将进行一次听证，注册处将核准商标并在商标杂志上公告，或者完全驳回该申请。申请人可以对驳回意见上诉至有管辖权的高级法院。

一旦在商标杂志上公告，任何可能被这一商标潜在影响的人有权对其提出异议，而权利人将对异议进行回应。

异议人必须提出证据，权利人对此进行回复。注册处将通过听证做出是否核准的决定。在异议程序中的任何决定都可上诉至高级法院。

4. 商标注册中对使用的要求

在提出商标注册及注册被核准前，可以主张商标的使用。注册处可以要求提交真实使用的证据。如果权利人表明未来有使用的意图，应陈述使用目的。

如果在没有使用的情况下核准，商标权利人应在注册之日起 5 年内使用，以保留注册或反驳第三方提出的不使用之诉。如果注册之日起 5 年内都没有使用该商标，将引发“商标劫持”之诉。

5. 对驳回申请进行上诉

注册处首先将以书面形式与申请人沟通。如果最终拒绝核准，申请人意图上诉，他们应在注册处做出决定后 1 个月内提出上诉。注册处将在申请表上注明驳回理由以及驳回的法律依据。高级法院应在这一决定做出的两个月内或高级法院允许的更长时间内做出裁定。

6. 第三人异议

申请在商标杂志公示时，任何第三方均可以提出异议。申请人应在获得第三方异议通知的两个月内提出反异议，否则其申请将失效。

如果申请人提出反异议，将启动听证程序并需要提交证据。一旦听证完成，注册处将做出核准或否决注册的决定。

要求延长提出异议之诉法定期限的要求应直接向注册处提出，注册处有权决定是否延长时限。注册处须判断是否存在延长的合理理由，且延长时限将不会使延长时限影响的人处于不利地位。

任何利益相关人，包括品牌所有人可以对恶意申请提出取消申请或撤销申请。

（三）商标权的续展与变更

从注册之日起，商标有效期为 10 年。如果权利人提出请求并支付续展费用，可以再延续 10 年。

权利人为了保持商标有效状态，需要展示商标在巴基斯坦真实使用的证据。善意以及真实使用通常以促销及广告材料、包装及发票的形式证明。

三、商标许可与转让

商标许可应在商标登记处进行登记，但这并非法定要求。注册许可将建立许可权，并使许可人更容易保护商标不受滥用。依据《巴基斯坦商标条例》第 77 条，被许可人有权提出侵权之诉，对任何可能影响其利益的事项，如果商标权利人在该事项发生两个月内，被许可人要求权利人提起诉讼而权利人拒绝或未能据此行事。

注册商标允许转让。转让只限于在特定地域范围或特定形式的商标使用。为了证明转让的有效性，必须由登记处登记。一旦所有的材料已经提交，且没有第三方利益影响这一转让，商标注册处应颁发转让登记证，注明转让有效性及转让人的名字。

四、商标侵权与抗辩

（一）侵权概述

注册商标权人、被许可人、注册的使用人甚至是非注册的商标权利人都可以提出侵权或仿冒之诉。商标侵权案件属于民事诉讼性质，因此应适用1908年民事诉讼法，刑事案件则适用1898年刑事诉讼法。诉讼可与进一步的寻求紧急停止和/或临时救济的申请一并提出。法院应开展初步听证以确认案件的适格性。一旦法院认定诉讼包含适讼事项，法院将传唤被告并注明通知或传唤的形式及方式。法院将确定举证期限，通常是1个月或更久，以提交书面抗辩，以及对临时救济申请的抗辩。对临时救济申请的抗辩期限通常更短。一旦抗辩提交给法院，法院将确定双方辩论听证的日期，并做出授予临时禁令的决定。

（二）对驰名商标的保护

即使某一商标未在巴基斯坦注册，巴基斯坦法律赋予驰名商标法定保护。作为巴黎公约成员，巴基斯坦对处所在公约国或在公约国设立有效真实商业或工业实体的驰名商标予以保护。无论所有人是否在巴基斯坦从事商业，具有商誉。

《巴基斯坦商标条例》第86条，商标所有人有权获得保护并有权就与驰名商标欺骗性的相似或相同的商标获得禁令。

（1）相似或相同的服务或产品将造成混淆；

（2）使用将造成对驰名商标质量的稀释。

在判定一个未在巴基斯坦注册或实际使用的商标是否驰名时，应考虑以下因素：

（1）在巴基斯坦或世界范围内的商标认可的数量；

（2）商标使用取得或内涵的显著性程度；

（3）在世界范围或巴基斯坦广告或使用的期限；

（4）在世界范围或巴基斯坦商标的商业价值；

（5）在世界范围或巴基斯坦商标广告及使用的地理范围；

（6）在世界范围或巴基斯坦商标获得认可的形象和质量。

巴基斯坦法律提供了宽泛的反不正当竞争的权利以及普通法体系用以保护其权利。

五、侵权法律救济

（一）商标相关刑事程序

1898年刑事法典规范商标刑事诉讼。起诉人有权向地方司法官提出私人诉讼或向警察提出正式的诉讼。地方司法官将审查私人之诉，一旦满足了司法官的审查条件，司法官将向被起诉侵权人发出传票。任何向警察提出的诉讼将导致第一次信息报告，警察将提出诉讼并对被起诉人扣押候审。在传唤时将被起诉人押送至地方司法官面前。警察随后将准备最后的报告，向司法官提交材料，随后审判开始。

（二）举证责任

注册证明是证明商标侵权或商誉稀释案件权属的主要证明。《巴基斯坦商标条例》第40条注明了，被告的非授权使用构成侵权。非法仿冒之诉要求原告证明存在衡平权利，被告侵害这一权利且这一侵害将造成消费者的混淆及被欺骗。

（三）商标的外国活动

任何注册商标发生在国外的活动可以用以支持侵权或稀释之诉。如果侵权发生在巴基斯坦之外，其他发生要素将发生作用，例如这些货物在国外制造、广告或销售。案件在巴基斯坦提出前，应首先确认诉由。只要有证据证明侵权发生在巴黎公约或TRIPS协议的成员方之内，权利人就有权在巴基斯坦提出侵权之诉。

巴基斯坦也能实施边境保护措施，商标权利人得以通知海关扣押侵权仿冒品。巴基斯坦海关对仿冒产品的进口和出口均有管辖权并能够查封或扣押仿冒品。

（四）商标法的开示程序

巴基斯坦有两类发现/开示程序，对事实的开示和文件的开示。关于事实询问的法律允许被告或原告经法院同意提交书面形式的询问给对方，并要求必须回应。原被告可以以调查理由要求另一方提交目前或以前控制的文件。法院有权裁量是否同意这一文件调查请求，主要审查相关性。

法院限制询问的具体范围，必须与双方在程序中试图解决的主要争议点相关。每一份询问都必须通过证词的形式回答，法院有权要求任一方回答询问中未能回答或未能详细回答的问题细节。

在法院允许申请人审查文件前，法律要求这一文件或是已经提交参考或双方均信赖。某些场合法院有裁量权，要求文件复印件只要经过合法认证。如果任何一方未能以法院要求的方式回答询问或无法提出要求的材料，法院可以违反法律或原告缺席为理由，驳回诉讼。如果被告是缺席方，辩护权将被终止。如果缺席方遵守法院要求提交文件，他们在未来不能使用这一文件，或不能从这一文件中获得任何诉讼收益。

（五）诉讼成本

胜诉的原告能否获赔合理的诉讼成本，取决于法院如何评估案件以及原告遭受的损失。然而巴基斯坦法院在授予知识产权相关的金钱救济方面是非常保守的。最终支持的损害赔偿也往往是实际损失很小的一部分。

（六）上　诉

在巴基斯坦，地区法院将处理商标侵权案件，对地区法院处理的决定、裁定及判决可以上诉到高级法院。对法院决定的上诉将由法官单独审理。而对判决和裁定的上诉将有高级法院裁判委员会审理。如果对高级法院认可的判决或裁定不满，可以进一步上诉至巴基斯坦最高法院。唯一例外在于巴基斯坦的信德省位于卡拉奇的高级法院，由于卡拉奇是巴基斯坦的商业中心，对于价值超过 1.5 万美元的民事案件，允许直接在信德省高级人民法院提出一审，由独任法官审理。对独任法官做出的判决可以上诉至由两个法官组成的审判委员会。

（七）抗辩机制

原告在法院指定的期限内，应对被告提出的对注册商标权属、注册有效性以及据此做出的因果关系抗辩进行质疑。商标法案 2001 提供了数个抗辩理由，包括在先以及诚实使用，不属于侵权范围，基于禁反言原则，原告无权获得救济，例如原告已声明放弃或默许侵权。被告也可以抗辩商标包含个人的名字、商业处所的名称，以及任何不具备显著性的描述性字眼。

（八）胜诉方的救济

胜诉方可以要求临时及永久禁令、损害赔偿以及利润。损害赔偿的计算方式包括实际损失、商业机会的损失、丧失的未来利润及丧失的商誉。临时和永久禁令的颁发需要满足以下条件：

（1）申请人具备形式上的胜诉案件；

（2）如果未颁布禁令将造成不可弥补的损失、伤害或损害；

（3）对申请人有利的平衡。

也可以虚假贸易陈述及虚假声明注册商标为罪名追究刑事责任，将导致罚款及监禁。

第四节　孟加拉国商标法律制度

一、概　　述

孟加拉国经过1971年与西巴基斯坦的战争获得民族独立。1947年之前，其作为印度属地，适用英国司法体系与英国法律体系。1889年之前英属印度并不存在具体的立法。当时，商标保护是由不同的部门法进行保护的，例如，1860年刑法，1877年特别救济法案，然后英国统治者首先颁布了1889年商业标示法案，随后是1940年商标法以保护商标。1938年英国颁布商标法案后，随后在1940年于英属印度颁布1940年商标法案。

1971年独立后，孟加拉国承继了1889年商业标示法案以及1940年商标法，这两部法案沿用至2008年。随后两部法案都被2008年商标规定所取代。2009年正式颁布商标法。因此，在商标领域，孟加拉国现行适用法律为2009年商标法以及1963年商标规则。孟加拉国也加入了WIPO，签署了《巴黎公约》、TRIPS协议、尼斯协议等一系列国际公约。

二、商标权的取得

当一项商标在杂志上予以接受及公告，且在公告之日起60日内未收到异议，或者异议最终未成立，商标将正式予以注册，随后申请人提交申请费以获得注册文件。值得注意的是孟加拉国的商标申请费、异议费及注册费是单独收取的。注册通过后，注册处将颁发注册证明。生效日即为申请日。如果存在优先权，则注册日是声明优先权的巴黎公约国注册日。

（一）商标注册条件

1. 注册商标要素

以特别或特殊方式代表的公司，个人或公司的名称；注册申请人的签名或其业务的某些前身；一个或多个发明词；一个或多个单词，不直接提及货物或服务的性质或质量，视情况而定，而不是根据其普通的含义，指明地名或姓氏或个人名称或任何其简称或孟加拉国教派、种姓或部落的名称；任何其他独特标记；商标建议注册的商品或服务的“特色商标”一词，指将商品或服务区分开的商标，如货物或服务的提供者可能是在该行业内的同一类型的东西，如果没有这种连接存在，则一般情况下，或者商标建议注册的，受限制。

2. 禁止性规定

不得作为商标注册的禁止性规定：包含或由淫秽性字眼组成；与现行有效

法律相冲突；可能欺骗或造成混淆；或包含可能伤害孟加拉国国民任何种类的宗教感情的内容；类似、模仿或包含任何国家或国际组织的名字、名称缩写、官方标志、旗帜、标记、徽章等因素。

如果与在孟加拉国驰名的商标描述或翻译，在相同或类似产品或服务上构成相同或可能造成混淆的类似，不得注册。

（二）商标注册程序

1. 商标注册流程

申请人应以书面形式，并以规定的方式提出商标申请。每一种类的产品或服务商的申请都需单独提出。《孟加拉国商标法》第 15 条规定的每一申请应向商标注册局或有管辖权的商标注册局分支机构提起（申请人在孟加拉国的主要经营场所，其联合申请人，在孟加拉国的主要经营场所）。

2. 申请文书

提出申请的主要文件材料包括：商标或服务商标的描述，如果是图形商标，则需要为每一件申请提交 15 份图形或标志的复本。

申请人的全名、街道地址以及国籍：如果是企业，还需注明国家或国籍地，主要营业场所的地址。如果是合伙型企业，还需提交所有合伙人的全名。

申请人状态：申请人是生产商还是销售商或者兼具。

对商标意图注册的货物或服务的描述。

在孟加拉国使用商标的开始日或意图开始使用之日。

这一商标在孟加拉国是否由权利人使用，或有意向由权利人使用，或由商主体或即将成立的商主体使用。如该商主体尚未注册，应在商标注册时同时提交商标主体注册申请。

授权委托书。

3. 优先权注册

孟加拉国也可基于巴黎公约进行国际注册，可以在孟加拉国提出优先权。提出优先权时应提供以下材料：优先权产生的国家名称；优先申请号码及日期；声明优先权的公约申请公证件，且这一优先权必须在孟加拉国申请提出日的 6 个月内提出。

在申请后 2 ~7 个工作日将获得商标号码以及确认申请日的官方收据。管理部门将进行其他的程序，例如在杂志上广告及异议程序。

（三）商标权的续展和变更

当一项商标在杂志上予以接受及公告，且在公告之日起 60 日内未收到异议，或者异议最终未成立，商标将正式予以注册，随后申请人提交申请费以获得注册文件。值得注意的是孟加拉国的商标申请费、异议费及注册费是单独收取的。注册通过后，注册处将颁发注册证明。生效日即为申请日。如果存在优先权，则注册日是声明优先权的巴黎公约国注册日。

注册商标权利人有权获得法院保护。商标保护期限为7年，随后每10年可以延展一次，延展次数不限。

注册后，可以对注册商标向商标注册处或孟加拉国最高院的高级法院分部提出异议以修改或撤销商标。

三、商标侵权

（一）商标侵权

在不是"注册权利人"或"许可使用人"的类似产品或服务的贸易过程中用与注册商标相同或近似的商标，并可能造成公众的混淆。

在非类似的产品或服务贸易中使用注册商标，但该注册商标在孟加拉国具有商誉且使用该商标的人没有正当理由，不正当地利用或对该注册商标的显著特征或声誉。

未经注册权利人或注册使用人的合法授权，在用于标识或包装产品，作为公司包装纸或公司广告材料的材料上使用该注册商标。

不是注册权利人或许可使用人，在注册商标相同或类似的产品或服务上使用注册的知名商标。

不是注册权利人或许可使用人，在并非注册商标相同或类似的产品或服务上使用注册的知名商标，而这一使用意味着这些产品或服务与注册的驰名商标具有某种关系，且注册驰名商标的所有人可能因这一使用而遭受损失。

（二）驰名商标

为了获得跨境保护，商标必须具备名誉及商誉。未注册商标或未在一国使用的商标，可能通过卫星电视、互联网和电影的广告而为国民所熟知。具有跨境声誉的商标权利人，可以对其商标在新产品或类似产品上未经授权的使用提出诉讼，即使这一商标未经注册或该产品未在该国家上市。

孟加拉国是巴黎公约和TRIPS协议签署国，认可跨境声誉及国民待遇原则。《孟加拉国商标法》第31条规定了跨境声誉及国民待遇原则。在Sunil Kumar Das vs Canon kabushiki kasha案中，驰名的国际商标可以获得保护，即使其在孟加拉国未经注册。

四、侵权法律救济

（一）民事救济

1. 商标侵权之诉应在具有管辖权的地区法院提起

侵权之诉的诉讼时效为3年，自侵权之日起算。侵权及仿冒之诉的救济包括：禁止进一步侵权使用的禁令；损害赔偿或利润计算；上缴侵权商标及标以销毁的行政令；侵权之诉和仿冒之诉的原告都可以获得上诉救济。然而在仿冒之诉中证明的难度非常大。

2. 仿冒之诉和对未注册商标的保护

《孟加拉国商标法》第24条第（2）款为未注册商标提供保护。仿冒之诉是普通法的概念，指使用来自他人的产品或服务做出的错误陈述。这一错误印象由使用他人知名的商标，或相同复本的产品，或关联类似的标志。

仿冒之诉基于基本的原则：没有人有权为他人的产品代言，即没有人有权以他人名义出售自己的产品。如果有人企图通过错误陈述，使消费者误认为其出售的产品与他人一样，即构成仿冒。

2009年商标法中未确切定义“仿冒”。然而在该法第24条第（2）款，第96条第（4）款及第97条中提及了仿冒。第24条第（2）款规定，权利人有权对仿冒行为提出诉讼或获得相应救济。任何商标的权利人，无论是否注册，都可以对仿冒其货物或服务的行为提出仿冒之诉，其有权获得救济。其有权获得损害赔偿，禁令或上交仿冒商标并销毁的行政命令作为救济。该法第96条（d）规定，仿冒之诉应在不低于地区法院的层级提起。

（二）刑事救济

2009年商标法案中规定的刑事犯罪包括：使用假冒商标以误导货物原产地；未经商标权利人同意仿造商标；制造或占有用于仿造商标的仪器；在产品或服务上使用虚假的商标陈述；对产品或服务的制造或生产地进行虚假陈述；为销售或其他贸易或制造目的，而出售、显示或占有任何带有假冒商标或陈述的产品。

对上述行为的惩罚为高达2年且不少于6个月的监禁。或者635～2 540美元的罚款，或者对于重复犯罪进行并罚，不少于1～3年的监禁，以及1 270～3 810美元的罚款，或者并罚。法院有权设定刑期及裁量罚金数额。大都会治安法庭或一审法庭是刑事犯罪的裁判机构。

由于行政的低效、意识的缺乏以及陈旧的规则（1963年商标规则），难以真正落实现行法并确保对权利人的排他保护。

第五节　本章小结

一、主要区别

南亚国家与我国的商标法律制度存在一定的差异，主要集中在南亚国家的商标法律大都将宗教因素植入法律之中，例如，包含可能伤害印度民众或任何宗教信仰的标志被禁止使用以及注册。同时在商标构成、对颜色的强制性要求、驰名商标认定的非必要条件、加快审查条件以及注册不使用撤销期限等方面都存在差异。

二、发展趋势

我国与"一带一路"沿线国家贸易投资增速高于全球平均水平，仅2014~2016年，贸易总额就达20万亿元，但是我国企业在"一带一路"相关国家商标品牌布局仍显滞后，存在起步晚、风险大、维权成本高等问题。当前，我国已成为货物贸易第一大国，对外投资额居世界前列，商标申请量也已连续多年居世界第一。但我国企业海外申请商标量偏低。截至2015年年底，累计海外商标申请量30.06万件，仅占国内商标申请量的1.63%。由此不难看出，我国对外贸易投资额与商标海外注册量明显存在不匹配的现象，而这些海外商标申请大多集中在美国、欧盟、日本、韩国及中国香港等传统贸易国家和地区，而在新兴市场，如中亚、南亚等国家几乎是空白。

随着市场经济的发展，商标越来越成为企业价值的重要组成部分，特别是在"一带一路"倡议背景下，国内企业"走出去"与沿线国家进行多方面、深层次的经济交往的过程中，商标的作用将溢出国家边界，对企业商誉的累积以及通过良好的商誉获得更广阔的发展空间产生巨大的影响。同时，商标制度的建设与实施本身具有维护市场秩序的作用，通过企业主体规范商标注册、精准商标维持和合法商标保护，可以营造良好的市场交易氛围，促进经济的繁荣。正值"一带一路"倡议推进之际，国家重点支持国内企业与"一带一路"沿线国家的合作，而南亚作为"一带"与"一路"的连接点具有重要的战略地位，中巴经济走廊、孟中印缅经济走廊以及中尼印经济走廊的建设逐步推进，值此时机，国内企业也应重视在南亚国家的商标建设、维持与保护，完善品牌布局，强化品牌建设。

三、风险提示

南亚国家普遍存在资源争端、银行业不稳定、通货膨胀、交通基础设施缺乏、能源短缺、巨额的投资缺口、有限的财政与金融资源等问题，同时区域内部分国家政局不稳、制度建设相对落后、法治水平不高也滞缓着南亚国家自身的发展与对外贸易往来的增加。基于国情，大多数国家将经济社会发展与减贫作为国家中长期计划的主要政策目标，将发展基础设施建设和地区间的互联互通作为推动经济发展的重要支柱。鉴于此，国内企业在南亚注册商标、维持商标以及保护商标都存在相当的政治、法律等风险，但是正值国家“一带一路”倡议开展之际，促进区域共同繁荣作为“一带一路”的重要目标，国内企业“走出去”在相当程度上受到国家的保护与支持，在此基础上运用精准的风险控制机制，能够将风险抑制在一定范围内。同时不可否认的是较高的风险意味着更多的机遇与更大的收益。总体来说，国内企业在南亚国家申请注册商标需要充分制定应对风险的战略，抓住时机，乘上“一带一路”之风。

第五章　西亚地区商标法律制度

第一节　区域概况

西亚，从地理位置上指自阿富汗至土耳其，是联系亚、欧、非三大洲和沟通大西洋、印度洋的枢纽。黑海出入地中海的门户是土耳其海峡，霍尔木兹海峡是波斯湾的唯一出口，航运十分繁忙。这里的波斯湾及里海沿岸是著名的石油产区，有着丰富的油气资源，西亚也是局势最动荡的地区之一。本章介绍的是这一地区经济、科技都较为发达，且具有较强的区域影响力的三个国家：土耳其、伊朗以及沙特阿拉伯。

土耳其全称为土耳其共和国，官方语言为土耳其语。土耳其 97% 的国土面积在西亚，3% 的国土面积在欧洲，是一个横跨亚欧两洲的国家。土耳其地理位置和地缘政治战略意义极为重要，是连接欧亚的十字路口。

中土两国于 1971 年 8 月建立外交关系，自建交以来一直保持良好的经贸关系，中国企业在土耳其投资涉及交通、航运、能源、通信、采矿、摩托车组装、贸易、旅游等多个领域。两国政治高层互访不断，各领域的交流与合作发展顺利。相信在“一带一路”倡议这一大背景下，“走出去”的中国企业在土耳其会有更多的商机，了解土耳其的商标法律环境，有助于我国企业在埃及更好地开展商务活动。[1]

伊朗伊斯兰共和国古称波斯，简称伊朗。伊朗地处西亚的心脏地带，属中东国家，其中北部紧靠里海、南靠波斯湾和阿拉伯海，东邻巴基斯坦和阿富汗，东北部与土库曼斯坦接壤，西北与阿塞拜疆和亚美尼亚为邻，西界土耳其和伊拉克。国土面积约 165 万平方公里，世界排名第 18。据伊朗国家统计数据库 2014 年 7 月 18 日显示，伊朗人口达 7 000 多万人。

中国与伊朗于 1971 年建交，2016 年 1 月 22 ~ 24 日，国家主席习近平乘专机抵达伊朗首都德黑兰，对伊朗进行为期两天的国事访问。这是习近平主席首次访问伊朗，更是 14 年来中国最高领导人第一次来访。习近平强调，中方愿

---

[1] 王勇，希望，罗洋．“一带一路”倡议下中国与土耳其的战略合作［J］．西亚非洲，2015（6）：70 – 86.

同伊方加强“一带一路”框架内各领域务实合作，把能源合作作为“压舱石”、互联互通作为“着力点”、产能合作作为“指南针”、金融合作作为“助推器”，共同努力，推动双边各方面互利合作迈上新台阶，也为我国与伊朗的相互投资指明了方向。

沙特阿拉伯王国，简称沙特，位于亚洲西南部的阿拉伯半岛，东濒波斯湾，西临红海，同约旦、伊拉克、科威特、阿拉伯联合酋长国等国相邻。石油储量和产量均居世界第一位。

沙特阿拉伯王国与多个国家建立贸易关系，沙特投资总局发布报告称，2014 年在沙外国投资排名发生明显变化，排在前列的分别为中国香港、澳大利亚、中国和日本，而美国则下滑至第五位。沙特阿拉伯王国的商标法律制度正在不断完善，但是与目前国际公约的接轨程度不高，而且在本国商标法与国际条约规定不一致的事项如何处理上，也未做出可资遵循的规定。

第二节 土耳其商标法律制度

一、概 述

在立法方面，土耳其未加入欧盟，对国内法律进行一些修正。其《第 6769 号工业产权法》于 2017 年 1 月 10 日公布并生效，统一规制包括商标权和专利权等全部工业产权。与此同时，涉及商标保护的第 566 号法案和保护地理标志的第 555 号法案均被废止。而关于新法的溯及力，2017 年 1 月 10 日前提交的申请将继续适用之前的具体法案。[1]

土耳其是世界知识产权组织的成员，加入《保护工业产权巴黎公约》《商标法条约》《商标国际注册马德里协定》《商标注册用商品和服务国际分类尼斯协定》[2]《建立商标图形要素国际分类维也纳协定》《制止商品产地虚假或欺骗性标记马德里协定》等主要国际公约。土耳其还积极签订知识产权相关区域或双边条约，如《经济合作组织自由贸易协定》《智利与土耳其自由贸易协定》《土耳其共和国与阿尔巴尼亚共和国自由贸易协定》等（见表 5－1）。

---

[1] 需要注意的是，由于新公布的工业产权法只有土耳其语版本，因此还需后续全文翻译后才能进行更明细的介绍与比较。

[2] 土耳其采用了 2017 年第 11 版尼斯分类协定。

表5－1　土耳其已加入与商标保护相关国际公约/协定

序号	公约/协定名称	加入时间
1	与贸易有关的知识产权协定	1995年3月
2	建立世界知识产权组织公约	1976年5月
3	保护工业产权巴黎公约	1925年10月
4	商标国际注册马德里协定	1999年1月
5	商标国际注册马德里协定有关议定书	1999年1月
6	制止商品产地虚假或欺骗性标记马德里协定	1952年7月
7	商标注册用商品和服务国际分类尼斯协定	1996年1月
8	建立商标图形要素国际分类维也纳协定	1996年1月
9	保护奥林匹克标志的内罗毕条约	尚未加入
10	保护原产地名称及其国际注册里斯本协定	尚未加入
11	商标法新加坡条约	尚未加入
12	商标法条约	2005年1月

从表5－1可以看出，土耳其对商标的保护法律制度已经体系化。在国内立法上，《土耳其工业产权法》全面规定了当今商标法律制度所应包括的绝大部分内容。土耳其参加了世界上通行的绝大部分商标法及其相关的国际条约，其对商标的法律保护符合一贯的国际标准。土耳其对国际商标保护的积极态度，综合来说土耳其的商标保护法律制度是相当全面和先进的。虽然土耳其是多个国际公约的缔约国并且土耳其商标法也符合欧盟的相关法律规定，然而土耳其的商标法仍具备其独特之处。

二、商标权的取得、续展与变更

（一）商标注册条件

在土耳其，商标权的取得采取注册主义，只有在取得国家注册的商标所有人才能够在土耳其境内取得商标权。

1. 构成要素与禁用标识

在土耳其，"商标"包括产品商标、服务商标、集体商标和证明商标。申请注册的商标，应当有显著特征便于识别，并不得与他人的合法权利相冲突。商标的构成要素必须为静态图表形式且能被复印复制，包括(1)文字、姓名、笔名、法人的商号名称、标语；(2)字母，数字；(3)图画，徽章；(4)产品包装外观的三维形式。商标可以和其所标识的产品或包装一同注册，但仅仅注册产品或包装并不导致获得注册商标专用权（第5条）。《土耳其工业产权法》扩大了商标的定义，可注册商标的范围包括注册声音和颜色商标。考虑到当代电子化手段，删除旧法中商标需为静态图表形式且能被复制的要求，从而为未来承认动态商标留下制度空间。

在土耳其，禁止作为商标注册的标识主要包括：（1）不符合法律规定的商标构成要素；（2）该要素与在相同或混淆性相似都是商品或服务上已经注册或申请注册的商标相同或混淆性相似；（3）商标仅包括以下要素或标记，其在交易中可以用于指明商品或服务的种类、品质、数量、用途、价值、原产地或生产时间、生产模式、商品或服务的其他特征；（4）商标仅由用于区别特定匠人组织、专业人士组织或商业人士组织的标记和名称组成，或在当前语言中或交易中已经成为通用名称；（5）该要素仅仅包括有商品本身的性质导致低形状，或为获得技术效果所必须的商品形状，或给予商品实质价值的形状；（6）该要素会误导公众，例如商品或服务的性质、品质或原产地；（7）该要素的注册未被其他国家或国际组织的主管当局准许且其注册根据《巴黎公约》第6条将被拒绝或无效；（8）商标包含宗教符号；（9）该要素与普遍接受的道德原则和公共政策相抵触，包括社会道德和人道主义原则；（10）该要素由以下构成：土耳其的官方或传统国家名称、徽章、旗帜或其他国家文章客体或任何文章仿制物，以及表明监督和保证的官方标记和标志。

2. 显著性

显著性是商标注册的实质条件。土耳其明确禁止将不具有显著性的标识或者以其为元素组成的标识注册为商标。

此外，土耳其商标法承认获得显著性理论。上述不具有显著性的标识通过使用而获得显著性的，可以进行商标注册。

3. 不与先权利冲突

在土耳其注册商标同样要求不与在先权利相冲突，土耳其商标法详细列举了可能构成在先权利的各种情形：

经由正在被受理注册商标申请人及已注册商标权利人的异议，商标注册申请将在以下情形下被拒绝：（1）如果申请注册的商标与已有注册商标或在先申请注册商标的标识相同，且用于同种商品或服务；（2）基于该标识与在先申请注册商标的标识或已注册商标相同或相似，且用于相同或相似的商品或服务，公众可能会产生混淆。

经由商标持有人异议，在商标代理人或代表未经持有人同意且无正当化理由的情况下，以自己名义申请注册该商标时，不应核准注册。经未注册商标持有人或贸易过程中使用的其他标识持有人异议，在以下情况不应批准商标注册申请：（1）标识中的权利在商标注册申请日或优先权日之前获得；（2）标志赋予持有人禁止使用后续商标的权利。

申请注册的商标与已注册商标或在先申请注册商标相同或相似时，申请注册商标可在不同的商品或服务上注册。然而在已注册商标或在先注册商标有商誉，且不审慎使用该申请注册商标将从已注册商标或在先注册商标处取得不公平优势，或不审慎使用该申请注册商标将损害已注册商标或在先申请注册商标的显著特征或商誉时，根据已注册商标或在先注册商标权利人异议，将不予注册该标识，即使用于不相类似的商品或服务。

在相关权利人异议下，申请注册商标包含第三方的姓名、照片或侵犯其著作权、工业产权时，不予注册该商标。经异议，与集体商标或证明商标相同或相似的标识，在集体商标或证明商标到期后未满 3 年也不予以注册。已注册商标到期两年内还未续展这段时间，与该到期商标相同或相似且用于相同或相似商品及服务的标识经异议将不予注册。

综上所述，土耳其的商标注册条件在吸收国际标准的基础之上，又体现出一些自身的特色，尤其是对商标注册设定了一些额外的限制。对于这些与国际公约不相一致的情形而言，土耳其商标法明确规定，出现该法典有特别规定予以排除的情形时，即便依照俄罗斯参加的国际条约承认其可注册性，土耳其不再为其提供法律保护。

（二）商标注册程序

1. 申请的提出

土耳其的商标注册申请必须提交给国家专利商标局。土耳其商标权的取得基于注册在先原则。申请注册商标需要提供以下文项：（1）请求书，包括表明申请人和其代表人身份的信息、申请注册的商标的复印项和说明、根据尼斯分类的商品和服务的名称、申请注册的商标是三维商标的证明、色彩及组合作为商标的区别特征声明、商标元素视为放弃的声明、商标以专利局标准字符注册和公开的声明、商标或其文字元素的译文，以及他们的土耳其语译文、所提交的商标注册申请时集体商标的声明；（2）付费证明；（3）代理委托书；（4）优先权请求书；（5）由主管当局签发的许可；（6）管理集体商标使用的规则；（7）权利所有人的同意证明。

注册申请费应在申请注册之日被缴纳。土耳其的商标申请采取单一性原则，即要求一个商标的注册申请应仅涉及一个商品类别。但一个申请中可以包含一个以上类的商品或服务。这与我国的规定不谋而合。

2. 优先权

土耳其商标法规定了两种商标申请优先权，即公约优先权和展览优先权。公约优先权，即申请人是《巴黎公约》成员方的自然人或法人，或非《巴黎公约》成员方的自然人或法人，但在该国居住或有商业活动的，在《巴黎公约》的缔约方之一提出第一个商标注册申请，之后的6个月内向土耳其主管机关就相同产品以同一商标提出商标注册申请的，申请人可以提出享有优先权，优先权日为第一个提出商标注册申请的日期，若申请人在提交申请文件之日起3个月内未要求优先权的，视为放弃优先权。展览优先权，即在《巴黎公约》的缔约方之一组织的官方的或者官方承认的国际展览会上展出商品的商标，申请人可以在商标商品展出之日起6个月内提出享有展出日优先权。如果在官方正式展出日之前，附着商标的商品或服务就已经被展出，则优先权日须从首次展出日起算。土耳其举办展出的官方机构应提供证据证明商品名称或服务种类，首次展出日及官方展出日。当展览在其他国家举办时，应有相应国家举办展出的有权机关提供上述信息。展出结束后，并不排除附着商标的商品在土耳其继续展出或被送回原国家。当有两个或多个申请人就同一商品或服务提交了注册申请则在先展出商品及服务者，或同时展出的情形下，在先申请注册商标则拥有优先权。自主张优先权之日起优先权产生效力。

3. 申请的审查与决定

土耳其专利商标局负责商标申请程序，其职能是维护公共秩序，防止公众弄混商标，防止注册本身不具保护性的标识。土耳其的商标注册申请的审查包括形式审查和标识审查（实质审查）两个阶段。商标注册申请的形式审查主要是核对提交的申请文件是否齐备及是否符合规定的要求。主管机关对于不符合形式审查要求的申请做出拒绝受理的决定。商标注册申请只能由自然人及法人提出。对于符合要求的申请则进入标识审查程序。对于符合要求的申请，专利商标局或其授权的其他机构将记录申请的日期及时间。若有权机关发现了该商标申请中有不符合法律规定的缺陷，有权机关应要求申请人在规定期限内弥补缺陷。对于完全或部分缺失关于商标注册申请人及其代表人的信息的申请，或缺少该法第23条第2~4款的文件的申请，有权机关应驳回该申请。若申请人按期完成了有权机关要求的有关该法第23条第5~8款的缺陷补救，有权机关应将原缺陷申请提交之日作为申请日。

对于实质审查阶段，先有商标的存在是驳回商标申请的绝对理由。此外，与许多其他司法管辖区不同，商标相似性在土耳其被视为临时驳回商标申请的一个绝对理由。因此，当土耳其专利商标局收到商标注册申请时，它会在已注册商标中进行搜索，以确定之前是否存在任何与此商标注册申请相同的商标或可能与之混淆的相似商标。如果土耳其专利商标局发现存在相同或相似商标，它将驳回这份申请并会指出作为驳回依据的已注册商标。原《土耳其商标法》

规定同意书、共存协议以及姊妹公司的约定都不能战胜土耳其专利商标局的临时驳回。即使先有注册商标的所有者同意后者被注册，也不可能取消土耳其专利商标局的临时驳回决定。因此，有些商标就会因为不能通过土耳其专利商标局的绝对理由审查而无法进行注册。所以在《土耳其工业产权法》颁布以前，对于被土耳其专利商标局临时驳回申请的商标持有者而言，一个可能的解决方案是考虑购买已注册商标或取得已注册商标持有者的许可。尽管事实如此，但商标一旦被公布将不会遭到异议。但这一制度设计与很多司法辖区不同，实务中造成很多问题。于是在新颁布的《土耳其工业产权法》中，获取同意书和共存协议可避免临时驳回，亦即当在相同或类似商品或服务上存在在先相同或近似商标时，申请人通过提交经公证的文件，证明在先权利人明确同意在后申请获准注册，可避免商标被临时驳回。

经由申请人请求，可以在审查阶段对商标注册事项进行变更，包括权利人的名称或者姓名、商标使用产品类别的缩减以及对商标个别元素的非实质性修改等。与某些司法管辖区相反，在土耳其商标法中规定，处于申请阶段的商标申请者无须提供该标识被用于商业用途的证明，也无须证明申请者计划使用该标识的意图，此外，在新颁布的《土耳其工业产权法》中，申请注册为商标的标识仅包含被注册的地理标志，或主要构图为被注册的地理标志的，将被主管机关在审查阶段绝对驳回。

最后，商标注册申请人可以在被核准注册之前撤回申请。

4. 对决定的上诉

受土耳其专利商标局所做决定消极影响的任何人可向其提起上诉。其他相关权利人也可以提起上诉。土耳其专利商标局做出决定两个月之内，上诉人应以书面形式做出上诉通知及上诉理由并提交专利商标局，同时应缴纳上诉费。规定期限内未提交上诉理由者被视为未提起过上诉。

专利商标局认可上诉内容时可修改其决定，但在上诉方被其他人异议的情况下除外。若上诉不被专利商标局采纳，专利商标局将把上诉转给复审及评估委员会且不对之做出任何评论意见。复审及评估委员会应邀请争议双方在法定期限内提交基于其他人或自己观察等处的意见。复审及评估委员会在审查后应做出决定并通知争议各方，通知之日起2个月内任何一方不服上述决定，可以有权向法院提起诉讼（见图5－1）。

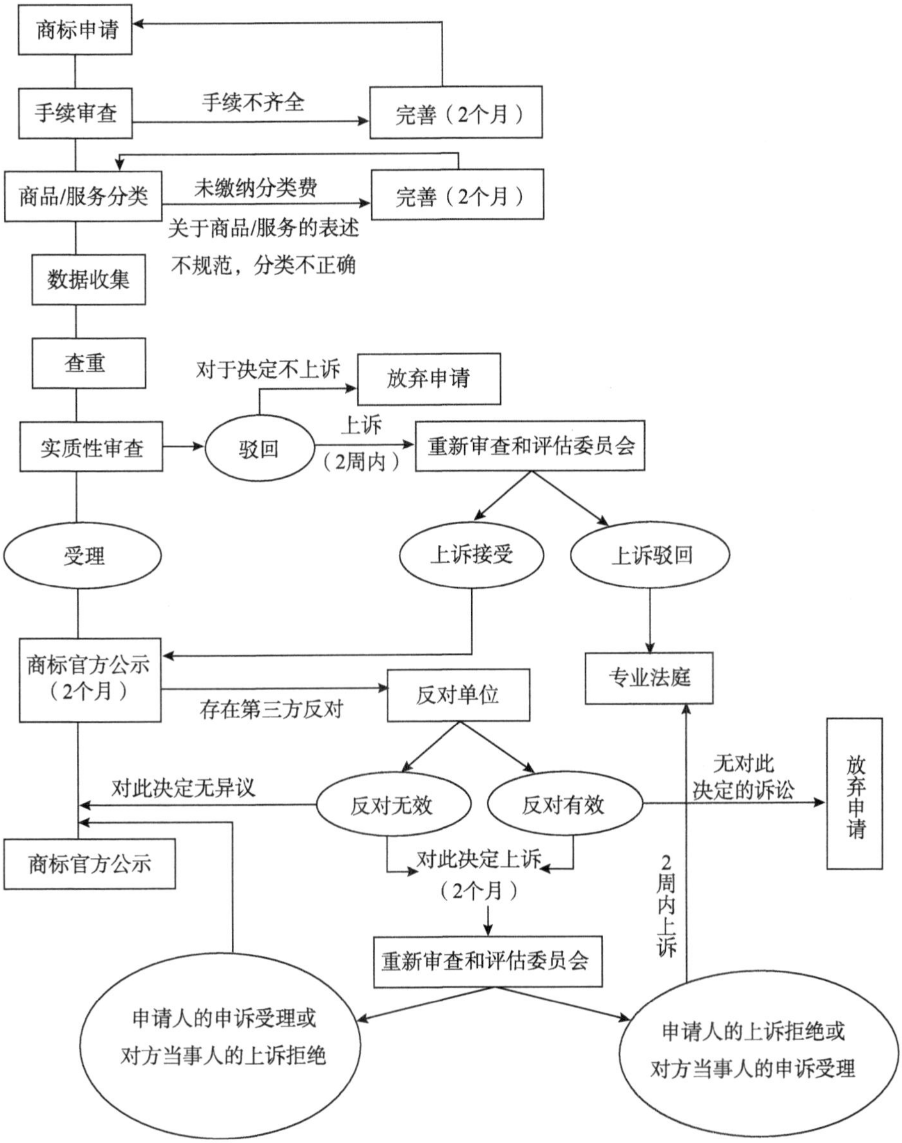

图 5－1 土耳其商标注册、审查、异议流程

（三）注册商标的续展与变更

在土耳其，商标保护期限是自向土耳其专利商标局提出商标注册申请之日起的 10 年。商标授予后，5 年内必须使用，否则该商标可能会被撤销。

主管机关应在法律规定的期限内向商标权人通知其注册商标权即将到期，

但主管机关并不因未能做出此通知而负法律责任。注册商标持有人及其授权者有权最迟在有效期的最后 6 个月内申请续展，续展商权有效期的次数不受限制，每次可续展 10 年。商标权人在商标权保护期限届满前未提出续展申请的，土耳其法律赋予其在保护期限届满后 6 个月内提交续展申请的宽展期，此时需要额外缴纳商标注册续展附加费。续展期限从原有商标注册失效之日起算，续展也许在主管机关登记。

三、商标的许可和转让

在土耳其，注册商标可以被转让给第三人作为抵押或特许。也可以被继承。有关注册商标的生前转让应以书面形式作为证据。对于商标抵押，注册商标可独立于企业，单独作为抵押物。注册商标作抵押应被记录备案于有权机关并经当事人一方要求下公布。注册商标还可独立于企业作为扣押财产。扣押事项应被登记备案并公布。除另有规定外，商标应与整个企业及其资产与责任一体转让。注册商标的转让应以书面形式进行并被合同双方当事人签字，除非商标转让是法院判决的结果。否则该合同将被认为无效。若转让注册商标目的在于使社会公众对产品或服务的本质、质量或来源地产生误认，有权机关应不登记该转让事项，除非被许可方同意将商标注册范围限制在不导致公众混淆的商品和服务上。

土耳其商标法对商标转让合同采取登记对抗主义。商标转让应在有权机关登记并经任意一方当事人要求后公布。商标转让事项在有权机关备案登记后才能对抗善意第三人。此外，未经商标持有人同意，商标持有人的代理人或代表人以自己名义注册持有人的商标时，持有人可以要求将注册商标转让给自己，除非代理人或代表人有正当化理由。这种做法的好处在于直接转让商标，减少“商标注册申请驳回—再次申请商标注册—再次进行商标审查”的制度成本，值得我国借鉴。

注册商标权可选取所注册的部分商品或服务来许可，也可选择所注册的所有商品或服务来许可。商标许可分为独占性许可和非独占性许可。除非合同注明，否则通常认为商标许可为非独占性许可。许可人自身可以使用该商标，也可将商标再许可给其他人。而独占许可的情况下，许可人自己不能使用该商标，也不能将该商标再许可给第三人，除非合同另有约定。土耳其商标法规定除合同另有约定外，商标被许可人不应将商标再次转让给第三人或允许第三人使用商标部分权利。除合同另有约定外，注册商标独占许可持有人在商标被侵权时，应以自己名义启动本法所赋予的法律救济手段。非独占许可持有人则无权启动法律救济手段。非独占许可人应通知商标权利人侵权事项，通过公证机关启动法律救济程序。在商标权人拒绝救济商标，或收到通知之日起 3 个月内未救济的情况下，非独占许可人才有权自行提起法律救济程序。此时被许可人面对侵权损失越来越严重的趋势，可以申请法院颁发禁令。被许可人应通知商标权利人启动法律救济程序事宜。

商标权利人应采取必要措施确保商标被许可人生产的产品或服务的质量。被许可人违反许可合同的情况下，权利人可采取法律手段救济。土耳其注册商标许可合同同样采取登记对抗主义，未经在有权机关登记备案的商标许可合同不得对抗善意第三人。许可合同的内容不能违反本法或其他法律。与法律相反的合同条款应被无效，无论该合同先于或后于法律生效之日缔结。许可合同的有效期不得超过注册商标的有效期，专有权终止时许可合同亦随之终止。

四、商标权的终止

（一）商标权异议和无效程序

1. 商标异议程序

在土耳其，商标核准注册后，将在土耳其共和国商标和服务商标注册簿上登记，该商标注册将在国家专利商标局官方公告上予以公告。自公告之日起 3 个月内，任何人（即不仅仅是利害关系人）可以向国家专利商标局申诉机关提出异议，申请人应在收到异议通知之日起 3 个月内答辩。提起异议程序需在注册商标申请公布 3 个月之内做出，在新法中，商标异议期从 3 个月缩短至 2 个月，且不可延长。

新颁布的《土耳其工业产权法》规定，商标连续 5 年不使用抗辩同样适用于基于相似性的撤销程序中。证明责任由商标异议人承担。对于商标注册已满 5 年，尚未实际使用但打算将来使用的，权利人可以重新提交相同的申请，以免商标因未使用而被撤销。恶意是异议和无效的明显理由。

需以书面形式提出异议并包括异议的根据。有权机关可以要求在法定期限内提供进一步的事实、证据及其他材料。未按期提供材料的异议将被视为未被做出过。此外，有权机关还可以邀请异议双方通过调解程序达成合意从而解决问题。这种做法可以很好地减少浪费商标异议程序的制度成本。如果异议成立，商标注册将会被宣布全部无效或部分无效并相应地取消登记。异议决定将在官方公告上公告。如果没有异议或该异议被驳回，国家专利商标局将向商标所有人颁发商标注册证。

在土耳其，与某些司法管辖区相反，当某一商标申请或异议被驳回时，申请者和异议者无须支付另一方的费用。土耳其专利商标局驳回某一商标申请或异议时，当事方仅需承担的金钱上的损失是它支付的申请费。此外，《土耳其工业产权法》规定，在异议程序中，若异议人的商标注册日早于被异议商标申请日5年以上，被异议商标的申请人（即被异议人）有权向土耳其专利商标局提出抗辩申请，异议人必须提交截止至在后商标申请日的实际使用证据或者给出未使用的正当理由，否则异议将被驳回。

2. 商标无效程序

任何利益受损者、国家公诉方或相关有权机关可以向法院提出商标无效申请。在土耳其商标法中，商标被无效除了该法第7条、第8条与第14条规定的理由外，还包括：（1）商标经商标持有人使用已经变为产品或服务的通用名称；（2）由于商标权人或其授权者的使用，可能导致社会公众对商品及服务的本质、质量、产地等产生混淆；（3）违反该法第59条。

但是，在先注册商标明知且容忍在后商标使用5年的，不允许提出无效请求，除非商标的共存容易误导公众或违反公共秩序。这一点体现了商标法上的权利丧失原则，即权利人在相当期间内不行使其权利，依特别情事足以使义务人相信权利人不欲其履行义务时，基于诚实信用原则，权利人即不得再主张权利，使义务人履行义务。这种规定在美国、英国、德国、法国等都普遍存在，为我国今后商标法的修改提供很好的借鉴。

宣告注册商标无效的决定通常应具有溯及力。商标无效决定对下述事项不具有溯及力，但任何人仍然有对商标权人过失或故意造成的损害主张损害赔偿的权利：（1）在宣告无效之前做出并执行的商标侵权终审判决；（2）宣告无效之前缔结并履行的合同，但根据合理情况与公平原则，可以主张合同中部分或全部还款数额。商标无效宣告对所有人都具有效力。

（二）商标保护的终止

在土耳其，商标权应在（1）注册商标保护期限届满且未依法续展，（2）商标权人弃权，（3）申诉机关在异议程序中宣告注册商标无效，（4）法院判决宣告注册商标无效或撤销时终止。商标权终止应从引起终止之日起发生效力，注册商标专用权终止应被公布在公报上。其中，对于商标权人的弃权，其弃权范围可以是所注册的全部或部分商品或服务。弃权应以书面形式向有权机关做出，并在弃权事项登记之日发生效力。商标权利人在未经被许可人或登记的商标权利持有人同意时弃权。当第三方主张相关权利时，未经该第三方同意，商标权人不得弃权。

在新颁布的《土耳其工业产权法》法中，《土耳其工业产权法》生效7年后（2024年1月10日），土耳其专利商标局将成为基于未使用申请撤销程序的主管机关，法院将不再受理此类案件。行政程序撤销商标的理由包括：不使用；变为所使用商品或服务的通用名称；在特征、质量或产地来源等方面误导公众；以与技术法规相反的方式使用商标。

（三）连续5年不使用的撤销

如果商标权人在注册后的任何时间内连续5年无正当化理由不使用注册商标，该商标将被无效。与中国相同，商标的使用指将商标用于商品、商品包装或者容器以及商品交易文书上，或者将商标用于广告宣传、展览以及其他商业活动中，用于识别商品来源的行为。并特别指出下列四种情况也构成商标使用：（1）改变商标的个别元素，但是没有不影响商标的显著性，亦不会限制对商标的法律保护的，构成这里的商标使用；（2）仅为出口目的在商品或包装上使用商标；（3）第三人经权利人同意使用商标；（4）进口带有商标的商品。

与其他许多司法管辖区相似的是，土耳其法律规定在最初的5年宽限期过后要具备“商业使用”条件以保持商标注册的活力。不过，只有第三方在一审法院发起非使用诉讼时，才要求商标持有者证明商标的商业使用。此类法律安排意味着在非使用宽限期之前或之后土耳其专利商标局不负责监督商标的使用，还意味着除非第三方基于非使用成功发起了对某一商标撤销的诉讼，否则该注册商标将一直有效。

五、商标侵权

（一）商标专有权

商标权利人对其注册的商标享有专有权和处分权。商标权利人可以禁止第三人未经许可（1）在相同的商品或服务上使用与注册商标相同的标记；（2）在相同或类似商品或服务上，使用与注册商标相同或类似的标识，导致社会公众混淆，包括将标识与已注册商标联系起来的风险；（3）在不相同且不类似的商品或服务上使用与已注册商标相同或类似的标识，但不审慎使用该标识将从注册商标处获得不公平竞争优势或对注册商标的显著特征及商誉有损害。

因此，根据上述，下列行为将被禁止：（1）将标识附着于上述商品或包装；（2）提供带该标识的商品或服务，将商品或服务投放市场或为投放市场而存储；（3）进口或出口带有该标识的商品；（4）在商业用纸及广告上使用该标识。

注册商标专有权自商标注册公布之日起对第三方有拘束力。在商标注册申请公布之日起有权主张损害赔偿。然而产生于商标注册申请公布之日的权利应被认为包括于商标注册公布之日的各项权利。法院可能直到商标注册公布之日才会依法做出判决。在商标复制于字典等工具书而未被提及其已被注册，给人一种标识是商标所注册商品或服务的通用名称的印象，则在商标权利人要求下，出版商应在下一版中予以更正。代理人或代表人未经权利人同意以自己的名义注册商标时，权利人有权反对商标使用，除非代理人或代表人有正当理由。

（二）商标侵权的基本类型

土耳其确立了混淆原则作为判断商标侵权成立的基本原则。未经权利人同意使用与注册商标相同或混淆性相似的标识的，构成商标侵权。此外，（1）违反本法第9条；（2）销售、传播、商业性使用及进口，或以以上为目的持有明知或应知非法模仿注册商标的标识的商品；（3）共同侵权及帮助侵权；（4）未能解释带有注册商标或与注册商标混淆性相似的标识的商品来源及如何获得。在新颁布的《工业产权法》中，侵犯他人权利的不能使用注册作为抗辩理由。

六、商标权的限制与例外

对于商标权的限制，土耳其商标法规定了商标的叙述性使用。商标权利人在商标使用符合产业及商业实践时，不能阻止第三方在贸易活动中使用其自己的姓名或地址，有关商品或服务种类、质量、数量、意图、价值、来源地或生产时间的信息，或商品或服务的其他要素。新《土耳其工业产权法》中规定了商标的知识性使用，权利人不能禁止第三人在贸易中使用商标，正当使用该商标对表明商品或服务的用途而言是必要的。尤其是附件，零部件等。

此外，土耳其商标法还规定了商标权利穷竭。任何人使用或者转售对已由权利人或者经权利人同意而投入民事流通的商品，不构成对商标专有权的侵犯。但权利人有权在第一款规定的情形下反对商品的进一步商业化，因为在投入市场后商品的条件已经被改变或损坏。

综上所述，土耳其商标法关于商标使用的规定在一定程度上排除了上述使用构成侵权的可能性。

七、驰名商标的保护

在土耳其，根据《巴黎公约》第6条之二的要求，未经允许不得将他人的驰名商标注册为商标。在土耳其，认定驰名商标不论该商标是否已在土耳其注册。认定驰名商标的主要考量因素包括：（1）该标识在相关公众中的认知程度；（2）标识使用的时间、地域；（3）对标识进行宣传的时间、地域（包括广告、在市场上展示）；（4）商标申请或者注册的时间和地域；（5）有权机关认定为驰名商标的证据；（6）标识的价值。

自认定为驰名商标之日起，该标识可以被赋予与在土耳其进行注册的标识相同的法律保护。此外，对驰名商标的保护还延及不类似的产品或者服务，条件是他人在该类产品或者服务上使用该标识表明与驰名商标所有人存在某种联系，或者其利益可能被损害。

八、集体商标与证明商标

土耳其对集体商标和证明商标进行专节规定。证明商标，即在商标持有人的控制下，用以保证产品，生产方法，以及产品质量和地理标志的共同特征。集体商标则是某生产者、贸易者或服务提供者团体使用的标识，用来区别本集体的产品或服务于其他企业。

对于集体商标和证明商标的注册申请，土耳其商标法规定申请者应同时提交规制标识使用方法及方式的规则。针对证明商标注册申请所提交的规则包括有关所证明商品或服务的共同特征的条款；监督标识使用的程序；以及必要时处以罚金。针对集体商标注册申请所提交的规制包括明确被授权使用标志的企业。集体商标持有人应集体注册该标识，但集体商标的续展只需集体中某一成员提出即可。未经主管机关批准不得更改这些规则。主管机关应驳回不符合该法第 56 条第 2 款、第 3 款，或违背公共政策及道德原则的规则更改。有权机关应通知标识注册申请人对不符合该法第 56 条的规则进行必要的更改，标识注册申请人未按要求更改的，不予注册集体商标或证明商标。

集体商标与注册商标持有人忽略违反规则使用标识的行为，并不在法院判决的期限内进行补救，法院应无效该集体商标或证明商标。土耳其商标法规定证明商标或集体商标的许可及转让合同实行登记生效主义，即证明商标或集体商标的许可及转让事项应在有权机关登记后才有效。

九、商标侵权的法律救济

（一）商标侵权的行政救济

在土耳其，商标的行政保护主要是海关保护。根据知识产权权利人的请求，土耳其海关可以依法采取措施，暂停放行侵犯知识产权的货物。海关采取的措施，不妨碍权利人按照土耳其法律规定采取其他措施保护自身权利。

（二）商标侵权的司法救济

在土耳其，对商标权利人身份进行虚假表述；未经授权除去商品或包装上的商标者应处以 1 ~ 2 年有期徒刑，并处 3 亿 ~ 6 亿里拉罚金。未经授权转让商标，将标识以使他人与注册商标产生联系的方式用于抵押或扣押，或其他擅自使用商标于自己生产的产品、包装、商业文件或广告之上，处以 2 ~ 3 年有期徒刑，并处以 6 亿～10 亿里拉的罚金；若侵犯商标权情节严重的，处以 2～4 年的有期徒刑，处以 6 亿～10 亿里拉的罚金，并责令停业不超过 1 年。当上述犯罪行为由企业内部员工做出，无论是出于自愿还是受工作义务中的指示，员工及未能防止此犯罪发生的企业经理或其代表等实际经营该企业的人应承担共同犯罪责任。该法第 61 条的犯罪是代表法律主体做出的情况下，法律主体也应承担罚款损害赔偿及其他费用。帮助犯罪者基于行为性质获得不同情节程度的处罚。

侵权行为的诉讼时效是犯罪及犯罪者被知悉之日起 2 年内。土耳其刑法典及刑事程序法中扣押，销毁，没收商品、制造商品的工具及机器的条款可以适用。

被侵权的商标权利人可以向法院请求：（1）责令终止侵权行为；（2）救济侵权及赔偿损害；（3）没收侵犯商标权的商品以及制造该商品的器具和机器；（4）阻止继续侵权的执行措施，在商品或运输工具上移除商标。如果对防止侵权行为而言必要，还可以销毁尤其是上述第（3）下的商品及运输工具；（5）向社会公众公开法院判决侵权方承担公布的费用。

第三节　伊朗商标法律制度

一、概　　述

（一）伊朗总体概况

伊朗伊斯兰共和国，古称波斯，简称伊朗。伊朗地处西亚的心脏地带，属中东国家，伊朗中北部紧靠里海、南靠波斯湾和阿拉伯海。伊朗东邻巴基斯坦和阿富汗，东北部与土库曼斯坦接壤，西北与阿塞拜疆和亚美尼亚为邻，西界土耳其和伊拉克。国土面积约 165 万平方公里，世界排名第 18 位。据伊朗国家统计数据库 2014 年 7 月 18 日显示，伊朗人口约 7800 万人。[1]

中国与伊朗于 1971 年建交，近年来，伊朗对内积极致力于摆脱经济滞涨困境，控制通货膨胀，建设“抵抗型”经济，推动私有化改革，发展本国油气工业和其他经济部门，致力于国民经济的回复和振兴；调整和加强对外关系，逐步推行温和开放政策，大力吸引外资，引进国外先进技术设备，扩大对外贸易往来和经济合作，实现政策对外经济交往。自 2015 年伊朗与六国（联合国五个常任理事国＋德国）达成伊朗核协议，签署《联合全面行动计划》

---

[1] 中华人民共和国外交部.［EB/OL］.［2017－09－19］. http：//www.fmprc.gov.cn/web/gjhdq_676201/gj_676203/yz_676205/1206_677172/1206x0_677174/。

以来，伊朗经济发展进入新的历史阶段。

伊朗尚未加入 WTO，目前已作为经济合作组织（ECO）成员，与其他成员签署多项多边自由贸易协定，并于 2003 年续签。目前，中国、伊拉克、阿联酋、阿富汗及印度为伊朗前五大出口国，中国、阿联酋、韩国、土耳其及瑞士分别为伊朗的前五大进口国。

（二）伊朗知识产权法律制度概况

在知识产权法律法规方面，伊朗已经制定的相关文件有：《保护作者、作曲家及艺术家权利法》（1970）、《图书、期刊、音像制品翻译和复制法》（1973）、《植物品种、苗种认证法》（2003）、《电子商务法》（2003）、《地理标志保护法》（2005）、《专利、工业外观设计和商标法》（2008）、《专利、工业外观设计和商标注册法》（2009）。从以上内容可以看出，伊朗在专利、商标、版权等知识产权的保护方面已经形成了较为全面的法律体系。

早在 2015 年 9 月，伊朗契约与产权登记组织就与中国知识产权局签订知识产权合作谅解备忘录，目的是在知识产权领域开展双边合作提供主要框架。合作谅解备忘录将提升中国与伊朗之间经济、商务、科学、技术的关系。在签订合作谅解备忘录前考虑知识产权与版权法律领域最新成果，双方还就高层级政策制定交换意见。合作谅解备忘录倡议，为该领域人员举办培训课程，交换信息、文件与经验以拓展公众尊重知识产权和版权的意识。[1] 随着习近平主席访伊，两国经贸关系逐步加深，这对于我国投资者对伊投资环境的优化产生更为积极的影响。

伊朗议会于 2005 年通过《地理标志保护法》，于 2008 年 1 月 22 日通过《专利、外观设计和商标法案》，并于 4 月 20 日正式公布。这部新的法律引入了关于工业外观设计、专利实质审查和对知识产权侵权行为加大处罚力度的条款，同时对商标制度相关规定进行修正，从而对伊朗的知识产权制度进行全面革新。该法律制定被认为是伊朗知识产权制度的巨大飞跃。此外，伊朗还于 2009 年通过《专利、外观设计和商标注册法》，对专利和商标的注册问题进行较为详细的规定。本部分内容的编写主要参照上述三部立法。

伊朗商标专用权需要通过注册取得。商标注册不是强制性的，但为了保护商标或进行续展，就必须依法登记注册。伊朗商标注册采用“申请在先”原则，但在某些情况下，也可以“在先使用”主张商标权。

[1] 中华人民共和国共和国驻伊朗伊斯兰共和国大使馆经济商务参赞处 . http：//ir. mofcom. gov. cn/article/jmxw/201509/20150901117383. shtml.

(三)伊朗已加入的国际条约和协定

在国际协定和国际公约方面,伊朗已经加入了表5-2中的各种知识产权保护协定和公约,另外,伊朗也是专利合作协定(PCT)的成员。由于伊朗尚未加入WTO,TRIPS协议对其没有约束力,因此我国企业在对伊朗进行投资计划时,需要全面考察,趋利避害。

表5-2 伊朗已加入与商标保护相关国际公约/协定

序号	公约/协定名称	加入时间
1	与贸易有关的知识产权协定	尚未加入
2	建立世界知识产权组织公约	2002年3月
3	保护工业产权巴黎公约	1959年12月
4	商标国际注册马德里协定	2003年12月
5	商标国际注册马德里协定有关议定书	2003年12月
6	制止商品产地虚假或欺骗性标记马德里协定	2004年6月
7	商标注册用商品和服务国际分类尼斯协定	尚未加入
8	建立商标图形要素国际分类维也纳协定	尚未加入
9	保护奥林匹克标志的内罗毕条约	尚未加入
10	保护原产地名称及其国际注册里斯本协定	2006年3月
11	商标法新加坡条约	尚未加入
12	商标法条约	尚未加入

二、商标的取得

(一)商标注册条件

商标权的取得,目前世界各国有两种规定方法,即注册取得或使用取得,伊朗在该部分规定商标权的取得,既可以通过注册取得,也可以通过使用取得,但某些法律做出强制性规定的范围内,仅能通过注册取得。《伊朗专利、外观设计和商标法案》第三章标题为:"商标、集体商标和商号",并对以上三种标记进行定义。在该法中,仅规定商标是"自然人或组织用于区分产品或服务的可视性标志"。根据相关材料得知,在伊朗可以注册为商标的包括:图画、图片、数字、文字、标志、短语、特殊包装等。而在商标的注册问题方面,《专利、外观设计和商标注册法》则用五个章节加附件的形式进行规定,由于伊朗是伊斯兰国家,在商标客体、注册程序等方面均有自己的独特规定,故需要特别注意,商标注册的最终取得需要向注册机关提交注册声明。目前,伊朗商标局采用尼斯分类的商品和服务描述,接受一表多类申请，但需要注意的是第33类和第32类含酒精商品不得注册。伊朗可注册为商标的要素有文字、图形、三维标识、颜色组合等，外形其中对三维标识、外形等要素有特殊要求。若申请人非伊朗居住的，须委托本国专门的代理人办理。

需要特别注意的是，由于伊朗是伊斯兰国家，除一般禁止注册的规定外，在商标注册中有一些特殊的禁止性规定。根据伊朗商标法，含有以下内容的商标不得注册：（1）不具有显著性，不能够良好的区分产品或服务的；（2）违反伊斯兰教法、公共秩序或社会道德的标志；（3）带有误导性意义的标志；（4）任何与官方性质的标志相同或相似的标志；（5）与其他注册商标类似或相同容易导致混淆的；（6）与他人注册商标相同或相似，或者与他人的未注册但通过使用而形成了商标利益的商标冲突，或者损害驰名商标权人利益的。

（二）商标注册程序

申请注册伊朗商标的主要流程包括提交申请—形式审查和实质审查—商标公告—核准—核发证书。申请递交后1周左右受理，伊朗商标局会进行形式审查和实质审查，审查不能通过的则会发出补正通知书并要求申请人在补正通知书载明的时限内予以补正，审查通过的即安排公告，自公告日起30天为异议期，任何利益相关人或在先权利人均可提出异议。任何人或者组织欲申请商标的，应当向伊朗工业产权局[1]提交以下材料：（1）商标申请人的各类详细信息，包括申请材料提交的具体日期；（2）商标标志的复印件，同时还应当附属对该标志的描述；（3）根据国际分类标准，欲注册商标所指向的产品或服务清单；（4）规定的费用；（5）提出优先权要求的，提交相关的证明材料。商标申请人在提交申请后，在申请程序结束之前，可以提出撤回申请。申请文本参照《专利、外观设计和商标注册法》附件E-1中的规定。申请材料应当使用波斯语，使用其他语言的应当提供翻译文本，主管机关认为有必要的，可以要求申请人提供官方认证的翻译文本。

商标申请提出后，工业产权局会对该商标的申请注册进行审查，没有法定的拒绝注册事由，认为可以注册的，应当进行公告。在公告过程中，任何第三方认为公告的商标标记不符合商标法的规定的，均可以在公告开始30天内提出异议，工业产权局在接到异议后，应当向商标申请人提供该异议的复印件，

---

[1] 伊朗主管知识产权的政府组织为伊朗契约与财产登记组织（State Organization for Registration of Deeds and Properties），一般情况下，知识产权类的事务由工业产权局（Industrial Property Office）负责。官方网站为http：//iripo. ssaa. ir/。

并指令其在20天内就被异议事项做出回应，否则，该商标注册申请将被视为撤回。对于商标异议，工业产权局有权做出最终裁决。如果申请人请求优先权的，应当与申请材料一同提交优先权相关文件，包括原始申请文件的日期和申请编号，原申请国等信息。优先权期限为6个月。

（三）商标权的续展和变更

根据伊朗商标法的规定，在商标注册申请提起后，至商标注册完成前，如果该商标最终被核准注册，那么上述期间内，商标申请人对该商标有等同于所享有的注册商标的权利。注册人取得商标权后，有效期为申请日开始10年，并可续展，商标所有人应当在有效期届满后6个月内提交续展申请并缴纳相关费用，每次续展有效期10年。

（四）商标权的终止

伊朗商标法对商标申请开始至授权后的全部程序中的异议程序进行了规定。根据伊朗商标法的规定，在商标申请阶段有两种因相关利益被侵犯而提起的异议：（1）异议人宣称自己对被异议商标享有所有权；（2）异议人认为被异议商标可能导致一般消费者的混淆进而损害自己的合法权利。在以上两种情况下，如果异议人对被争议商标确实享有所有权，或者对类似商标享有所有权，则其异议继续进行，而如果其并未注册相关商标，那么异议人应当在提起异议的同时，提起相关商标的注册程序，并提前支付所有相关费用。

而对于《专利、外观设计和商标注册法》第41条和第43条所规定的商标权无效事由，他人同样可以请求法院做出商标权无效判决，对于注册商标的无效撤销，《专利、外观设计和商标注册法》还做了更详细的规定，根据该法，商标无效请求人需要提交以下材料作为附件：（1）请求撤销的申请文件；（2）已向法庭缴纳相关费用的凭证；（3）代理办理的，代理权证明文件。

异议人提起异议后，上文已做介绍，工业产权局会通知商标申请人对此做出回应，如果申请人对异议人的权利要求不做回应，那么异议人有权向德黑兰第一法院提起诉讼，诉讼期间，商标注册程序暂停。如果异议人提起异议的商标是已完成且被核准注册的商标，那么异议人只能向德黑兰第一法院提起商标权无效诉讼。

对于商标权的异议应当在商标注册日起3年内提出，3年后，一般情况下不得再提起异议，除非异议人可以证明商标权人明知异议人对该商标一直处于使用的状态，而如果商标权人能够证明异议人明知该商标在过去3年中已被注册而不提起异议，那么该异议仍然会被拒绝。

三、商标权的转让和许可

商标权的转让与许可均是商标使用的方式，但是是否应当向主管机关登记，哪些主体有登记义务，登记内容包括哪些，在不同国家的商标法中有不同规定。在伊朗，商标权权利的转让、许可，均须由商标权人以书面形式通知主管机关，内容包括受让人或者被许可人的姓名、地址、国籍等。

（一）商标权转让

商标权的转让一般指的是转让人通过将商标权的全部权利或者商标在适用商品或者服务种类中的一部分进行转让，根据伊朗商标法的规定，商标权所有形式的转让，均应当向工业产权局进行登记。如果商标权的变更可能导致消费者对于产品或者服务的来源、自然属性、制作工艺等特征产生误认的，则该变更无效。

商标权的转让，应当向主管机关登记以下内容：（1）商标注册号以及注册日期；（2）受让人或者其权利继承人的姓名、地址以及国籍；（3）商标权部分转让的，转让部分所涉及的商品或者服务种类。

（二）商标许可

商标所有人可以以任何合法形式向他人授予其注册商标的实施许可。在许可证中应当明确该许可是否独占许可，如未明确标注，则视为非独占许可。

伊朗在商标许可中，做了商标许可中的产品或服务质量要求，规定商标权人许可他人使用注册商标的，应当向工业产权局提交做出质量监督控制的证明，如果这种质量保证不能够执行落实，那么该许可合同应当被视为无效。无论是经许可，还是商标所有人在使用商标时，如果使用过程中有可能误导公众的，将被视为违法行为。所有的此类许可应当向工业产权局进行登记，工业产权局应当对许可合同进行保密，但应当公开相关许可目录。

四、其他相关问题

（一）集体商标的注册等事项

在伊朗，集体商标的注册程序与普通商标一致，其他相关管理规定如不得注册的情形、异议、续展、无效也一致。此外，集体商标在注册时，还应当特别注明，并应当随附提交集体商标使用的内部规定以及适用范围。在集体商标注册后，使用规定发生任何变动的，集体商标注册人应当向工业产权局通报。在集体商标使用的条件和条款中，特定或确认的地理区域、商品和服务的共同特征或质量以及可使用该集体商标的人员范围应当明确。集体商标的使用范围或者条件发生变化的，持有人应当通过书面形式告知主管机关。集体商标的使用权不限于商标持有人，除集体商标所有人外，其他人员也可以按照上述使用条件和范围使用相关集体商标，集体商标的使用无须通过许可合同。

除与一般商标相同的无效申请外，如果集体商标相关人员有证据证明集体商标注册人在取得商标权后仅自己使用该商标，或在许可他人使用时违反向工业产权局提交的使用规定，或者在使用或许可他人使用时有可能欺骗或消费者或公众的，有权提请法院宣告该集体商标无效。

（二）地理标志

伊朗对地理标志的保护进行了专门立法，即《地理标志保护法》。地理标志强调某种产品的特殊地域来源，并且这种特殊的地域环境对产品本身的质量、声誉或者其他特色的形成产生了本质上的影响。这里的产品既包括农产品或自然产物，也包括手工艺品或者工业产品。在伊朗，对地理标志的保护不以地理标志的注册为前提条件，只要满足了上述地理标志的构成要件，即使未向知识产权主管机关登记注册的地理标志同样受法律保护。

伊朗对于地理标志的保护与商标保护类似，也列举了不受保护的几种情形，包括：（1）不能满足地理标志构成要件的标志；（2）违反伊斯兰教法，公共利益或者社会道德的标志；（3）外国的地理标志在其原国籍国已不受保护，或者在伊朗已加入的公约框架内已不受保护的。

伊朗地理标志的注册与商标不同，须有权的组织或个人向伊朗契约和遗产登记组织提交相关材料申请注册。对于地理标志的使用，只要生产者生产的产品满足相关条件即可使用，无须经过授权，条件包括：（1）所生产的产品质量、声誉或者其他特征符合注册证书中所列明的条件的；（2）生产者的活动地点是登记证书中标明的地理区域。并且，该法规定了对地理标志的在先使用权。

对于地理标志的使用，任何人可以对欺诈性的使用地理标志或者违反《巴黎公约》第10条之2的不正当竞争行为提起司法程序。对于此两种违法行为，构成犯罪的，除赔偿损失外，还应当被判处1 000万~5 000万伊朗里亚尔的罚金或者判处91天到6个月有期徒刑，或并罚。

（三）商标的国际注册

根据国际协定以及《马德里议定书》进行的商标国际注册。向伊朗进行商标的国际注册应当向伊朗商标注册主管机关提交商标申请声明书，伊朗国民或居住在伊朗或拥有工商实际有效总部的人员可向伊朗申请国际注册。申请注册时，形式和实质要件均需满足伊朗商标法，向伊朗商标主管机关提交一式三份的申请材料。还需提交的附件包括：（1）申请人的身份证明；（2）在伊朗国内进行的商标申请声明或者商标注册证书；（3）代为办理的，代理权证明；（4）费用缴纳证明。

五、商标权的侵权救济

在侵害商标权的救济方面，世界各国均规定了民法、行政法和刑法层面的救济方法，根据伊朗商标法的规定，关于专利或商标的民事或刑事诉讼程序应由德黑兰法院审理，在德黑兰以外的伊朗其他地方发生的侵权行为，当地的有关机关应当初步调查侵权行为，并送交德黑兰法院审理。

伊朗商标法规定，司法部应规范收集证据，查封违反商标法的商品的程序；以及在扣押货物之后允许原告提出相关权利请求的期限，如果原告未提出申请书，货物将被释放。司法部出台的相关规范适用于相关行政机关与伊朗海关。

在涉及专利或商标权的民事或刑事案件中所要求的损害既包括侵权造成的直接损失，还包括利润损失。如果在刑事审判中被告提出了商标或发明专利的所有权问题，法院将就此问题进行审理。

根据相关规定，如证明知识产权侵权，此前任何注册均为无效。法院将视情节给予有期徒刑（如 91 天至 6 个月）或罚金（如从 1 000 ~ 5 000 万里亚尔）等处罚措施。

第四节　沙特阿拉伯王国商标法律制度

一、概　　况

《沙特阿拉伯王国商标法》于 1984 年 4 月 1 日颁布实施，2002 年 8 月进行修订后，1984 年版本被废除。现行商标法版本于 2002 年 12 月 6 日生效，包括 10 章 58 条。沙特阿拉伯王国商标法第一章是对商标法的一般规定；第二章规定商标的注册和出版程序；第三章规定商标注册的效力；第四章规定商标的续展和注销；第五章规定商标权的转让、抵押和添附；第六章规定商标权的许可使用；第七章规定商标权的共同所有；第八章规定商标注册费用；第九章是法律责任；第十章是附则，规定与既存商标法律制度衔接条款。同时为了商标法的更好实施，沙特阿拉伯王国在 1984 年制定了《商标法实施细则》，现行版本于 2002 年 10 月 4 日制定，并于 2002 年 10 月 18 日生效，在 2012 年 10 月 16 日进行部分修订。

沙特阿拉伯王国的商标法律制度正在不断完善，但是与目前国际公约的接轨程度不高，而且在本国商标法与国际条约规定不一致的事项如何处理上，也未做出可资遵循的规定。沙特阿拉伯王国现已加入的、与商标有关的国际公约只有《保护工业产权巴黎公约》《建立世界知识产权组织公约》以及《与贸易有关的知识产权协定》，其他处在世界知识产权组织管理之下的商标相关的国际公约，都尚未加入。不过权利人在沙特阿拉伯王国进行商标注册时，商品与服务分类可参见《商标注册用商品和服务国际分类尼斯协定》（见表5－3）。

表5－3 沙特阿拉伯王国已加入与商标保护相关国际公约/协定

公约/协定名称	加入时间
与贸易有关的知识产权协定	2005年12月
建立世界知识产权组织公约	1982年2月
保护工业产权巴黎公约	2003年12月
商标国际注册马德里协定	尚未加入
商标国际注册马德里协定有关议定书	尚未加入
制止商品产地虚假或欺骗性标记马德里协定	尚未加入
商标注册用商品和服务国际分类尼斯协定	尚未加入
建立商标图形要素国际分类维也纳协定	尚未加入
保护奥林匹克标志的内罗毕条约	尚未加入
保护原产地名称及其国际注册里斯本协定	尚未加入
商标法新加坡条约	尚未加入
商标法条约	尚未加入

沙特阿拉伯王国的商标法规定较为粗略，很多商标注册程序和条件都必须结合商标法实施细则，才能操作。沙特阿拉伯王国的商标法律制度的显著特征是，对于何种标志不可视为商标或作为商标注册的规定上，突出违反宗教教义的图画、名称等标志以及与宗教有关的标志，都不可作为商标。

二、商标权的取得

（一）商标注册条件

1. 注册原则

在沙特阿拉伯王国，商标的获得应当经过注册后方可获得。依照沙特阿拉伯王国商标法的规定，商标权的注册遵循在先申请原则，商标权授予最先申请人。如果商标注册申请中包含多份不同种类商标申请的，每份申请的优先权均依照最初的首次申请日确定。该国商标法第8条对两个人同日或者相同优先日申请相同或类似容易混淆的商标时，如何处理做出规定。《沙特阿拉伯王国商标法》第9条还对商标优先权作了具体规定。沙特阿拉伯王国商标法以及实施细则规定，商标优先权的享有根据权利人在外国的商标注册申请日确定。如果申请注册商标或其继任者欲享受优先权，因为其前一个申请登记是在另一个属于王国参与国际多边条约的成员或缔约一方，或与王国处于互相承认的优先权的国家。申请中，应当附上申请声明中他提到的日期和之前的申请的数量和状态，他申请商标的国家所在地。申请人应当复制一份以前的正式申请国主管机关的申请文件副本，并在上一申请之日起6个月内向本国商标登记机关提出的优先权利，否则视为未要求优先权。

《沙特阿拉伯王国商标法》第55条以及《实施细则》第32~35条规定，商标权利人的主张具有商标权的产品或者服务，在工商部认可的展览展出前一个月向商标局提出商标保护的临时申请的，商标局根据展览是否属于王国内举办的国内或者国际展览，抑或国家间互惠原则，授予临时保护权。商标局会在接收到临时申请后6个月内，办临时保护证书，在此6个月内申请人就与此商标相同或近似的商标申请注册的，都会被驳回。申请人寻求传统优先权或展览临时保护权，必须在向商标局申请时，指明提交商标首次注册申请的时间或展览开幕日期，并附上法律规定的该申请所有必要的证明文件，并在一定期间内主张临时保护权。

2. 注册条件

《沙特阿拉伯王国商标法》以及《实施细则》规定，商标注册的条件包括实质条件与形式条件。实质条件是指商标注册的实体法律上的约束，包括标志的类型、法定的标志的条件等，其中实质条件又可分为积极条件和消极条件两个方面；形式条件是指商标注册的程序上约束，包括商标注册的期间上要求、申请流程、申请文件要求等。

首先，商标注册的实质条件。商标注册的实质条件，包括积极条件和消极条件两个方面。在积极条件上，表现为商标构成要素的法定性和商标的显著性要求。该国商标法第1条规定，形状、签名、文字、字母、数字、图画、符号、邮票和刻印以及任何其他标志及其组合，如果能够为视觉所区分和适合为工业、商业、职业以及农业等区分商业或者服务来源，即可作为商标注册。由此可见，在沙特阿拉伯王国，只要标志或者符号能够为视觉所区分和与工业、商业或农业等特定的商品或服务提供者相对应，无论标志以及其组合为何，在满足商标注册积极条件的基础上，均可作为商标申请注册。沙特阿拉伯王国商标的法定构成要素上，强调商标的可视性；另外，并未规定声音、气味及其组合可否作为商标注册。在消极条件上，表现为商标注册的显著性和非冲突性要件。具体包括五个方面：一是缺乏显著性的标志一般不能作为商标注册，包括：（1）商品和服务的通用名称；（2）无具体区别性的对商品或服务特征的描述。如果上述两类缺乏显著性的标志或表达，不是用于指代的特定或者类似的商品或者服务上，而是其他不相同或类似的商品或服务上，或者仅构成商标一部分，则可作为商标注册。二是具有混淆可能性标志一般不能作为商标注册，包括：（1）与王国或者有互惠待遇的国家、王国参与的多边国际条约成员国、国际组织以及政府间组织有关的公共标志、旗帜和其他标志、名称或教派名相同或类似的，如国徽、国旗和国家标志、国际组织的简称或全称及其官方标志、旗帜和徽章；（2）王国以及第4款所述的国家与组织用于对其对产品或服务的质量进行控制或保证的官方标志与标记，如官方控制印章和标志，质量保证或检验标记；（3）与荣誉、学位有关的表达、标志，以及与上述标志相近似的容易造成混淆的标志。同样，具有混淆可能性的标志，如果不是仅由上述标志构成或获得相应主管当局或上述标志的所有人同意，则上述标志可以作为商标中不受保护的要素，不构成商标注册的绝对排除事由。三是误导性、欺骗性使用标志，不能获得商标注册，包括：（1）商标的描述，包括产品或服务的来源、产品或服务的其他描述可能误导公众或含有虚假信息；（2）商标的描述中含有虚假、仿制或伪造的商业标识；（3）使用地理名称造成商品或服务来源的混淆；（4）使用地理名称造成原产地混淆；（5）使用地理名称，意图独占性获取消费者对原产地的注意力；（6）没有正当理由的使用地理名称标识来源。四是损害公共利益和公序良俗的标志，不能作为商标及其构成要素注册，包括：（1）违反宗教教义以及与宗教性质相同或类似的任何表达、符号或图画；（2）任何与公共秩序或公共道德相抵触的标志。这类标志属于商标注册的绝对排除事由。五是其他注册排除事由，包括：（1）与已在沙特阿拉伯王国已被认定的驰名商标或者驰名商标使用的商品或服务相同或类似的；（2）自然人或法人持有的，沙特阿拉伯王国有关部门决定不可由自然人或法人持有的商标；（3）申请在沙特阿拉伯王国已注册相同或类似商标相同或类似的商品或服务上进行注册；（4）申请注册的标志可能造成他人特定的商品或服务的标识价值减损，如合法的外观设计权、名称权等。这一排除事由囊括了对他人合法在先的商标权、专利权、著作权、人身权等的保护。

其次，商标注册的形式条件。在沙特阿拉伯王国，自然人、法人和公共机构均可以申请注册商标，包括具有沙特阿拉伯王国国籍的自然人和法人、定居沙特阿拉伯王国并被允许开展商业活动的主体、享有互惠待遇的国家公民、沙特阿拉伯王国参与的多边国际条约成员国公民或者定居主体、公共机构等。沙特阿拉伯王国的商标注册遵循申请在先原则，商标权授予最先申请人，如果两个或两个以上的申请人在相同商品或服务上同时申请相同或类似的商标，此时两者的申请审查都将中止，直到一方提出具有法律效力的文件证明一方已放弃申请或者由申诉委员会做出支持某一方的最终裁决。在沙特阿拉伯王国申请商标注册需要通过国内定居的有关个人或者国内登记的官方代理机构，向沙特阿拉伯王国商标局递交申请。在沙特阿拉伯王国，一份商标注册申请书只能涉及一类商品或者服务，但是一次申请可以递交多份申请书，其中涉及多类别商品或者服务的，应当分别提交相应申请。申请书的撰写及所提交的材料，比如提交与商标相同的10件复制品等均应符合商标法以及实施细则规定的格式和要求，且申请书及其附件应当使用阿拉伯语。如果商标申请中包含外国文字的，需要在提交申请时提交认证的阿拉伯语翻译文本和音标。关于商标的申请方式，应当采取书面形式向注册部门提交申请，在申请书的相应位置附上商标复制件，同时应提供10份商标复制件等材料。

（二）商标注册程序

1. 注册申请与审查程序

第一步：确定申请日。按照《沙特阿拉伯王国商标法》第20条规定，商标注册自申请登记之日起视为申请日。第10条规定商标局自收到商标注册申请书之日起60日内，审查该申请文件和信息是否齐全、是否符合商标法和实施细则的条件和程序。根据该法第11条以及第12条规定，如果商标局经审查发现申请人提供的文件或者信息不符合商标法和实施细则规定的，商标局会书面通知申请人，要求申请人在90天内完善或修正申请，从而符合商标法规定。申请人按照要求进行完善或修正的，商标申请日予以保留，并继续审查其申请。若申请人未按照要求进行完善或修正或者超过90天期限未答复商标局的修改要求的，则驳回其申请。值得注意的是，申请人在沙特阿拉伯王国有关部门承认的展会上展出其商品获得的6个月临时保护期内，提交商标注册申请的，临时保护期赋予商标持有人一项对抗效力。此对抗效力是指其他人在此6个月内就与展览商品或服务上的商标相同或者近似商标申请注册的，将被驳回，此规定与《巴黎公约》一致。不过，要求此项展览临时保护权的申请人，需要在提交商标注册申请的同时，按照商标法以及商标实施细则提供商品或服务参展的相关证明。

第二步：商标初步审查。商标局在受理商标注册申请后，将会对商标申请进行实质性审查，并与其他在先已登记商标和已注册商标进行比较，以确定其是否符合该国商标法和实施细则的相关规定。根据审查结果，商标局会在商标申请登记之日起60日内做出是否核准注册的裁定。经过商标局初步审查，如果认为注册申请符合商标法或商标实施细则的条件和程序，注册申请会被通过；如果认为注册申请不符合商标法规定的，商标局会书面通知申请人进行完善或必要修正。利益相关方在收到该通知之日起90天内未能修正的，或者期限届满未答复的，则商标局将做出驳回该商标申请的决定。申请人如不服审查结果，可以在收到该决定之日起 60 日内向商务部部长提出申诉；如果申诉被驳回的，应给予申诉人一份书面通知，申诉人在接到申诉被驳回的书面通知后 30 天内，可以向申诉委员会申请复议。

第三步：商标注册异议和核准程序。如果商标局做出核准商标注册的决定，申请人会在接收商标注册决定后或收到商务部部长同意上诉的决定之 90 天内，商标局会给予申请人一个书面通知，其中记载申请人的姓名、地址和国籍、商标的描述和复制等信息。商标局将会在官方公报上公告商标，并由申请人承担公告费用；且在收到书面通知后 6 个月内向商标局提供登载公告的报纸的副本，否则视为放弃商标核准注册。此时利害关系人可以在公告之日起 90 天之内在申诉委员会做出最终裁决之前，向商务部商标局提出异议和证据副本，并进行备案。申请人应当接受利害关系人的质疑，并有权进行反驳，规定期限参与答辩。另外，申请人应当在商标注册最终受理决定做出后 90 天内，缴纳商标注册费。商标在公报上公告之日起 90 天满后未有异议被登记，或者申诉委员会做出最终裁决，商标将被注册备案；否则申请将被视为无效。商标注册后将在商务部备案，商标局将在商标注册后颁发商标权人商标权属证书。

2. 注册登记的相关费用

在沙特阿拉伯王国，申请商标注册登记，包括后续的商标转让、许可以及续展等，均应当按照《沙特阿拉伯王国商标法》第 41 条规定缴纳规定的税费。如果相关费用未缴纳，商标申请将不会被注册以及商标权的续展将无效。按照商标法的规定，商标注册与续展的税费应当自商标注册最终受理后或续展决定做出之日起 90 天内缴纳。商标注册费用的项目，包括：（1）以下项目 1000 里亚尔：申请注册尼斯分类法中商品或服务一类的一项商标；申请注册一类商品或服务的共同所有商标；要求审查同一类商品或服务的共同所有商标；对一类商品或服务一类商标进行复查；一类商品或服务的一项商标登记记录的一次复印；要求对一类商品或服务的一项商标所有权的转让或分配；要求许可使用一类商品或服务上的一项商标，或者根据《沙特阿拉伯王国商标法》第 31 ~33 条进入一项商标的抵押关系中；根据《沙特阿拉伯王国商标法》第 18 条，对一类商品或服务的一项商标的每一次修改或添加内容；要求增加或改变与一类商品或服务的一项商标有关的，没有具体规定收费标准的任何信息；在商标保护期 6 个月内要求续展一类商品或服务的一项商标权。（2）以下项目 3 000 里亚尔：申请一类商品或服务的一项商标的短暂保护；一类商品或服务的一项商标进行登记；一类商品或服务的一项共同所有商标的登记；一类商品或服务的一项商标的商标权的续展；一类商品或服务的一项商标的共同所有商标权之续展。

3. 注册部门及联系方式

沙特阿拉伯王国工商部下辖商标总局主管全国的商标事务，[1] 全国各地另设商标局，包括办理商标注册、登记与发证事宜以及管理工作。沙特阿拉伯王国的商标注册与登记过程中，对商标局的决定不服或者有异议，可向申诉委员会申诉、复议。

（三）商标权的续展和变更

1. 商标的续展

根据《沙特阿拉伯王国商标法》规定，除非另有规定，注册商标有效期为10年，自申请登记之日起计算。在10年有效期即将届满的最后一年，权利人如欲继续使用登记商标并获得法律保护，商标注册人应当按照商标法所规定的条件和程序，依照商标法和实施细则规定，向商标局申请续展商标注册；同时如果上述期间不能办理续展的，可在接下来的6个月的宽展期内，按照商标法以及实施细则规定进行办理续展，并缴纳续展费用。在此截止日期后申请续展和未缴纳或足额缴纳续展费用的，续展申请都将被驳回。商标续展申请并不需要重新审查，但是商标局应当给予申请人一个书面通知，通知中记录商标的描述、商标登记号、商标权人的名称、地址和国籍等信息。商标权人需要将续展的商标在官方公报上自费进行公告，然后向商标局提交一份公告副本，以此记录商标的续展登记和原先登记。商标经过续展之后的商标保护期间，虽然商标法和实施细则没有明确规定，但是通过法理分析可知，商标续展注册后的保护期限也应为10年，自该商标有效期满的次日起重新计算。

2. 商标的变更

商标权人可在不实质性变更商标特征的前提下，在商标局对其商标进行补充和修正。此项商标的变更，应当符合原商标注册的所有条件和程序。

三、商标权的终止

商标权的终止是指因为某种原因导致商标权人不再享有商标权，主要原因包括商标的注销与商标的无效。由于沙特阿拉伯王国的商标法以及商标法实施细则中，并未对商标无效作出明确规定，仅规定了商标的注销，因此下文仅讨论商标的注销。

首先，商标注销的申请主体。根据《沙特阿拉伯王国商标法》第25条规

---

[1] 沙特阿拉伯王国商标总局的官方网站为 http://mci.gov.sa/en/Services Directory/Pages/Services.aspx? Category = Trade%20Marks。

定，包括商标的主管部门以及利害关系人。商标主管部门可以主动注销商标和经申请注销。

其次，商标注销的事由。根据《沙特阿拉伯王国商标法》第 25 ~ 26 条规定，如果存在下列情形，申诉委员会有权决定注销商标注册：（1）商标权人在商标注册后没有正当理由连续 5 年不使用商标；（2）注册商标违反公共秩序或公共道德；（3）商标是通过欺诈或虚假信息获得注册的；（4）商标未在法定期限内进行续展的；（5）自然人或法人持有的、有关主管部门决定禁止自然人或法人持有的商标。

最后，商标注销的效力。注册商标的注销，从申诉委员会的裁决做出之日，或者保护期间终止之日起，抑或禁止决定做出之日起生效。申诉委员会的裁决做出之日，或者保护期间终止之日起，抑或禁止决定做出之日为商标注销日。商标注销后，自注销日起 3 年内，他人不得就注销商标在相同或者类似的商品或服务上申请注册，除非注销公告明确此期间可以短于 3 年。商标注销后，商标专用权自此不存在，不再受法律保护。商标注销后，商标局应在商标登记簿上进行记载，并且在商标注册时的官方公报上进行公告，公告中应包括商标复制件、商标登记号、商标所有人的国籍和名称以及商标注销的原因。除商标注销事由的第 4 项和第 5 项外，申诉委员会都有管辖权管辖商标注销的申请。

四、商标的许可和转让

（一）商标的许可

商标权是权利人享有的一项私有知识产权，权利人可以对商标权进行自由处分，包括许可他人使用。商标的许可使用，是指商标权人在不转让商标所有权的权属关系的前提下，将商标权许可他人使用。商标出现的早期，有些国家不允许商标的许可使用。因为商标的主要功能在于识别商品来源和提供商品的品质保证。但是消费者对于商品或服务的实际提供者是谁并不关心，而是关心商品或服务的品质可否得到保证。因此，后来各国也慢慢承认商标的许可使用行为的效力。

商标许可使用一般分为三类：独占性许可使用、排他性许可使用、普通许可使用。根据《沙特阿拉伯王国商标法》第 33 条规定，商标权人可以通过授权许可合同的方式，将商标权注册的全部或者部分商品或服务项目授权许可他人使用。商标权人与被许可人可以约定，商标权许可他人使用，并且有权自己使用；也可以许可他人独占性使用，自己承诺不使用。因此，也包括独占性许可使用、排他性许可使用和普通许可使用。

商标许可使用的合同应当采取书面形式进行，合同双方当事人应在合同上签名、按上指纹或者盖上戳记。许可合同应当在商务部商标局的登记簿上进行登记。登记后，商标局给予申请登记人一份通知回执，其中记载商标的复制样本，商标注册号和日期，商标权人名称、地址和国籍，以及被许可人的姓名、地址和国籍。商标申请人应自费在官方公报上刊登商标许可合同登记通知，并向商标局提供一份刊登公布的报纸副本。商标许可使用未在登记簿上记载和公告的，商标许可使用对第三人不发生效力。商标权许可使用后，除非另有约定，被许可人不得将商标转让或许可给其他人。

商标权人向商标局申请注销商标许可登记的，应当出示商标许可期满或许可终止的证据。商标局应当书面通知许可合同另一方商标许可注销请求。此种情况下，另一方应当在被收到注销请求通知后30天内，有权向申诉委员会递交质疑申请书，并且提交一份质疑申请书副本，以及许可注册时一样的证据。商标局会中止审查许可合同注销申请，除非双方达成共识或者申诉委员会就质疑申请书做出最终裁决。在没有针对许可登记注销申请的反对意见，或者申诉委员会针对许可登记注销登记做出了最终裁决时，商标局会发布一个必要公告。许可登记注销申请人应当在官方公报上自费发布注销公告，并且应当向商标局提供一份公报报纸副本，以记录许可登记注销和原先许可登记证明。

（二）商标的转让

注册商标的转让，是指商标权人通过合同等方式将商标所有权转移给他人的行为。注册商标转让的实质是商标权所有主体的变更，是商标权属的完全转移，是商标所有权的处分权能的表现。注册商标的转让，需要商标权人和相对人的意思一致，按照民法和商标法的规定，双方当事人签订书面转让合同，双方在合同中签章、按上指纹或者盖上邮戳。商标所有权可以通过任何事件或行为进行转移，只要转移行为存在书面合同，并且在产品或者服务有关的性质、来源、特征或表现等方面，不存在误导公众的意图。商标的基本功能是用于识别商品或服务的来源，使用同一商标的不同商品或服务应当来自同一经营者。如果商标权属发生转移，此时如未进行登记和对外进行公告，会导致消费者的误认误购。一般来说，商标权转移的事由包括继承注册商标所有权发生转移的，应当在商务部商标局设立的商标注册登记簿上进行商标所有权的转移登记。只有依法办理商标权转让的手续后，转让才发生对抗法律效力。如果用来区别商品或服务来源的商标所属营业场所或项目的所有关系发生转让，但商标所有权没有发生转让，商标权人可以继续在同种商品或服务上使用商标，除非另有约定。商标所有权的转让，除非在商务部商标局的登记簿进行登记备案，备案时应提供商标注册号、转让人的名称、受让人的名称、国籍和地址、商标所有权的转让日期和转让行为实施方式，以及有代理人的话，提交代理人的名称和地址，并附有原注册商标的证明文件和转让行为的证明文件，并自费在官方公报上对外进行公告，并向商标局提供发表公告的报纸副本。商标转让未经过登记和公告的，对合同以外的第三人不发生对抗效力。

五、商标侵权与抗辩

（一）商标侵权

商标权是商标注册之后，商标法赋予权利人对其商标享有的专有独占性权利。依照《沙特阿拉伯王国商标法》和《实施细则》规定，商标权人拥有以下权利：（1）占有、放弃商标；（2）在核定的商品和服务上使用核定注册的商标；（3）通过书面合同许可他人使用其注册商标；（4）将商标权通过合同转让给他人；（5）请求商标局对商标登记进行部分修改；（6）请求注销商标登记和许可、质押、转让登记；（7）请求商标局进行商标权利的续展；（8）请求商标局出具与该注册商标相关的信息或者证明文件；（9）注册商标被他人不法侵犯时，请求侵权人进行赔偿；（10）根据申诉委员会的命令采取必要的预防措施，包括记录侵权人的工具、设备以及当地或进口的侵权产品。

商标的重要作用是用于识别商品或服务的来源，以免消费者在消费时发生误认误购。另外，基于商标的品质担保功能，商标上凝聚着商标权人的商誉，因此，出于保护商标的识别功能，商标法赋予了商标权人商标专用权，有权禁止他人未经许可在相同或类似商品或服务上使用相同或近似商标。

一般来说，商标权的控制范围限于核准注册的商标以及核定使用的商品或服务。但是，基于近似商品的混淆可能，一般将商标权的控制范围进行了相对扩张，不过相对于商标权的相同商标和核定商品或服务的绝对力，近似商标或近似商品的控制稍显弱化。因此，商标权的涵盖范围，不仅包括核定注册的商标和核准使用的商品，而且还延及与注册商标相近似的商标和与核定使用的商品相类似的商品。故各国在判断商标侵权时，会基于混淆可能性进行分析。一切未经商标权人同意擅自在相同或类似商品上直接使用商标，导致消费者发生混淆的行为，即构成商标的直接侵权。

（二）侵权抗辩

如果使用了相同或类似商标，消费者未发生混淆，就不构成商标侵权。无论是相同商品或服务使用近似商标，或者类似商品使用相同商标，抑或类似商品使用类似商标，都必须存在导致混淆的可能性，不可能构成混淆的行为，便不会对商标权人造成商标法意义上的损害。沙特阿拉伯王国商标法，对于商标侵权行为也采取混淆理论进行判断。使用商标误导公众便构成侵权。不过部分条款中要求侵权嫌疑人存在主观上的恶意，此种恶意的证明相对商标权人便是过多的举证负担。

六、侵权的法律救济

根据《沙特阿拉伯王国商标法》，针对侵犯商标权的行为，商标权人可采取如下措施保护其合法权益：一是采取民事手段请求赔偿；二是通过行政手段请求保护，三是起诉侵权人的刑事责任。民事措施可采取民事诉讼方式，请求侵权人赔偿，另外包括停止侵权等民事责任方式。值得注意的是，商标权人采取预防措施，包括记录侵权人的工具、设备以及当地或进口的侵权产品，以及扣押部分侵权人的财产、在一名以上专家陪同下查询其财产，应在提起诉讼的10天内申请。

《沙特阿拉伯王国商标法》规定，以下行为处1年以下监禁以及5万以上100万以下里亚尔罚款，或者选择一种处罚方式：（1）伪造、模仿或者使用他人伪造、模仿的商标在其商品或服务上，或者在其商品或服务上恶意使用他人商标伪造注册商标，或者误导公众的方式模仿商标；（2）使用属于他人恶意伪造或模仿的商标；（3）提供、贴附、售卖或者以售卖为目的储存带有模仿或不合法方式使用商标的商品，尽管他的知识水平或者提供者的知识水平不足以知道属于此类有权商标。以下行为处3个月以下监禁以及2万以上2.5万以下里亚尔罚款，或者选择一种处罚方式：（1）使用《沙特阿拉伯王国商标法》第2条规定不能注册的标志；（2）非法误导他人相信其商标或商业文件已登记注册。另外，商务部指定的具有司法调查权的执法人员，可以销毁伪造、模仿或不法使用商标的商品。

第五节　本章小结

一、与我国商标法体系的区别

土耳其缺乏知识产权保护文化传统，其知识产权保护状况饱受诟病。但是随着近年来土耳其商标法律制度不断完善，已经使其与国际标准接轨。从这个角度来看，土耳其商标法律制度与我国商标法律制度之间并不存在特别大的差异。主要的区别在于：第一，在立法体例上，《土耳其工业产权法》将商标法、地理标志法、专利与外观设计法安排在其中；著作权法则单独出来。第二，在可注册为商标的客体方面，土耳其可注册商标的范围包括注册声音和颜色商标。考虑到当代电子化手段，删除旧法中商标须为静态图表形式且能被复制的要求，从而为未来承认动态商标留下制度空间。第三，商标宣告无效程序中，在先注册商标明知且容忍在后商标使用5年的，不允许提出无效请求，除非商标的共存容易误导公众或违反公共秩序。

伊朗尚未加入WTO，且TRIPS协议对其不产生效力，根据伊朗上文中参考的伊朗商标法、商标注册法和地理标志保护法，在国际协作方面主要依靠《巴黎公约》和《马德里协定》，这也是我国与伊朗两国都加入的两个国际公约，因此，我国企业在对伊朗投资或者经贸往来过程中，应当积极关注上述国际公约或协定，以趋利避害。虽然在商标保护方面伊朗已经有了多部法律，但是根据上文可以看出，伊朗商标保护与我国相比仍然存在较多的差异。并且，在民事保护、行政保护和刑事保护方面，伊朗并未进行较为详细的区分和规定，这对于司法程序的发动来说，是存在一定障碍的。

沙特阿拉伯国家的商标法中对于可注册商标的注册条件之消极条件规定了宗教信仰因素，而且在商品或服务分类中也减少了诸多肉类等产品和服务类型。另外，沙特阿拉伯王国对外贸易的出口以石油等产品为主，因此对于商品或服务的商标重视程度稍显不足。但是由于沙特阿拉伯王国和我国都加入了《巴黎公约》以及WTO，所以在商标申请和注册条件和程序、商标注册有效期限、商标续展以及商标侵权等方面，存在相似之处。不过与我国对于国家条约或协定的积极加入相比，该国对国际条约的参与或加入持谨慎态度。

与我国商标法相比，沙特阿拉伯王国商标法具有以下的独特性：（1）该国商标法规定，能够为视觉所区分和适合为工业、商业、职业以及农业等区分商业或者服务来源，即可作为商标注册。因此，商标注册的必要条件是可为视觉发现，故否认了声音或气味作为商标的构成要素，与我国认可声音可作为商标注册不同。（2）商标注册条件中消极条件中规定，任何违反宗教或者与宗教性质的标志相同或类似的表达、标志或者图画不可作为商标注册。沙特阿拉伯王国的公民基本上都有伊斯兰教的宗教信仰，因此与宗教相抵触的标识都难以获得注册。（3）对于展览中的商标所涉商标的保护问题，我国赋予展览商品商标持有人"展览优先权"，沙特阿拉伯王国按照《巴黎公约》的规定，仅赋予展览商品商标持有人临时保护权。（4）商标有效期限的起始日期不同。沙特阿拉伯王国的商标法规定自申请之日起，商标开始生效。而我国的商标有效期限从核准注册之日起生效。（5）关于商标申请的文件递交，沙特阿拉伯王国采取书面方式提交；我国允许采取书面文件及数据电文方式提交。（6）商标同时申请情况，沙特阿拉伯王国规定应先暂停商标审查直到一方放弃商标申请或者申诉委员会做出裁决进行处理；我国规定公告使用在先的商标，按使用在先原则处理。（7）沙特阿拉伯王国不承认未注册商标的商标权；我国保护已使用未注册商标的合法权益。(8) 商标的申请驳回的复议程序，沙特阿拉伯王国规定可先向商务部部长申诉，然后对其决定不服再向申诉委员会申请复议；我国规定可先向商标评审委员会申请复议，对其决定不服的，向法院起诉。(9) 商标注册行政程序与司法程序的衔接问题，沙特阿拉伯王国没有规定，我国较为详细。(10) 商标注册无效宣告程序，沙特阿拉伯王国并无此程序的单独规定，部分无效宣告程序融合在商标注销程序中；我国将其进行了分类规定。(11) 商标转让，我国规定需要将相同商品或者近似商品上的本商标和近似商标一并转让，沙特阿拉伯王国商标法并无此规定。(12) 商标注销的事由不同，比如《沙特阿拉伯王国商标法》规定，商标申请注册后没有正当理由连续5年不使用可被注销，我国规定商标没有正当理由连续3年不使用可被申请注销。(13) 商标法与其他标识保护法律的衔接问题，沙特阿拉伯王国商标法律并没有相关规定，我国规定将他人注册商标、未注册驰名商标作为企业字号使用的，误导公众，构成不正当竞争行为的，依照《反不正当竞争法》处理。(14) 商标权赔偿数额标准，沙特阿拉伯王国商标法律没有规定，我国商标法对此做了基本规定。(15) 商标质押制度，沙特阿拉伯王国商标法规定了商标的质押，我国商标法未规定，但是担保法规定允许商标质押。(16) 地理标志和驰名商标的保护制度，沙特阿拉伯王国商标法规定较少，仅在商标注册条件中有所涉及，而我国的相关规定相对完善。

二、对我国商标法的启示

土耳其关于在先商标容忍制度体现了商标法上的权利丧失原则，即权利人在相当期间内不行使其权利，依特别情事足以使义务人相信权利人不欲其履行义务时，基于诚实信用原则，权利人即不得再主张权利，使义务人履行义务。这种规定在美国、英国、德国、法国等都普遍存在，为我国今后商标法的修改提供很好的借鉴。

由于伊朗、沙特阿拉伯是伊斯兰国家，无论是在商标，还是其他类型的知识产权保护，均受伊斯兰教法的约束，包括注册、审查、使用和维权等方面，均应当尊重伊朗伊斯兰教法和一般社会道德规范，这对于我国投资者来说，是无法仅仅通过查阅法律规定而了解的，因此，对于伊朗宗教信息的了解，也应当受到重视，特别是一些特殊标志的使用、语言文字的使用等方面。我国是一个多民族的国家，商标法体系也应当考虑到与宪法和相关法关于宗教等相关领域的协调。

第二编　欧　　洲

第六章　欧盟商标法律制度

第一节　区域概况

一、欧盟总体状况和投资环境概述

欧洲联盟简称欧盟（EU），总部设在比利时首都布鲁塞尔，是由欧洲共同体发展而来的，创始成员国有6个，分别为德国、法国、意大利、荷兰、比利时和卢森堡。该联盟现拥有28个成员国，正式官方语言24种。欧洲理事会主席为图斯克，欧洲议会议长为安东尼奥·塔亚尼。卢森堡前首相容克为欧盟委员会主席。

（一）欧盟总体状况

受“一战”和“二战”影响，欧洲元气大伤。“二战”结束后，为避免战争，实现持久和平和长期发展。许多欧洲人开始提出各种振兴欧洲的思路。其中主张欧洲各国之间应当加强合作的主张甚嚣尘上。欧洲多国领导人1956年5月29日召开威尼斯会议并决议组织一个“政府间会议”。“共同市场与原子能共同体政府间会议”将焦点放在经济统合，并促成1957年《罗马条约》的签署，成立欧洲经济共同体与欧洲原子能共同体。法国、西德、意大利、荷兰、比利时和卢森堡六国签订的《欧洲经济共同体条约》确立了一个共同市场，从而实现了人口、货物和服务的自由流动。1965年4月8日，六国又签订《布鲁塞尔条约》，决定将欧洲煤钢共同体、欧洲原子能共同体和欧洲经济共同体合并，统称欧洲共同体。1967年7月1日，《布鲁塞尔条约》开始生效，欧共体在真正意义上成立，欧洲一体化的发展进程进入一个新的历史阶段。此后，尽管成员国多次提出向政治和经济一体化迈进，但均因各国制度和利益差异而搁浅。不过，20世纪六七十年代欧洲共同体仍取得了一些进展。1967～1968年欧共体六国建立了关税同盟和农业共同市场，取消内部工业品关税，对外则实行统一关税。1970年，又建立欧洲货币体系，有8个国家参加，其目的是建立一个稳定的欧洲货币区，以减少外部汇率波动对成员国间正常经济交往的影响。这一货币体系成为实现欧盟经济和货币联盟的基石。1989

年"冷战"结束，苏联的解体尤其是1990年德国的重新统一，使西欧领导人对一体化的目标、顺序和时间表做出了大量更改。1991年12月通过了建立"欧洲经济货币联盟"和"欧洲政治联盟"的《欧洲联盟条约》。这一条约确立了欧洲加快经济和政治联合的时间表，它规定将欧共体由一个经贸集团建设成为一个具有强大经济实力并执行共同外交和安全政策的政治实体。1993年11月1日《欧洲联盟条约》正式生效，人逾3.4亿的欧共体正式更名为欧洲联盟。1999年1月1日，欧洲统一货币欧元启动，并开始在银行、外汇交易和公共债券等方面正式使用，欧盟扩大趋势进一步凸显。2007年12月13日，欧盟27个成员国的首脑签署了《里斯本条约》，其目的是在欧盟的层面上建立更为现代的组织机构和更为有效的工作机制，以便欧盟作为一个整体来应对全球化、气候变暖、安全和能源方面的挑战。

随着欧盟政治经济一体化趋势不断加强，其问题也逐渐显现，2009年12月8日全球三大评级公司下调欧盟成员国希腊的主权评级，希腊开始步入经济危机。受其影响2010年欧洲其他国家也开始陷入危机，希腊已非危机主角，整个欧盟都受到债务危机的困扰，德国等欧元区的龙头国都开始感受到危机的影响。因为欧元大幅下跌，加上欧洲股市暴挫，整个欧元区正面对成立11年以来最严峻的考验。2011年7月22日召开欧洲峰会，就希腊救助问题经过激烈的争论后进一步达成共识，欧元区领导人统一向希腊提供1000亿欧元新融资。

至今欧洲并未完全从经济危机的泥沼中脱身，但新的问题却接踵而至。2015年就在欧盟各国为国内低迷的经济以及政治问题焦头烂额时，非洲和中东非法移民及避难者人数的激增让欧盟陷入更大的危机，同时成员国国内矛盾趋于加剧。2016年6月23日英国正式举行对是否脱离欧盟进行公投，最终"脱欧"一方支持率达51.89%。2017年3月16日，英国女王批准"脱欧法案"，英国首相正式启动脱欧程序。

（二）欧盟投资环境概述

欧盟具有良好的投资环境和各具特色的国别优势，其投资环境优势表现在以下几个方面。

欧盟是世界上最大的消费市场之一，拥有5亿多消费者，其规模比美国大1/3。

经济与政治环境总体比较健全稳定。自两次世界大战后，欧盟致力于世界和平与发展。

法律法规完善透明。欧盟拥有比较全面、协调、透明、可预期的法制环境，欧盟机构以国际公认的标准和管理为基础，制定了一系列促进国际贸易的便利化措施。

一流的现代化基础设施。欧盟经济发展起步早，能源、交通、数字网络等基础设施完备，为经济发展提供了良好的硬件环境。

高水平的劳动力素质和科研能力。目前，欧盟共有约4000所高校，在校学生和教职员总数超过1900万人，产学研紧密结合，知识成果转化效率较高。

在高端制造业拥有比较优势。如化工、医药、航空、机动车辆、精密仪器等产业。一方面质优价高。优质、品牌及配套服务使欧盟制造产品得以高价销售。另一方面这种高价位产品不仅包括奢侈消费品，还包括半成品、机械及运输设备等。

产业门类齐全，国别优势明显。德国制造业实力雄厚，汽车、机械制造、电子电气、化工是其四大支柱产业，近年来，可再生能源、纳米技术和环保产业发展突飞猛进，成为德国新兴优势产业。法国在航天航空、民用核能、高铁、电子元器件、汽车、高端消费品等领域有独特的优势。英国金融业发达，同时在化工、制药、生物技术、食品饮料、软件等领域有着较强的竞争力。

产业群聚优势。产业集群有助于发展研发、设计、采购、物流、贸易、后期服务等上中下全产业链模式。比如，欧洲有众多世界领先的港口海运集群，包括以伦敦为中心的英国海运服务业集群、以鹿特丹和阿姆斯特丹为中心的荷兰港口与港口服务业集群、以奥斯陆为中心的挪威航运与航运技术集群。

二、欧盟法律概况

所谓欧盟的法律，是指欧盟各成员国缔结的条约，以及欧盟各个机构依据《欧盟条约》所制定的法律、条例、指令和其他法律文件。通常将欧盟的法律分为两个部分，即“基本法律”和“二级法律”。除此之外，欧盟法院在相关判决中对于《欧盟条约》的解释，也属于欧盟法律的组成部分。广义的欧盟法律还包括：欧盟法院的判例法、对欧盟法的解释和适用提供指导的“软法”（诸如《欧盟条约》第249条所规定的建议和意见、宣言、行动纲领和欧盟各机构的决议等），通常所见的为宣言、通告、通知、白皮书、绿皮书和政策声明等。

（一）基本法律

在欧盟法律的范畴之内，基本法律是指《欧盟条约》及其修正案、建立欧洲联盟的条约及其修正案，以及欧盟与其他国家所签订的条约。基本法律主要包括：1951年缔结的《欧洲煤钢共同体条约》，1957年缔结的《欧洲经济共同体条约》《欧洲原子能共同体条约》，以及上述3个条约的附件和修正案；1965年缔结的《合并条约》；1986年缔结的《单一欧洲法》；1993年缔结的

《欧洲联盟条约》、1997 年的《阿姆斯特丹条约》、2001 年缔结的《尼斯条约》，以及 2007 年 1 月缔结的《里斯本条约》（修订欧盟宪法条约，2009 年 12 月生效）。除此之外，以欧盟的名义缔结或者加入的国际条约，也属于欧盟的基本法律。例如：欧盟各成员国是以欧盟的名义加入世界贸易组织。这样，世界贸易组织的整体协议，包括《与贸易有关的知识产权协议》，都属于欧盟的基本法律。其他以欧盟的名义加入的《商标国际注册马德里协定》《世界知识产权组织版权条约》《世界知识产权组织表演与录音制品条约》等，也属于欧盟的基本法律。

（二）二级法律

在欧盟法律体系中，二级法律主要是指由欧共体机构指定的、旨在实施或者细化基本法律，尤其是《欧盟条约》的法律。二级法律的制定不得限制《欧盟条约》的实施，也不得与《欧盟条约》相冲突。否则可能被欧盟法院宣布为无效。根据《欧盟条约》的规定，欧盟议会应当与欧盟理事会、欧盟委员会协调，制定旨在实施欧共体条约相关规定的法律，包括条例、指令、决定、建议和意见。

1. 条例

条例是由理事会或委员会针对特定事项发布的法律文件。对于各成员国来说，条例具有普遍的适用性，可以被成员国政府直接适用，而不必在相应的成员国立法中加以实施。这与下文所述指令的实施有所不同，在具体的司法实践中，各成员国的自然人和法人可以直接依据相关的条例，主张权利或者利益，而成员国的法院，也应当直接适用条例的相关规定，就当事人的主张做出判决。如果成员国的法院对条例的规定有疑问或者难以适用，可以请求欧盟法院做出解释。

2. 指令

指令是由委员会、理事会和议会共同制定的法律文件。在通常情况下，先由委员会提出草案，再由议会和理事会进行审议通过。对于相关成员国来说，指令具有直接的约束力，成员国应当通过国内的立法加以贯彻执行，在这一点上，指令不同于条例。因为条例具有普遍的约束力，可以由成员国的法院直接适用。而在指令的情况下，其约束力仅针对成员国的政府。通常情况下，成员国通过制定和修改国内法律，使之与指令一致，从而达到贯彻实施指令的目的。成员国在贯彻实施指令时，具有一定的自由度，可以通过制定和修改法律的方式，也可以通过解释法律的方式。法院在适用相关的国内法解决争端时，尽管是以国内法为依据，但应当尽可能通过法律解释的方式，使国内法与相关的指令一致起来。如果成员国在规定的时间里没有贯彻实施有关的指令，欧盟委员会，甚至包括该成员国的自然人和法人，不得依据指令提起对另一方自然人和法人的诉讼。目前，欧盟主要通过各种指令来协调成员国的知识产权法律。

3. 决定

决定是指委员会或者理事会所做出的，针对成员国或者市场主体的法律文件。其中的市场主体，既包括公司一类的法人，也包括自然人。例如，在涉及大型企业合并或者反垄断的情况下，委员会可以针对相关的企业做出允许或者不允许的决定。而接受决定的成员国或者市场主体，则必须执行有关的决定。当然，如果相关成员国或者市场主体认为决定有违欧盟法律，也可以起诉到欧盟法院。

第二节 欧盟商标法律制度

一、欧盟商标立法概况

（一）商标立法沿革

了解欧盟的商标法律制度，必不可少要对其商标立法以及商标相关法律有一定的认识。

1. 商标立法

自 1993 年 12 月 20 日正式通过《共同体商标条例》（40/94）以来，欧盟范围内主要并行两种商标制度：一是依托《共同体商标条例》所建立起的共同体商标制度；二是通过《协调成员国商标立法指令》调和的各成员国国内商标制度。进入 21 世纪以来，世界范围内，商标作为知识产权的重要组成部分在社会经济发展中的作用愈加突出，与商标相关的法律问题日益增加。在此背景下，欧盟商标制度的运行在实践中面临的种种难题也逐渐凸显。为了深化商标制度一体化进程、推动商标制度的现代化进程、解决实践中新出现的商标法律问题，经过多年的筹备工作，欧盟终于在 2015 年 12 月 15 日通过了对《共同体商标条例》（207/2009）以及《共同体商标指令》（95/2008）的修改方案。新《欧盟商标条例》（2015/2424）已于 2016 年 3 月 23 日生效，新《欧盟商标指令》（2015/2436）于公布后 20 日生效。

（1）《共同体商标条例》。

《共同体商标条例》的订立旨在克服商标地域性可能给共同体内部的商品和服务流通造成的困难，促进区域经济一体化进程的加速实现。早在 20 世纪 60 年代，共同体内统一的商标注册体系就已经纳入筹备当中，并在 1984 年基本拟定了《共同体商标条例》的草案。但由于各成员国在共同体商标局地址、工作语言等技术问题中各持已见，该草案又经过了近10年的协商谈判，最终在各方的妥协下于1993年12月20日正式通过《共同体商标条例》(40/94)，该条例于1995年3月15日生效，并于1996年4月1日正式运行。

共同体商标是指根据《共同体商标条例》所规定的条件和方式注册的商品或服务商标。共同体商标根据注册取得并具有单一特性，即在整个共同体内应有同等效力，且只有就整个共同体对商标予以注册、转让、放弃或作为撤销所有人权利或宣布无效及禁止使用。

欧盟2004年公布了第2004年422号修正案，对《共同体商标条例》做出了较大修改。这份修正案旨在理顺欧共体商标的行政管理程序，提高工作效率。2009年2月29日，欧盟委员会发布207/2009号条例，该条例汇总了《共同体商标条例》的历次修改，形式上废除了40/94条例，但没有实质上的修改，只是重新编排了条款顺序。在2015年12月15日通过了对《共同体商标条例》(207/2009) 的修改方案，新《欧盟商标条例》(2015/2424) 于2016年3月23日生效，其中部分条款需要次级法律做出进一步规定于2017年10月1日生效。

(2)《共同体商标指令》。

为了减少成员国的商标法存在可能阻碍商品的自由流通和服务的自由提供，并扭曲共同市场的竞争条件差异，并且为了内部市场的建立和运转，有必要协调成员国立法，1988年颁布了《协调成员国商标立法一号指令》(104/89)。该商标指令并不是要完全统一成员国的商标法，它并不剥夺成员国继续保护使用上产生的商标的权利，而只是将注意力集中到它们与注册产生的商标的关系；指令保留成员国制定与注册产生的商标的注册、失效或无效的有关程序；同时指令也不排除成员国商标法以外的法律规定，如与不正当竞争、民事责任或保护消费者有关的规定，适用于商标法。如前述所说，欧盟的指令性文件，需要成员国通过国内立法加以贯彻执行，因而该商标指令的颁布促使欧盟成员国加速商标法修改的进程。

(3) 新《欧盟商标条例》和《欧盟商标指令》。

为了解决《共同体商标条例》与《共同体商标指令》在将近20年的使用中出现的部分条款不协调的问题，同时为了回应随着商标的发展，实践中出现的新问题，也为了解决欧盟法院对部分共同体案件的裁决所带来的对共同体商标保护范围和侵权判定的争议，并且出于响应欧盟近年来推行的知识产权战略，进一步推进统一知识产权制度、促进中小企业的知识产权保护的需要，欧盟于2015年12月正式通过了对《共同体商标条例》和《共同体商标指令》

的改革方案。其中《欧盟商标指令》（2015/2436）于2016年1月13日正式生效，《欧盟商标条例》于2016年3月23日起正式生效，部分条款于2017年10月1日生效。此次欧盟商标法改革经过了近十年的漫长准备阶段。首先，2006年12月欧共体委员会在一项对欧盟内部市场知识产权局的财务评估报告中肯定了共同体商标的成功，但由此产生的逐年稳步上升的巨额盈余打破了其维持收支平衡的初衷，因此欧共体委员会认为，应当考虑如何使成员国从共同体商标制度中获得更多的收益，并且可以实现更加妥善的利用盈余的目的。后经过一系列会议讨论，2009年3月，《共同体商标条例》（2009年修改版）发布之后，为响应其收支平衡的要求，《欧盟商标付费条例》随即将共同体商标注册费用降低了40%。同年6月，欧盟委员会对外发布关于"研究欧洲商标制度的整体运行情况"的招标书。2009年10月，欧盟委员会将对共同体商标制度的研究任务交给德国马普所。2011年2月，马普所向欧盟委员会提交最终报告，报告中提到一些完善现有商标法律的建议。2013年3月，欧委会正式通过《共同体商标条例修订提案》与《共同体商标指令的修订提案》，并将提案提交到欧洲议会和欧盟理事会进行审议。[1] 2014年1月和2月，欧洲议会法律事务委员会分别发布对欧盟商标法改革提案的建议报告。2014年5月，欧盟理事会发布对改革提案的"主席折中提案"，其中所涉的修改建议与欧洲议会基本一致。欧盟理事会于2015年10月正式发布"折中草案"，该草案对几个争议问题又作了最终妥协，欧盟理事会于同年11月予以通过；欧洲议会也于12月通过该草案。

经过两年多反复的讨论和修改，2015年12月底，欧盟理事会和欧洲议会正式通过欧盟商标制度的一揽子改革方案。其中，涉及2个法律文件：一是根据《共同体商标条例》修订而来的《欧盟商标条例》（2015/2424）。《欧盟商标条例》于2015年12月24日对外公布，其中大部分条款于2016年3月23日起生效，另一小部分条款于2017年10月1日起生效；二是经过重新拟定并取代《共同体商标条例》的《欧盟商标指令》（2015/2436）。《欧盟商标指令》于2016年1月13日起生效，各成员国有3年的时间将该指令的大部分条款转化为国内法，有7年时间来统一国内的商标撤销和无效行政程序。

---

[1] 《共同体商标条例的修订提案》明确了这次改革提案的目的：一是调整相关术语和条款，以符合《里斯本条约》和分散机构间的通用方法；二是精简商标注册程序；三是修订现有带有歧义、解释不明的规定并融合欧盟法院在一些判决中的意见，使相关法律规定现代化，以此增加法律确定性；四是建立合适的合作机制，以促进欧盟内部市场知识产权局与各成员国商标主管机构之间的合作；五是根据《欧盟运作条约》第290条规定调整框架。

2. 商标关联立法

欧盟商标关联立法主要包括地理标志条例、比较广告指令、知识产权执法指令与海关执法指令。

(1)地理标志条例。

1992年7月14日，欧盟制定了农产品及食品地理标志和原产地名称保护条例(2081/92)。2003年4月8日欧共体通过692/2003号条例，对2081/92号条例做出重大修改。在2006年3月20日，欧盟完全废除2081/92条例，重新制定510/2006号《农产品及食品地理标志和原产地名称保护条例》。2008年1月5日通过第110/2008号关于酒精饮料的定义、描述、介绍、标签和保护条例；2009年7月14日通过《关于实施〈关于若干葡萄酒类产品受保护原产地名称和地理标志、传统用语、标签和表达的欧共体理事会第479/2008号条例〉细则的欧共体委员会第607/2009号条例》；2010年5月7日通过401/2010号委员会事实细则，关于修改和更正第607/2009号实施细则，规定实施第479/2008号理事会实施细则的具体办法，涉及保护原产地标记和地理标记、传统文化，一些酒类产品的标签和装饰。

2013年欧盟最新版地理标志保护法规《关于农产品和食品的质量规划条例》(1151/2012)生效并实施。欧盟新版地理标志保护法规对地理标志产品实施更为严格的监控措施。与之前的法律法规相比，新版法规主要变化在于首次以立法的形式建立了一个专门的明确监管体系，对每个获得保护的产品实施监控计划，进行全过程的质量监管。法规中明确提出："质量体系应加入官方控制的监控系统中""质量体系应包括生产、加工、销售各个阶段的核查机制"。之前，监控措施在各成员国层面各自实施，现在整个欧盟有了统一的监控程序。按照法规，欧盟将指导成员国进行监管，而成员国的监管部门则依靠各自的监管机构按照统一的监管要求进行监管。

(2)比较广告指令。

在1997年前，英国、挪威、瑞典、德国等国家对比较广告持肯定态度，认为比较广告在一定程度上有利于增加消费者信息，鼓励自由竞争以及保障言论自由等积极作用；而在意大利、西班牙等国家对比较广告则持否定态度，认为比较广告难以克服自身的固有缺陷，难以做到客观公正、可能会损害被比较者利益、降低广告的可信度以及扰乱市场竞争秩序。出于协调各成员国的立场，避免同一广告在不同国家受到不同对待，从而影响商品和服务的自由流通货提供的目的，在经过长达7年的讨论之后，欧洲议会和委员会终于在1997年10月6日通过《关于误导广告和比较广告的指令》(97/55)。此外，涉及商标的比较广告，还应受《欧洲共同体理事会协调成员国商标立法1988年12

月21日第一号指令》（即《欧共体商标指令》）的调整。2006年12月12日出台的2006/114指令又重新整合了误导性广告和比较广告的相关条款。在《关于误导广告和比较广告的指令》（97/55）中对比较广告下了一个定义：凡是直接或间接提到竞争对手或竞争对手提供的商品或服务的广告都属于比较广告。提及竞争者或竞争者的商品或服务的方式，不仅包括商标，还包括商号、域名以及其他任何标识。该指令第4条明确规定了合法比较广告应当满足的8个要件，包括应当确保比较广告不是误导广告；比较的商品或服务应当有共同的用途和目的；应当对商品或服务相关，可核实的和有代表性的特征，包括价格进行客观的比较；不得贬低或诋毁竞争者的商标、商号、其他区别性标记以及商品或服务；对于涉及原产地名称产品，所比较的产品均需带有同样的原产物；比较广告不得从竞争对手的商标、商号或其他区别性标志中谋取不正当的利益；比较广告不得直接使用对应模仿的方式。为了避免竞争对手仅仅进行空头比较，对含有特别报价的比较广告，指令要求必须注明特别报价开始或结束的时间，以供消费者实际掌握。

（3）知识产权执法指令。

为消除欧盟成员国立法体系中在保护知识产权执行方面的差异，欧洲议会与欧盟委员会于2004年4月29日颁布第2004/48号关于知识产权的执行指令，要求其成员采取立法行动达到预期的目标。《欧盟知识产权执法指令》是欧盟基于《罗马公约》的内部市场条款在知识产权领域颁布的一项对内指令，旨在协调各成员知识产权执法方面的法律法规，在单一共同体内建立完整的执法框架，以便更有效地打击假冒、盗版等侵权行为。该指令规定了成员知识产权执法中的一般义务、证据的收集、信息获取权利、临时措施和预防措施以及案件审理后的救济措施。指令颁布后，欧盟各国或直接适用，或通过国内立法加以落实，在知识产权执法中建立了统一的程序和标准。在民事、行政、刑事之外，海关边境执法是欧盟知识产权执法中的一个重要的独立程序。《知识产权执行指令》（2004/48）和《海关知识产权执法条例》主要适用于民事、行政和海关边境执法，未涉及刑事执法。欧盟在未通过有关知识产权刑事执法具体措施规定的现状下，要求成员国在欧盟没有规定的情况下，直接参照TRIPS协议的规定执行。

（4）海关执法指令。

2013年6月12日，《关于知识产权海关执法及废除2003年第1383号条例的条例》（608/2013）获得欧洲议会和理事会通过，并于2014年1月1日生效实施。在此之前欧盟曾出台3部知识产权海关执法条例，即1986年《知识产权海关执法条例》（3842/86）、1994年《知识产权海关执法条例》（3295/94）

和 2003 年《知识产权海关执法条例》(383/2003)。

(二)加入国际条约综述

1.《与贸易有关的知识产权协议》

欧盟是世界贸易组织的成员，当然受《与贸易有关的知识产权协议》的约束。由于欧盟是 TRIPS 协议的成员，在解释其商标立法时有义务尽可能符合协议的文字和宗旨。

2.《保护工业产权巴黎公约》

在《欧共体商标指令》中明确指出，鉴于所有共同体成员国均受《保护工业产权巴黎公约》约束，《欧共体商标指令》的规定必须与《巴黎公约》的规定完全符合，成员国因该公约产生的义务不受指令的影响。

3.《商标国际注册马德里协定有关议定书》

欧盟在 2004 年加入《商标国际注册马德里协定有关议定书》，从 2004 年 10 月 1 日起，欧共体商标权人和申请人将有权基于欧共体商标权申请国家保护。同时基于马德里协定书享有国际注册商标权利人和申请人可以获得欧共体商标注册。

二、商标权的取得

(一)商标注册条件

商标注册的条件主要包括：取得商标权的途径、商标注册的要素、商标不予注册的绝对理由、商标不予注册的相对理由等内容。

1. 商标注册原则

《欧盟商标条例》第 6 条明确规定欧盟商标应当通过注册获得。

但同时，根据《巴黎公约》第 6 条之 2 的规定，缔约国应当依职权或依有关当事人的请求，对于受公约保护的权利人所有的驰名商标，如果他人商品上的商标是对该驰名商标的复制、模仿或者翻译，用于相同或类似的商品，易于产生混淆的，应拒绝或取消注册，并禁止使用。即使是实行商标注册制的国家，只要加入《巴黎公约》也均应通过立法实施这条规定。因驰名而获得商标权是通过使用而获得商标权的特殊情形，因为只有经过长期使用之后，商标才可能变得驰名。上文所述，欧盟成员国均加入《巴黎公约》受其约束。

《欧盟商标条例》第 8 条也规定在提出申请注册共同体商标优先权之日，在《巴黎公约》第 6 条之 2 的意义上在联盟成员国已驰名的商标属于在先商标受到保护。

《欧盟商标指令》也明确表示该指令不应剥夺成员国继续保护通过使用获得的商标的权利，但应考虑到其与注册获得的商标的关系。据此看来，注册并非欧盟商标权取得的唯一途径。

2. 商标的构成

根据《欧盟商标条例》第4条以及《欧盟商标指令》第3条的规定，欧盟商标可以由任何标志，特别是文字，其中包括姓氏或图形、字母、数字、颜色、商品或包装形状还有声音组成，只要这些标志能够将一个企业的商品或服务同其他企业的商品或服务区分开来。

该规定对商标主要有两个方面的要求：一是申请的标志必须是可以作为商标的标志，应该具有识别作用和显著性。二是指定的对象必须属于商品或服务的范围，并且在对商标进行注册时应当具有明确的范围，对商标指定使用的商品及服务的描述应当足够清晰和精确，要使有权机关和经营者根据描述即可确认商标的保护范围。该条一方面从身份上肯定了某些非传统类型的商标，另一方面从形式上降低了申请文件的要求，说明欧盟对于非传统类型的商标将持有更宽容的态度。“图形表示”将不再是申请文件必须包含的要素，而此前，很多非传统商标申请都是因为难以做到用图形表示而被驳回。

3. 商标分类

（1）产品商标：能够被附着以注明商品的商标。

（2）服务商标：用以注明服务的商标。例如广播服务、零售大卖场的商标。

（3）证明商标：证明商标实际是用于识别特定的商品或服务，当证明商标所有人对申请使用证明商标者的商品或服务的材料、产品的制造方式或服务的性能、质量、精确度或其他特定品质（地理原产地除外）进行认证后，申请使用证明商标者可以在通过认证的商品或服务中使用该证明商标。

（4）集体商标：欧盟集体商标应是这样一种欧盟商标，它可以用于或能够区别协会即商标所有人的商品或服务与其他企业的商品或服务。根据适用的法律条款，有以自己的名义、行使各种权利和义务、签订合同、完成其他法律行为和起诉被诉能力的各种制造商、生产者、服务提供者或贸易商的协会以及适用公法的法人，可以申请欧盟集体商标。

4. 商标不予注册的绝对理由

根据《欧盟商标条例》第7条以及《欧盟商标指令》第4条的规定，不符合商标注册所需要素的商标不得予以注册。除此之外，以下商标同样不予注册：缺乏显著性的商标；仅有在商业活动中可用于标明商品的种类、质量、数量、用途、价值、原产地商品的生产日期，或提供服务的时间的符号或标志组成的商标，或标明商品或服务的其他特征的符号标志组成的商标；仅由在习惯用语或善意和公认的商务实践中成为惯例的符号或标志组成的商标；仅由商品本身的特性决定的形状或者其他特征、获得一定技术效果所必须的商品形状或其他特征、给商品带来实体价值的商品形状或者其他特征；违反公共秩序和善良风俗的商标；带有欺骗性质的，例如有关商品或服务的性质、质量或地理来源的商标；未经主管机关认可应按照《巴黎公约》第6条之3被拒绝注册的商标；虽非《巴黎公约》第6条之3所指的，但具有特殊公众利益的徽章、徽记或者纹章图案的商标，但有关当局同意其注册的除外；根据欧盟法律、成员国法、欧盟或成员国签订的条约，作为原产地名称和地理标志受到保护；根据欧盟法律、成员国法、欧盟签订的条约，受到传统葡萄酒条款保护的；根据欧盟法律、成员国法、欧盟签订的条约，作为传统特色（农产品、食品）受到保护的等。

《欧盟商标指令》第4条第2款还规定，商标注册申请由申请人以恶意方式做出，商标应当被宣布无效。任何成员国也可以规定不得核准注册该商标。

与《欧共体商标条例》相比，《欧盟商标条例》将驳回商标注册的绝对理由延伸至仅包含"形状或其他特征"的标识，这种"形状或其他特征"来自于商品的自然属性，同时也是获得某种技术成果或为商品带来实质价值所必需的。"或其他特征"扩大了绝对驳回理由的外延，这与非传统标识诸如气味、声音标识的申请直接相关。这其中的基本理念是为了避免对产品内在的或者全部的功能性特点给予商标保护。

此外，根据《欧盟商标指令》第4条第4款，通过使用获得显著性的商标可以注册，并且不得以其具有以下特征而宣告其无效：不具有显著特征；仅有在商业活动中可用于表明商品的种类、质量、数量、用途、价值、原产地商品的生产日期或提供服务的时间的符号或标志组成的商标，或表明商品或服务的其他特征的符号标志组成的商标；仅由在习惯用语或善意和公认的商务实践中成为惯例的符号或标志组成的商标。

5. 商标不予注册的相对理由

根据《欧盟商标条例》第8条以及《欧盟商标指令》第5条的规定：在申请注册的商标与在先的商标相同的以及申请注册的商标使用的商品或服务与在先的商标所保护的商品或服务相同的情况下。申请注册的商标，因在先商标所有人的异议，不得予以注册或如果已经被注册，则可以被宣告无效。

在先商标是指下列几种商标，其申请注册日早于申请注册共同体商标的日期。如有必要，应考虑这几种商标的优先权请求：欧盟商标；在成员国注册的商标，或者就比利时、荷兰、卢森堡而言在比荷卢商标局注册的商标；在成员国有效的国际注册的商标；在欧盟有效的国际注册的商标；在申请注册共同体商标之日，或者在提出申请注册共同体商标优先权之日，在《巴黎公约》第6

条之2的意义上在联盟成员国已驰名的商标；商标所有人的代理人或代表人，未经该所有人的同意而以自己的名义申请商标注册的，在商标所有人的异议下，该商标不应予以注册，除非该代理人或代表人证明其行为是正当的；申请注册的商标，经非注册商标所有人或经在不单限于当地的商业活动中使用另一标志的所有人的异议，根据成员国有关该标志的法律规定，不应予以注册：如果该标志的权利是在申请注册共同体商标前或在提出申请共同体商标优先权之日前取得的；如果该标志赋予其所有人禁止在后商标使用的权利的。

《欧盟商标条例》第8条4a款与53条新增的（d）项则还有《欧盟商标指令》第5条第3款（c）项规定了在异议和无效的相对事由中，包括不得与在先受到保护的原产地名称与地理标志相冲突。

《欧盟商标指令》第5条第4款，还规定了除了可以依在先商标权、在先声誉商标等理由提出异议、申请宣告商标无效外，还可以依据其他在先权利，如姓名权、肖像权、版权、工业产权等理由提出异议、申请宣告无效等。

此外，第4款还规定，在下列情形和限度内，成员国可以规定驳回商标的注册或对已经注册的商标宣布其无效：商标可能与申请时已经且持续在外国保护的商标相混淆的，如果是由申请人恶意申请的。

本次条例与指令对商标不予注册的相对理由部分的修改重点，在于对声誉商标的保护范围方面。申请注册的商标与在先商标相同或近似的，其注册的商品或服务与在先商标保护的商品或服务相同或类似的，或尽管其注册的商品或服务与在先商标保护的商品或服务不类似的，例如有一欧盟商标而且该商标在欧盟享有声誉的；有一在先国家商标而且在有关成员国享有声誉的；无正当理由使用申请注册的商标会使在先商标处于不利地位或会给在先商标的显著特征或声誉造成损害的；上述申请注册的商标，经在先商标所有人的异议，不得予以注册。该条融合了欧盟法院的一些判决意见，《欧盟商标条例》第8条第5款不予注册的相对事由以及《欧盟商标条例》第9条2款（c）项侵权行为事项，明确了对声誉商标的保护范围同样适用于相同或类似的商品。

（二）商标注册程序

商标注册程序主要涉及商标的申请主体、商标的申请渠道和文件、商标的申请日、商标申请资费、商标申请与注册的原则、商标注册申请的审查、第三方的意见和异议与异议审查和商标注册申请的撤回、限制、修改等问题。

1. 商标申请的主体

《欧盟商标条例》第5条，自然人或法人，包括按公法设立的管理机关，可以成为共同体商标所有人。

禁止使用以代理人或代表人名义注册的共同体商标，如果共同体商标所有人的代理人或代表人，未经所有人的同意，以自己的名义注册了该商标，共同体商标所有人有权反对其代理人或代表人使用其商标，除非该代理人或代表人证明其行为是正当的。《欧盟商标条例》第18条新增的第2款还规定，如果出现代理人或代表人抢注欧盟商标的情况，权利人可以直接向欧盟知识产权局或者欧盟商标法院请求转移该商标，而不再需要请求宣告商标无效或是提起商标无效的反诉。《欧盟商标指令》第13条也做出了相同的规定。

2. 商标的申请渠道和文件

（1）根据新《欧盟商标条例》第25条规定，欧盟商标的申请应由申请人选择向欧盟知识产权局提交。而之前的《欧共体商标条例》规定提交申请的途径有两条：一是直接向欧盟内部市场知识产权局提交申请；二是先向成员国国内的商标主管机构或比荷卢知识产权组织提交申请，该国商标主管机构或比荷卢知识产权组织再将申请转交给欧盟内部市场知识产权局。

收到申请后，商标局应立即向申请人发出一份收据，其中应至少包括文件编号、标记的表示法、描述或其他标识、文件的性质和数量和他们的收据的日期。该收据可由电子方式发出。

（2）商标注册所需的文件包括：共同体商标注册申请书；说明申请人身份的文件；申请注册的商品或服务清单；通过一般现有技术，将标识通过可能的方式呈现，如果以上对注册文件的要求需要通过电子版本实现，执行局可以决定电子版本的格式以及最大尺寸。

3. 商标的申请日

共同体商标申请日应是申请人向协调局提交包括《欧盟商标条例》第26条第1款所列的申请文件之日，以提交上述文件后1个月内支付了申请费的为准。

4. 资费

关于费用的问题，之前3个类别以内的申请费均为900欧元（通过传真或纸件提交申请，则为1 050欧元），从第四个类别起，每增加一个类别，加收150欧元。新《欧盟商标条例》规定，一个类别的申请费为850欧元，两个类别的增加50欧元，三个类别及以上的，每增加一个类别加收150欧元。这样，申请人可以自行选择指定商品类别的数量，避免不必要地指定过多的商品类别，造成行政资源的浪费

5. 商标申请与注册优先权原则

根据《欧盟商标条例》第29条，在《巴黎公约》或《建立世界贸易组织协定》任何成员方提交了商标申请的人，或其财产继承人就同一商标在与已申请的商标注册的相同商品或服务上申请的欧盟商标而言，应该在首次申请之

日起6个月内享受优先权；与已根据提交申请的国家的国家法或根据双边或多边协议提交的正规国内申请相等的每个申请应予承认优先权，其中正规国内申请是指，不管申请结果如何，足以确定提交申请日期的申请；在后的商标申请是原先第一次申请使用在相同商品或服务上的商标的主体，而且是在第一国家提交的，在后的商标申请从确定优先权而论，应被认为是第一次申请，只要在后提交的商标申请之日，前面的申请业已撤回、放弃或被驳回，未向公众公开和未留下判决权利，而且前面的申请未曾用来作为要求优先权的理由；如果在非《巴黎公约》或非《建立世界贸易组织协定》成员方提交了第一次申请，第1~4款仅适用于根据公布的决定，以符合本条例所规定的相等的条件赋予在商标局第一次提交的申请同等效力优先权的国家。

《欧盟商标条例》第30条第1款要求必须在提交申请时“一同提交”，并在申请后的3个月内提交相关证明文件。

优先权效力，从确立优先权而论，优先权日视为提交欧盟商标申请之日。欧盟商标申请等同于国内商标申请已经给予申请日的共同体商标申请，如以欧盟商标为基础要求优先权，应在成员国中等同于正规的国内申请。

如果共同体商标申请人，根据1928年11月22日在巴黎签订的并于1972年11月30日修订的《国际展览公约》规定的官方举办或认可的国际展览会上已经展出带有所申请的标志的商品或服务，若带有该标志的商品或服务自首次展出起6个月内提交商标申请，他可以要求《欧盟商标条例》第31条所指的优先权。优先权的要求必须在提交申请时一同提交。申请人希望根据第1款请求优先权的，应当按照实施细则规定的条件，在申请后的3个月内提交带有申请标志的商品或服务的展出材料。在一成员国或在第三国给予的展览会优先权并不延长《欧盟商标条例》第29条规定的优先权期限。

6. 商标注册申请的审查

（1）申请条件的审查。

根据《欧盟商标条例》第36条的规定，商标局应当审查欧盟商标申请是否符合该条例第27条有关申请日的要求；欧盟商标申请是否符合该条例26条第3款的条件；类别费是否已按规定的期限缴纳。共同体商标申请不符合以上要求的，知识产权局应要求申请人在收到通知的2个月内对支付费用的不足或疏忽之处予以补救。如果限定期限内未予补救的，申请将不作为欧盟商标申请处理。申请人达到知识产权局要求的，知识产权局应承认补足费用之日或疏忽之处予以补救之日为商标申请日。

（2）对驳回的绝对理由的审查。

《欧盟商标条例》第37条规定，一商标不适合在共同体商标申请所包括的部分或全部商品或服务上注册的，申请应以那些商品或服务为由予以驳回。在允许申请人有机会撤回或者修改申请书或者提出意见之前，申请不应予以驳回。知识产权局应当告知明确的拒绝授予商标的理由，并且要求在一定期限内撤回或修改申请，如果未在该时间内撤回或修改，商标局将做出不予注册的决定。

7. 第三方的意见和异议与异议审查

（1）第三方意见和异议。

任何自然人或法人以及制造商、生产者、供应商、贸易商或消费者可以向知识产权局提出书面意见，说明根据《欧盟商标条例》第5条和第7条（即在先商标、代理组织或代表人抢注、声誉商标等）而提出异议的理由，商标不应该依职权注册登记。异议应当在异议期间内提出或者异议已经提出，在最终决定做出前被采纳。

除了以上规定之外，欧盟商标申请公告后3个月内，对该商标注册的异议书可以由下列人根据《欧盟商标条例》第8条以该商标不可以注册为由发出：(a) 在第8条第1款和第5款规定的情况下，第8条第（2）款所指的在先商标所有人以及那些商标所有人授权的被许可人；(b) 第8条第3款所指的商标所有人；(c) 第8条第4款所指的在先标志的所有人和/或根据有关国内法授权行使这些权力的人；(d) 根据相关欧盟立法或者成员国法有权利依据《欧盟商标条例》第8条提出异议的人。异议必须以书面形式提出，而且必须具体说明提出异议的理由。在支付异议费之前，异议不能视为业已提出。

新《欧盟商标条例》第156条第2款规定，指定欧盟国际注册商标的异议期仍为3个月，但起算时间缩短至"国际公告日1个月后"的3个月以内，这与之前的"国际公告日6个月后"的3个月内相比有较大变化。

（2）异议审查。

知识产权局在收到异议申请后，需要审查异议是否符合条件，如是否缴纳异议费用，是否在异议期内，是否指明被异议商标等。如果异议理由书未满足绝对理由条件，比如异议提交日已经过了异议期；没指明被异议的具体商标，则该异议不能成立。

根据申请人的要求，提出异议的在先共同体商标所有人应提供证据证明：如果在先的共同体商标的注册在该日已超过5年，在提交注册申请日或者优先权日前5年期间，在先的共同体商标已在共同体范围内真正使用于注册的及异议据以提出的商品或服务上。或证明不使用的正当理由。如果在先的共同体商标仅在注册的部分商品或服务上使用，对审理异议来说，该商标应视为仅在该部分商品或服务上注册。以上规定可适用于《欧盟商标条例》第8条第2款

（a）项所指的在先国内商标，该国内商标通过在其受保护的成员国的使用来代替在共同体内使用。

知识产权局如认为合适，可以请各方当事人友好解决。

知识产权局通知双方停止提供理由和材料后，对抗期结束。并根据双方提供材料做出异议是否成立的决定。如果异议不成立，则申请商标将获准注册。如果异议仅针对部分类别及部分商品提出，且异议成功，则申请商标可以在剩余类别及商品获准注册。

8. 商标注册申请的撤回、限制、修改

申请人可随时撤回其欧盟商标申请或限制申请书所包括的商品或服务清单。如果申请业已公告，撤回或限制亦应予以公告。在其他方面，经申请人的要求，共同体商标申请可以予以修正，但仅限于更正申请人的名称或地址、文字或抄写差错或其他明显的错误，只要这些修正没有实质上改变商标或扩大商品或服务清单。修正影响了商标图样或商品或服务项目的，而且是在申请公告之后进行的，商标申请应按修正的予以公告。

9. 商标注册

根据《欧盟商标条例》第45条规定，申请符合该条例要求的并在第42条第1款规定的期限内无人提出异议的或异议最后被撤回、驳回的，商标应予核准注册为欧盟商标。注册应当公告。知识产权局应出具注册证书，证书可以通过电子的方式传达。如果注册证书需要用非电子的方式传达，则要求缴纳费用。

（三）商标权的内容、续展和变更

1. 商标权的内容

《欧盟商标条例》与《欧盟商标指令》均有明文规定商标专用权的范围以及对商标专用权使用的限制。

（1）专用权范围。

依据《欧盟商标条例》第9条以《欧盟商标指令》第10条，欧盟商标赋予商标所有权人对该商标的专用权，在不损害在注册日前或优先权日前获得的欧盟商标的情况下，商标所有人有权阻止所有第三方未经其同意在贸易过程中或在相同或相似的商品或服务上使用：（a）与欧盟商标相同，使用在与欧盟商标所注册的相同商品或服务上的任何标志；（b）由于与欧盟商标相同或近似，同时与欧盟商标注册的商品或服务相同或类似的任何标志，其使用可能会在公众中引起混淆的；这种可能的混淆包括该标志和该商标之间可能引起的联系；（c）与欧盟商标相同或类似，但使用的商品或服务与欧盟商标所保护的商品或服务不相类似的任何标志，如果欧盟商标在共同体内享有声誉，但由于无正当理由使用该标志，会给商标的显著特征或声誉造成不当利用或损害的。

根据上述，特别是下列情况，可以予以制止：(a) 在商品或商品包装上缀附该标志；(b) 提供带有该标志的商品，将其投入市场或为此目的持有或用该标志提供服务；(c) 进口或出口带有该标志的商品；(d) 用该标志作为企业名称或者作为企业名称的一部分；(e) 在商业文书或广告上使用该标志；(f) 以违背欧盟比较广告指令（2006/114/EC）的方式将该标志用于比较广告中。

(2) 专用权的限制。

根据《欧盟商标条例》第12条和《欧盟商标指南》第14条的规定，欧盟商标所有人无权制止第三方在贸易过程中使用：(a) 其自己（仅限于自然人）的名称或地址；(b) 有关品质、质量、数量、用途、价值、产地名称、生产商品或提供服务的时间的标志，或有关商品或服务的其他特点的标志；(c) 需要用来表明商品或服务用途的标志，特别是用来表明商品零部件用途的商标；只要上述使用符合工商业务中的诚实惯例。

根据《欧盟商标指南》第14条第3款的规定，欧盟商标所有人无权制止第三方在贸易中使用商标，由于该商标在特定地点存在先前权利，该先前权利被欧盟成员国法律承认并且在承认的范围内使用。

(3) 专用权的用尽。

根据《欧盟商标条例》第13条和《欧盟商标指令》第15条的规定，欧盟商标所有人无权禁止由其，或经其同意，已投放共同体市场标有该商标的商品使用欧盟商标。但如果欧盟商标所有人有合法理由反对商品继续销售的，尤其是商品在投放市场后，商品质量发生变化或损坏的，上述规定不适用。

根据《欧盟商标条例》第15条和《欧盟商标指令》第16条的规定，商标所有人在商标注册（异议程序终止）后5年内，未将欧盟商标在共同体内真正使用于注册的商品或服务上的，或者连续中断5年的，欧盟商标应根据本条例的规定受到制裁，除非存在不使用的正当理由。下列行为亦应视为第1款所指的使用：(a) 欧盟商标以不改变其显著特征的与注册时不同组成形式进行使用；无论被使用的商标的不同组成形式是否已经被所有权人注册。(b) 在欧盟区域内，仅为了出口商品的目的，把欧盟商标贴附在商品或其包装上。

2. 商标的有效期、续展和变更

(1) 有效期和续展。

根据《欧盟商标条例》第45条规定，凡申请符合条例的要求、没有提出异议或提出异议被驳回应予以注册。注册应予以公告。知识产权局应出具登记证书，该证书可借由电子方式发出。注册商标的有效期为10年，自申请提交之日起计算。且根据第 47 条规定商标可以续展，时间每次为 10 年。

根据《欧盟商标条例》第 47 条规定，欧盟商标的注册，经商标所有人或者他明确授权的任何人的请求，应予以续展，只要他支付了费用。知识产权局应在欧盟商标有效期满之前及时通知欧盟商标所有人或拥有欧盟商标注册权的任何人。如果未及时发出期满通知，不应追究知识产权局的责任且不得影响注册的有效期。

对于续展请求，新《欧盟商标条例》第 47 条第 3 款规定要求在商标“注册期满当日的前 6 个月内”提出，而不再是以往的在“注册有效期满当月最后一天前的 6 个月内”提出。

关于费用问题，过去 3 个类别以内的续展费均为 1 350 欧元，从第四个类别起，每增加一个类别加收 400 欧元。新《欧盟商标条例》规定，一个类别的续展费为 850 欧元，两个类别的增加 50 欧元，三个类别及以上的，每增加一个类别加收 150 欧元。

（2）变更。

欧盟商标在注册或续展注册有效期间不应在注册簿中予以变动。然而，欧盟商标包括所有人名称和地址的，且商标的任何变更并不实质上影响原注册商标特征的，可以按所有人的请求予以注册。

三、商标权的终止

商标权的终止分为商标权人主动终止权利与被动终止权利。主动终止权利的方式主要是指放弃注册商标专用权；被动终止权利的方式主要包括商标的撤销与宣告无效。

（一）放弃

根据《欧盟商标条例》第 50 条规定，商标可以就商标注册的全部或部分商品或服务放弃注册。放弃应由商标所有人向知识产权局作书面说明。放弃经在注册簿登记后才能生效。放弃只有经注册簿中登记的权利所有人的同意才能予以登记。已注册了使用许可证的，只有商标所有人证明他已将放弃的意图通知了被许可人，放弃才应在注册簿上登记。此项放弃登记应在通知被许可人后 3 个月内届满后或可以证明被许可人同意后进行。

（二）撤销和无效

第一，关于撤销。根据《欧盟商标条例》第 50 条和《欧盟商标指令》第 19 ~ 21 条的规定，欧盟商标所有人的权利应在其向知识产权局申请后宣布撤销或在侵权诉讼中以反诉为由宣布撤销：（a）如果商标连续 5 年未在共同体内在注册的商品或服务上真正使用，又无不使用的正当理由；但是，如要在 5

年期满和提出撤销申请或反诉这段时间内，商标开始或恢复正常使用，任何人都不可以要求所有人的共同体的商标权利应予撤销；但是，如果开始或恢复使用仅仅在商标所有人知道可能提出撤销申请或反诉，最早在连续5年不使用期满时开始提出撤销申请或反诉之前3个月内开始或恢复使用不应予以考虑；(b)如果由于商标所有人的作为或不作为，商标已成为其注册的商品或服务行业中的通用名称；(c)如果由于商标所有人或在他的同意下在注册的商品或服务上使用商标，该商标可能使公众对于商品或服务的性质、质量或产地产生误导的；(d)如果商标所有人不再具备《欧盟商标条例》第5条规定的条件。如果撤销权利的理由仅仅存在于欧盟商标所注册的部分商品或服务，所有人的权利只应就那些商品或服务宣布撤销。

第二，关于无效。申请无效的绝对理由包括：欧盟商标应就第三方向知识产权局提出申请或在侵权诉讼中以反诉为由宣布无效，(a)欧盟商标注册违反《欧盟商标条例》第5条（对申请主体的要求）或第7条（不予注册的绝对理由）规定的；(b)申请人在提交商标申请时有欺骗行为的。已注册的欧盟商标虽然违反《欧盟商标条例》第7条第1款b项、c项或d项，但由于商标的使用，商标在注册后在注册的商品或服务上取得显著性的，商标不可宣布无效。无效的理由仅存在于欧盟商标所注册的部分商品或服务上的，商标只应就那部分商品或服务宣布无效。

申请无效的相对理由包括：如存在下列情形，且第三方向知识产权局提出申请或在侵权诉讼中通过反诉的方式要求宣告无效，欧盟商标应被宣告无效：(a)存在《欧盟商标条例》第8条第2款所指的在先商标的，而且具备该条例第8条第1款或第5款（侵犯驰名商标）所规定的条件的；(b)存在该条例第8条第3款所指的商标，并且该条款所规定的条件已具备；(c)存在该条例第8条第4款所指的在先权利，而且该条款所规定的条件已具备；(d)存在该条例第8条4a款所指在先原产地标志或者地理标志，而且该条款所规定的条件已经具备。

如存在下列情形，且第三方向知识产权局提出申请或在侵权诉讼中通过反诉的方式要求宣告无效，欧盟商标应被宣告无效：如果这种欧盟商标的使用依据保护任何其他在先权利尤其是下列权利的国内法可以予以禁止的：名称权、肖像权、版权、工业产权。

如果上述所指的权利所有人在提交宣布无效申请或反诉之前已书面同意欧盟商标的注册，欧盟商标不应宣布无效。如果上述所指的权利当中的一项权利的所有人早先已申请宣布欧盟商标无效，或者在侵权诉讼中提起反诉，他不可以援引他应在第一次申请或反诉时援引的权利中的另一项权利为由提出宣布无效的新申请或反诉。

第三，关于撤销和无效的后果。在所有人的权利已经撤销的情况下，欧盟商标应视为自申请撤销或反诉之日起已经不具有该条例所规定的效力。产生撤销的理由之一的在先日期，可能应一方当事人的请求在裁决中予以确定。在商标宣布无效的情况下，欧盟商标应视为从一开始就不具有该条例所规定的效力。除有关因商标所有人的疏忽或缺乏商标信誉而造成损害赔偿请求或有关不当得利的国内法另有规定外，商标的撤销或无效的追溯效力不应影响：（a）已取得当局终局裁决的和在对撤销或无效做出决定之前已经执行的任何有关侵权的裁决；（b）做出撤销或无效决定之前已达成而且已经履行的契约；但对于根据有关契约已支付的款项，如情况必须，可以根据衡平法的原则请求退回。

第四，知识产权局审理有关撤销或无效的程序。其一，根据《欧盟商标条例》第56条的规定，申请撤销欧盟商标所有人的权利或者申请宣布该商标无效可以由下列各方向知识产权局提出。凡第51条和52条适用的，任何依照法律条款有能力以自己的名义起诉或被诉的自然人、法人和任何为了代表制造商、生产商、服务提供者、贸易商或消费者的利益而成立的团体或组织。包括在先权利人或者有权根据有关联盟法律或成员国的法律行使此项权利的人等。申请应以书面形式提交并申述理由。在缴纳费用之前，申请不应视为已经提交。

其二，根据《欧盟商标条例》第57条，对于申请的审查。在审查撤销权利或宣布无效的申请中，知识产权局如有需要即应请各方当事人在知识产权局确定的期限内对其他当事人或知识产权局本身发出的文书提出意见。如果欧盟商标所有人有此要求的，在先注册的欧盟商标所有人作为无效程序中的一方当事人，应提供证据证明，在提出宣布无效申请之日前5年内，在先的欧盟商标已在欧盟范围内在注册的商品或服务上投入真正的使用而且认为其申请有正当理由，或者在先的欧盟商标在该日尚未使用的，在先的欧盟商标的注册在该日已过5年的，应证明不使用的正当理由。欧盟商标注册日或优先权日，在先的欧盟商标注册已过5年的，在先的欧盟商标所有人还应提供证据证明，该条例第43条第2款规定的条件在该日已经具备。无这方面证据的，宣布无效的申请应予驳回。在先的欧盟商标仅在注册的部分商品或服务上使用的，该商标就审查宣布无效申请而言，应视为仅在该部分商品或服务上注册。第2款应适用于第8条第2款（a）项所提的在先的国内商标，在先的国内商标在其受保护的成员国使用代替在共同体内使用。如知识产权局认为合适，可以请各方当事人友好解决。

如果撤销权利或宣布无效申请的审查中，发现该商标本来就不应当在注册的全部或部分商品或服务上注册的，欧盟商标所有人的权利应予撤销或应就那些商品或服务上的权利宣布无效。否则撤销权利和宣布无效的申请应予驳回。撤销欧盟商标所有人的权利或宣布其权利无效的裁决成为终局裁定后应在注册簿上登记。

第五，关于行政上诉程序。根据《欧盟商标条例》第 58 条的规定，对于按照第 130 条（a）至（d）以及（f）项规定的机构做出的决定可提起上诉。这些决定只应自 60 条（对决定不服请求上诉的，必须在决定通知之日起两个月内向协调局提交书面上诉书。只有在缴纳了上诉费时，上诉书才应视为已经提交。在决定通知之日起 4 个月内，必须提交说明上诉理由的书面陈述书）。所述上诉期届满之日起生效。上诉的提交应具有暂停效力。对一方当事人无终止诉讼的决定，只能与终局决定一起上诉，除非决定允许分别上诉。

有权上诉和有权成为上诉程序当事人的人包括受到决定不利影响的任何当事人可以提起上诉。诉讼程序的其他各方当事人当然是上诉程序的当事人。

根据《欧盟商标条例》第 61 条规定，如果提出上诉的一方是引起该程序的唯一一方，做出引起争议决定的部门认为上诉可以接受，而且有充分理由的，该部门应修正其决定。申诉人受到另一方诉讼当事人反对的，这一做法不应适用。在收到理由陈述书后 1 个月内，对决定未予修正的，上诉应立即呈交上诉委员会，对上诉的是非曲直无须评述。

根据《欧盟商标条例》第 63 条规定，上诉可以接受的，上诉委员会应审理上诉是否成立。在审理上诉时，上诉委员会如有需要即应请各方当事人在上诉委员会确定的时间内，对其他当事人或上诉委员会发出的文书提出意见。

上诉委员会对上诉进行实质审理后，它应对上诉做出裁定。上诉委员会可以行使负责上诉决定的部门职权范围内的权利，或者将案件交该部门进行进一步审理。上诉委员会将案件交负责上诉决定的部门进行进一步审理的，在事实相同的情况下，该部门应受上诉委员会裁决理由的约束。上诉委员会的裁决应于《欧盟商标条例》第 65 条第 5 款所指期限届满之日（2 个月）起才能生效，或者在所指期限内向法院提起诉讼的，上诉委员会的裁决应自诉讼被驳回之日起生效。

第六，法院上诉程序。对上诉委员会做出的上诉裁决不服的，可以向法院提起上诉。诉讼可以以无管辖权、违反基本程序要求、违反条约、该条例或所适用法律的规定，或者以滥用权力为由提起，法院有权宣布有争议的决定无效或改变该决定。受上诉委员会裁决不利影响的任何当事人均可提起诉讼。当事人应在上诉委员会裁决通知之日起 2 个月内向法院提起诉讼。知识产权局能够采取必要措施执行法院的判决。

四、商标的许可、转让与质押

《欧盟商标条例》与《欧盟商标指令》均规定了商标许可与转让的具体要求。

（一）许可

根据《欧盟商标条例》第22条和《欧盟商标指令》第25条的规定：欧盟商标可以就其注册的部分或全部商品或服务许可他人在共同体整个区域或部分区域使用。许可使用可以是独占或非独占的；欧盟商标所有人可以要求用该商标赋予他的权利就被许可人违反商标许可合同中有关商标使用期限、可使用的注册商标形式、准许使用的商品或服务范围、商标使用的地区或者被许可人生产的商品或提供的服务的质量向被许可人提起诉讼；在不影响商标许可合同规定的情况下，被许可人只有取得商标所有人的同意，才可以对侵犯欧盟商标的行为提起诉讼。但是，在正式催告商标所有人后，商标所有人本人未在适当的期限内提起诉讼的，独占许可商标所有人可以提起诉讼；被许可人为了获得损失赔偿，应有权参与欧盟商标所有人提起的商标侵权诉讼；应一方当事人的要求，欧盟商标许可使用的准许或转让，应在注册簿上登记并予公告。

（二）转让

根据《欧盟商标条例》第17条规定，欧盟商标可以独立于企业的任何转让，就其注册保护的部分或全部商品或服务进行转让。整个企业的转让应包括欧盟商标的转让，但根据有关转让的法律，有相反的协议或情况明显不同者除外。该规定同样适用转让企业的契约义务。

（三）质押

根据《欧盟商标条例》第19条规定，欧盟商标可以独立于企业进行质押或作为其他物权的客体。应一方当事人的要求，第1款中提到的权利或转让哪些权利应在注册簿上登记并予公告。

五、商标侵权与抗辩

（一）商标侵权

商标侵权的一般原则与特殊规定。

1. 一般原则

根据《欧盟商标条例》第9条以及《欧盟商标指令》第10条的规定构成商标侵权的情形：第一，与欧盟商标相同，使用在与欧盟商标所注册的相同商品或服务上的任何标志；第二，与欧盟商标相同或相似，使用在与商标所注册的相同或近似的商品或服务上的可能造成公众混淆的标志，这种混淆包括该标志与该商标之间可能引起的联系；第三，与欧盟商标相同或类似，但使用的商品或服务与共同体商标所保护的商品或服务相同、类似或不类似的任何标志，如果该欧盟商标在欧盟内享有声誉，但由于无正当理由使用该标志，会给商标的显著特征或声誉造成不当利用或损害的。特别是下列情况构成对商标权的侵犯：第一，在商品或商品包装上缀附该标志；第二，提供带有该标志的商品，将其投入市场或为此目的持有或用该标志提供服务；第三，进口或出口带有该标志的商品；第四，使用该标志作为商标或者公司名称，或者作为商标或者公司名称的一部分；第五，在商业文书或广告上使用该标志；第六，违反比较广告指令（2006/114/CE）的规定在比较广告中使用该标志。

一直以来对如何根据欧盟商标法上的“双重相同”（第 9 条第 2 款（a）项中的规定）进行侵权判定存在不同看法：一是仍有人认为此项条款意味着推定混淆，二是认为此处并未要求考虑混淆可能性，但是该条款疏于考虑实践中存在双重相同却不构成商标侵权的情况，比如贴牌加工、比较广告。欧盟认为“双重相同”行为不需要考虑混淆可能性，应对注册商标采取绝对保护。但是，欧盟在司法实践和修法过程中的争议焦点在于这样的“双重相同”使用行为存在两种情况：一是用以指示侵权商品或服务来源而影响了商标的指示来源功能，则当属侵权；二是若该行为不影响商标的来源功能或其他功能（如沟通、投资和广告功能），即仅用以指示商标所有人的商品或服务时，是否还应当适用“双重相同”规则而构成侵权。鉴于此，欧盟委员会曾在商标条例和商标指令的修改提案中建议将影响来源功能的使用作为限定，但是最终欧洲议会和欧盟理事会经过慎重考虑而未采纳该建议，而仅规定了禁止在比较广告（竞争性广告）中以违反《误导和比较广告指令》的方式使用他人商标。

除了上述关于“双重相同”的讨论外，理论中对除此之外的商标侵权的判断标准一般有两种看法：第一，混淆可能性标准；第二，相似性 + 混淆可能性标准。根据相似性 + 混淆可能性标准，对以下内容分别进行分析。

（1）关于商标相同或相似的判断。

由于商标相同比商标相似所要求高，欧盟法院在判定商标相同或相似时一般倾向于将商标做相似性认定。而对于商标相同的认定不仅仅是对商标简单复制的认定，欧盟法院将商标相同做了扩大解释。

关于商标相同的在司法实践中的判断，可以通过以下几个典型判例进行简单说明。

Case C – 291/00, Société LTJ Diffusion v Sadas Vertbaudet SA［2003］一案中是欧盟法院第一次针对商标相同问题做出陈述。法院坚持商标相同的判断必须从一般消费者的视角出发，一般消费者很少有机会对商标之间进行逐个比较，仅仅只是依靠自己的感觉与记忆去判断。记不住的部分一般就表示这两个标志之间的某些不同是不引人注意的部分，其对于区分商标没有多大意义。从这一角度考虑，虽然 Société LTJ Diffusion 注册于衣服上的商标 ARTHUR 与被告注册的商标 ARTHUR ET FELICIE 事实上并不完全相同，但法院接受了原告的商标和被告的标志要判断为相同的意见。在此案件中欧盟法院给予了《欧盟商标指令》第 5 条第 1 项更广泛的定义，但是也明确了法院要严格限制该条的适用，更多的引用第 2 项。

AOM Minerve SA v. INPI and another [2001] ETMR – 1209. 一案中，相同商标的认定还决定于完全复制部分的显著性和侵权商标增加部分的显著性，对两者进行权衡最终得出结论。如原告的商标为 POST AIR，被告将其商标定位 LA POSTE。被告商标与原告商标相比主要相同部分为 POST，后者在 POST 的基础上在其前方加入“LA”，在其后方加入“E”。POST 只是前商标的一部分，同时在文字组成顺序上各有不同，所以两商标被认定为不相同。

关于商标相似的在司法实践中的判断，可以通过以下几个典型判例进行简单说明。

Case C – 342/97，Lloyd Schuhfabrik Meyer & Co. Gmb H v. Klijsen Handel BV [1999]. 与 Case C – 251/95，SABEL BV v Puma AG，Rudolf Dassler Sport [1997]. 案中明确商标近似的判断采用的是整体评价的原则。这个在很多案例当中都有很明确提到。因为，普通消费者一般都是凭着整体印象去记住一个商标。而不会进一步分析细节。首先相似性商标必定音形义上具有相似性。商标的音，即听觉要素，除了乐音之外，还包括音调、音质和音量等意义。形，即视觉要素，除了文本意义外，还包括色彩、形状、大小和位置。义，即含义要素。欧盟法院给出了一个重要的判断原则：大家关于问题商标在视觉听觉意义上的鉴别，特别是问题商标显著性和独特部分。

Case R 662/2001 – 1，Orangex CA v Juan Josè Llombart Gavalda [2003]. 中文字商标在意义上是否相似取决于其所代表的含义。Orangex 与 ORANGE X – PRESS 最终被认定为不相似。两个商标都注册在水果压榨机系列的机器上，但是 Orangex 这个单词除了能表达 orange 单词的含义外，后缀“ex”不能再过多表达其他意思，而 ORANGEX – PRESS 这个商标后缀 X – PRESS 却给人一种橙汁流动过程的意境，所以上诉委员会最终总结出两个单词商标是不相同的。

（2）关于商品相同或类似的判断。

欧盟商标侵权中的商品或者服务的相似性认定是无统一标准和分类而言的，只能基于整体评价的原则考虑与案件有关的要素，根据个案参照分类、法庭之前判决和法律列出的考虑因素进行。尼斯分类只是作为参考。除了分销渠道、销售地点及贸易途径等因素需要考虑外，商品和服务的类似性认定因素不仅包括商品和服务本身的特征，还包括异议商标之间功能性的联系，同时还要考虑到侵权商标的主观目的意图。在商品和服务类似性认定时，需要遵循个案原则，不能盲目遵循之前的相似的法律判决。同时在认定时，又要将所有要素考虑在内进行整体评价，注意罗列出所有应该比较的因素。

Case C－39/97，C anon Kabushiki Kaisha v MGM［1998］."在评估有关商品或服务的类似性时……所有与这些商品或服务本身有关的一切因素都应予考虑。这些因素特别包括商品或服务的性质、最终用户和使用方法以及它们是否构成竞争或相互补充"。除此之外，商品的目的，其制造者、分销和零售的渠道以及商品和服务提供的场所等也是商品和服务相似性认定的要素。在欧盟，商品和服务相似性认定不仅仅只局限在商品和商品之间，服务与服务之间，而且上升到了商品和服务之间的相似性。

Case B－8104，Campbell Catering Limited's Trade Mark Application v Campbells Soup Company［2000］. 早中期注册商标将 Campbell's 商标注册在食品类，提出申请的争论商标是为了直接消费提供食物和饮料，比如饭店、酒吧，咖啡屋等。在该案中，异议部门认为在食物和提供已经准备好的食物服务之间有一种必然的、无意识的相似性，食物必然会经过销售服务的途径提供给消费者。但是如果从分销途径来说，两者之间又存在着不同，购买食物通常是在超市里进行，为消费提供食品和饮料服务通常是为饭店、酒吧等服务，所以从提供商品和服务的地点完全分离来说，异议部门得出了后者服务与前者商标的商品不相似的结论。

(3) 关于混淆可能性的判断。

Case C－251/95，SABEL BV v Puma AG，Rudolf Dassler Sport［1997］. 该案中诉讼设计的 Sabel 及图的组合商标，图形是一只向右奔跑的美洲豹，注册范围包括第 18 类的"不属于别的类别的皮和仿皮及其制品；包和手袋"以及第 25 类的"服装，含紧身衣、袜子、带、丝巾、领带；鞋；帽子"。彪马对该商标的注册提出异议，主要理由是，它拥有在同样向右奔跑的剪影式的美洲豹图形商标，该图形商标具有在先性，且已经在德国注册，商品范围包括"皮及仿皮及其制品（包）和服装"。德国专利局认为，从商标法的角度讲，两个商标并不近似，并认定异议不成立。最终案件上诉至联邦法院，联邦法院初步认为如果适用迄今为止德国所实行的认定商标是否存在混淆的可能性的原则，案中所涉及的商标不存在混淆的可能性，法院必须着眼于各个标记所产生的总体印象，不得将整体图形中的一个部分单独抽出来，从而只审查该部分是否存在混淆的可能。但某一单独部分可以被认为具有特别的显著特征，并从整体上代表该标记，如果另一方的标记与具有这一特征的标记整体上相似，则可能因此出现混淆的可能，但即使在这种情况下，比较也只得在整体上进行，而不得局限在它们的不同成分上。某一标记可能本身具有，也可能由于该商标在公众中所享有的声誉具有特别的显著特征，特征越显著混淆的危险就越大。判断某一成分是否有从整体上代表该标记的特征，主要由审理案件实体的法院做出，但该法院必须遵守逻辑和常识。在认定基本上具有叙述性且不具有想象力的图形成分之间是否具有混淆的可能时，必须适用严格标准。奔跑中的猫科动物的图案，是一种取材于自然界的图形成分，该图案体现了该类动物奔跑时的典型姿势。彪马商标中奔跑的美洲豹的特征，如呈剪影状的图案，并未出现在Sabel的商标中，两个商标在图案上所具有的近似并不能作为认定两者间存在混淆可能的理由。但为谨慎起见，联邦法院还是请示欧共体法院，欧共体法院最终认为，从字面上看，只能将“联想”解释成产生“混淆”的一种途径，即用以确定混淆可能的范围，但不能用“联想可能”代替“混淆可能”。当然该案中没有对在先是否属于声誉商标进行举证，不考虑声誉商标相关问题。

Case C－39/97，C anon Kabushiki Kaisha v MGM [1998]. 该案中，欧共体法院进一步将“混淆可能”明确定义为，消费者真的认为商品或服务来自于同一或经济上有关联的厂商，除此之外，均不构成指令意义上的混淆，也就是说，混淆就是商品出处混淆，彻底排除了在出处混淆之外去寻找混淆的路。

2. 特殊规定

关于企业名称使用的商标限制。《欧盟商标条例》第9条3款（d）项是新增的规定，结合第2款有关侵权判定的具体标准，将他人商标作为企业名称使用在商品上可能会被禁止。这一规定表明两点：一是并非所有的将他人商标作为企业名称使用都构成侵权；二是在侵权认定方面，如果将他人商标作为企业名称使用，且同时将这一企业名称使用在商品上，则可以判定为侵权。

关于过境侵权货物的认定。基于商标的地域性特点，海关执法的重点一般集中在投放于本辖区的货物，而对过境货物侵权的认定，往往采取比较保守的态度。但根据《欧盟商标条例》新增的第9条第4款规定，商标所有人无须证明过境货物将会投放到欧盟市场，只需证明该商品满足如下三点，即可阻止侵权货物进入欧盟：第一，该货物包括其包装来自第三方，具有同欧盟注册商标相似或容易混淆的标识，且未经授权；第二，该货物正处在交易过程中；第三，该货物在欧盟没有获得自由流通的资格。据此，海关可以根据2013年修订的《欧盟知识产权海关执法条例》，对涉嫌侵权的货物进行暂扣或扣留。而在确认该货物侵权与否的程序中，如果清关人或货品持有人能够证明该欧盟商标所有人无权禁止其将货物投放到目的国的市场，则扣押的货物会被海关释放。

关于确认商标预备侵权行为。在加大打击过境假冒品的基础上，《欧盟商标条例》新增的第9a条中，规定商标所有人可以禁止预备性侵权行为。《欧盟商标条例》所界定的预备侵权行为包括两类：一是禁止他人未经许可在包装、标签、附属标签、安全或真实性特征/设备等上贴附与其商标相同或近似的标识；二是在市场上提供或展示、以此为目的而储藏、进口、出口或以其他方式处理这些包装、标签、附属标签、安全或真实性特征/设备等。

关于抢注行为的直接认定。《欧盟商标条例》第18条新增的第2款规定，如果出现代理人或代表人抢注欧盟商标的情况，权利人可以直接向欧盟知识产权局或者欧盟商标法院请求转移该商标，而不再需要请求宣告商标无效或是提起商标无效的反诉。当然，在反诉程序上，《欧盟商标条例》也有一点变化。

（二）侵权抗辩

根据《欧盟商标条例》第12条和《欧盟商标指南》第14条的规定，欧盟商标所有人无权制止第三方在贸易过程中使用：（a）其自己（仅限于自然人）的名称或地址；（b）有关品质、质量、数量、用途、价值、产地名称、生产商品或提供服务的时间的标志或有关商品或服务的其他特点的标志；（c）需要用来表明商品或服务用途的标志，特别是用来表明商品零部件用途的商标；只要上述使用符合工商业务中的诚实惯例。同时《欧盟商标指令》第14条第3款还规定了在先使用作为不构成侵权的抗辩事由。

根据《欧盟商标条例》第13条和《欧盟商标指令》第15条的规定，欧盟商标所有人无权禁止由其或经其同意，已投放共同体市场标有该商标的商品使用欧盟商标。但如果欧盟商标所有人有合法理由反对商品继续销售的，尤其是商品在投放市场后，商品状况发生变化或损坏的，上述规定不适用。

（三）驰名商标保护

关于驰名商标的认定。在欧盟相关商标立法中并未明确规定驰名商标的判断标准，但是在法院的判例中对驰名商标有一些共识性的解读。在1993年的General Motors Corp. v. Yplon S. A. 一案中，法院认为只要在先商标为相当数量的相关公众所知晓，就达到了所要求的知晓程度。在决定商标是否符合声誉商标的条件时，法院必须考虑案件所有的相关事实，特别是商标（标识的产品）所占市场份额、使用的强度、地理范围和实践长短与促销活动的投资规模等。对相关公众的判断即依赖所销售商品或服务的公众，或者说与商标所标识的商品或服务有关的公众，既有可能是一般公众也可能是专业性的公众。到2009年的PAGO International GmbH v. Tirol Milch registrierte Genossenschaft mbH

一案中，法院又提出需要在坚持考虑全案所有情形原则的同时，特别考虑相关公众及知晓该商标的相关公众的比例，以及享有声誉的地域的重要性，如地域范围、人口数量和经济重要性等。2015 年 Unilever v. Iron & Smith 一案中，法院重申市场份额、使用频度、地理范围和使用所持续的时间等所有事实都需要纳入考虑之外，商标所有人为推广该商标所做的努力等方面的证据也必须能够证明商标“为大部分该商品或服务的相关公众所知”。

《欧盟商标条例》第 9 条规定，欧盟商标赋予商标所有权人对该商标的专用权，在不损害在注册日前或优先权日前获得的欧盟商标的情况下，商标所有人有权阻止所有第三方未经其同意在贸易过程中或在相同或相似的商品或服务上使用：（c）与欧盟商标相同或类似，但使用的商品或服务与欧盟商标所保护的商品或服务不相类似的任何标志，如果欧盟商标在共同体内享有声誉，但由于无正当理由使用该标志，会给商标的显著特征或声誉造成不当利用或损害的。该条将商标淡化保护条款与商标侵权保护条款并列，并明确将商标淡化与商标侵权保护条款并列，明确将商标淡化作为一种独立于商标混淆的行为类型。

六、侵权法律救济

（一）欧盟商标侵权救济相关机构

主要机构包括：知识产权局（包括审查员、异议处、注册处、撤销处和上诉委员会）、普通法院、欧洲法院、欧盟商标法院。

1. 关于知识产权局原身为内部市场协调局

它属于欧盟的机构，主要作用是行使欧盟商标法律赋予其的权力。内设审查员、异议处、撤销处、注册处、上诉委员会。

其中上诉委员的工作内容大致如下：当事人可以针对以下决定提起上诉：欧盟知识产权局审查员的决定、异议裁定、商标行政执法决定以及商标的撤销决定。欧盟商标条例规定了提起上诉的主体资格，上诉的时限和形式，以及上诉的审理、裁决以及继续上诉的条件。上诉委员会应由 3 名成员组成，其中至少 2 名是法律专家、上诉委员会的成员应是独立的。他们在做出决定时不受任何指示的约束。诉讼程序的其他各方当事人当然是上诉程序的当事人。对决定不服请求上诉的，必须在决定通知之日起 2 个月内向商标局提交书面上诉书。上诉可以接受，上诉委员会应审理上诉是否成立，上诉委员会对上诉进行实质审理后，对上诉做出裁。

2. 关于欧洲法院

如果存在法律问题，当事人还可以继续上诉至欧洲法院，求得最终解决。

3. 关于欧盟商标法院

按照条例的要求，成员国应在其地域内尽可能少地指定几个国家第一审、第二审法院，以下简称“欧盟商标法院”。其应履行该条例赋予的职能。各成员国应在该条例生效后3年内向欧盟委员会提交一份欧盟商标法院名单，列明其名称和地域管辖。在提交上述名单后，法院的数目、名称或地域管辖有变化的，有关成员国应及时通知欧盟委员会。欧盟委员会应将以上信息通知所有成员国并在《欧洲共同体官方杂志》上公告。欧盟商标法院专属管辖下列诉讼：针对欧盟商标侵权或侵权威胁的诉讼；对宣布未侵权的诉讼；对《欧盟商标条例》第9条第3款第2项所指的行为提起的诉讼；对根据《欧盟商标条例》第100条撤销欧盟商标或宣布其无效而提起的反诉。如果侵权成立，有管辖权的欧盟商标法院将发出禁止被告继续从事侵权行为的命令，同时，法院还将采取一切必要的措施保证这一禁令的落实。有关临时性的保护措施、有关起诉和进一步上诉的具体内容在《欧盟商标条例》中均有规定。欧盟商标法院可适用的法律包括《欧盟商标条例》，对于《欧盟商标条例》没有规定的部分可以适用成员国法律；除非条例对程序有所规定，否则欧盟商标法院应适用法院所在的成员国处理同类型成员国商标纠纷的程序。当事人不服欧盟商标一审法院在第92条所指的诉讼和请求程序中所做的判决的，应有权向欧盟商标二审法院提起上诉。向欧盟商标二审法院提起上诉的条件应由该法院所在成员国的国内法确定。关于向最高法院上诉的国内规则应适用于欧盟商标二审法院做出的判决。

（二）具体商标侵权救济方式

1. 民事调解

欧盟在商标侵权纠纷中首先鼓励友好协商。欧盟商标侵权纠纷调解中最为常见和重要的形式是ADR。这一制度是美国19世纪逐渐发展起来的各种诉讼外争议解决方式的统称。

2. 行政途径

欧盟是现代知识产权制度的发源地。实践中欧盟知识产权执法也走在世界前列。世界贸易组织的TRIPS协议第三部分专门规定了知识产权执法的相关内容，欧盟在该规定的基础上通过制定《欧盟知识产权执行指令》《欧盟海关知识产权执法条例》等，统一欧盟知识产权执法的实施措施和标准，试图消除成员国实施措施的差异、协调跨国案件。值得一提的是，以上指令、条例为就知识产权刑事执法进行规定，要求成员国直接参照TRIPS协议的规定。欧盟作为一个经济政治共同体，并不排除各成员国均为独立的主权国家，因而知识产权执法仍由各国具体实施，欧盟层面设置的相关执法机构，主要是依据相关的条例和指令等，组织、指导和协调各国的海关、警察和行政机关的执法行动。商标权作为一种私权，公权力机关不能轻易介入，欧盟商标侵权的行政救济，是“不诉不理”的。

3. 司法途径

禁令是欧盟传统司法救济的主要方法，主要救济结果是损害赔偿。欧盟法院在判决前，为了制止侵权行为的扩大或者发生不可挽回的损失，权利人可以向法院申请采取行动（包括扣押、封存、冻结等措施）。

2007 年，欧盟议会通过了《知识产权刑事执法建议指南》，规定可对犯罪分子处以下列刑罚，包括：对自然人判处监禁，对自然人和法人判处罚金，或者没收来源于侵犯行为的物品、工具和产品，或者没收与此等产品价值相当的货物。在合适的案件中也可以适用下列刑罚，包括：销毁用于侵犯知识产权的材料或设备在内的货物；永久或者一定时期内全部或者部分地关闭主要用于实施此类罪行的营业机构；永久或者一定时期内禁止从事商业活动；置于司法监督；司法性结束营业；禁止获得公共资助或者补贴；公布司法判决；要求侵权者支付被扣押货物的保管费用的命令。还规定在确定刑罚时，应当考虑自然人和法人在其出生地或住所地以外的某成员国内重复实施知识产权犯罪的情形。该指南是欧盟为加强知识产权刑事保护而设定的最低保护标准，不能直接适用于各成员国执法机构，必须经成员国转换为国内法后才能适用。

第三节 本章小结

一、主要区别

我国商标法律制度的建立远远晚于欧美国家商标法律制度。基于此，我国商标法律制度在结合自身国情的基础上不可避免地对欧美国家一些经过司法检验的规则进行借鉴。因此，目前总体来说我国的商标法律制度与欧美等发达国家的商标法律制度差异并不十分明显。具体来说，与欧盟的商标法律制度相比，虽然在商标构成要素、不予注册绝对、不予注册的相对理由、驰名商标的认定以及商标侵权的判定等方面存在表述上的差异，但总体来说不存在根本性的对立或差异。值得注意的是，在国内商标不使用撤销的期限为 3 年，而欧盟商标连续 5 年未在欧盟内在注册的商品或服务上真正使用且无不使用的正当理由的可以予以撤销。对此，中国企业在进行欧盟商标维权的过程可以予以一定程度的关注。

二、发展趋势

欧盟知识产权局2016年收到商标申请量为109 209件，较之2015年有所滑落。其中来自欧盟28国的申请数量为75 884件，占70%左右。2016年欧盟商标注册量为101 927件，较之2015年的注册量有所滑落，其中欧盟28国注册的数量为68 839件，占68%左右。虽然2016年欧盟商标申请量与注册量没有延续以往上升的势头，但从大趋势来说欧盟商标申请与注册量基本处于稳步上升状态，发展状况良好。2016年我国在欧盟知识产权局申请欧盟商标的数量以及最终获得注册的商标数量，分别占申请总数与注册总数的6%与5%（见图6-1）。

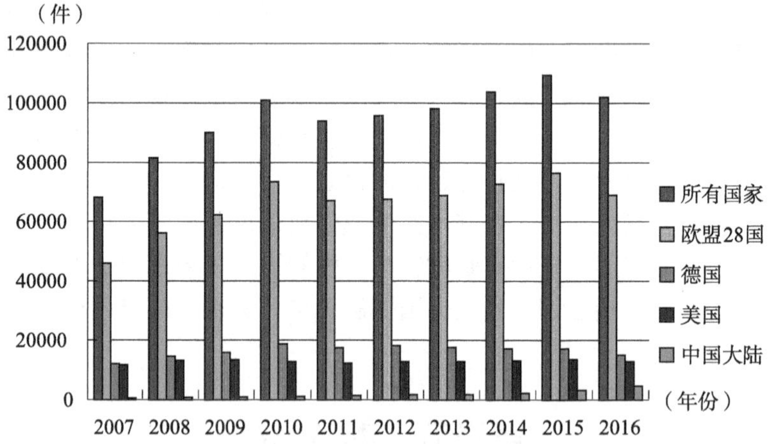

图6-1　欧盟及中美知识产权局商标注册量统计

对于国内企业来说，随着知识产权越来越成为企业无形资产的重要组成部分，企业是否能够自发制定有效的知识产权构建、管理、交易以及维护策略，成为衡量企业综合实力以及发展前景的关键因素，而其中无论对何种企业来说，商标作为知识产权的重要组成部分都有很高的价值。随着"一带一路"国家倡议的推进，对外交往、贸易逐渐增加，商标的作用也开始溢出国家边界，在国与国、区域与区域的交流过程中发挥着更加显著的作用。欧盟作为"一带一路"沿线国家的重要区域，具有突出的战略地位。基于此，欧盟商标的价值将会逐步随着中欧之间贸易往来的频繁而变得愈发重要，对于国内企业来说欧盟商标申请注册应提上日程。

对于欧盟商标申请的具体情况，首先关于资费，欧盟商标电子申请、续展均按类别计费，申请一个类别为850欧元，申请两个类别为900欧元，申请三个类别及以上每类增加150欧元。其次，关于续展期，续展期于商标注册有效期的当天截止（旧例的续展期为在注册有效期当月最后一天截止）。

三、风险提示

欧盟商标注册时间最短需要 1 年，而其中某些商标的注册会因商标异议导致申请时间大幅度延长，可以说欧盟商标申请的主要风险在于异议期。对于注册成功，需要维持商标的企业来说也存在被撤销的风险。因此，需要对可能导致欧盟商标被异议、被撤销的事由有充分了解。

欧盟商标被异议的情况主要包括：在先商标、代理组织或代表人抢注或在先声誉商标等。而导致欧盟商标被撤销的情况主要包括：企业在欧盟商标注册完毕后，未按照相关法律连续 5 年真实使用的，任何人都可以向商标局提交撤销该欧盟商标的申请，但是若未使用该欧盟商标是因为有法律允许的特殊情况，需要提供证明，否则该欧盟商标将被依法注销；企业已注册的欧盟商标在使用中存在误导公众或其已注册欧盟商标变为通用名称的，可以向欧盟商标局提交商标撤销申请，商标局将对其申请进行确认，核实无误后该欧盟商标将被撤销；企业已注册的欧盟商标与欧盟成员国或非成员国的已注册商标相同或相似的，拥有在先商标权利的权利人可以提交申请，要求商标局宣告在后与之冲突的欧盟商标无效；企业已注册的欧盟商标发生商标侵权诉讼时，申请人同时提交撤销欧盟商标或宣告其注册无效的，欧盟各国法院具有管辖权，可以依法院裁定撤销该欧盟商标或宣告其欧盟商标注册无效。

第七章　欧盟成员国商标法律制度

第一节　德国商标法律制度

一、概　　况

德国是西欧主要国家，中德两国自1972年正式建交以来，一直保持着活跃的贸易投资往来。多年来，德国一直是我国在欧洲的最大贸易伙伴，两国在多个领域达成了双边合作协议。

德国历史上第一部商标法是1874年颁布的。现行德国商标法全名为《德国商标和其他标志保护法》，该法制定于1994年。《德国商标和其他标志保护法》是一部广义的商业标识法，虽然其主要内容仍然是商标法，但是同时还将集体商标、商号、地理标志等其他的商业标识纳入该法调整范围。颁布之后，《德国商标和其他标志保护法》历经数次修订，最近的一次修订完成于2017年。此外，德国于2004年还颁布了《德国商标法实施条例》作为商标法的配套规定，对商标注册程序做了较为详尽的规定。该条例的最近一次修订完成于2016年。

目前，德国是《巴黎公约》《马德里协定》《马德里协定议定书》《尼斯协定》以及世界知识产权组织的成员。在立法方面，德国已经达到上述条约规定的水平。作为欧盟的成员方，德国商标法的实体规定，包括商标注册条件、许可与转让、商标侵权等内容，均贯彻了欧盟《协调成员国商标立法指令》《知识产权执法指令》《海关执法指令》等的基本精神，达到欧盟标准。但是，由于欧盟允许成员方在欧盟注册机制之外保留自身的商标注册机制，德国在商标注册程序方面表现出了一些不同于其他国家的特色。

德国产业界历来十分重视商标保护。早在1903年就在柏林成立了德国商标联盟，[1] 为企业提供商标保护、品牌运营方面的服务，该联盟是目前欧洲规模最大的商标行业协会。

---

[1] 德国商标联盟的官方网站为：http：//www. markenverband. de/english_/。

二、商标权的取得

在德国，商标保护可以基于商标注册、商标使用以及被认定为驰名商标三种途径获得。关于商标构成要素和商标注册条件，《德国商标和其他标志保护法》贯彻了欧盟《协调成员国商标立法指令》的规定。

（一）商标注册程序

1. 申请的提出

在德国，负责商标注册的是德国专利商标局（DPMA），[1] 该局是德国工业产权的主管机构，隶属于联邦司法部和消费者保护部，总部设在慕尼黑，耶拿和柏林均设有办事处。其中商标和外观设计部专门负责商标事务，办公地点在慕尼黑和耶拿。根据《德国商标和其他标志保护法》的规定，德国专利商标局内部专门建立商标科和商标处，商标科负责商标注册的审查，商标处则处理那些不属于商标科权限内的其他事务。

在德国，商标注册申请奉行单一性原则，即要求一个注册申请应仅涉及一个商标。商标申请可以以纸质的形式或者电子的形式提出，申请材料应当包括申请者的信息、商标图样以及商品或服务类别清单。德国专利商标局为申请人提供了统一的申请表格，专门制定了关于电子申请的规定。商标申请日为专利商标局收到申请信息材料的日期，有优先权日的以优先权日为申请日。根据《巴黎公约》，《德国商标和其他标志保护法》设定了国际优先权和展会优先权。

2. 申请的审查与决定

对商标申请形式条件的审查包括申请材料是否齐备、是否符合申请条件、是否缴纳申请费以及申请人是否适格。与欧盟商标注册程序不同，德国专利商标局仅根据所谓的绝对拒绝注册的理由对商标申请进行审查，关于是否已经注册了类似或相同的商标等相对拒绝注册理由则不在审查范围之内。在德国，申请人可以提出加速审查的申请，同时缴纳相应的费用。如果审查员认为商标注册申请符合法律要求，则准予注册，并在电子商标公告上进行公告。

在商标公告后的 3 个月内，在先商标权人可以对该商标的注册提出异议，享有异议权利的限于在先注册的商标人、在先驰名商标的所有人以及被代理人或者代表人抢注的商标所有人。异议成立的，商标注册将被撤销。这是德国商标注册程序与欧盟商标注册程序存在的另一个重要区别，即商标公告与登记同时发生，异议期仅存在于商标注册生效之后，异议成立将导致商标注册的撤销

---

[1] 德国专利商标局的官方网站是：https：//www. dpma. de/english/the_office/index. html。

而非不予注册。不服德国专利商标局决定的，可以向位于慕尼黑的联邦专利法院提起诉讼，联邦专利法院对商标申请进行全面审查。不服该法院判决的，可以就法律问题向位于卡尔斯鲁厄的德国联邦最高法院上诉。德国只审查绝对注册条件、先注册后异议的制度显然是为了提高商标注册效率。当然也有批评意见认为，该种体制没有为在先权利人提供阻止在后商标注册的机会，可能被恶意利用。但是目前该体制在实际运行过程中并未出现上述问题。[1]

（二）注册商标的续展

在德国，商标保护期限亦为10年，自申请日起至10年后申请日所在月份最后一天截止，商标注册保护期可以进行续展。续展保护期应当缴纳续展费，当要求续展的商品和服务属于商品和服务分类表中3个以上的类别时，对每一个增加的类别，应当缴纳收费表规定的类别费。

三、商标权的终止

在德国，商标所有人可以在任何时候请求注销注册簿上注册商标的某些或全部商品或服务的注册；商标注册异议期经过后，利害关系人还可以通过商标无效和商标撤销程序来申请终止对注册商标的保护。

（一）商标注册无效

在德国，商标注册无效包含两种情形：第一，任何人可以以商标注册违反绝对拒绝注册事由或者恶意注册而被宣告无效。对于缺乏显著性的商标，无效宣告的请求须在商标注册后10年内向德国专利商标局提出；而对于具有欺骗性、包含公共标识等侵害公共利益的注册商标，德国专利商标局可以依职权在商标注册后10年内宣告无效。第二，对于在后商标注册侵犯在先商标和其他在先权利的，权利人可以向民事法院提起无效诉讼要求注销该商标注册。但是，如果在先权利人在知道在后商标注册的5年内默认其使用，在后商标注册人亦非出于恶意进行注册的，则不能再提起无效之诉。

因商标注册无效宣告被注销的，商标权自始无效；因商标撤销而被注销的，商标权的效力则终止于注销之日。对于不服商标科和商标处的决定的，当事人可以在收到决定之日起1个月内向联邦专利法院提起诉讼。诉讼由专利法院的3人组成的上诉委员会审理。不服专利法院裁决的，上诉委员会在裁决中同意的，则可以就法律问题向联邦法院提出上诉。《德国商标和其他标志保护法》对于专利局程序、专利法院的审理程序和联邦法院的诉讼程序均做了较为详细的规定。

---

[1] 张玉敏．我国商标注册审查方式的改革设想［J］．理论探索，2016（5）．

（二）商标不使用的撤销

与欧盟立法相衔接，在德国，因注册后5年不使用，申请人可以向普通法院提起撤销商标注册之诉。同时，亦可以向德国专利商标局提出撤销的请求。如果商标所有人未提出异议，对于基于未使用而提出的撤销请求亦可以向德国专利商标局提出，商标可以被撤销；否则，该类案件需向民事法庭提出。

四、法律救济途径

在德国，关于商标许可和转让、商标侵权和抗辩等实体法内容均按照欧盟《协调成员国商标立法指令》进行了规定；关于商标侵权法律责任的规定则体现了欧盟《知识产权执法指令》的基本精神；而关于商标侵权的行政保护途径，则已经为欧盟《海关执法指令》所统一。

司法体制的特殊性使得在德国通过司法途径寻求商标侵权救济表现出了一些特殊性。德国共有16个州，各州的司法体制存在很大差异。但是一般来讲，各州均将商标案件指定给一个或者几个法院专属管辖。在实践中，原告大多倾向于选择那些以专业著称或者审理案件数量较大的法院提起诉讼，例如杜塞尔多夫、汉堡、法兰克福、曼海姆和慕尼黑的地方法院。德国实行三审终审制，商标侵权案件的二审法院为上诉法院，三审法院则为德国联邦最高法院。在涉及德国商标或者欧盟商标侵权的案件中，德国法院可以将涉及对欧盟法的解释问题提交欧盟法院做出初步判决。

第二节 法国商标法律制度

一、概 述

法国为欧洲国土面积第三大、西欧面积最大的国家，是中国在欧盟的第四大贸易伙伴，位于德国、荷兰、英国之后。目前，法国在中国投资主要集中在能源、汽车、化工、轻工、食品等领域，大部分为生产性企业；中国在法国的主要投资领域则为贸易、家电、旅游、化工等。法国也是世界著名的品牌之都，拥有很多世界知名品牌。

法国是世界上最早建立商标注册制度的国家之一。1785年制定的《关于使用原则和不审查原则为内容的制造标记和商标的法律》被认为是世界上第一部商标法。

法国现行的商标法律制度主要体现在1992年颁布的《法国知识产权法典》之中，该法典将当时分散的若干知识产权单行法进行汇编。该法典第七卷就是关于商标、服务商标及其他显著性标记的规定，该部分的内容直接来源于1991年颁布的《法国制造业、商业和服务业商标法》。此后，《法国知识产权法典》历经数次修订，最近的一次修订完成于2017年。具体来讲，《法国知识产权法典（法律部分）》第七卷是关于商标的实体规定；关于商标程序的规定则体现在《法国知识产权法典（法规部分）》的第七卷。

法国是世界知识产权组织和世界贸易组织的正式成员国。目前。法国加入的国际公约主要有《巴黎公约》（1883）、《马德里协定》（1891）、《马德里议定书》（1989）、《尼斯协定》（1957）、《商标法条约》（1995）和《新加坡条约》（2006）等。

由于欧盟商标实体法已经实现了高度的融合，《法国知识产权法典》中关于商标注册条件、商标的许可和转让、商标保护等方面的规定已经完全符合欧盟的标准。但是由于商标程序方面的立法不在欧盟整合的范畴，各国在商标注册程序方面存在一定的差异。《法国知识产权法典》中关于商标注册程序的规定主要体现在其"法规部分"。

二、商标权的取得

在法国，商标权的取得采用注册主义。通过法国国家商标注册程序注册的商标，其效力范围不仅限于法国本土，还延及法国的海外领土，包括科西嘉、马提尼克岛、瓜德罗普岛、法属圭亚那、法属波利尼西亚、新喀里多尼亚、瓦利斯和富图纳等。未注册商标仅仅在符合法律规定的特殊条件时方能受到保护。例如，按照《巴黎公约》的要求，法国对于未注册的驰名商标提供特殊的保护。这种立法例与普通法系存在本质区别，法国作为大陆法系国家，商标权并不因商标的使用而取得。

（一）商标注册程序

1、申请的提出

法国的商标注册主管部门是法国国家工业产权局（Institut Nantinal de Laproprieteindustrielle，INPI）。[1] 该局除在巴黎设有总部外，还在波尔多、里昂、马赛、南希、尼斯、雷恩、斯特拉斯堡等大中城市设有分局。

在法国，商标注册可以在国家工业产权局总部提出、以挂号方式邮寄，或者由局长决定的条件下以电子传输方式发送。总部收到申请文件的日期为商标申请日。商标注册申请应当包含以下文件：申请人情况、商标标识、申请注册的商品或者服务类别、优先权主张以及相关附件（包括缴费单、委托书、获

[1] 法国国家工业产权局的官网址为：https：//www. inpi. fr/fr。

得显著性的证明、集体商标使用章程）等，对于在法国没有住所的外国人，其所属国又与法国不存在条约关系的，则需要提供其所属国亦保护法国商标的证明。法国亦采用单一性的商标注册原则。根据《巴黎公约》，法国商标注册中亦承认国际优先权和展会优先权。在主张国际优先权时，注册申请人需提供在先申请的正式复印件，并证明该申请是发生在法国申请日之前3个月内提出的。

2. 申请的审查与决定

如果国家工业产权局认为商标申请合格，商标申请就会在申请日后的6周之内公布在商标公告之上。法国国家工业产权局仅对商标注册申请进行形式审查，并不对注册商标是否侵犯在先权利等实质问题进行审查。如果法国国家工业产权局认为商标申请不合格，则发出拒绝注册的决定，并给予商标申请人一定的期限对商标注册申请进行修改或者进行答辩。如果商标注册申请人未能在给定的期间内做出回应，则颁发拒绝注册的最终决定。商标公告后2个月内为商标异议期，该期间为不变期间，不可延长。在先注册商标所有人或者在先权利人、在先驰名商标所有人以及上述权利的排他被许可人可以向法国国家工业产权局对商标注册提出异议。

对于注册已经超过5年的在先商标注册人，其异议申请中还需包括至少在一种商品上使用商标的证据或者未使用商标理由的说明。

法国国家工业产权局在接到异议后应在6个月内做出异议是否成立的决定。不服上述决定的，当事人可以向法院提起诉讼。法国国内的当事人，需在收到上述决定之日起1个月内向其住所地的专门法院提起；对于外国当事人，则需在收到上述决定之日起3个月内向巴黎上诉法院提起诉讼。

（二）注册商标的续展与变更

在法国，商标保护期限亦为10年，自申请日起至10年后申请日所在月份最后一天截止，商标注册保护期可以进行续展。欲对商标注册事项进行变更的，须向主管机关提出申请，核准之后进行公告。

三、商标权的终止

在法国，商标所有人导致丧失商标权的情形包括：商标退化为该商品或服务的通用名称；或者商标在商品或服务的性质、质量或者产地等方面引起误解的。

对于不符合商标注册条件的商标，在先权利可以在知道商标注册之日起5年之内提出，检察院可以依职权根据绝对注册事由提起商标注册无效之诉。当然，对恶意注册驰名商标提起的无效诉讼，不受5年期间的限制。

无正当理由连续5年没有在注册时指定的商品或者服务上使用商标的，商标所有人丧失其权利。任何利害关系人均得向法院提起失效诉讼。而经商标所有人同意的使用，改变商标显著特征的使用以及将商标贴附于纯用于出口的商品均视为构成对商标的使用。但是，在得知存在失效可能后3个月中开始使用的，不属于使用商标。

四、法律救济途径

（一）司法途径

在法国，商标诉讼及同时涉及商标及工业品外观设计或者不正当竞争的诉讼由大审法庭管辖。商标侵权诉讼的时效期间为3年，但是除非在后注册人主观上具有恶意，容忍他人在后注册商标超过5年的则无权起诉。对于商标侵权案件，《法国知识产权法典》提供行为保全和财产保全措施，以加强对商标权人的保护。商标侵权的民事救济除了包括停止侵害、损害赔偿之外，商标侵权成立的，法院可以判令召回侵权产品，并没收、销毁侵权产品以及主要用于生产侵权产品的原料和工具，要求侵权人采取合理的公告措施。

在法国，侵犯商标权利、故意提供与人指定注册商标不符的商品或者服务、进出口带有假冒商标的商品的行为可能、故意不按集体证明商标章程规定的使用商标、故意出售不当使用集体证明商标商品的，可能构成犯罪，须负刑事责任。责任人可能被处监禁、罚款和没收商品及作案工具，对违法侵权单位则可以处取缔或者临时停业。

（二）行政途径

关于商标的海关保护，除了执行欧盟规定的情形外，《法国知识产权法典》还允许海关基于权利人书面请求在检查范围内扣留被指控侵权的货物；即使商标权人没有提交书面申请，法律亦赋予海关部门在其检查范围内扣留涉嫌侵犯商标权货物的权力。具体的适用条件授权给行政法院进行详细规定。

第三节　意大利商标法律制度

一、概　　述

意大利对商标的保护制度规定于《意大利工业产权法典》中。该法于2005年颁布，最新版本修订于2012年。意大利已加入的与商标保护相关的国际公约如表7－1所示。

表 7-1 意大利已加入与商标保护相关国际公约/协定

序号	公约/协定名称	加入时间
1	保护工业产权巴黎公约	1884 年 7 月
2	商标注册用商品和服务国际分类尼斯协定	2000 年 4 月
3	商标国际注册马德里协定	1894 年 10 月
4	建立国际工业品外观设计类别洛迦诺协议	1975 年 8 月
5	建立世界知识产权组织公约	1977 年 4 月
6	商标国际注册马德里协定有关议定书	2000 年 4 月
7	关于工业品外观设计国际注册的海牙协定	1987 年 6 月
8	保护奥林匹克标志的内罗毕条约	1985 年 10 月
9	建立商标图形要素国际分类维也纳协定	尚未加入
10	商标法条约	2011 年 4 月
11	商标法新加坡条约	2010 年 9 月

二、商标的取得

(一) 商标注册程序

意大利专利和商标局驳回或退回申请的行为应通知申请人，申请人有权在通知后 30 天内提出复审。

商标注册申请费如下：(1) 新申请的申请费，依照 1957 年 6 月 15 日的《商标注册用户商品和服务国际分类尼斯协定》以及随后的修订文本规定的商品和服务的类别征收注册申请费；(2) 续展规费也按国际分类的类别数量征收；(3) 对于国际注册的商标，除国际公约规定的规费之外，还应支付申请费。

注册意大利商标所需资料：以法人申请，附“营业执照”或有效登记证明复印件加盖公章 1 份；以自然人申请附个人身份证明文件 1 份；申请人的详细信息，包括姓名或名称，性质、国籍以及详细地址、邮编、联系方式；电子版商标标样；商品名称和类别；签署委托书。

(二) 商标的续展

商标续展时，自前次注册届满之日起生效。商标经续展后，其有效期为 10 年。

意大利申请注册商标流程如图7－1所示。

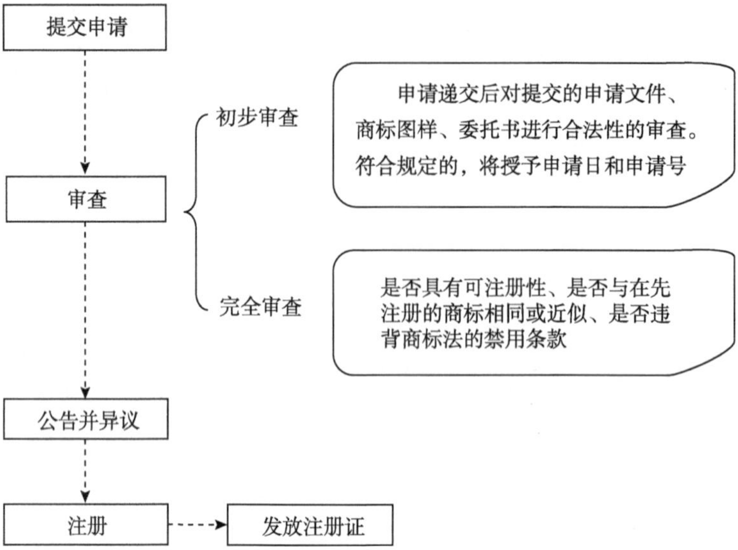

图7－1　意大利申请注册商标流程

三、商标权的终止

（一）撤销商标

商标在下列情形应予撤销：（1）如果因为商标所有人的作为或不作为致使商标成为商品贸易或服务的通用名称；（2）如果因为商标所有人或经其同意在其注册的商品或服务上使用商标的方式和内容误导了公众，尤其在商品或服务的性质、质量或地理来源方面；（3）如果商标与法律、公共政策或公认的道德准则相抵触。

如果商标在注册5年内未被商标所有人或经其同意在商标注册的商品或服务上真正使用，或者连续5年停止使用，那么该商标也应被撤销，除非商标有法定理由不使用。

如果商标所有人忽略了集体商标使用规则中规定的对于集体商标使用的控制，那么该商标也应被撤销。

（二）宣告商标无效

如以下条款另有规定，商标应为无效：（1）如果商标不能符合构成要素规定，或者在申请提交日不能被视为新标识；（2）如果商标属于不得注册标识或被恶意注册；（3）如商标系未经本人同意的个人肖像，或商标使用有损权利人声誉、信用或尊严的个人姓名，或商标系驰名商标，且是未经同意的下列标识：个人姓名、用于艺术、文学、科学、政治或体育领域的标识，展览会及比赛、非营利性团体和协会的名称、缩写以及有特点的徽记；（4）如果商标是以他人而非权利人的名义被核准。

四、商标侵权

商标不可违法使用，尤其对于用以区别他人的企业、商品或服务的其他标识，其使用不可与之在市场上出现可能混淆的风险，或因其使用的方式和内容而误导公众，特别是在商品或服务的性质、质量或产地，或侵犯他人的著作权、工业产权或其他专有权。

商标侵权行为是指在未经授权的情况下使用：

（1）用于相同或类似的商品或服务上的，与注册商标相同或近似的标识，而这种标识的相同或近似以及商品或服务相同或类似，极易在公众中产生混淆。

（2）用于并不类似的商品或服务的与注册商标相同或近似的标识，而该注册商标在一国内享有盛誉，且标识的使用没有正当理由，从而造成不公平的优势或损害了注册商标的显著性或声誉。

商标侵权行为还包括在（1）（2）的情况下，将标识贴附到商品或包装上，提供这种商品，将这种商品投放市场，为此目的存放这种商品，或提供或供应带有这种标识的服务，进口或出口带有这种标识的商品，将这种标识用于商业文件和广告。

与他人商标相同或近似的标识应禁止用作商号、总称或公司名称，或者用于广告牌，如果因为标识所有人的商务性质相同或相关，以及使用商标的商品或服务相同或类似，部分公众就可能产生混淆的风险，两种标识之间亦会产生混淆的风险。该禁止性规定应扩大适用于以下情形：与注册商标相同或近似的标识被用作商号、总称或公司名称，或者被用于广告牌，该注册商标用于不同的商品或服务，但在本国享有盛誉，如果标识的使用没有正当理由，并对商标的显著性或声誉造成不公平的优势或损害。

五、商标的司法保护和行政保护

已注册的商标或正在注册中的商标的所有人可要求法庭的审判长或法官就产品、商品或包装及其使用方式是否构成侵权，进行登记或扣押。司法机构如已了解案情概要和已传讯被告的，认为必要时，应在紧急的基础上行事，使扣押具有司法强制力。登记和扣押应由法庭的官员执行，如有必要，一个或一个以上专家可协助执行，并且采用技术手段、摄影或其他方法进行证实。利害关系人可委派委托代理人或代表出席该过程，也可由其所选择的专家出席。

物品上附有的文字或登记不真实并使人认为商标有别于其所注册的内容或该物品已被授予专利，那么应处以金额从10万到100万里拉的行政罚款。

第四节　比荷卢经济联盟商标法律制度

一、概　述

比荷卢经济联盟是指由比利时、荷兰和卢森堡三国建立的经济集团。总部设在布鲁塞尔。1944年9月5日，比利时、荷兰、卢森堡三国流亡政府在伦敦签署比荷卢关税联盟协定。1946年，三国决定将关税联盟逐步扩大成为经济联盟。1958年2月3日，在海牙正式签署《比荷卢经济联盟条约》，1960年11月1日正式生效，[1] 为期50年，期满后可顺延10年。宗旨是发展三国关系，协调三国之间的财经和社会事务政策，加强与大国的竞争地位。

比荷卢经济联盟的知识产权公约从1966年生效至今，随着与商标有关的理论、国际公约、框架内成员国的需求进行了多次修订。2006年版《比荷卢知识产权公约》第1.2条规定成立比荷卢知识产权组织（商标和外观设计），继承1962年3月19日根据《比利时商标公约》第1条设立的比荷卢经济联盟商标局和1966年10月25日根据《比荷卢经济联盟设计公约》第1条下设立的比荷卢经济联盟设计局的全部权利义务。随后，对该组织的架构进行一系列规定，关于组织的设立目标中，明确规定要根据国际、共同体和其他相关发展情况对比荷卢关于商标和外观设计的立法进行评估，在必要时要根据国际、共同体和其他发展情况调整比荷卢关于商标和外观的立法。这一规定为新成立的组织确立了基本的目标导向。《比荷卢联盟知识产权（商标和外观设计）公约实施条例》对应新版BCIP也进行了修改，并且于2016年1月10日生效，条例中对公约中的规定作了具体的程序性规定。

纵观比荷卢经济联盟的商标法律制度，相关规定对《保护工业产权商标巴黎公约》《商标国际注册马德里协定书》《商标注册用户商品和服务国际分类尼斯协定》《共同体商标条例（EC）第207/2009》《与贸易有关的知识产权协定》等国际、欧盟商标相关的条约进行了吸纳，使得整体制度规定与国际通行规定较为一致，这样的安排也是为了促进本地区的商标制度的国际化，减少贸易投资与商业运转中的法律制度差异造成的障碍。此外，这样的安排也与

[1] 比荷卢经济联盟官方网站网址：http：//www. benelux. be。

比荷卢经济联盟中各国同属欧盟成员国密切相关。

二、商标权的取得、续展与变更

比荷卢经济联盟关于商标权的取得也采取注册主义，[1] 在比荷卢领土范围内欲取得商标权利，需在不损害《比荷卢知识产权公约》、遵循《保护工业产权巴黎公约》或《与贸易有关的知识产权协定》有关商标国际注册之优先权的规定的前提下，通过在比荷卢领土内提交商标注册文件或者通过国际申请的方式注册。在该公约第2.24条关于恶意抢注进行了限制，第2.26条关于商标权的消失中规定了5年内未实际使用的情形，这些规定对注册取得商标权的可能导致的“商标抢注”现象进行有效的预防。

（一）商标注册条件

1. 构成要素与限制

根据《比荷卢知识产权（商标与外观设计）公约》第2.1条的规定，比荷卢经济联盟可以注册商标的元素范围包括：名称、图案、标记、印章、字母、数字、商品形状或包装，以及其他任何用以区别企业商品或服务的记号。但是，由商品固有的性质决定的或对商品实际价值有影响或产生工业效果的商品形状，不得视为商标。

关于禁止作为商标注册的标识，《比荷卢知识产权（商标与外观设计）公约》详细列举了如下类型。

第一类是申请注册的商标违反比荷卢联盟任何一成员国的社会道德或公共秩序，或依《巴黎公约》第6条之3应驳回或撤销的，不论该商标是否已使用。

第二类是如在申请所申报的商品或服务上使用该商标有可能欺骗公众的。

第三类是于申请注册之日前3年内失效的，注册于任何商品之上的集体商标近似的。

第四类是于注册期满而失效，由第三人注册于类似商品或服务上的个别商标相似的，但第三人同意或有《比荷卢知识产权（商标与外观设计）公约》第5条第3款规定的不使用商标的情况除外。

第五类是未经第三人同意，申请注册可能与《巴黎公约》第6条之2意义上的第三人的驰名商标相混淆的。

第六类是注册系出于恶意，尤其包括：

（1）注册申请人明知或应知自申请注册之日前3年内，第三人已善意地以正常方式或于比荷卢境内在类似商品或服务上使用了近似的商标，且注册未

---

[1] 2013年版《比荷卢知识产权（商标与外观设计）公约》第2.2条。

经第三人同意的。

（2）注册申请人与第三人有直接联系，知道在申请注册之日前3年内第三人已善意地以正常方式在比荷卢境外在类似商品或服务上使用了近似的商标，除非第三人同意或申请注册人在比荷卢领土内使用了申请商标后才知道上述事实。

第七类则是关于酒类尤其是葡萄酒相关的注册，对于含有地理标志的葡萄酒的商标、指向葡萄酒的商标、含有地理标志的烈酒的商标注册，却以指代不含此种来源的葡萄酒或烈酒的标志注册的。除非这种注册申请始于2000年1月1日之前提出，或者在有关地理标志于所在国受到保护前且具有善意。

集体商标的相关规定方面，除了在无特别规定的情况下使用上述规定以外，《比荷卢知识产权（商标与外观设计）公约》在第2.34条详细规定：持有人不得使用商标或服务来源于自己的企业，或者直接或间接参与管理或监督的企业。在提交时指定的任何标志以及指定商品或服务的地理来源的标志也应被视为集体商标。这样的标志并没有使持有人有权禁止第三方在交易过程中使用这些标志，只要他按照工商业的诚实惯例使用这些标志；特别是不得援引有权使用地理名称的第三方的标识。

2. 商标申请与注册的原则

显著性方面，《比荷卢知识产权（商标与外观设计）公约》无论是在关于构成商标元素的规定、关于优先权的规定、还是关于商标权消失、撤销、无效的规定上[1]都有体现，不具有显著性的标识包括：商标的注册完全由可能在贸易中指定的标志或标志组成；货物或表演的种类，质量，数量，预期用途，价值，地理来源或生产时间该服务的商品或服务的其他特征；商标的注册完全由已经习惯的标志或标志组成；当前的语言或者贸易的真实和惯例等。

不与在先权利冲突方面，荷比卢公约的规定吸收了国际公约的标准，在后注册的商标不得与在先商标混淆，或者获得不当利益，损害在先商标的显著性。同时，该公约还规定申请商标不能同公约各国民法相违背。

优先权方面，在商标国际注册上，《比荷卢知识产权（商标与外观设计）公约》遵循《巴黎公约》或TRIPS协议有关商标国际注册之优先权的规定。申请的优先权顺序确定的考量上，新修订的公约中除了涵盖以前规定的考量类似商品和服务上申请商标，也吸收了混淆理论，考虑公众混淆的可能性；对于在区域内享有声誉的在先商标而言，在后注册的商标，是否获得不正当的利益或者没有正当理由损害在线商标的显著性和商誉。这一修订吸收了商标法发展过程中的相关理论，考虑更加周全。关于优先权具体程序，在《比荷卢联盟知识产权（商标和外观设计）公约实施条例》做了详细的规定。

---

[1] 2013年版《比荷卢知识产权（商标与外观设计）公约》第2.1条、第2.4条、第2.26条、第2.27条、第2.28条。

（二）商标注册程序

1. 申请的提出

比荷卢经济联盟商标申请应按照实施条例规定的方式向国家主管部门或办事处提出，并支付应交的费用。应确保生产的文件符合确定申请日的条件，并确定申请日。应立即以书面形式通知申请人提交申请日期或适用情况下未确定申请日的理由。如果执行条例的其他条款在提交时未得到满足，则应立即通知申请人书面说明未履行的条件，并有机会作出答复。

具体而言，申请以荷兰文、法文或英文提交一份载有下列内容的文件：申请人的姓名和地址；如果申请人是法人实体，则应以荷兰文、法文或英文提交一份申请；在相关情况下，代表的姓名和地址或通信地址；商标、商标所涉及的商品和服务清单；尽可能将这些商品和服务的类别数目按照《尼斯协议》进行分组；说明商标是否是一个单词标记、一个比喻标记、一个组合词或比喻标记；三维标记或其他类型的标记。在后一种情况下，还应指明标记的类型用文字描述颜色；在有关情况下可提供相应的颜色代码；申请人或申请人代表的签名。可以提供不超过50字的说明，说明商标的独特要素。

对于集体商标，集体商标专用权，只有在满足商标备案使用管理规定的同时才能取得。但是，在国际备案的情况下，申请人通知后的期限为6个月，应当附有《马德里协定》和《马德里议定书》第3条第（4）款规定的国际注册方面的规定。

2. 优先权

《比荷卢知识产权（商标与外观设计）公约》中第2.6条规定对优先权进行了规定，主要引用了《巴黎公约》、TRIPS协议的相关规定，范围扩大到也适用服务商标。

具体程序方面，如果在提出申请时要求享有《比荷卢知识产权（商标与外观设计）公约》第2.6条所述的优先权，则应说明作为优先权依据的申请的国家、日期、数量和持有人。如果在原籍国的申请人不是提交比荷卢群岛文件的人，则后者必须在确立其权利的申请中添加一份文件。

关于优先权的特别声明应包括下列内容：申请人的姓名和地址、申请人的签字或申请人代表的签名。申请人要求优先权的，需要提交的一份文件证实了优先权。前述规定未得到遵守时，比荷卢知识产权办事处将毫不迟延地将此事通知有关方，并将向该方提供至少1个月的期限，以便随后遵守这些规定。上述期限可依职权延长，应请求延长，但不得超过第一次通知发出之日后6个月的期限。如果不及时作出答复，优先权将失效。

3. 商标申请审查程序

比荷卢经济联盟的商标申请的审查包括形式审查和实质审查两个阶段。根据公约规定，比荷卢经济联盟商标申请应按照实施条例规定的方式向国家主管部门或办事处提出，并支付应交的费用。应确保生产的文件符合确定申请日的条件，并确定申请日。应立即以书面形式通知申请人提交申请日期或适用情况下未确定申请日的理由。如果执行条例的其他条款在提交时未得到满足，则应立即通知申请人书面说明未履行的条件，并有机会作出答复。实施条例的规定在授予期限内不满足申请商标条件的，不再具有效力。在国家主管部门进行备案的，国家主管部门应当在收到申请后或者在确定申请符合规定的条件后，立即将比荷卢经济联盟的申请转交给办公室。这一部分的审查属于形式审查。

实施细则中规定商标备案后，将按照规定公布商标申请的信息，供公众了解、提出异议，如果公布的商标申请信息出现错误向各方提供不正确的信息，影响对有关商标提出异议的决定，比荷卢知产局下属商标办事处应当更正其所公布的信息，异议期限也将重新起算。在先商标的申请人或持有人可以在申请公布之日起 2 个月内向该局提交书面异议，主要基于的理由包括：是否会引起与《巴黎公约》第 6 条之 2 意义上的驰名商标混淆；持有人授权的持有人基于一个或多个以前的商标应享有同样的权利。这一部分属于实质审查。

比荷卢知识产权局主管比荷卢经济联盟内的商标、外观设计专利、i-DEPOT 等事务。[1] 为了提供更便捷的服务，比荷卢知识产权局网站有全面的关于商标方面的公约、实施条例，网站语言包括法语、荷兰语、英语，网站上还提供在线提交商标申请的服务。

（三）注册商标的续展

在比荷卢地区提交的商标注册（比荷卢经济联盟提交）从申请日起生效 10 年，构成商标的标志不得在注册期间或续展时修改。注册可再续期 10 年，续展将在支付为续展而确定的费用后进行。这个费用应该在注册到期之前的 6 个月内支付；如果同时支付额外的费用，该费用仍可在注册到期日后 6 个月内支付。续展将于注册有效期届满时生效，注册到期前 6 个月，办公室会书面通知提醒有效期限商标持有人。

三、商标的许可和转让

根据商标公约的规定，在比荷卢地区签订商标使用许可协议，可以使用商标的注册所涉及的格式，被授予许可的商品或服务，在注册商标的领土内被许

---

[1] i-DEPOT 用于为当事人的想法或创意提供法律形式证明的时间戳，可以证明当事人在特定日期提出了某项创意，BOIP 还通过 i-DEPOT 系统，为新想法、新观念、设计等提供时间上的证明。官方网站为 https://www.boip.int/。

可人可以加贴商标或者表明商品、服务质量的标志，将上述商品或服务投放市场。只有在商标持有人和被许可人共同要求的情况下才可以撤销注册登记。若被许可人受到歧视，则其有权向商标权持有人索赔，索赔的金额以被许可人受到歧视所直接产生的损失为限度。

四、商标的撤销和无效

关于商标权利丧失的情形包括：放弃注册商标或者商标到期；国际注册的注销和到期，或者放弃在比荷卢内领土的保护；连续5年未在比荷卢经济联盟的货物上投入实际使用或者登记的服务，没有适当的不使用理由；由于持有人的行为或不作为，商标已成为产品贸易中的通用名称；商标持有人使用或经商品或服务同意特别是在性质、质量或地理上使用，会误导公众的。

商标无效的情形则包括前述不能构成商标的标志登记的；注册不具有显著性的商标；注册的商标完全由在贸易中的标志组成，货物或表演的种类、数量、预期用途、价值、地理来源或生产时间或者该商品或服务的其他特征；商标的注册完全是已经成为惯例的标志或这样的标志组成等。

比荷卢商标公约中还规定了默认制度，先前商标持有人已经默认连续5年使用已注册的后续商标的，在知道使用该商标的情况下，不再有权根据先前权利，除非后来的商标是恶意提交的。

对一个商标或注册的移交权利登记或撤销的无效应适用于构成其全部商标符号。如果无效或撤销的理由仅影响部分商品或服务，则无效或撤销声明仅限于一项或多项商标所注册的商品或服务。

五、商标侵权

（一）保护范围

注册商标应向持有人提供专有权。在不妨碍普通法在民事责任问题上可能适用的情况下，商标专用权应允许其持有人在未经其同意的情况下禁止任何第三方：在交易过程中使用与商品或服务相同的注册商标；在贸易过程中使用近似商标，因为近似商标会使公众可能混淆该近似商标与被侵权商标，误认为两商标存在关联；无正当理由的不规范使用商标行为，对在比荷卢地区享有声誉的注册商标的显著特征或声誉造成不公平的损害的。前述的使用行为，公约中详细列明，包括：将标志贴在货物上或包装上；提供货物，或者将它们投放市场或为了这些目的而储存它们，或者提供标志的服务；根据标志进口或出口货物；在商业文件和广告上使用标志。根据尼斯协议进行的商标注册所采用的分类不构成评估商品或服务相似性的标准。

此外，以比荷卢经济联盟领土的一种国家或地区语言表示的商标专用权自动延伸至翻译成另一种本联盟国家或地区的语言。对由于翻译成上述领土以外的一种或多种语言而引起的相似性的评估，则属于法院的管辖范围。

（二）损害赔偿

法院在确定损害赔偿的时候，按照比荷卢知识产权公约的规定，应当充分考虑各个方面：比如负面的经济后果，包括利润损失，受害方遭受了侵权人不公平的利润，在适当的情况下，还有由于侵权行为而给商标持有人造成的道德偏见等因素。在适当的情况下，可以根据侵权人请求授权使用的许可费用数额等因素，设置损害商标赔偿金。

此外，法院可以应商标所有人的要求，以赔偿方式命令侵犯商标权的商品的所有权，以及在适当情况下，主要用于制造商标的材料和工具的货物，转移到商标的持有者；法院可以命令只有在索赔人要求赔偿的情况下才能进行转移。

如果对于商标侵权的使用行为有合理理由，不是出于恶意的，法院可驳回商标权人的诉讼请求，但商标持有人可以要求在商标公布提交之日至商标注册之日进行了上述侵犯商标权的人对其进行合理的报酬。

其他方面的索赔包括：命令彻底清除或销毁商业渠道中侵犯商标权的商品，以及在适当的情况下，主要用于生产这些商品的材料和工具。除非有特别的理由，否则这些措施应以损害侵权人的利益为代价。在考虑该款所述的请求时，应当考虑侵权的严重性和所下达的补救措施之间的相称性以及第三方的利益。法院可以向被控侵权人或者其他第三方提供服务发布禁令。法院可以命令侵权人向商标持有人提供有关商品和服务的来源和分销网络的所有信息，但这一措施应当与侵权情形合理相称。

第五节　丹麦商标法律制度

一、概　　述

（一）国家概况

丹麦王国简称丹麦，1949 年加入北约，1973 年加入欧共体，是欧盟成员，官方语言为丹麦语，英语为通用语言，许多国际组织在丹麦设有分支机构。丹麦位于欧洲北部波罗的海至北海的出口处，是西欧、北欧陆上交通的枢纽，被称为"西北欧桥梁"。1950 年中丹建交，1985 年，中国和丹麦政府签署《关于鼓励和相互保护投资协定》，1986 年，中国和丹麦政府签署《关于避免双重征税和防止偷漏税的协定》，对双方投资环境进行优化和完善。根据《中华人民共和国与丹麦王国政府经济技术合作协定》，中丹两国1980年建立经贸联委会机制，下设双边投资促进工作组。2008年两国建立全面战略合作伙伴关系，丹麦为亚洲基础设施投资银行创始成员国之一。

2015年3月丹麦驻华大使裴德盛在北京召开媒体交流会时表示，“一带一路”倡议在新的世界经济格局下是一个非常好的项目，它的意义不仅在于把中国与亚洲和欧洲连接起来，而在于把欧亚以及全世界连接起来。并表示将来丹中两国会在新能源项目、环保领域、医疗保健和食品安全等方面进一步合作交流。近年来，丹中双边贸易额大幅增加，目前丹方数据显示每年已超过1100亿丹麦克朗（1美元约合6.83丹麦克朗）。而中国越来越重视环境、能源、医疗保健、食品及农业、设计和物流等领域，丹麦在这些领域具有优势，可以与中国寻求更深层次的合作。

（二）知识产权法律制度概况

丹麦法律体系完善，有健全的各项涉及企业投资的法律，主要包括涉及设立公司相关的《私人有限责任公司法》《股份有限公司法》《公司取名和注册号法》等，涉及公司行为的《买卖货物法》《产品责任法》《竞争法》《避免双重征税法》，其他还包括劳工相关、税收相关、财务金融相关等法律。

丹麦知识产权相关的法律也较为完善，包括《丹麦商标和形象外观设计法》《丹麦版权法》《丹麦专利法》等。2015年，丹麦对涉及商标、专利、外观设计和实用新型的法律进行了补充修改，并在2017年对涉及一般商标和集体商标的法律进行进一步修改。

丹麦现行商标法是修改后于2017年1月1日生效的《丹麦商标法合订本》，该法于1992年1月1日制定，随着丹麦不断加入新的国际知识产权组织和条约，历经数次修改，形成了较全面的商标保护法。该法包括九个部分，分别规定了商标注册、保护、国际注册与保护等内容。

（三）丹麦已加入的国际条约或公约

丹麦积极参与全球性以及地区性的知识产权组织及相关条约，是世界知识产权组织成员国，并于1994年加入《保护工业产权的巴黎公约》，1993年加入《保护文学和艺术作品伯尔尼公约》，2009年加入《商标法新加坡条约》，1990年加入《欧洲专利公约》。

二、商标权的取得

（一）商标注册程序

商标权的取得原则。《丹麦商标法》详细规定了商标权取得的法定要求，尤为特殊的是，在丹麦，允许通过使用的方式取得商标权，根据《丹麦商标法》的规定，商标权的取得可以通过申请注册和通过在商品上持续使用两种方式。但是需要注意的是，并非任意作为商标使用的标志均可取得商标权，应当满足《丹麦商标法》第 3.2 条和第 3.3 条规定的要求（作为商标使用的标志应当满足注册商标的性质要求，且使用过而取得显著性）才能通过使用而取得商标权。《丹麦商标法》规定除传统商品商标外，还可以注册集体商标、证明商标和服务商标等。并且在《丹麦商标法》的第 18 ~ 19 条规定了与《巴黎公约》以及《国际展览公约》等国际条约接轨的商标注册优先权。代理人方面，根据 2017 年版的《丹麦商标法合订本》，代理人只需为欧洲经济区以内的即可，不必然是在丹麦居住的代理人。

根据《丹麦商标法》的规定，商标注册申请应以书面形式向专利商标局提出。申请应包含：（1）一份商标复制件，并写明申请人姓名或企业名称，以及申请注册的商标所用于的商品或服务。（2）申请应依该法的规定提出。申请应缴纳规定的费用。除此之外，根据《丹麦商标法》第 48 条的要求，丹麦专利商标局 2008 年 5 月 21 日发布了第 364 号命令——《关于商品商标和集体商标的申请和注册的命令》，根据该命令，商标注册应当提交包括以下内容的材料：（1）申请人的姓名、商号、邮政地址，如由代理人代理，代理人的姓名和地址；（2）根据《商标注册用户商品和服务国际分类尼斯协定》进行分类的商标注册应用的商品或服务服务类别；（3）根据《丹麦商标法》的规定，任何未在丹麦经营业务的，且非《巴黎公约》或 WTO 成员方居民的申请人，应出示证明类似商标已由其本人在申请书所涉及的商品或服务上取得了国内注册的商标编号。

商标申请审查程序。第一，材料初审。丹麦商标局接受通过丹麦语、英语、瑞典语和挪威语四种语言提起的商标注册申请，否则应提交相应的翻译文本。申请人要求优先权的，应当提交相应材料，不能即时提交的，应当在规定期限内提交，或者在期限届满后 2 个月内提出延长申请，否则无法获得优先权保障。按照相应规定缴纳费用后，专利商标局方开始审查，专利商标局收到商标申请书之日为申请日，如果根据《巴黎公约》或《国际展览公约》优先权申请的，则根据优先权确定申请日。并且在申请书中，应当详细记载申请日期以及其他所需事项。

第二，商标审查。在进行商标审查时，专利商标局会根据商标法的规定审查商标注册申请可能出现的绝对拒绝注册情况和相对拒绝注册的情况。如果出现上述情况，则专利商标局应及时通知申请人，并给定补正期限，申请人在期限届满后的 2 个月内还可以申请延长，但是如果不申请延长或在延长期满前仍不提出补正申请的，该申请将会被专利商标局驳回。

第三，核准注册。如果不存在任何拒绝申请的理由，丹麦专利商标局应通知申请人，并进行商标核准注册登记，并在专利商标局的网站首页进行商标核准公告。并在商标注册登记簿中详细记载该注册商标的申请日期，商品或服务分类，商标权人以及代理人的相关信息等。

（二）商标权续展与变更

注册商标的续展。丹麦注册商标的有效期为申请日之后10年，每续展一次有效期为10年。商标所有人应当在有效期届满前6个月至届满后6个月内提出续展申请，续展以专利商标局收到续展费用为准，未收到续展费用的，专利商标局不承担续展不成功的责任。

注册商标的变更。注册商标的各类信息以登记在专利商标局的商标登记簿上的信息为准，商标转让应当向专利商标局进行登记，登记簿上的所有人为商标权人。如果商标权人希望对商标进行修改的，应当向专利商标局提供修改后商标的具体文件，如果符合商标法的要求，则准予修改，否则专利商标局会给予一定的补正期限，如果无法在补正期限内修改完成的，可以在期限届满后2个月内申请延期，否则将面临被拒绝修改的后果。

有下列情形的，专利商标局应对相关商标进行注销登记：第一，商标权到期未续展的；第二，商标权人要求注销的；第三，因商标异议而宣告无效的；第四，其他各类撤销判决或裁定生效的。

三、商标权的终止

商标本身不得注册的，即使已经根据该法进行了登记注册，也应当被撤销。此外，商标被撤销的原因还包括商标权人怠于行使商标权，构成该法规定的注册后不积极使用而导致的撤销要件的；商标权人未能积极使用而导致商标成为通用名称的；在使用过程中可能误导公众，特别是在产品或服务的性质、质量或地理来源方面导致公众误认的。对于因上述理由提起的撤销或者权利终止请求，可以由任何人向法院提起并由法院做出判决。

此外，《丹麦商标法》还规定，如果登记的商标权人并不存在，或者其住址无从查找，则任何人可以请求专利商标权撤销该商标。此类行政决定做出前，专利商标局应当通过挂号信或者类似方式要求商标权人出面解释此事，如果商标权人无法找到，则通过公告方式送达相关文书，规定期限内未出面解释的，商标权被撤销。

四、商标侵权与抗辩

（一）商标权的侵权救济

根据《丹麦商标法》和《丹麦刑法》等法律的规定，对商标权的侵权可能导致侵权人承担民事、行政甚至刑事责任。

故意侵犯依申请而取得的或通过使用而取得的商标权的，应当受到行政管理机关的罚款，而同时被侵权人可以提起民事诉讼，要求侵权人进行赔偿。如果侵权行为严重，或者非法获利巨大，除非有其他刑法规定的恶劣情节，则侵权人可能面临最高18个月有期徒刑的惩罚，但是该刑事诉讼的提起，应依被侵权人的请求而进行。无论侵权是基于故意还是过失，侵权人均应当向商标所有人进行损失的赔偿或补偿并且，还需要对后续产生的进一步损失进行赔偿。而在侵权诉讼提起主体方面，丹麦商标法规定，如果商标属于被许可的状态，那么商标所有人和许可人均有权提起侵权诉讼，唯一的条件是被许可人在提起诉讼前应当通知商标所有权人。

（二）商标权权利行使与权利限制

对于商标权人的专用权行使的限制，《丹麦商标法》规定商标权所有人有权禁止任何人未经其许可在贸易活动中使用与其商标相同或近似的标记。但应当满足以下两个条件：第一，他人对于相同或相似商标的使用所涉及的商品或服务与商标权人的商品或服务相同或类似的；第二，存在混淆的可能性。当然，如果商标为驰名商标，且不正当使用会对该商标产生不利影响，则商标所有权人有权禁止他人将其相同或近似的商标用于不相同或不类似的商品或服务中。

关于商标的在先权利，如果商标注册申请是善意提出的，且在先权利人连续5年知晓并容忍，在后注册的商标可以与一在先的易导致混淆的商标共存。如果在先商标权所有人未采取必要措施防止在后商标的使用，那么在后的商标权也可以与一在先的易导致混淆的近似商标权共存。在此两种情况下，在先和在后商标权人均无权反对对方商标权的使用。当然，专利商标局可以采取合理规定，规制此两种近似商标的使用，如要求特殊的外形或附加地域标志等。在合理使用方面，在百科全书、手册、课本或其他类似具有行业性质的出版物中，应注册商标所有人的要求，作者、编者和出版者应确保在复制商标时有相应标识显示其为注册商标。否则应当补充支付付费，并且公开发布更正声明。

第六节　匈牙利商标法律制度

一、概　　述

匈牙利重视发展与亚太地区各国的关系和加强同广大发展中国家的往来，加入欧盟后更加关注迅速发展的亚洲地区，是中国在中东欧地区第三大贸易伙伴，中国为匈牙利在欧盟以外第二大贸易伙伴。在知识产权创新方面，匈牙利在2016全球创新指数排名全球第33位，欧洲第22位。创新投入次级指数全球第 38 位，欧洲排名第 25 位。创新产生次级指数排名全球第 30 名，欧洲第 19 位。

匈牙利于 2003 年加入《欧洲专利公约》，2004 年加入欧盟，其知识产权方面的法律制度与欧盟高度融合。知识产权执法实施的是与欧盟一致的《2004/48/EC 关于知识产权执法指令》。从对商标申请实力评估的数据分析来看，无论是从匈牙利的商标申请数量还是注册成功的数量，2004 年加入欧盟是变化的节点。匈牙利国内商标申请量自 2004 年开始逐年下降，相反外国商标申请量开始大幅度上升。与此相同，外国商标注册量从 2003 年的 2 674 件飞速增长到 2004 年的 4 079 件，之后逐年递增，至 2014 年达 15 158 件，相反，非本地居民的商标注册量于 2004 年开始大幅下降。在匈牙利的专利、商标、著作的国际申请体系中，国际商标注册数量居于榜首。

匈牙利现行商标法为 1997 年 7 月 1 日生效的 1997 第 XI 号法令。1997 年《关于商标和地理标志保护第 XI 号法》的修正案于 2013 年 4 月 1 日生效。修正案执行的是国际协议与欧盟规则，推出了重大的商标立法变革。匈牙利知识产权的政府主管部门是匈牙利知识产权办公室（又称“专利办公室”）。匈牙利专利商标局下设专利部和商标部，商标部有一个三人委员会，代表官方决议。当事人对商标审批有不同意见可上大都会法院起诉，法院实行三级审理。匈牙利有商标代理资格的是律师和专利商标代理人。由国家的律师主管机关安排对律师资格的考试，由专利商标局安排对专利商标代理人的考试。律师由律师协会管理，属于自治组织。

二、商标权的取得

匈牙利采用注册在先的商标保护原则，商标保护应该授予任何能够被图形化表示的标识，这些标识能够将申请者提供的商品或服务与其他生产经营者的商品或服务区别开来。

（一）商标注册程序

在匈牙利，可以通过以下三种方式获得注册商标权：（1）国家申请方式；（2）马德里体系；（3）欧共体商标权保护制度。

1. 申请的提出

自 2014 年 9 月 4 日开始，商标申请电子提交系统开始投入使用，国际与国内商标申请均可以使用电子提交的方式。该系统的植入使用是在与欧洲知识产权局的合作下完成的。申请所需要的文件与申请欧盟商标所需的相同，但商品和服务类别清单必须使用匈牙利文，并自申请之日起 4 个月内提供，不得延期。

2. 优先权

匈牙利商标法中有关优先权的规定同《欧盟商标条例》[1] 关于注册商标申请优先权的规定一致，匈牙利商标法规定优先权申请都必须在提出商标注册申请的2个月内提出，相关证明文件需要在提出申请日开始的4个月内提交。

3. 注册申请与审查程序

匈牙利采用注册在先的商标保护原则。匈牙利商标注册的有效期为10年，自申请日开始计算。匈牙利注册审查时间一般是1年到1年半。所有的期限不得延展，商标法没有规定期限的，可以请求商标局延展期限。匈牙利国内商标注册的申请程序已与欧共体商标申请程序一致，参照《欧盟商标条例》的规定，这里不做赘述。需要注意的是匈牙利知识产权局规定了注册申请的加速程序，即如果申请人在申请日的1个月内提出请求，商标局可以将商标注册程序加速。如果申请人想通过一个申请就多个标志进行申请或者想提交不止一个注册的，可以将他的申请进行划分，但保留申请日和其他优先事项。如果想把国际申请转变为国内申请，需要在国际注册被注销之日起3个月内向知识产权局登记。关于国内商标申请费的问题，之前3个类别以内的申请费均为74 800福林(集体或证明商标的费用是320 000福林)，从第四个类别起，每增加一个类别，加收32 000福林。将欧共体商标转化为国内商标申请的申请费为54 800福林。

（二）商标的续展和变更

在匈牙利，请求续展的申请不得早于保护期结束前的12个月提出，同时必须在到期日之后的6个月内提出，续展费用必须在提出请求后的2个月内缴付。[2]

匈牙利商标法规定申请人不可以就商标的标志进行修改，直到商标申请的决定做出后，申请人才有权对商品清单进行修改。同样地，对商标申请的决定做出后，申请人才可以请求拆分商标申请，申请拆分的费用要在拆分请求日起2个月内缴纳，未缴纳的，匈牙利知识产权局可以要求限期改正，没改正的要被撤回申请。

三、商标权的终止

匈牙利商标法同欧盟商标法一致，规定了三种商标权终止的形式：放弃、无效和撤销，关于三种终止形式的理由、后果和审理以及上诉的程序与《欧

---

[1] 《欧盟商标条例》第29～31条。

[2] 续展申请所需的材料：委托方签章的国外商标注册申请代理协议原件一式两份；申请人签章（如为单位申请则盖单位公章）的商标代理委托书原件一份；申请人签署的委托书一份（在国外代理人发生变化是要求提供）；商标的终止，商标的注销、撤销、无效等。

盟商标条例》和《欧盟商标指南》的有关规定统一，在此不做赘述。需要注意的是，新出台的匈牙利商标法修正案修订了商标终止的日期：在撤销行为可能产生追溯效力的情况中，即出现商标停用、商标欺诈以及商标不具显著性特征等情形，只要撤销依据在提交撤销请求时存在，商标保护可被撤销，并可追溯到该撤销依据产生之日。

四、商标的侵权与抗辩

（一）商标侵权

所有违反商标权人拥有的权利的行为就是侵权行为。起诉后，商标权人可以最大限度地制裁与商标侵权有关的各项违法行为，包括网络侵权、域名侵权等侵权行为。在匈牙利，商标侵权案件一般需要2～3年才能做出终审判决。

（二）侵权抗辩

匈牙利商标法规定的侵权的抗辩条件❶与权利用尽原则❷与《欧盟商标条例》和《欧盟商标指令》的有关规定统一。

（三）驰名商标保护

没有规定关于驰名商标的认定因素，默认参照《巴黎公约》的相关规定。

五、侵权法律救济

商标核准注册和异议均由匈牙利知识产权局受理。任何人对其决定不服的，均可以向大都会法院申请重新审查。对大都会法院裁定不服的，可以上诉至大都会上诉法院，由其做出终审判决。提起商标侵权之诉和申请初步禁令的，均需向大都会法院提出。

注册人可以获得的民事补偿包括：认定存在商标侵权行为；可以要求侵权人停止侵权行为或任何直接威胁的行为；可以要求侵权人提供参与生产和销售侵权商品或服务的人的身份和他们的分销渠道；可以要求侵权人做出令其满意的声明或者其他合理的方式，应该由侵权人向公众公开声明；责令侵权人返还由商标侵权而获得的经济利益；查封侵权资产、物品、商品及包装，要求侵权人将其运送给特定的人，责令侵权人召回和收回已经流通的侵权商品或者销毁侵权商品。注册人也可以要求获得民事责任损害赔偿，注册人也可以要求使用者、参与侵权过程的人、提供销售渠道的人提供个人信息。

违反商标权利的保护会带来民事和刑事的双重法律后果。商标权利人可以

---

❶《欧盟商标条例》第12条和《欧盟商标指令》第14条。

❷《欧盟商标条例》第13条和《欧盟商标指令》第15条。

要求侵权人停止对商标的侵权行为，交还商标侵权的获益并且根据民事法律规则的要求赔偿损失。对于商标侵权的行为，法庭可以在审判程序中规定临时措施。依照《匈牙利刑法》第329/D条的规定，通过模仿或掌握注册商标的行为侵犯商标权人的权利给其造成损失的人将可能被判处最高2年的有期徒刑，并处罚金。对于严重情形，甚至可以判处相关罪名的3年有期徒刑。

六、特殊的商标问题

（一）域名保护机制

在匈牙利，域名的注册通过注册官执行。任何自然人或法人都可以成为一名注册官，如果他符合《网络服务提供商理事会指令》的条件并且参加了网络服务提供商理事会下的特许经营组织。网络服务提供商理事会是一个非政府性组织，特许经营合同和指令只对其成员与合同方有约束力，但不能修改法律，也不能影响执行和反对。

注册官将申请文件公布在网站上，标明请求的日期，对注册域名的异议可以在公开之后的14天内提出，如果没有异议提出，注册官可以给予域名注册，否则请求将不被满足，直到法律纠纷的解决。如果一个商标权人要求将注册的商标注册为域名，上述的公开时间不需要两周期限的要求。

理论上，一个域名可以被作为商标登记注册，然而，一个已注册的域名在没有额外条件的情况下不代表会获得商标法上的保护。

对于域名侵犯有关商标权的问题，网站服务提供者提供的网页信息侵犯商标权的，商标权人有权要求删除，或者在接到商标权人通知之日起12个小时内禁止用户访问。网站服务者未对商标权人删除要求提出异议的，应当删除该非法信息或者禁止用户访问。网站服务提供者对商标权人删除要求提出异议的，应当保持这些信息的可访问状态，并同时向商标权人发送一份异议的副本。对此，商标权人可以提起诉讼，申请初步禁令，要求网站服务提供者禁止其用户访问这些信息。

权利人认为已获注册的域名侵犯其域名权的，也可以寻求非诉讼解决方式。商标权人认为某特定域名的转让或撤回侵犯其商标权的，可以提起非诉讼程序。双方当事人（商标权人为原告，域名注册人为被告）提交书面意见之日起3个月内，咨询委员会将向双方当事人阐明其初步意见，该意见不是最终裁定，对其不服的，可以向法院起诉。

（二）关于集体商标、证明商标以及名称肖像保护机制的规定

2013年的《匈牙利商标法修正案》修订了对限制名称商标的保护，即不仅自然人而且法人和其他组织都有权对商标所有者提出质疑，只要合法使用的

名称与其商业活动有关；在匈牙利，商品商标、服务商标和集体商标可以依法取得注册。修正案给出了排除集体商标的新理由是如果集体商标很可能误导消费者，尤其当集体商标可能造成它是其他事物而非集体商标的印象时。修正案还对集体商标所有者是联盟，商标可被联盟使用而非被个体成员独占使用进行澄清。有关集体商标使用的政策的修订必须提交给专利局并得到其批准。这些修订在登记后便生效。如果修订后某商标不满足集体商标的法律标准，该商标将不能注册；对于证明商标，在匈牙利的规定是认证商标持有者可能不能以认证目的使用这些商标，但他们能授权此类使用。

匈牙利商标注册申请审查流程如图7－2所示。

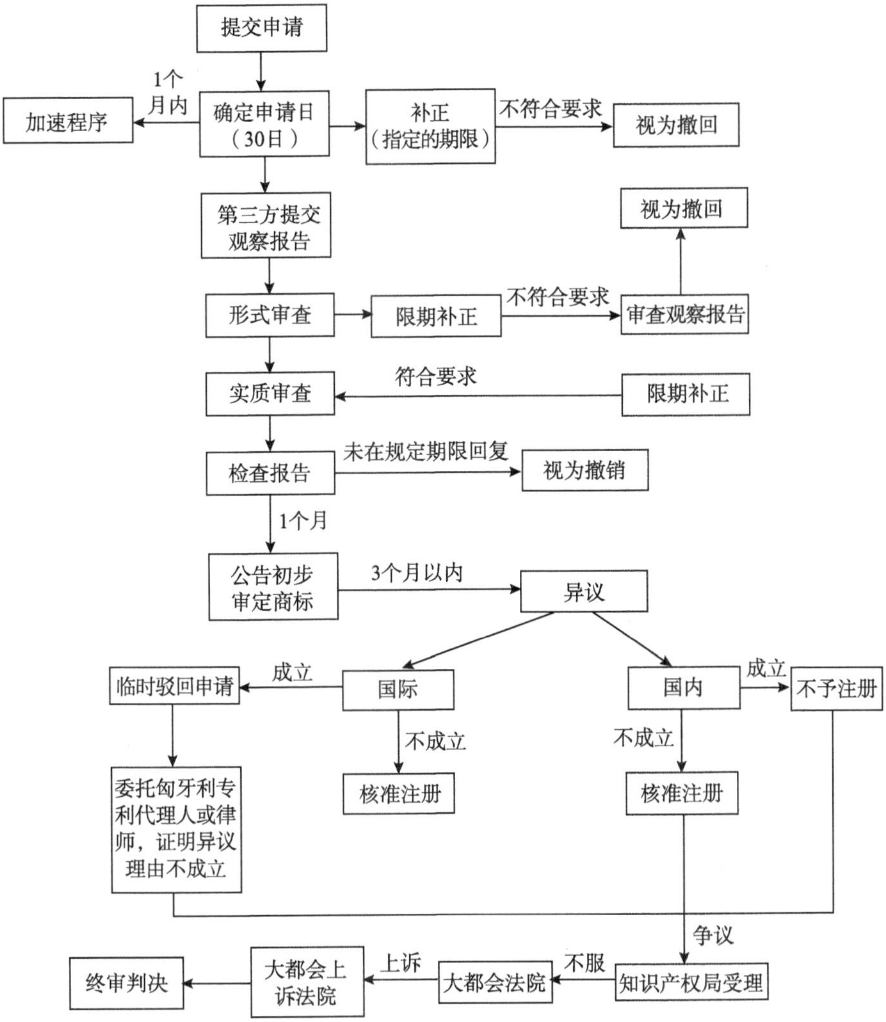

图7－2 匈牙利商标注册申请审查流程

第七节 罗马尼亚商标法律制度

一、概述

罗马尼亚是马德里国际商标联盟的成员国，2007年1月1日加入欧盟，随后成为共同体商标委员会的一员，主管政府机构是国家专利和商标局。《罗马尼亚商标和地理标志法》制定于1998年，最新一次修订于2010年。

罗马尼亚的商标是由能够以图形方式表示的符号，如文字（包括个人的姓名）、设计、字母、数字、图形要素、三维形状，尤其是商品或包装的形状、颜色以及颜色的组合、全息图、声学信号，以及以上要素的任意组合，只要这样的符号能够将一个企业的商品或服务区别于其他企业。

在罗马尼亚任何自然人和法人都有权在罗马尼亚提起商标注册申请。可以通过三种方式对商标进行保护：申请人可以向罗马尼亚专利和商标局申请罗马尼亚国内商标，也可以向世界知识产权组织申请指定罗马尼亚的国际专利，还可以向欧共体内部市场协调局直接提起欧共体商标申请。

罗马尼亚的商标还包括共同体商标、集体商标、证明商标和地理标识。

罗马尼亚参与的国际公约有《巴黎公约》《马德里协定》和《商标注册用商品和服务国际分类尼斯协定》等（见表7－2）。

表7－2 罗马尼亚已加入与商标保护相关国际公约/协定

序号	公约/协定名称	加入时间
1	保护工业产权巴黎公约	1920年10月
2	商标国际注册马德里协定	1920年10月
3	建立世界知识产权组织公约	1970年4月
4	关于工业品外观设计国际注册的海牙协定	1992年7月
5	建立商标图形要素国际分类维也纳协定	1998年6月
6	商标注册用商品和服务国际分类尼斯协定	1998年6月
7	建立国际工业品外观设计类别洛迦诺协议	1998年6月
8	商标法条约	1998年7月
9	商标国际注册马德里协定有关议定书	1998年7月
10	保护奥林匹克标志的内罗毕条约	2005年7月
11	商标法新加坡条约	2009年3月

二、商标权的取得

(一) 商标注册程序

罗马尼亚商标注册的申请材料包括:(1) 一份注册商标的明示请求;(2) 申请人的信息,或者适当的情况下,代表人的信息;(3) 一份申请注册商标足够清晰的图示;(4) 申请注册商标适用的商品或服务的列表清单;(5) 申请注册商标和发布费用的付款凭证。申请商标国际注册的,根据马德里协定或协议备忘录,应由 OSIM 检查规定支付的费用。

罗马尼亚申请注册商标流程如图 7-3 所示。

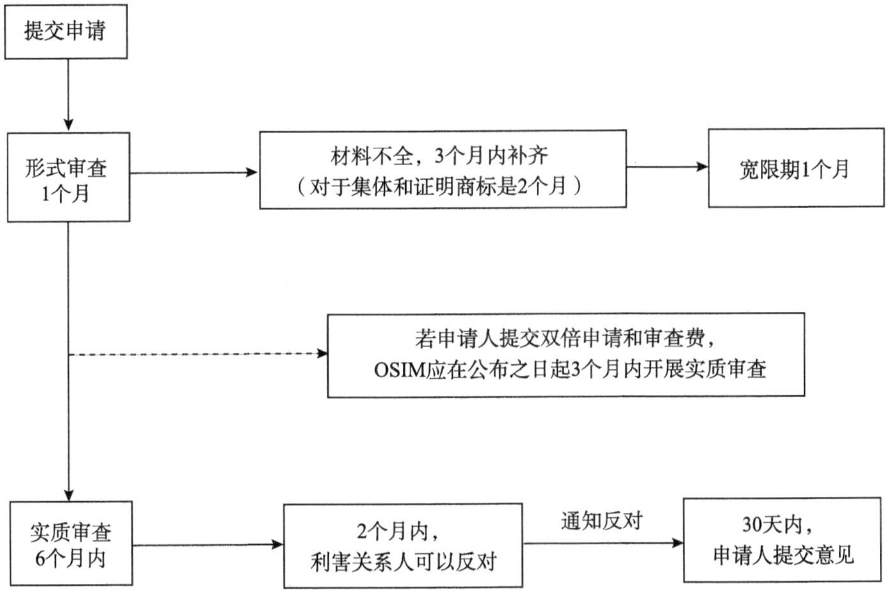

图 7-3 罗马尼亚申请注册商标流程

(二) 商标的续展

注册商标至递交正规申请之日起有效,有效期为 10 年。在有效期届满之日前 3 个月,经商标持有人申请并支付规定的费用后,注册商标可以续展。注册商标的续展从当前保护期届满次日开始。续展注册的费用应在申请之日递交;也可以在当前保护期届满之后 6 个月内递交,但需加收 50% 额外的费用。

(三) 商标的变更

在商标的保护期内,商标持有人可以向 OSIM 申请并支付规定的费用,对商标的某些元素进行非实质修改,只要修改不影响商标的显著性特征,不扩大商品或服务的列表范围。再者，商标持有人可以修改姓名、名称、地址或总部。修改必须公布于官方工业产权公告。

三、商标的终止

在下列情况下商标权终止：(1) 商标所有人书面明确地表示放弃其权利；(2) 拥有商标权的企业在商标权转让给另一企业前破产；(3) 商标保护期满而在规定的期限内未办理续展的；(4) 商标被撤销。

任何利害关系方可在商标注册有效期间基于下述理由要求撤销商标注册：(1) 商标注册违背了法律的规定；如果商标注册是不诚实地取得的，或根据上述不可注册性的《罗马尼亚商标和地理标识法》第 4 ~6 条规定，商标不具有注册性，可在商标注册有效期内的任何时候要求撤销；(2) 如果商标因违背了上述不可注册性《罗马尼亚商标和地理标识法》第 2 条规定而不具有注册性，则可在注册后的 5 年内要求撤销该注册商标。

四、商标侵权

侵权之诉的提起人：(1) 在许可合同中另有规定外，被许可方不得在没有商标所有者的同意下提起侵权之诉。(2) 在已经通知商标所有者侵权行为之后，商标所有者仍未在被许可人限定的时间内行动，独占许可的持有人可以提起侵权之诉。(3) 侵权之诉被提起之后，任何被许可人可以干预诉讼，以获得由商标侵权引起的损失赔偿。

以下不法行为构成侵权，应受 3 个月到 3 年之间的监押或者 5 万到 15 万列伊的罚款：(1) 侵犯商标；(2) 销售以下产品，商标与注册商标相同或相似的，产品也相同或相似，引起注册商标所有人的损害；销售地理标识下的产品，或者暗示产品源自某地理区域，而不是产品真正的来源地，误导公众对产品地理来源的认识。以上行为，若由有组织的犯罪团体而为，或者威胁到消费者的安全或健康，应处以 1 ~5 年的监押，并剥夺特定权利。销售是指提供商品或服务，或者把它们投放市场，或者以以上目的进货，另外，进口、出口或者在运输中传送也属于销售。

商业活动中，在没有注册商标所有人同意下，使用第三方商标的，以下应被认为构成商标侵权：在涉及相同商品或服务范围，标识与注册商标相同；标识与商标相同或相似，或者商品或服务与注册商标之下的商品或服务相同或相似，在部分公众中产生混淆可能性，这种可能性包括注册商标和标识相联系的可能性；商品或服务与注册商标之下的商品或服务不同，但标识与注册商标相同或相似，注册商标在罗马尼亚范围内享有知名度，在没有正当理由下，使用这种标识，不公平地利用了注册商标的显著性特征和知名度，并给商标所有人造成了损害。

五、商标的司法保护

侵权诉讼要向有关法院提出。对侵权可做如下处理：发布禁令，赔偿损失；没收从国外进口的侵权商品或在罗马尼亚制造的侵权商品。侵权被视为刑事犯罪，可处以罚款和最长 1 年的强制劳动或监禁。

根据罗马尼亚法律，国家海关当局在边境有执行保护商标和地理标识的权利。有关知识产权海关强制执行的规定如下：商标所有人可以请求海关协助阻拦进入罗马尼亚的侵权商品。每件海关备案的官方费用为600 欧元。商标所有人必须在海关扣押假冒或侵权商品后 10 日之内向相关司法部门提出诉讼。此外，商标所有人需根据被扣押商品的价值缴纳一定的保证金。

（1）临时措施在是刑事诉讼程序法设定的情形下下令的。（2）临时措施可以涉及停止侵权行为，以及保护非法贴有商标或地理标识的商品或服务的原始证据。（3）前两项的规定也适用于直接用于侵权的材料和设备。

六、商标的行政保护

商标的权利由 OSIM 获得和保护。OSIM 是中央公共管理的专门机构，是罗马尼亚境内商标和地理标志保护条款的唯一权威。在商标和地理标志领域，OSIM 有以下责任：记录、检查和发布商标注册申请；与世界知识产权组织检查已注册或提交注册的商标，根据马德里协定或协议备忘录，识别或拒绝他们在罗马尼亚境内的保护；记录和发布地理标志的注册申请，并提供在罗马尼亚境内的保护；颁发商标注册证书；颁发地理标志注册证书，并且授权该地理标志的使用；建立和保持商标和地理标志的注册登记；颁布商标优先权证书；执行预期搜索；管理、维护和发展国家收集的商标和地理标志，并在这个领域建立一个计算机化的数据库；与相似的公共机构和地区工业产权组织维系关系，并在专门化的国际组织代表罗马尼亚；发行有关商标和地理标志产品的官方出版物，和相应外国国家办事处以及相关领域的国际机构和组织交换出版物；向欧盟委员会通知；执行法律规定的其他功能。

第八节 立陶宛商标法律制度

一、概 述

1992 年，立陶宛组建了国家知识产权保护机构——国家专利局，并以独立国家的身份加入 WIPO。2004 年 5 月 1 日，立陶宛加入欧盟，成为欧盟知识产权保护体系中的重要成员。

在知识产权创新方面，立陶宛在 2016 全球创新指数排名全球第 36 位，欧洲第 24 位。创新投入次级指数全球第 34 位，欧洲排名第 32 位。创新产生次级指数排名全球第 41 名，欧洲第 35 位。

从对商标申请实力评估的数据分析来看，无论是从立陶宛的商标申请数量还是注册成功的数量，2004 年加入欧盟是变化的节点。立陶宛国内商标申请量自 2004 年开始逐年下降，相反外国商标申请量大幅度上升。与此同时，外国商标注册量从 2003 年的 2 674 件飞速增长到 2004 年的 4 079 件，之后逐年递增至 2014 年的 15 158 件，相反，非本地居民的商标注册量于 2004 年开始大幅下降。在立陶宛的专利、商标、著作的国际申请体系中，国际商标注册数量居于榜首。

立陶宛现行商标法 VIII－1981 号令于 2001 年 1 月 1 日生效，取代 1993 年商标法，最近的一次修改为 2012 年 12 月。该商标法意在和欧盟与 TRIPS 协议接轨。如果立陶宛加入的国际条约与新商标法不一致，则以国际条约为准。

二、商标权的取得

立陶宛采用注册在先的商标保护原则，只有在立陶宛商标注册中心取得注册的商标，才可以在立陶宛境内获得商标专用权。可以在立陶宛注册的商标包括服务商标。

（一）商标注册程序

在立陶宛，可以通过以下三种方式获得注册商标权：（1）国家申请方式；（2）国际商标注册的马德里体系；（3）欧共体商标权保护制度。

1. 申请的提出

申请所需要的文件与申请欧盟商标所需的相同，所有的文件都需要用立陶宛语书写。如果不是立陶宛或者其他欧盟成员国的居民或法人，则必须通过立陶宛专利代理人向国家专利局提交商标注册申请。《立陶宛工业产权注册费法》规定费用金额和支付规则。

立陶宛国家专利局是负责知识产权相关工作的政府部门，[1] 包括在立陶宛的商标注册，立陶宛文化部则负责知识产权的立法工作。立陶宛国家专利局建议外国申请者将有关注册事项交给代理律师办理。

---

[1] 立陶宛国家专利局的官方网站为 http：//www. vpb. lt。

立陶宛商标法中有关优先权的规定同《欧盟商标条例》[1] 关于注册商标申请优先权的规定一致。

2. 注册申请与审查程序

在立陶宛，提交申请材料之日为申请日，申请人需要将申请提交给立陶宛商标注册中心，即国家专利局负责的国家注册中心。当材料不符合商标法的要求或未在规定的期限内支付申请费（须在提交商标注册申请之日起 1 个月内支付商标注册申请费），立陶宛国家专利局可以退还材料。从申请日至授予商标证书之日，申请商标可以获得临时保护，但申请人撤销申请、商标未注册、商标权人申请注销商标或者其他人对商标注册提出异议，则临时保护无法获得。国家专利局寄出商标注册决定书后 3 个月内(可延长一次，时间最多 2 个月)申请人或代理人未按规定支付费用，国家专利局可以撤销该商标的注册申请。审查商标注册申请或审查商标时，申请人或代理人有权撤销商标的注册申请，或者减少商标注册的商品和（或）服务种类。

专利局确定申请条件符合后，国家专利局会向申请人提供申请日期编号和受理证明。需要注意的是立陶宛的实质审查只审查是否是属于绝对禁止注册的商标，如果是则可以驳回申请，专利局在做出决定后 10 天内将决定书寄给申请人，之后申请人有权在 3 个月内向专利局复审部申请复审。如果申请人或代理人反对复审部的决定，有权在复审部通过决定后 6 个月内上诉至维尔纽斯地区法院（可延长一次，时间最多 2 个月）。

在立陶宛，商标是先注册，再异议。专利局认为商标符合审查条件的，允许注册商标，在 10 天内将决定书和付费通知书寄给申请人或代理人。申请人或代理人支付费用后，立陶宛商标注册中心注册商标，国家专利局在官方公告栏中公布注册信息。国家专利局在官方公告栏中公布注册信息后，利益相关人可以在 3 个月向复审部提交商标注册异议书。

复审部收到异议书后，在 14 天内审查异议书，如果异议书符合该法的规定，复审部受理异议书，并将异议书副本寄给异议商标权人或代理人。寄出异议书之日起 3 个月内，异议商标权人或代理人必须提交异议答复书。如果未提交异议答复书，则视为拒绝参与异议审理，复审部可以在异议商标权人或代理人不在场的情况下审理异议书。

审理异议书后，复审部可以做出如下决定：

（1）支持异议书，认定注册商标的全部或部分商品和（或）服务无效；

（2）驳回异议书，注册商标继续有效。

---

[1] 《欧盟商标条例》第 29 ~ 31 条。

如果异议商标权人、异议方或代理人未参与异议审理，复审部在决定通过之日起1个月内，将书面决定和判决副本寄给未参与异议审查的上述主体。复审部通过决定之日起6个月内，可以将该决定上诉至维尔纽斯地区法院。国家专利局在官方公告栏中公布复审部的决定（见图7－4）。

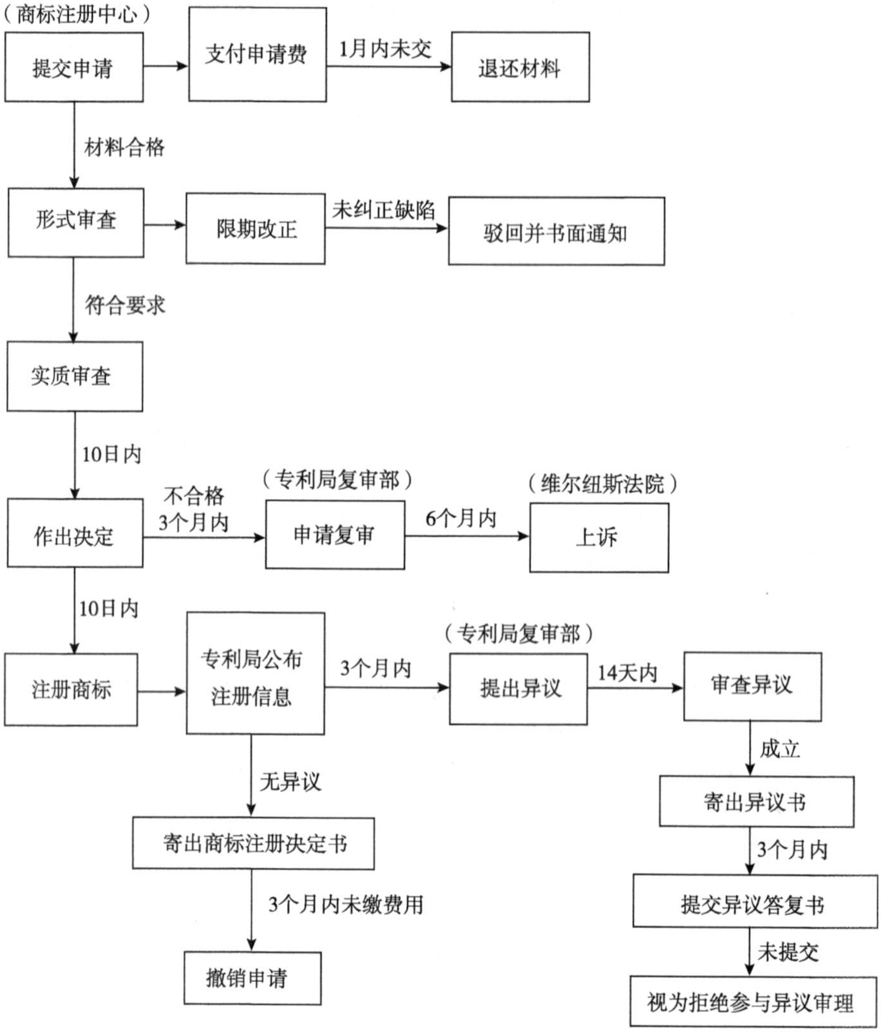

图7－4　立陶宛商标注册申请审查流程

复审部采用书面或口头程序审理上诉和异议，口头审理程序必须公开进行。一般采用书面程序审理上诉和异议。书面程序审理时，不邀请申请人、利益相关人、异议商标权人或代理人参与复审部的审理工作。如果争议复杂或者具有示范意义，可以采用口头程序审理上诉和异议。口头审理期间，邀请申请人、利益相关人、异议商标权人或代理人参与复审部的开庭审理。国家专利局局长确定上诉和异议审理规则。

最后一个程序是颁发商标注册证书，商标注册证书是法律文件，证明立陶宛商标注册中心注册该商标和商标权人对该商标的独占权。

另外根据《立陶宛商标法》的规定，所有的期限都可延长一次，时间最多2个月，申请人、商标权人、国家商标权人或代理人从原期限结束之日计算，至少提前2个月提交延长期限的申请。国家专利局决定是否延长期限，国家专利局决定是否更新期限，可以根据法律的规定，将国家专利局拒绝延长或更新期限的决定上诉至法院。

（二）商标的续展和变更

立陶宛商标的有效期是10年，延展申请一次最多延长10年。申请的费用为240立特，每添加一项商标申请的价格是120立特。如果商标权人或代理人支付一半商标有效期延长的费用，则有权在商标有效期结束之日后6个月内申请延长商标有效期，如果不支付费用，商标有效期不会自动延长，延长商标有效期的信息纳入立陶宛商标注册中心，国家专利局在官方公告栏中公布。

三、商标权的终止

由于《欧盟商标指令》要求成员国必须统一规定商标撤销和无效的行政程序，因此立陶宛的商标撤销和无效的有关规定与欧盟商标法的规定具有一致性。除此之外，立陶宛规定了商标的注销程序，当以下情况发生时，申请人可以到立陶宛商标注册中心注销商标：一是复审部在审查异议后认定商标注册无效；二是法院判定注册商标无效或者撤销注册商标；三是未延长注册商标有效期；四是商标权人申请注销商标。在申请后，立陶宛国家专利局收到三种文件后，包括认定注册商标无效或者撤销注册商标的法院生效判决、商标权人的书面申请和复审部认定注册商标无效或者未延长注册商标的有效期，则国家专利局可以单方面注销商标，可以从立陶宛商标注册中心注销商标。

四、商标的侵权与抗辩

（一）商标侵权

根据《立陶宛商标法》的规定，构成商标侵权的要件包括：使用已注册商标的商品和（或）服务；使用与已注册商标的商品和（或）服务相同或类似的商品和（或）服务，以及会误导公众的类似商标或带有已注册商标元素的误导性商标组合；如果已注册商标在立陶宛有声誉，而且非法使用会损害该商标的声誉，则禁止与已注册商标商品和（或）服务相同或类似的商品和（或）服务；在法人名称中使用已注册商标，误导公众认为是已注册商标；在公开宣传中使用已注册商标，导致公众误认为是已注册商标的商品和（或）服务。

（二）商标抗辩

1. 合理使用

《立陶宛商标法》规定的商标权利提供的保护不能阻止第三方在符合公平贸易的条件下和正当的商业活动中使用的情形包括四种。第一种是不得禁止他人在商业中使用自己的姓名和地址，第二种是不得禁止他人描述商品或服务的种类、质量、数量、用途、价值、地理来源或生产年代等，第三种是不得禁止他人使用指示商品或服务的其他特征，第四种是可以将已注册商标用于比较类广告中。

2. 商标权用尽

立陶宛商标法规定的权利用尽采用的是国际权利用尽。

（三）驰名商标保护

《立陶宛商标法》对驰名商标的定义是，如果商标被公众广泛认可，则可认定为驰名商标。由法院认定驰名商标，立陶宛商标法保护未注册的驰名商标。根据商标法的规定，立陶宛驰名商标所有权人有权禁止他人将驰名商标用于类似或相同的商品，如果侵犯立陶宛驰名商标权人的权利，则权利人有权禁止其他人将驰名商标用于不相同或不相类似的商品或服务。

五、侵权法律救济

被侵权人依照法律的规定有权向法院要求：认定权利；撤销非法行为；禁止履行会造成侵权或损失的行为；赔偿财产损失、未得收入和必要支出；适用本法和其他法律规定的维权方式。《立陶宛民事诉讼法》和该法的规定适用临时保护措施和确保证据措施的规则。

在立陶宛，维尔纽斯地区法院审理如下争端：复审部的决定；国家专利局认定商标无效的决定；国家专利局撤销商标的决定；商标权人维权；认定立陶宛驰名商标；《欧共体商标条例》规定的共同体商标，包括对商标权利的侵权。

另外，《立陶宛商标法》第50条第1款规定了复原措施，即被侵权主体有权要求法院从流通环节撤出造成损失的产品（如再加工为其他产品或者采用类似生产工艺的产品）、销毁侵犯本法所规定权利的产品、生产产品所需的主要原料和设备。

申请人追讨损失时适用该措施，侵权人应承担适用这些措施的费用（侵权行为严重程度与适用措施的关系，以及第三方的合法利益）。

《立陶宛民法典》和《立陶宛商标法》规定经济性损失的赔偿规则，即在确定侵权的损失数额时，法院根据侵权实质、损失数额、未得收入（根据合法使用商标的应得收入金额、权利人付出的工作、使用的工艺和协商商标使用协议的必要开支等情况）、必要开支和其他重要因素做出判决。

将侵犯《立陶宛商标法》所规定权利的商品从非欧盟国家进口到立陶宛或从立陶宛出口到非欧盟国家时，必须适用欧盟和立陶宛法律规定的海关监管措施。

第九节　本章小结

尽管欧盟各成员国的经济发展并不平衡，知识产权保护水平也各有差异。但是就商标立法而言，欧盟对成员国商标法的协调导致各国商标法实体部分规定的趋同化，各成员国仅仅在国内注册程序上保留了特殊性。此外，由于各国法律传统和法律体系的差异，在商标权的保护方面亦表现出一些不同。欧盟成员国商标法律制度在这些问题上的特殊性，加之欧盟层面的商标制度，欧盟地区商标法律制度呈现出较为复杂的状态。就欧盟成员国的商标法律制度而言，值得注意的问题主要有以下几点。

第一，各国在商标注册程序方面存在不同的制度设计。欧盟大部分国家采取了先异议后注册的模式，德国和立陶宛则采取了先注册后异议的模式。其他国家为了加快商标注册进程亦采取了相应的措施。例如，2010 年新修订并公布的《罗马尼亚商标和地理标志法》为了缩短注册周期，明确规定自商标申请日起到予以核准注册的法定期限为 6 个月。同时，在商标异议程序方面，各国亦出台专门规定缩短异议期限，以减少商标权的不确定性。为了加强对商标注册程序的监督，匈牙利还规定第三方可就商标申请提出观察要求，知识产权办公室在审查商标申请时必须考虑观察报告的观点。

第二，由于各国的法律传统和司法体制存在差异，欧盟各成员国在商标侵权救济方面，尤其是在诉讼程序、管辖法院等方面亦表现出了一些不同。司法体制的复杂性给中国企业在欧盟成员国进行商标维权带来一定困难。在“一带一路”倡议的推进过程中，需要对如何利用已有的司法协助体系打通与欧盟各成员国知识产权保护的联系，同时也需要关注如何借助双边知识产权协议等形式对包括商标在内的知识产权保护和执行的问题。

第三，各个国家均全面引入了关于地理标志保护的相关规定。例如，各国对本地区与包含红酒在内的酒类有关的地理标志注册进行严格限制。对于知识产权主管部门而言，在知识产权管理体制改革的大背景下，专利、商标和地理标志管理职能的整合为我国地理标志保护带来了新的机遇。欧盟成员国对地理标志保护的详细规定，值得我国学习和借鉴。对于走出去的中国企业而言，则需要关注欧盟国家在地理标志保护方面的特别规定，在注册和使用商标方面对欧盟的地理标志进行合理避让，以避免产品出口时面临的法律风险。

第八章　非欧盟国家商标法律制度

第一节　区域概况

随着欧洲一体化程度的不断加深，非欧盟国家已经在欧洲所占比例甚小。目前，地处欧洲的非欧盟成员国主要有安道尔、阿尔巴尼亚、瑞士、冰岛、列支敦士登、摩纳哥、挪威、圣马力诺、英国、俄罗斯、白俄罗斯、亚美尼亚、阿塞拜疆、马其顿、摩尔多瓦、乌克兰、塞尔维亚、黑山、梵蒂冈和波黑等。这些非欧盟成员国主要集中在北欧和中东欧，包括了大部分的独联体国家。

一、英国及其他非欧盟国家

虽然瑞士、挪威、冰岛等国家出于各自的利益考量没有加入欧盟，但是均与欧盟保持密切关系。瑞士通过与欧盟签订双边协议的方式参与欧洲的单一市场。冰岛和挪威则是欧洲经济区的成员，通过这种加入自由贸易区的方式融入欧洲市场。为了实现市场上的融合，欧洲经济区的非欧盟成员亦同意制定与欧盟相似的法律。因此，尽管上述国家并未加入欧盟，出于自由贸易的需要，在贸易相关法律层面亦出现了向欧盟靠拢的倾向。在商标法律制度上，上述国家亦出现了融入欧盟标准的趋势。

1973 年英国加入欧共体。2016 年 6 月 24 日，英国通过全民公投成为首个脱离欧盟的国家，目前在英国注册商标有三种形式，英国“脱欧”，不会对英国国内商标注册和马德里体系指定英国商标注册的注册程序和实践产生任何影响，英国商标方面的法律法规将会继续保持目前的形式，并继续由现行判例法加以解释，唯一受到影响的只有欧盟商标。

英国目前提出一个提案以应对欧盟法律失效的问题。根据该提案的内容，英国政府的计划是将所有的欧盟法律及其判例法转化为英国国内法，以期在最大限度内为“脱欧”提供最为确定平稳地过渡，这样来看，虽然提案中并没有提到知识产权，但根据英国政府给出的“脱欧之后将实行与脱欧之前同样的法律法规”的承诺，“脱欧”之后欧盟商标在英国的权利很有可能被继续保留，但即使是继续保留仍有许多待解决的问题。

第一，由于欧盟商标法律是以欧盟商标的广泛一致性和泛欧盟性为基础，将欧盟商标法律中关于英国部分转化为英国国内的商标注册规定之前必须对现行的欧盟商标法律做出修正，例如对于欧盟知识产权局在英国的作用就需要得到解决。[1] 此外，对已注册欧盟商标权利人的影响，英国脱欧后对已注册的欧盟商标的延续是自动的还是需要向英国知识产权局做出积极申请将欧盟商标转化为英国商标，这一点尚且存疑。

第二，如果商标从未在英国被使用过，却在欧盟境内使用而获得利益，是否需要根据英国注册必须使用的要求，证明在英国的使用，证明不了是否需要在英国被注销？相反，只在英国境内使用的欧盟商标是否会因为没在欧盟境内使用而被注销？对于已在英国注册的欧盟商标的居先权是否也需要重新获得确认，这一系列问题尚待解决。

第三，关于商品的权利穷竭原则，目前欧盟法律规定的权利穷竭原则限定在欧洲经济区内，英国"脱欧"后，是采取英国境内或是欧洲境内还是国际权利穷竭原则尚不可知，若采取国内穷竭原则，则能够阻止欧盟平行进口商品在英国的转售。[2]

第四，关于提交商标申请文件的代理人，欧盟法律的规定是欧盟之外的申请人向欧盟知识产权局提交申请均需代理人，且代理人需要满足欧盟国籍、地区资质及营业地点三个要求，英国"脱欧"后，英国申请人是否也需要代理人和是否能够聘请在英国的代理人尚未可知。

第五，对于欧盟法院的裁判执行，英国政府目前的决定是欧盟判例仍适用于英国，但英国最高法院有可能改变先前欧盟法院对这些欧盟立法的解释，欧盟法院新的裁决也不再适用于英国，因此，未来欧盟商标法与英国商标法势必将渐行渐远。

二、独联体国家及其商标保护的协调

独联体全称为"独立国家联合体"。1991 年苏联解体后，苏联大多数共和国组成了独立国家联合体，协调机构设置在白俄罗斯首都明斯克。从性质上看，独联体是一个区域一体化协调组织，成立的主要目的在于以平等主权为基

[1] 卡兰 - 欧洲知识产权专家 https：//tdfvi2xrhfzzaay21dd67qbp - wpengine. netdna - ssl. com/wp - content/uploads/2017/06/News - The - UK - will - still - apply - EU - law - post - brexit - Chinese - FINAL. pdf

[2] MEWBURNELLIS INTELLECTUAL PROPERTY http：//mewburn. com/wp - content/uploads/2017/07/Withdrawal - of - the - UK - from - the - EU - Chinese. pdf

础开展多边合作。成立之初，除波罗的海三国（爱沙尼亚、拉脱维亚和立陶宛）之外，其他12个加盟共和国，包括阿塞拜疆、亚美尼亚、白俄罗斯、格鲁吉亚、吉尔吉斯斯坦、摩尔多瓦、哈萨克斯坦、俄罗斯、乌兹别克斯坦、乌克兰、塔吉克斯坦和土库曼斯坦均为独联体正式成员国。进入21世纪以来，独联体成员发生了一些变化。2009年，格鲁吉亚正式退出独联体。2005年，土库曼斯坦宣布退出正式成员国，并更改其状态为“联合成员”。2014年，乌克兰亦因克里米亚问题正式启动退出独联体的程序。

独联体成立之初，即开始了经济一体化的尝试。1993年，独联体国家签署经济联盟协议，目的在于促进成员国之间货物、服务、劳动力以及资本的自由流动。1994年，阿塞拜疆、亚美尼亚、格鲁吉亚、摩尔多瓦、俄罗斯、乌克兰、乌兹别克斯坦、塔吉克斯坦、吉尔吉斯斯坦九国签订了自由贸易协定。但是，在独联体内部的经济一体化进展并不顺利。这主要是由于各国发展不平衡、市场化程度低以及政治上的分歧等原因导致的。[1]

尽管如此，独联体国家亦开始了一系列新的尝试。2011年，俄罗斯、白俄罗斯、乌克兰、亚美尼亚、吉尔吉斯斯坦、摩尔多瓦、塔吉克斯坦等国签署自由贸易区协议。2014年，俄罗斯、白俄罗斯、哈萨克斯坦签署《欧亚经济联盟条约》，旨在促进成员国间统一市场的形成。2015年，吉尔吉斯斯坦和亚美尼亚加入该联盟。欧亚经济联盟作为一个新兴的区域一体化国际组织，其目的在于保障商品、服务、资本和劳动力在成员国的自由流通，终极目标是建立类似于欧盟的经济联盟。2015年，中俄签署了“一带一路”建设和欧亚经济联盟建设对接合作联合声明。该联盟未来的发展值得关注。

而格鲁吉亚、乌克兰、摩尔多瓦等独联体国家则并未积极参与到独联体经济一体化进程之中，相反，这些国家均体现出一种向欧盟靠拢的趋势。例如，为了加入欧盟，《摩尔多瓦商标法》已经吸收了欧盟商标法的相关规定。关于商标注册无效宣告，摩尔多瓦采取了欧盟的模式，规定在先权利人知道在后商标使用起5年内不提起商标注册无效宣告的，不得再次提起无效宣告申请，亦不得主张禁止在后商标的使用。

在知识产权保护方面，独联体各国在苏联解体后均积极地融入国际标准。目前，独联体国家均是《巴黎公约》的成员国。在商标法方面，各国亦均加入了《马德里协定》及其议定书和《尼斯协定》。但是，目前有些国家尚未正式加入世界贸易组织，因此没有成为TRIPS协议的成员，例如阿塞拜疆、白俄罗斯、乌兹别克斯坦和土库曼斯坦。

---

[1] 张弛．独联体经济一体化问题的若干分析［J］．俄罗斯中亚东欧研究，2005（1）．

为了协调知识产权保护，独联体国家签订了若干多边协议。早在1993年，独联体国家即签署了《关于保护工业产权措施和建立国际工业产权委员会的协议》。1999年，签署了《关于知识产权领域合作打击侵权的协议》。在上述协议基础上，独联体国家又于2011年签署了《关于区域内合作保护知识产权和建立国际知识产权保护委员会的协议》。上述协议为独联体国家知识产权保护的国际协调建立了良好的基础。

在商标领域，独联体国家于1999年专门签署了《关于防止使用假冒商标和地理标志措施的协议》。该协议要求成员国在建立打击假冒商标和地理标志的机制以及制止带有假冒商标和地理标志的产品通过海关进入成员国两个方面进行合作。

成员国须为禁止使用地理标志误导消费者相信产品来源于该地域的行为以及《巴黎公约》第10条规定的不正当竞争行为提供法律救济。对于包含地理标志而产品却不是来源于该产地或者可能对产品的产地误导消费者的商标，成员国有权规定依法或者根据利害关系人的请求不予注册，或者宣告该商标注册或商标转让无效。同时，该协议还禁止虽然在表面上正确地指出了产品的来源地但是却可能误导消费者的地理标志的使用。

该协议专门禁止在并不来源特定产地的葡萄酒、烈酒上使用相应的地理标志，也禁止使用上述地理标志的译文、将该地理标志与真正产地连用以及在地理标志之后使用"类型""风味"或者"仿制"等字样。对于存在上述情形的商标注册，成员国有权禁止并提供相应的法律救济。为此，协议要求成员国协商建立多边的地理标志注册机制。

关于救济措施，该协议要求成员国为侵权行为提供充分的救济，以预先制止侵权行为、预防后续侵权行为的发生；同时协议要求上述救济措施不得构成对贸易的阻碍。关于损害赔偿，该协议要求侵权人赔偿因侵权行为造成的全部损失，并支付包括律师费在内的全部的开支。根据利害关系人的请求，司法机构有权责令侵权产品退出销售渠道，或者在本国法允许的情形下销毁侵权产品。协议要求在给予上述救济时同时考虑侵权行为的性质以及对第三人利益的影响。根据利害关系人的申请，在侵权行为不加禁止可能造成不可回复的损失时，司法机构可以采取临时措施禁止侵权行为，尤其是阻止侵权产品进入流通领域，以及采取证据保全措施。当然，阻止侵权产品进入流通领域的临时措施并不适用于不知道产品构成侵权而订购的消费者。由于采取临时措施给被告造成损失的，被告有权要求原告进行赔偿。

协议要求成员国允许有合理理由怀疑构成侵权的产品向司法机关或者行政机关请求禁止上述产品通关（进口或者出口）进入流通环节。协议还要求成员国对侵权行为提供行政救济，包括扣押、没收和销毁具有虚假商标或者地理标志的货物以及侵权材料和工具。

第二节　英国商标法律制度

一、概　述

（一）英国概况

1973年英国加入欧共体，2016年6月正式“脱欧”。2014年英国超过法国成为世界第五大经济体，在国际政治和经济舞台上都扮演着极为重要的角色。近年来，中英经贸合作保持稳定发展态势。英国是中国在欧洲的第二大贸易伙伴、第二大进口来源国和第四大出口目的国，中国也是英国在欧洲外的第二大贸易伙伴，金融危机后，中资企业对英国的投资步伐明显加快，中英投资双向并行，2015年10月，中英两国决定共同构建面向21世纪全球全面战略伙伴关系，2018年1月，英国首相特蕾莎访华，中英双方就“一带一路”合作平台，展开了深入的交流，并签订了多项合作协议。

在知识产权创新方面，英国在2016年全球创新指数排名第3位，欧洲排名第3位。创新质量全球第3位，欧洲排名第1位。创新投入次级指数全球第7位，欧洲排名第4位。创新产生次级指数排名全球第4名，欧洲第4位。

从对商标申请实力评估的数据分析来看，英国的外国商标申请量往往比国内商标申请数量要高出10倍左右，且在全球范围来看，英国的外国商标数量的排名一直稳居全球第三位。相反地，英国国内非本土居民的商标申请数量在逐年下降，但是在2016年有所提高，超过1万件。从注册成功的数量上来看，同样地，外国商标申请的成功数量占据绝对优势，从2007年开始稳定在20万~30万件。在英国的专利、商标、著作的国际申请体系中，国际商标注册数量居于第二的位置。

（二）立法框架及沿革

英国在商标保护的领域具有非常悠久的历史，早在13世纪，英国就开始商标保护的实践，英国法庭最早应经营者的请求第一次开始保护商标是在16

世纪，1618 年的 Southern v. How 案[1]是英国第一个通过法院判例来保护经营者商业专用标志的案例。在商标的成文法出现之前，英国都是通过普通法的法院判例来提供商标法律法规制度，英国的"仿冒法"也是由此产生的。因此在很长的一段时间内，英国都是依靠普通法和衡平法来规制商标，这对英国后来的商标制度产生了深远的影响，乃至今日，英国仍然保留着诸如"仿冒法"这样的各项以普通法为基础的商标保护规则。

1862 年颁布的《英国商品标记法》给商标的法律制度带来了历史性的转折，之后，在这部法律的基础上，英国在 1875 年有了第一部成文的商标法，《商标注册法》的诞生在英国全面确立了商标通过注册获得权利的注册制度，该法第一次规定了"先使用原则"的商标注册程序，并为注册的商标提供了诉讼程序和证据获取等有利的条件来达到鼓励注册的目的，但该法并未确定侵权诉讼的救济方式（仍采用普通法的救济方式），直到 1905 年已注册商标的侵权诉讼才根据成文法施行，该法规定的商标的定义范围也很狭窄。之后，1875 年《商标注册法》经过数次修改，在 1938 年颁布了新的商标法，其特征是采用了使用原则、审查原则和申请公告原则等。1938 年《英国商标法》第 2 条确立了商标法与普通法的平行关系，该法在 20 世纪的英国一直得到延用，直到 1994 年英国进行了一次全面的商标法修改，1994 年商标法（Trade Marks Act 1994）才替代了 1938 年商标法成为现行法，而后根据一些新的国际和国内法律法规和条例进行几次修订，在 2008 年进行最后一次修订后成为现今使用的商标法版本。

二、商标权的取得

在英国，商标注册后可以获得更好的保护。申请注册的商标可以是已经使用的，也可以是申请人具有善意意图使用的。英国知识产权局（Intellectual Property Office，UKIPO）负责商标注册及管理，申请注册程序通常至少需要 4 个月时间。

（一）商标注册条件

1. 商标注册的要素

《英国商标法》第一部分第 1 条规定："申请注册为商标的标志必须具有

---

[1] First cited as a precedent in Southern v. How [1618] Cros. Jac. 468, 79 E. R. See the discussion in F. Schechter, The Historical Foundations of the Law Relating to Trade Marks (1925), 10. Dodderidge J. 法官就该案评论道："一个布商在普通法院起诉，他对于自己制造的布享有很高的商誉，获利丰厚并且布上有自己的商标，因此，他因所制造的布很有名。另一个人为了达到欺骗的目的，在此布上用了与之相同的商标，消费者也由于该故意欺骗行为而购买了被告的布匹，从而导致原告的正当权益受到损害……最后原告胜诉了。"

显著性，即能够将其产品或服务与他人提供的产品或服务区分开来。”根据第3条第（1）款的规定，不符合显著性条件的是驳回注册的绝对理由之一。

根据《英国商标法》第3~8条的规定，单词、设计、字母、数字、产品形状或其包装等都可以在英国申请注册为商标。对于一些新的标志，例如物体的形状，英国判例法中一般认为口头说明的形状不能作为商标进行注册，因为缺乏明确性；颜色，英国判例法认为如果要用颜色来注册为商标，需要对颜色在产品上的分布和与产品的关系做详细的说明，才能被注册为商标；气味，在很长一段时间的不确定后，欧盟内部市场协调委员会（OHIM）认定以口头描述性的气味来注册商标是符合条件的；[1] 声音，对声音的生动性的描述可以符合商标注册的条件；味道，任何对味道的描述均不能作为商标被注册。

2. 商标不予注册的绝对理由

根据《英国商标法》第3~4条的规定，不符合商标注册所需要素的商标不得予以注册。除此之外，以下商标同样不予注册：不具有显著性的标志；冒犯性标志，如淫秽图像等；纯粹描述性标志，仅仅描述相关产品或服务的特征；具有误导性的标志，例如使用“有机的”来形容非有机产品；仅仅由在贸易中可以用来表示商品的种类、质量、数量、用途、价值、产地、商品生产或服务提供的世界或商品或服务的其他特点的标记或说明构成的商标；太过普遍的，已经成为当代语言或行业中的善意惯例和通常表述的标记或说明构成的商标；带有国旗等受特别保护的标志等；包含有由商标自身的性质而产生的形状或是使商品具有实质性价值的形状的标志；不符合公众政策或有违于道德准则的；具有欺骗性的。同时，还规定如果英国的任何法令、法则或欧共体法律的任何条款禁止或在某种程度上禁止某一商标的使用，则该商标不得注册。另外，出于恶意或在某种程度上出于恶意提出申请的商标不得注册。

3. 商标不予注册的相对理由

根据《英国商标法》第5条的规定，在申请注册的商标与在先的商标相同的以及申请注册的商标所申请的商品或服务与在先的商标被保护的商品或服务相同的情况下。申请注册的商标将不予注册。不予被注册的相对理由还包括：申请注册的商标与在先商标相同且要注册在与在先商标被保护的商品或服务近似的商品或服务上；与某一在先商标近似，要注册在与在先商标被保护的商品或服务相同或近似的商品或服务上，存在混淆公众的可能性，包括与在先商标相联系的可能性；申请注册的商标与某一在先商标近似，若在先商标在英国（或欧共体的某一商标在欧共体内）享有或在一定程度上享有一定声誉，

[1] Vennootschhap Onder Firma Senta/ The smell of freshly cut grass, R156/1998 - 2 [1999] ETMR429.

而且后一个商标无正当理由的使用将不公平地利用在先商标的显著性或声誉或对该显著性或声誉产生有害的影响，或在某种程度上产生影响，则该商标不予注册。

同时，与注册商标有关的"在先权利"所有人可以对某一商标的使用提出禁止，如果该商标的使用违反了仿冒法的规定或是依著作权、设计权或注册设计而获得的权利。上述所有不予注册的内容均不能禁止经在先商标所有人或其他在先权利人同意的某一商标的注册。

根据《英国商标法》第6A～8条的有关规定，相对不予注册理由是指国务大臣以命令形式规定不会主动因第5条规定的相对不予注册理由驳回注册，驳回注册需要利益相关人提出异议反对。异议程序的提起需要满足以下条件：争议商标的注册申请已经公开；符合商标法规定的在先商标条件；该在先商标的注册在争议商标申请公告之日起5年前就已完成。在先商标若未满足使用条件[1]的，则异议不能成立，注册局局长不得驳回在后申请。

（二）商标的申请与注册程序

1. 申请原则

在英国，一次只能申请注册一个商标或一个商标系列。商标系列指的是实质相似的一系列商标，仅在不明显影响该商标特性的非显著性特点方面不同的数个商标。

英国还有分案申请制度，即从一个申请中分出多个独立申请，审查不存在问题的申请继续进行，而存在问题的申请则另外解决。

2. 申请的渠道和所需材料

在英国提起商标注册申请可以采取纸质形式，也可以进行在线申请。在线申请费用较低。申请时需提交申请书（包括商标注册请求、申请人的名称和地址、与寻求注册的商标有关的商品或服务）、商标图片或照片等材料。申请须说明，该商标由申请人或经申请人同意正在使用于有关的商品或服务上，或该申请人有使用该商标的真实意图。

商标申请可以提交至英国知识产权局，[2] 还可以通过马德里商标注册或者

---

[1] 《英国商标法》第6A条第（3）款和第（4）款规定下列情况满足使用条件：在在后申请公告之日前5年内，在先商标在其所注册的商品或服务上由其所有人或经其所有人同意，在英国真实使用；商标的使用包括在不改变其注册时的显著部分的情况下对其组成要素以其他形式使用以及包括在英国将商标粘贴在仅供出口的商品或包装上。

[2] 英国知识产权局隶属于英国商业、能源与产业战略部，其职责为制定知识产权政策、提高企业及消费者的知识产权意识、协助执法以及授权并管理英国专利、外观设计与商标。官方网站为www. ipo. gov. uk。

《巴黎公约》商标注册等程序在英国注册商标。已经在中国提起商标注册申请、6个月内又在英国提起同一商标注册申请的，还可以主张优先权。

3. 申请日期

申请日是申请人向注册局局长提交符合条件的各种申请资料的日期，如果申请资料是在不同的日期递交的，则申请日应为这些日期中的最晚日期。

4. 商标检索

检索UKIPO商标数据库，可查看他人是否已经在相同或相似产品或服务上注册了相似或相同商标。如果他人已经注册，可以寻求获得注册商标所有人的同意函。

通过UKIPO的在线商标期刊（每周公布），可以查看其已经受理但还未注册的商标申请。

5. 商标的分类

提交注册商标申请时，申请人必须根据规定的分类体系对商品和服务进行分类。2013年，英国成为《建立商标图形要素国际分类维也纳协定》的成员国，因此英国商标注册局采用维也纳分类（VCL）标准来对注册商标进行分类。通过在线工具TMclass，可以查询注册商标时需要确定的产品或服务的类别，也可以通过邮件向UKIPO咨询。完成申请提交后不可再添加分类。如要添加分类要领取一份新的申请，届时商标注册期限到达时，也需要按提交的申请分类的数量来缴纳续展费。一份包括一个类别的申请的申请费为170英镑，包括3个类别的申请费是270英镑，每增加一个类别，加收50英镑。

6. 商标注册申请的审查

根据《英国商标法》第37条的规定，商标局应当审查注册商标申请是否符合第33条有关申请日的要求；商标申请是否符合第32条的条件；类别费是否已按规定的期限缴纳；商标申请是否符合细则的要求。审查期是在提交注册申请后的5～15天内，注册局只会在与申请的商品或服务类似的类别范围内进行检索，申请人将会在5～15天内获得审查结果。审查内容包括产品或服务的分类是否正确，商标是否具有显著性、是否存在在先权利等内容。立即在线申请的申请人如果需要继续注册的话，需在取得审查报告后14日内补足另外一半费用。如果注册局检索到申请注册的商标与在先商标存在相同或类似的，注册局会告知申请人，如果申请人要继续申请的，注册局会在在后商标公告期间告知在先商标权利人。如果申请不存在问题，审查员将同意该申请，如果注册商标申请不符合以上要求的，注册局应通知申请人予以补救，限其在规定的期限内（2个月内）做出陈述或修改申请。如果限定期限内未予补救的，没有做出修改也没有做出陈述，申请将被驳回。不同意审查员意见的，申请人可向审查员请求进行单方听证。不服单方听证最终决定的，可上诉至英格兰、威尔士、北爱尔兰高等法院或苏格兰高等民事法院。相关人员还可以上诉至司法部指定的资深知识产权工作人员，相比上诉至法院而言，上诉至该指定人员费用更低，不过其决定具有终局效力，不得再次上诉。申请人达到知识产权局要求的，知识产权局应承认补足费用之日或疏忽之处予以补救之日为商标申请日。

7. 公告、异议审查与意见

注册局在接受商标申请后，将会在商标期刊上公告该申请。自公开之日起2个月内，任何人均可对申请提出异议。异议应以书面形式呈现，并应包括异议理由。在支付异议费之前，异议不能视为业已提出。除了提出异议，对已公告的申请，在该商标被注册之前，任何人可以就该注册向注册局长提出书面意见，注册局长应把这样的意见通知申请人（提出意见者并不成为该申请诉讼中的一方）。他人提出异议而申请人决定继续申请注册的，UKIPO 将进行双方听证（包括程序听证、案件管理会议、争点听证等形式）。不服双方听证结果的，可以上诉，具体上诉程序同上。

8. 申请的撤回、限制、修改和分案

根据《英国商标法》第39条的规定，申请人可随时撤回其商标申请，或限定该申请所包括的商品或服务。如果申请业已公告，撤回或限制亦应予以公告。在其他方面，经申请人的要求，共同体商标申请可以予以修正，但仅限于更正申请人的名称或地址、文字或复印差错或其他明显的错误。只有这些修正没有实质上改变商标或扩大商品或服务清单，才能修改。修正影响了商标图样或商品或服务项目的，而且是在申请公告之后进行的，商标申请应按修正的予以公告。

9. 商标注册

根据《英国商标法》第40条的规定，如果申请已被接受，且在2个月后，无人提出异议或者异议的裁定不成立的，审查员将发给注册证书并登记在商标注册簿上。申请人没有在规定的期限内缴纳注册费用的，商标不予注册。自注册完成后5年内，注册商标必须投入使用，除非存在正当理由。注册商标权进行转让、许可、抵押等交易的，也需在 UKIPO 申请变更注册或备案。商标获得注册后，任何人也可能依法请求宣告该注册商标无效或提起撤销、更正、介入等。

英国申请注册商标流程如图 8－1 所示。

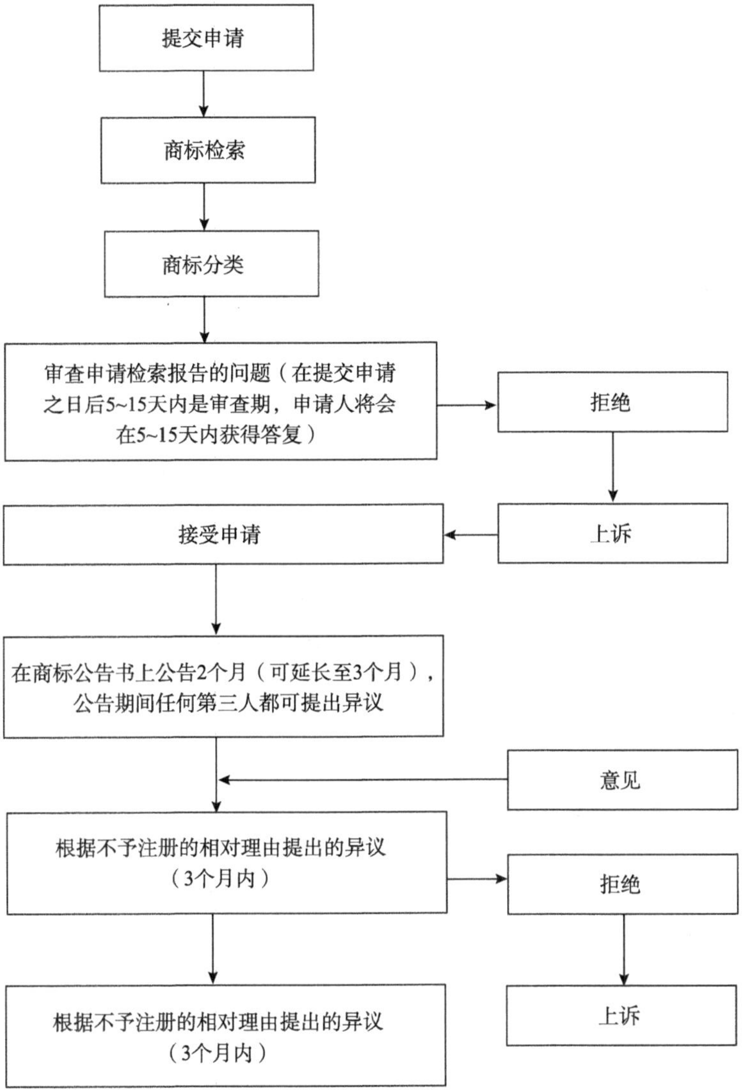

图 8－1 英国申请注册商标流程

（三）商标权的续展和变更

英国商标的有效期是 10 年，延展申请一次最多延长 10 年。商标申请人要在注册商标有效期届满 6 个月前提出续展请求，若未能实现，则申请人可在超过规定的宽限期限（不超过 6 个月）内提出续展请求，如果超过 6 个月但不超过 1 年的，则不能在线办理续展手续，而是需要通过邮寄的方式恢复注册。

一个商品或服务类别的续展费是200英镑，每添加一个类别的费用是50英镑，如果申请人没有在续展期届满前6个月内提出申请，延迟申请的需要额外支付50英镑续展费。续展将从前一注册有效期届满之日起生效，如果未续展成功，商标将被从注册簿中注销，商标的续展和回复应以规定的方式予以公告。

三、商标权的终止

（一）商标的撤销

《英国商标法》规定的商标撤销的理由包括以下两种类型：

第一种类型是由于权利人没有或没有授权他人在英国境内在其注册的商品或服务上使用商标，包括以下几种情形：

（1）自注册之日起5年内不使用且无正当理由的；

（2）在注册后任意连续的5年期内中止使用且缺乏正当理由的；

（3）如上述两种情况下，权利人在提出撤销申请之前开始或恢复使用，则不得撤销商标，如果是在撤销申请提出之前3个月内恢复使用的除外。

商标的使用还包括在英国仅以出口为目的将商标贴在商品或包装上。

第二种类型是除开以不使用为理由而撤销的其他情形：

（1）由于注册商标所有权人的作为和不作为，商标在市场中成为所注册的商品或服务的通用名称；

（2）商标所有权人对该注册商标的使用可能会误导公众时，尤其是从商品的性质、质量和地理来源方面误导。

撤销商标可以向IPO或法院提出申请，但如果该商标作为争议商标仍处于诉讼之中，则必须向法院申请，可以是诉讼的任何阶段。被撤销的商标权利不溯及既往，商标权从撤销之日起停止，如果撤销的理由仅及于部分商品或服务，则仅限于这些商品或服务。

（二）商标的无效

《英国商标法》第47条规定了商标无效的理由。

第一种类型是商标无效的根本理由，即符合驳回商标注册的绝对理由时，可以宣布商标无效，但当此类商标在经过使用后取得了显著性，则不得宣布商标无效。

除了第一种类型外，还包括几项商标无效的理由：在撤销之前针对相同或类似的产品和（或）服务，已经申请了在先商标，除非在先权利人同意该商标的注册。该在先商标必须满足以下条件，否则不能以在先商标为由宣告无效：

（1）在先商标的注册在提请异议商标无效申请的5年前就已结束；

（2）在先商标的注册在提请异议商标无效申请之日还未结束；

（3）在先商标在提出无效申请前的5年内在英国真实使用过，或虽未使用但有未使用的正当理由，所谓“使用”包括在不改变商标显著部分的情况下，对其组成要素的使用和在英国将商标贴在仅供出口的商品和其包装上的使用。

申请商标无效可以向IPO或法院提出申请，申请撤销商标所使用的表格是TM26（I），但如果该商标作为争议商标仍处于诉讼之中，则必须向法院申请，可以是诉讼的任何阶段。对于恶意注册的商标，注册局长可以向法院提出宣布无效的申请，商标被判定无效后，该商标权自始无效，被判定部分无效的，无效仅及于该部分商品或服务。另外，如果商标权利人连续5年默许他人在英国使用该商标的，则无权要求宣布在后商标无效或反对在后商标的使用，同时在后商标也不可反对在先商标的权利行使。

（三）商标的放弃

《英国商标法》第45条规定注册商标所有人可以在注册商标所使用的部分或全部商品或服务上放弃该注册商标，放弃的方式和效力以及如何保护在该注册商标中拥有权利的其他人的利益由细则部分规定。

四、商标的许可、转让、抵押和信托

（一）许可

许可包括普通、有限和独占许可，许可必须由授权人或代表授权人的书面签字，否则无效（除苏格兰外，法人团体盖章可代替签字），除非许可协议另有规定，许可对授权人的继承人有约束力，除此之外，根据协议允许再许可。申请许可需要提交50英镑的费用。

除独占许可外，一般情况下，被许可人有要求注册商标所有人就侵权提起诉讼的救济权利，如果注册商标所有人拒绝或在提出请求的2个月内没有提起诉讼，则被许可人可以以自己的名义提起诉讼，如法院未同意，则只有当注册商标所有人加入诉讼时被许可人才可以继续诉讼行为，在诉讼中，应考虑被许可人遭受的和可能遭受的损失。

独占许可人的权利相当于该注册商标所有人，被许可人有权以自己的名义对除商标所有人之外的其他任何人提起诉讼。如果该侵权诉讼与所有人或被许可人享有共同诉讼的侵权有关，则法庭必须追加另一人参与诉讼。商标权利人与独占许可人共同参加诉讼时，法院应根据许可协议的规定来判定损害赔偿金的范围。

（二）转让

在英国，商标法规定注册商标的所有权的全部或部分可以通过转让、继承或其他司法执行的方式发生转移，商标可以作为个人财产成为被担保或收费的对象，商标可以与商誉一起转移（也可独立转移），商标法不干涉非注册商标作为商誉的一部分进行转让。

转让时，除非有转让人或代理人的书面签字，否则转让行为无效（除苏格兰外，法人团体可以以加盖公章的方式代替签字）。转让信息必须向 IPO 报备并填写 TM16p 表格登记转让。

（三）抵押

商标可以作为抵押物作为担保的一种，在抵押期间抵押人享有对商标的权利，抵押需要在 IPO 的注册簿上进行登记（使用 TM24 表格），当抵押权利消失后，注册商标所有人可以申请撤销注册簿上的抵押信息登记（使用 TM24C 表格）。

（四）信托

在英国，商标权可作为信托的对象，任何信托（包括明确的、隐含的、推定的）都需要在注册簿登记，注册商标的权利执行可以比照其他个人财产或动产权利执行的方式。

五、商标侵权与抗辩

（一）商标侵权

根据《英国商标法》第 10 条的规定，构成商标侵权的情形：第一，使用一个与注册商标相同，且商品或服务与注册商标涉及的商标或服务相同的标记；第二，与注册商标相同或相似，使用在与商标所注册的相同或近似的商品或服务上的可能造成公众混淆的标志，这种混淆包括该标志与该商标相联系的可能性；第三，与注册商标相同或类似，但使用的商品或服务与注册商标所保护的商品或服务相同、类似或不类似的任何标志，该注册商标在英国享有一定声誉，则在不相同且不相似产品或服务上使用与注册商标相同或相似的商标，对该标记的使用有损于或不利于注册商标声誉。对标记的“使用”特指下列情况：第一，在商品或商品包装上粘贴该标志；第二，提供或销售带有该标志的商品，将其投入市场或为此目的储存或用该标志提供服务；第三，进口或出口带有该标志的商品；第四，使用该标志在包装的材料上，用于作为商业文书的材料上，或用于为商标或服务做广告的材料上，且使用时有理由相信该商标的使用未经注册商标所有人或许可人的正式授权；

第五，在商业文书或广告上使用该标志；第六，为指示注册商标所有人或许可人的商品或服务而使用，无正当理由，且使用行为不公平地利用或有害于注册商标的声誉。

即使英国商标法规定了“双重相同”［第5条第（1）款（a）项中的规定］，英国法庭在判定商标侵权时使用的标准仍是：是否对标记的使用影响了注册商标的功能，尤其是最重要的指示商品来源的功能。在 L'Oreal v. Bellure，Case C－487/0［2009］ECR I－5185 案之前，英国法庭在侵权判定时只判断是否侵权行为不利于注册商标指示商品来源的功能。该案之后，法庭宣布在侵权判定时也需要考虑其他功能，特别是那些使商品或服务产生质量、向公众传播、投资或宣传的功能。对于英国法庭如何在司法实践中判定商标侵权，需要通过以下几个典型判例进行简单说明。

对于有害于商标指示来源功能的侵权判定。有两种情况不会被判定为影响指示功能，第一种情况是标记的使用单纯为了描述性功能，在 Holterhoff v. Freiesleben，Case C－2/00［2002］ECR I－4187 案中，被告使用原告商标“spirit sun”的字样刻画钻石并不会影响顾客对于钻石来源的判断。第二种情况是标记的使用单纯为了装饰功能，在 Adam Opel AG v. Autec AG，Case C－48/05［2007］ECR I－1017 案中，知名汽车制造商 Opeal 认为被告使用“OPEL”的车标制造玩具车的行为符合“双重相同”的侵权原则，法庭认为被告将车标在玩具车上使用的行为只是单纯的装饰性行为，并不会使购买玩具车的顾客认为玩具车是由 Opel 公司制造的，所以被告的行为并没有影响“OPEL”的指示功能。但是英国判例中一般认为在广告中的运用会影响商标的指示功能。一系列的判例中出现的情形包括：将注册商标用于仿冒商品的广告中；将注册商标用于竞争产品的广告中；将注册商标用于二手商品的广告中。

对于损害商标指示质量功能的侵权判定。在 Dior v. Evora，Case C－337/95［1997］ECR I－6013 案和 Copad SAv. Christian Dior Couture SA，Case C－59/08［2009］ECR I－3421 案中，法庭认定对商标的侵权会对奢侈品的质量造成损害或稀释，将奢侈品商标使用在低劣的商品上会使奢侈品商标所代表的质量变得模糊不清，从而对奢侈品商标本身造成伤害。

对于损害宣传功能的侵权判定。在 Louis Vuitton v. Google France，Cases C－236/00－238/08［2010］ECR I－2417 案中，法庭认定商标的功能之一是宣传商品，使用注册商标作为宣传标记商品的关键词会损害注册商标的宣传功能。该案法官认为商标的宣传功能是给顾客传达关于商品或服务的特别映像。

对于损害向公众传播功能的侵权判定。在 L'Oreal v Bellure，Case C－487/0［2009］ECR I－5185 案中，原告提出商标可以向顾客传达多种商品的信息从而指向商品的来源，在他看来，商标的传播功能既是信息宣传也是向公众传达对商品质量等的映像。但是目前为止，该观点尚未被英国判例法所确定。

（二）侵权抗辩

1. 商标权的限制

英国商标法规定下列情形不属于对已注册商标权利的侵犯：第一种是使用自己的姓名和地址，第二种是描述商品或服务的种类、质量、数量、用途、价值、地理来源或生产年代等，第三种是根据诚实信用原则有必要对产品或服务的用途做出说明（特别针对附件和备件），第四种是某一在先权利人在商业活动中的某一特定地点在有关商品或服务上使用一个未注册商标不构成对一个注册商标侵权的（该未注册商标在该使用地区是受仿冒法保护的）。

2. 商标权用尽

关于商标权利用尽问题，上文提到，目前英国商标法采用的是欧洲经济地区内的权利穷竭规则，即商标注册权利人同意在欧洲市场投放的有关商品上使用该商标不构成侵权，但商标所有人反对或该使用会导致商品的性质发生根本变化的除外，但退出欧盟后，关于商标权用尽的规则应该会做相应的改变。

（三）驰名商标保护

英国的商标法保护已注册的驰名商标，对于未注册的驰名商标，英国采用仿冒法进行保护，英国商标法对驰名商标的定义采用《巴黎公约》第 6 条之 2 的规定，即依据《巴黎公约》或世界贸易组织协议有权享有驰名商标保护的商标是指在英国驰名并由成员国的公民或在英国有住所和有营业场所的人拥有。对于已经注册的驰名商标，英国的反淡化规定是比较清晰的。《英国商标法》第 5 条第 3 款和第 10 条第 3 款规定，要证明商标淡化需要满足以下条件：在先商标必须足够著名；在后商标的使用无正当理由；在后商标通过这种使用获得了不当利益，或损害了在先商标的显著性。当然，英国法并不要求在先和在后商标必须一模一样。

六、侵权法律救济

（一）司法途径

在英国，商标权人负责在发现商标侵权后采取诉讼、调解、协商、发送律师函等维权措施。所有在其他财产权受侵犯时可以获得的救济手段包括，损害赔偿、禁令、补偿或其他类似救济。法院可命令侵犯某一注册商标者完成以下行为：去除侵权标记，去掉或消除侵权商标、材料或其拥有、保管或控制的物品上的侵权标记；若不能去除侵权标记，则应保证销毁侵权商品、材料或物品。若以上行为没有得到执行，法院将移交指定方去除、去掉、消除该标记或销毁上述商品。但在下列日期开始 6 年后，不得提出移交侵权商品、材料或物品的命令：第一，就侵权商品而言，用于商品或其包装上的日期；第二，就侵权材料而言，用于材料上的日期；第三，就侵权物品而言，制造的日期。但是，在上述规定的期限内如果是由于商标所有人无行为能力或者由于欺骗和隐瞒不能使其发现事实的，则不受 6 年期限的约束，可以在任何时候申请禁令。

对于已经移交侵权商品、材料或物品的，可以向法院提出以下申请：要求将其销毁或让法院交适合者没收；要求法院不做出上述命令。法院在考虑做出何种命令时应同时考虑其他的救济措施是否可以赔偿注册商标所有人和被许可人并保护他们的利益。如果法院没有做出任何命令，商品、材料或物品的拥有者、保管者或控制者在这些标的被移交之前，有权要求返还。以上关于移交和处置侵权商品、材料或物品的命令的诉讼可在苏格兰的郡法院和白爱尔兰的县法院被提起。

除了将注册商标用于商品或包装上或是进口使用该注册商标的商品的行为外，一个人以注册商标侵权诉讼威胁另一人时，受害者均可以提起救济，救济的方式包括：第一，声明该威胁是不正当的；第二，停止威胁的禁止令；第三，由于威胁受到的任何损失的损害赔偿金。即使被告能证明是侵权的，原告仍享有此种救济，条件是原告能证明该商标的注册无效或在某一方面是可以撤销的。

任何人可以向英国贸易标准部门举报知识产权犯罪行为，违反《英国商标法》第 92 条的规定对与商品有关的未经授权的商标进行使用的，将受到以下处罚：

（1）经即席判决判处 6 个月以下监禁或不超过法定上限的罚金，或二者并举；

（2）起诉并判处一笔罚金或 10 年以下有期徒刑，或二者并举。

对于在商标注册簿中制造虚假条目的制造者，其行为也是违法行为，根据《英国商标法》第 94 条的规定，将受到以下处罚：

（1）经起诉并判决，处以 2 年以下有期徒刑或罚金，或二者并举；

（2）经即席判决判处 6 个月以下监禁或不超过法定上限的罚金，或二者并举。

对于虚假声称某一商标是注册商标或就某一注册商标的商品或服务做虚假描述的行为，应由即席判决判处不超过法定3倍罚金。

英国贸易标准部门负责知识产权犯罪执法，英国警察会对版权刑事犯罪行为进行调查并提起公诉。若治安法官（在苏格兰，为郡长或治安法官）接受警察证词，有理由相信某人有《英国商标法》第92条所述的违法事实的，或者将要实施违法事实的证据就在该处所中的，警察可以被授权进入并搜查住所和使用合理的强制措施。权利人在某些情况下也可以自己提起刑事自诉。英国海关可应版权权利人的请求对进口到英国的侵权产品进行扣押。具体参见英国知识产权行政救济和司法救济内容。

（二）行政途径

当事人可以针对以下决定提出对UKIPO上诉：UKIPO对注册商标申请的驳回、商标行政执法决定以及UKIPO的撤销和无效决定。受UKIPO裁决不利影响的任何当事人对UKIPO做出的裁决不服的，可以在UKIPO裁决通知之日起2个月内向普通法院（在英格兰和威尔士和北爱尔兰的高等法院，在苏格兰的最高民事法院）提起上诉。如果存在法律问题，当事人还可以继续上诉至欧洲法院。

第三节　瑞士商标法律制度

一、概　　述

瑞士联邦简称“瑞士”，是中欧国家之一，全国划分为26个州。瑞士北邻德国，西邻法国，南邻意大利，东邻奥地利和列支敦士登。瑞士拥有四种官方语言，德语、法语、意大利语和罗曼什语，欧洲的三种重要文化在这里融合，形成了德语区、法语区和意大利语区。全境以高原和山地为主，有“欧洲屋脊”之称。作为欧洲的一个内陆小国，瑞士被称为“欧洲的心脏”，同时还有“世界花园”“世界公园”“钟表王国”“金融之国”“欧洲乐园”“欧洲水塔”等美称。[1]

习近平主席2017年1月15日至18日对瑞士联邦进行国事访问、出席世

---

[1] 商务部国际贸易经济合作研究院，商务部投资促进事务局，中国驻瑞士大使馆经济商务参赞处. 对外投资合作国别（地区）指南——瑞士（2017年版）[R/OL]. [2017-09-14]. http://ch.mofcom.gov.cn/article/zwjingji/201705/20170502568998.shtml.

界经济论坛2017年年会并访问在瑞士的国际组织。这是2017年我国外交的开篇之举。瑞士虽然不是“一带一路”沿线国家，却是相关国家，并以其五大优势，在中瑞乃至中欧的“一带一路”合作中发挥其独特作用。这五大优势包括：制造业、自贸优势、金融优势、外交优势、多元优势。2017年5月，瑞士联邦主席多丽丝·洛伊特哈德女士在北京召开的第三届“中瑞商业大奖”颁奖礼活动开幕式上做出表态：“瑞士愿意与中国分享自己的经验，成为‘一带一路’倡议的贡献者。”

瑞士早在1950年就与中国建交，是欧洲发达国家，法律制度健全并不断得到完善，致力于社会经济发展。2017年是瑞士知识产权法律特别是商标类法律得到全面修改的年度，2017年1月1日，新修订的《瑞士联邦商标和产地标记保护法》（TmPA）和《瑞士联邦徽章和其他公共标志保护法》正式生效，《瑞士商标保护条例》《食品“瑞士属性”条例》《注册登记条例》和《徽章条例》也相应做出修订，修订的主要目的在于加大对“瑞士制造”和“瑞士十字”等瑞士属性标识的保护力度。相关法律对外国企业也适用。新法规定，种植和养殖等农业产品（包括牛奶和牛奶制品）原材料100%来源于瑞士，普通食品原材料总重的80%以上来自瑞士，且上述产品关键加工步骤必须在瑞士完成方可使用瑞士属性的标识。[1]

2017年瑞士对知识产权相关立法进行全面修订，现行有效的商标相关立法为2017年修订的《瑞士联邦商标和产地标记保护法》《瑞士商标保护条例》《保护农产品、深加工农产品、林产品以及深加工林产品的地理标志以及原产品产地标志条例》等法律及条例。这些立法详细规定了瑞士在商标、集体商标以及地理标志等权利的取得及保护方法。

瑞士加入了大部分的知识产权相关公约和协定，现已加入大多数与商标保护相关的国际公约或协定（见表8－1），是《保护工业产权巴黎公约》《商标国际注册马德里协定》及世界知识产权组织的成员之一。此外，瑞士还与中国于2007年签订《中瑞经贸联委会关于建立知识产权工作组的谅解备忘录》，瑞士还加入了《黑山和欧洲自由贸易联盟国家之间的自由贸易协定》。无论是双边、区域性还是全球性的知识产权相关公约或协定，瑞士均积极响应，对知识产权的保护做出了应有的贡献。

---

[1] 商务部国际贸易经济合作研究院，商务部投资促进事务局，中国驻瑞士大使馆经济商务参赞处. 对外投资合作国别（地区）指南——瑞士（2017年版）[R/OL]. [2017－09－14]. http://ch.mofcom.gov.cn/article/zwjingji/201705/20170502568998.shtml

表 8-1 瑞士联邦已加入与商标保护相关国际公约/协定

序号	公约/协定名称	加入时间
1	与贸易有关的知识产权协定	1995 年 7 月
2	建立世界知识产权组织公约	1970 年 4 月
3	保护工业产权巴黎公约	1984 年 7 月
4	商标国际注册马德里协定	1892 年 7 月
5	商标国际注册马德里协定有关议定书	1997 年 5 月
6	制止商品产地虚假或欺骗性标记马德里协定	1892 年 7 月
7	商标注册用商品和服务国际分类尼斯协定	1962 年 8 月
8	建立商标图形要素国际分类维也纳协定	仅签字
9	保护奥林匹克标志的内罗毕条约	仅签字
10	保护原产地名称及其国际注册里斯本协定	尚未加入
11	商标法新加坡条约	2009 年 3 月
12	商标法条约	1997 年 5 月

二、商标权的取得与终止

（一）商标注册条件

1. 基本原则

在瑞士，商标权须经注册程序方能取得，且商标权的取得依申请优先原则。《瑞士联邦商标和产地标记保护法》第 7～9 部分规定优先权以及展览优先权问题，可注册的商标种类包括商品商标、服务商标、集体商标和证明商标。同时该法还对地理标志的注册与保护进行规定。另外，瑞士商标法对注册商标的在先权利也进行了规定，即在后注册的商标虽然可以取得商标权，但对于已存在的在先权利也负有容忍义务。

2. 注册条件

根据《瑞士联邦商标和产地标记保护法》，注册商标可以包含下列要素：字词、字母、数字、图像图形、三维标志或者以上要素以及颜色的组合。根据该法，申请注册的商标满足以上基本要求的，可以提交申请，但是该法也规定了绝对拒绝注册申请的情形以及可能拒绝注册申请的情形。绝对拒绝注册的情形有：（1）涉及公共领域的标志；（2）商品的自然形状或常用包装；（3）误导性的标志；（4）有悖于公共政策、道德或法律的标志。有以下情形的，可能会被拒绝注册：（1）可能与在先存在商标相同的且用于相同的商品或服务的；（2）与在先商标相同且用于相类似的商品或服务上的；（3）与在先商标相似且用于相似商品或服务而可能导致消费者混淆的。

（二）商标注册程序

在瑞士，所有商标的注册申请，均需按照要求提交相关材料，这些材料包括：（1）注册申请人的姓名或者单位名称；（2）欲注册商标的图样；（3）欲注册商标指向的商品或服务类别；（4）根据《瑞士商标保护条例》规定的相应的费用。商标注册申请的文本要求语言为德语、法语以及意大利语中的一种，这三种以外的，需提交相应的翻译文本。与大部分国家一样，瑞士要求商标申请人在瑞士有住所或办公场所，或者可以委托瑞士的相关代理机构代为申请。

注册申请与审查程序。瑞士商标注册申请一般须经三个步骤，方能取得商标权。

第一，形式审查。联邦知识产权局会审查申请人提交的各类材料是否符合要求，申请人是否按要求缴纳相关费用，以及是否存在绝对或相对拒绝注册的理由，根据瑞士商标法要求，在瑞士注册商标的，应当在瑞士设有办事处或者指定一个在瑞士的地址。完整提交所要求的所有材料与费用的日期为商标申请日，如果提出商标修改申请，则最后提交修改文件的日期为申请日。

第二，实质审查。瑞士商标法详细列举了实质审查过程中拒绝注册的集中情形，包括：（1）不满足《瑞士联邦商标和产地标记保护法》或《瑞士商标保护条例》的实质要求的；（2）有拒绝注册的要素存在的；（3）其他法律禁止的情形。

第三，核准注册。根据《瑞士联邦商标和产地标记保护法》第 30.3 条的规定，满足上述所有要求的，联邦知识产权局应当核准注册，同时应当进行公告。并且针对所有的商标申请注册文件。均向公众开放查询。在进行公告后，公众有 3 个月的时间提起异议程序，异议人应当在公告期 3 个月内提交书面异议材料，并缴纳相关异议审查费用，联邦知识产权局会进行异议审查并告知异议人结果。

（三）商标权的续展和变更

在瑞士，商标有效期自申请日起 10 年，在规定期限内提起续展申请的，每次可以延长 10 年。申请续展的期限为商标有效期届满前 12 个月以内，并不得超过有效期届满后 6 个月。

对于商标权的使用，可以通过直接标记于商品或服务用语国内销售或出口，同时还可以许可他人使用。但是如果商标权人连续 5 年无合理理由而未使用商标的，商标权人对此商标不再拥有权利。任何人均有权向相关部门提出商标连续 5 年未使用的举报，此时，商标权人应当负有举证自己使用该商标的责任，否则将承担不利后果。

对于注册商标的注销，有以下情形的，联邦知识产权局会注销相关注册商标：(1) 商标所有权人要求的；(2) 商标权有效期满未续展的；(3) 法院判决宣告商标无效的；(4) 异议程序中知识产权局支持异议人无效申请的意见的。

（四）商标权的终止

商标权的终止有诸多原因，既包括权利被撤销，也包括权利人申请终止等。瑞士商标法对此进行了较为详细的规定。

在瑞士，联邦知识产权局可以基于以下事由撤销或者终止注册商标：(1) 商标权人的终止请求；(2) 商标有效期届满未续展的；(3) 在法庭终审判决中被宣告无效的；(4) 受保护的原产地名称或受保护的地理标志的基础原因消灭的；(5) 因为商标权人未能根据该法的使用规定而积极使用，他人向联邦知识产权局提起撤销请求的。

对于任何他人因商标权人未尽合理使用义务而提起的撤销申请，应当指出的是，此处的未尽合理使用义务指的是在商标申请异议期限届满后的连续 5 年内未使用，并且撤销申请人应当向联邦知识产权局缴纳相关申请费用。

三、商标的转让和许可

（一）注册商标的转让

在瑞士，注册商标可以转让，并且转让形式较为灵活，权利人可以选择将商标权全部转让，也可以指定其商标单独用于某一类商品或服务的转让。商标转让应当通过书面形式，并向联邦知识产权局进行登记，只有登记在商标注册登记簿上的转让才是有效的。

（二）商标许可使用

商标权人可以许可他人就商标权的部分或全部行使商标权，并且该许可可以根据双方的意愿进行登记，登记后则对后续的商标权产生效力。

（三）商标权上的其他权利

商标权上可以设立用益权、担保权，同时，还可以对商标权进行强制执行。商标权用益权和担保权的设立应当登记于联邦知识产权局的登记簿，否则不能对抗善意第三人。

四、其他相关问题

（一）集体商标与证明商标

在瑞士，证明商标和集体商标在申请以及其他主要程序性内容上基本一致，故将二者合并介绍。

在瑞士，集体标志是制造业、贸易业或服务业协会的一个标志，可将该组织成员的商品或服务与其他机构的产品或服务区分开来。证明商标是若干经营者在商标所有人的监督下使用并保证商品或服务的质量、产地、制作工艺或者其他相关要素的标志。并且该商标不得用于与商标注册人所属组织内的或者与其有密切经济关系的生产者和经营者。证明商标注册人不得拒绝达到该证明商标所要求条件的生产者或经营者使用该商标。

集体商标与证明商标的注册与普通商标基本一致，但集体商标与证明商标在提交申请材料时应当向知识产权局提交相关商标的使用内容或条件的内部规定，并且提交的使用规定或条件不得违反公共政策、社会道德与知识产权相关法律。使用规定或条件随申请材料一并提交后，知识产权局会进行审查，如果该规定以及其他材料均符合法律要求，则获得集体商标或证明商标注册。如果商标权所属组织内有多次违反提交的规定而使用该集体商标或证明商标，且经法院判决后该组织仍未做出救济性措施，那么该集体商标会被宣告无效。

与普通商标不同的是，集体商标的许可使用需在知识产权局进行登记，只有登记的商标许可才是有效的。

（二）地理标志与原产地名称

在地理标志和原产地名称的注册方面。瑞士的注册程序与普通商标注册程序相同，与保证商标一样的是，提交地理标志或原产地名称申请的组织应当随同申请材料一起提交使用规定。该规定需与所涉及的产品或服务的技术规格等要求一致。在地理标志或原产地名称进行注册时，联邦知识产权局将重点审查以及后续监督以下内容：（1）申请注册人是否适格：（2）提交的使用规定，特别是对于产品规格的各项要求达标；（3）登记程序和异议程序；（4）对于产品质量的控制。

在瑞士，地理标志和原产地名称与一般商标不同之处有如下几点：（1）任何能够满足该申请材料中要求的条件的个人或企业均有权使用该地理标志或原产地标志；（2）地理标志或原产地名称不得转让或许可；（3）如果该地理标志或原产地名称在注册前已存在与其名称相同的注册商标，该地理标志或原产地名称组织不得以此为理由异议该商标权；（4）普通商标规定中的因连续5年无理由不适用而失效的条款亦不适用于地理标志或原产地标记；（5）地理标志或原产地名称不会因为使用而变为通用名，通用名也不能依注册而成为地理标志或原产地名称；（6）如果正在审查注册的普通商标中包含地理标志或原产地名称，那么该普通商标的审查将暂停，一直到对地理标志或原产地名称的审查结束并做出最终决定，如果该地理标志或原产地名称被核准注册，那么该商标可以注册，但是应当严格按照前述地理标志或原产地标志的使用规定进行使用。

对于地理标志和原产地名称的保护，重点打击以下几种行为：（1）任何利用该地理标志或原产地名称的声誉而进行超过使用范围的商业使用；（2）任何仿冒、伪造、变造的行为。

（三）商标的国际注册

在瑞士，商标的国际注册主要通过其加入的《商标国际注册马德里协定》和《商标国际注册马德里协定有关议定书》，并且其国内法与上述协定或议定书不一致的，以协定与议定书为准。

需要注意的是，以下几种情形，才能够通过瑞士联邦知识产权局进行国际注册：瑞士是该欲进行国际注册的商标的原注册国；欲进行国际变更登记的，须瑞士为商标权利人所在国。如果在瑞士进行商标的国际注册或者进行国际变更登记，在瑞士国内，商标权利人对在国际注册与国内注册的商标的专用权相同。

在国际注册与国内注册的转化方面。瑞士商标法规定，如果满足以下条件，依以上协定或议定书进行的国际注册可以转化为国内注册：（1）不存在依据瑞士商标法不予注册的情形；（2）在国际注册取消的3个月内；（3）由国际注册向国内注册转化为同一商标；（4）由国际注册向国内注册的商标所指向的商品或服务分类与瑞士相同；（5）满足瑞士商标法规定的其他要求的。一般认为，这种转化的商标申请日为商标申请人进行国际注册的日期或后续指定的日期，而不是申请转化的日期，对于商标申请人来说，是需要注意的。

五、商标权的侵权救济

（一）民事与行政救济

瑞士商标法在规定侵权救济相关问题时，将民事主体间的侵权救济与相关的行政救济结合说明，因此，本部分按照法律原文的规定，进行介绍。

在商标权属纠纷方面。在发生商标权权属纠纷时，商标原所有权人可以向法院提起商标权转让合同之诉，而不是请求宣告商标无效。如果在商标所有权已发生变动且经过了两年公告，或者商标在注册时未经授权而以他人名义注册，那么原告就丧失了提起此种合同之诉的权利。如果法院支持了原告对商标的所有权，那么被告基于商标所有权而发出的商标许可则自动失效，值得注意的是，如果被许可人或者其他第三方对于该商标被许可权的使用基于善意，或者对此商标的使用已经做出了大量的投入和准备，那么基于诚实信用原则以及保证交易安全的需要，该被许可人或第三人可以享有非独占的使用权。所有以上纠纷发生的法庭判决或裁定，应当及时向瑞士联邦知识产权局提交正式的文书副本免费进行备案。

关于诉前证据保全与财产保全方面。瑞士商标法也做了规定，在发生或有紧迫可能发生侵权行为时，任何人都有权向法院申请以下措施：（1）证据保全；（2）确认侵权行为的发生源；（3）确认以及保全已存在的发生的侵权情况；（4）颁布临时禁令以减少损失或进行补救。在侵权案件判决生效后，胜诉方可请求法院公开判决，但应由法院决定判决公开的范围。

（二）海关协助

瑞士海关在进出口货物检查时发现可能侵害商标权或地理标志的，可以通知商标权人。如果涉嫌侵权货物有紧迫离境的危险或无法保全，海关可以决定扣押相关侵权产品3个工作日，以便于商标权人及时维权。如果商标权人、地理标志权利人、被许可人或其他有权的第三方发现海关进出口货物中有涉嫌侵权产品并有紧迫的可能离开海关的可能的，可以书面请求海关对此进行协助扣押或采取其他措施。海关认为有充分理由相信进口或出口的某些商品涉嫌侵犯商标权的，有权采取相关措施，并及时通知申请人、被采取措施的产品所有人或保管人。海关采取措施后，相关商标权人应当向海关提供所有可能相关的材料，以便于海关及时对被扣押的货物做出处理决定，商标权人请求海关进行协助应当缴纳相关费用。

需要重点说明的是，如果申请人申请海关进行扣押的产品被扣押后极有可能对相关产品权利人造成损失，此时海关应当要求申请人提供明确而具体的责任声明，声明对可能造成的损失承担责任，在某些情况下，海关可以要求申请人提供担保。

（三）刑事救济

商标侵权行为人有以下直接侵权行为时，应当承担刑事责任，包括不超过1年的有期徒刑或一定数额的罚金：（1）滥用、仿冒或伪造注册商标的；（2）提供、销售、进出口侵权产品或为上述商品提供广告服务的；（3）应受害人的请求，任何知晓侵权产品生产者或销售者以及消费者相关信息的，应当披露，否则根据其情节承担刑事责任。此外瑞士商标法还规定，如果商标侵权是出于商业谋利目的，侵权单位或个人将依据其具体情节而被处以5年以下的有期徒刑或罚金，判处有期徒刑的，应当并处罚金。对于违反地理标志或原产地名称的规定而违法使用的，参照以上规则处罚，但违反规定使用显著轻微或仅违反次要条款的，可以免除刑事处罚。

此外，瑞士还对商标的欺诈性使用做了规定。有如下情节的，处以1年以下的有期徒刑或罚金：（1）通过使用他人商标或标记以误导消费者，以次充好的；（2）为侵权产品提供进货、仓储服务的。如果该欺诈性行为出于商业谋利目的，侵权单位或个人将依据其具体情节被处以5年以下的有期徒刑或处罚金，判处有期徒刑的，并处罚金。对于违反地理标志或原产地名称的规定而违法使用的，参照以上规则处罚，但违反规定使用显著轻微或仅违反次要条款的，可以免除刑事处罚。

第四节　俄罗斯商标法律制度

一、概　　述

俄罗斯横跨欧亚大陆，自然资源丰富，是世界上领土面积最大的国家。俄罗斯是“一带一路”倡议的重要支持者和参与者，中俄两国已经建立起全面战略协作伙伴关系，在各个领域开展全方位合作。在经贸关系上，俄罗斯是我国主要的贸易伙伴，我国是俄罗斯的第一大贸易合作国。

苏联的知识产权法律制度发展比较缓慢。[1] 1991年苏联解体后，原有的法律被废止。为了弥补立法上的缺失，加强知识产权保护，俄罗斯联邦在1992～1993年迅速制定一系列知识产权单行立法。其中，商标单行法《商标、服务标记和商品产地名称法》颁布于1992年，[2] 是调整商业标识领域法律关系的主要法律依据。该法于2002年进行修改和补充。[3] 2006年《俄罗斯联邦民法典》第四部分“知识产权编”颁布，[4] 俄罗斯完成了长达十余年的民法典编纂历程。随着“知识产权编”在2008年的生效，俄罗斯的商标法律制度被整体纳入民法典之中，原有的商标单行立法随即被废止。此后，俄罗斯又分别于2010年和2014年对“知识产权编”作了多项修订，[5] 对商标法律制度进行了完善。

从体系安排上来看，《俄罗斯联邦民法典》中的“知识产权编”被安排在整个法典的最后，即第七编，其标题为“智力成果和个别化手段权”。该编共

---

[1] 关于苏联知识产权法制发展的简要回顾，参见 Polina Galtsova，*Intellectual Property Reform in Russia：Analysis of Part Four of the Russian Civil Code*，Masters Thesis（2008）Lund University.

[2] 1992年9月23日第350－1号联邦法律。

[3] 2002年12月11日第166－Ф3号联邦法律。

[4] 2006年12月18日第230号联邦法律。俄罗斯自1994年开始编纂民法典，整个民法典被分为四个部分分别公布和实施：第一部分，包括总则、所有权和其他物权、债法总则三编，1994年10月通过，自1995年起生效；第二部分为债法分则，1995年12月通过，自1996年起生效，该部分只包括债法分则一编；第三部分包括继承和国际私法两编，2001年通过，自2002年起生效；第四部分则为知识产权编，于2006年通过，自2008年起生效。

[5] 2010年10月4日第259－Ф3号联邦法律；2014年3月12日第35－FZ号联邦法律。

分为九章，商标法部分的内容被安排在著作权和专利之后的第76章，标题为“法人、商品、工作、服务和企业个别化手段权”。从内容上看，本章除对商标进行规定以外（第二节），还规定了对其他商业标识，企业名称（第一节）、商品原产地名称（第三节）和起到区别作用的其他商业标识（第四节）的保护。可见，目前的《俄罗斯联邦民法典》实际上是采用了广义的商业标识法的立法模式。值得注意的是，在《俄罗斯联邦民法典》上，商标一词是狭义的，即仅指商品商标而言；而服务商标被称为服务标识。由于服务标识同样适用商标的有关规定，因此本书在讨论商标相关问题时，如无特殊说明，亦包含服务标识。此外，《俄罗斯联邦民法典》“知识产权编”专门设置了总则部分，对著作权、专利和商标领域中的共性问题进行了规定。尤其是关于个别化手段权的取得、效力、利用、保护等方面的一般原则，均须适用总则部分的规定。

同时，俄罗斯也是目前世界上主要商标国际公约的成员。俄罗斯加入的有关商标保护的国际公约有《保护工业产权巴黎公约》《商标国际注册马德里协定》《商标国际注册马德里协定有关议定书》《商标注册用商品与服务分类尼斯协定》《商标法条约》和《商标法新加坡条约》等。2012年，俄罗斯正式加入世界贸易组织，同时也成为TRIPS协议的成员。此外，俄罗斯还与英国、美国、日本、乌克兰等国签订了专门的双边知识产权协定，但是尚未与我国签订上述双边协定。目前，俄罗斯已经积极地参与到“一带一路”倡议之中，随着知识产权问题在贸易等各个合作领域中的重要性不断凸显，中俄双方签订双边知识产权协定应当是未来的一个趋势。

二、商标权的取得

俄罗斯商标权的取得采取注册主义，只有在取得国家注册的商标所有人才能够取得在俄罗斯境内的商标权。个体经营者或者法人均可通过注册成为商标权人。经核准注册的商标，被记载在《俄罗斯联邦商品商标和服务商标国家注册簿》中，主管机关颁发商标证书。商标注册人使用“R”或者“®”来宣示其商标的注册情况。此外，俄罗斯还允许注册集体商标。

（一）商标注册条件

1. 构成要素与禁用标识

在俄罗斯，可以进行商标注册的仅仅限于视觉标识，例如文字、图案、立体图形及其组合，任何颜色或者颜色的组合等。目前，俄罗斯还未将声音、气味非视觉商标等纳入可注册的范围。

关于禁止作为商标注册的标识，在禁用标识方面做出了比较严格的规定。《俄罗斯联邦民法典》详细列举了如下类型。

第一类不得进行商标注册的是含有官方标记或者与其近似足以造成混淆的标识。包括国徽、国旗和其他国家象征和标志，国际组织和政府间组织的全称或简称、它们的徽标、旗帜、其他象征和标志，官方的监督、保证或检验标记、印章、奖章和其他优胜标志等。当然，如果有关主管机关同意，则上述官方标记可以被包括在商标中进行注册，但是商标获得注册后，上述元素亦不受商标法的保护。

第二类禁止注册的是那些可能导致虚假的、使消费者对商品或者商品制造者产生误认的，以及含有违背公共利益、人道主义和道德原则要素的标识。

第三类不允许作为商标进行注册的标识是与俄罗斯联邦各族人民特别珍贵的文化遗产的正式名称或者图案相同或近似以至于可能造成混淆的标识；以及未经所有人许可，使用与他人收藏的文化珍品的图案相同或近似以至于可能造成混淆的标识。该类禁用标识是俄罗斯商标法的特有规定。

第四类禁止注册的标识专门涉及葡萄酒或者酒精饮料的标识。对于那些被俄罗斯参加国际条约的缔约国作为地理标志保护的葡萄酒或者酒精饮料标识，如果被用于指示那些并非产自该缔约国地理区域范围内的葡萄酒或者酒精饮料，则不允许该商标进行注册。

第五类是禁止在任何类型的产品上注册与受到俄罗斯法律保护的原产地名称相同或者近似可能导致混淆的标识作为商标注册。但是，如果商标注册人对原产地名称享有专有使用权，且这些地理标志被作为不受保护的元素包括在商标之中，则应当允许其获得注册。

2. 显著性

显著性是商标注册的实质条件。《俄罗斯联邦民法典》明确禁止将不具有显著性的标识或者以其为元素组成的标识注册为商标。不具有显著性的标识主要包括：商品通用名称；公知符号和通用术语；说明商品性质（质量、数量、属性、用途、价值以及商品生产或销售时间、地点和方式）的标识；以及作为仅仅或者主要为商品性质或者用途所决定的商品自身的形状。

当然，如果上述不具有显著性的标识被作为商标中的一个元素，且在商标整体中不占据主要位置时，该类商标是可以获得注册的，只不过上述元素不受商标法的保护。

此外，《俄罗斯联邦民法典》承认获得显著性理论。上述不具有显著性的标识通过使用而获得显著性的，可以进行商标注册。

3. 不与在先权利冲突

在俄罗斯注册商标同样要求不与在先权利相冲突，《俄罗斯联邦民法典》详细列举了可能构成在先权利的各种情形。

第一类是在先商标。申请注册的商标不得与他人已经在近似类别产品上取得的商标相同或者近似因而可能导致混淆。这些在先商标包括申请日以前已经在俄罗斯获得注册的商标，依据俄罗斯签订的国际公约在俄罗斯境内受保护的商标；依法定程序被认定为俄罗斯联邦驰名商标的；甚至包括他人已经提出注册申请或者优先权日更早，登记申请被驳回也被视为驳回的商标。当然，《俄罗斯联邦民法典》并不完全禁止与他人在先商标相冲突的商标进行注册，经在先商标权人同意即允许在后商标申请人进行注册。允许在后商标注册人通过获得在先商标所有人同意而获得注册的规定，在法律上为商标共存协议的签订预留了空间。

第二类是在先商号、商业标识和育种成果名称。在同类商品上，不得将与已经在俄罗斯受到保护的商业名称或商业标识相同或者近似可致混淆的标识作为商标注册；亦不得将商标注册申请日以前与已经在俄罗斯获得育种成果专属权的育种成果名称相同或近似可致混淆的标识作为商标注册。

第三类是在先著作权、在先姓名权、在先肖像权、在先工业外观设计、在先产品认证标记。未经权利人同意，禁止将商标注册申请之日前在俄罗斯已经为人熟知的科学、文学或者艺术作品的名称、作品中的人物或者引文，艺术作品或者其绘画作为商标注册；禁止将商标注册申请之日前已经存在的俄罗斯著名人物的姓名、化名或者由它们派生出来的标识、肖像或者签名作为商标注册；禁止将商标注册申请之日前已经取得的外观设计、识别标志作为商标注册。在俄罗斯，域名曾被列为在先权利的一种，但是后来被删除。❶

综上所述，俄罗斯的商标注册条件在吸收国际标准的基础之上，又体现出一些自身的特色，尤其是对商标注册设定了一些额外的限制。对于这些与国际公约不相一致的情形而言，《俄罗斯联邦民法典》明确规定，出现该法典有特别规定予以排除的情形时，即依照俄罗斯参加的国际条约承认其可注册性，俄罗斯不再为其提供法律保护。

（二）商标注册程序

1. 申请的提出

商标注册须由法人或者个体经营者向主管机关提起。在俄罗斯，受理商标注册申请的主管机关是俄罗斯联邦知识产权局。❷ 俄罗斯联邦知识产权局另设有联邦工业产权院、专利争议委员会和俄罗斯国家知识产权学院 3 个附属机构。

---

❶ 2010 年 10 月 4 日第 259 – Φ3 号联邦法律。

❷ 俄罗斯联邦知识产权局的官方网站为：http：//www. rupto. ru/rupto/portal/start？lang = ru。

在俄罗斯，商标注册申请奉行单一性原则，即要求一个商标的注册申请应仅涉及一个商品类别。俄罗斯联邦知识产权专利商标局提供了商标注册申请书以及申请书附具的文件的标准格式。申请注册集体商标还需附有集体商标章程。商标注册申请须用俄语提交，商标注册申请所附具的文件可以他语言提交，但是需要附上俄文译文。当然，并不要求上述俄语译文在申请时一并提交，申请人可以在主管机关通知之日起 2 个月内提交。申请书应由申请人或者代理人签字。商标申请日以主管机关收到申请文件的日期为准，如果上述文件非同时提交，则以最后一份文件收到的日期为准。在商标注册申请提交主管机关后，任何人均有权了解截至申请提出之日提交的文件。

2. 优先权

《俄罗斯联邦民法典》规定了三种商标申请优先权，除公约优先权和展览优先权以外，还包括商标优先权。所谓公约优先权，即在《巴黎公约》的缔约方之一提出第一个商标注册申请，之后的 6 个月内向主管机关提出商标注册申请的，申请人可以提出享有优先权，优先权日为第一个提出商标注册申请的日期。所谓展览优先权，即在《巴黎公约》的缔约方之一组织的官方的或者官方承认的国际展览会上展出商品的商标，申请人可以在商标商品展出之日起 6 个月内提出享有展出日优先权。所谓商标优先权，则是指在申请人原始申请并未撤回也未被认为撤回，且在原始申请通过决定之前，就同一商标在不同于原始申请的产品类别提出商标注册申请时，可以主张以原始申请的申请日为优先权日。

如果两个申请人的商标优先权日期重合，申请人需要通过协议确定由哪一个申请人提出申请。如果同一申请人要求的优先权涉及两个以上的商品类别，则申请人只能选择其中一个商品类别进行注册。

3. 申请的审查与决定

俄罗斯的商标注册申请的审查包括形式审查和标识审查（实质审查）两个阶段。

商标注册申请的形式审查在向主管机关提出申请之日起 1 个月内进行，主要是核对提交的申请文件是否齐备及是否符合规定的要求。主管机关对于不符合形式审查要求的申请作出拒绝受理的决定；对于符合要求的申请进入审查程序。在标识审查阶段，主管机关主要针对申请注册的商标是否符合商标注册条件进行审查。对于符合法定商标注册条件的做出商标国家注册的决定，对于不符合上述条件的做出不予注册的决定。在做出正式决定前，主管机关可以将其审查结论通知申请人，并说明准予或者拒绝商标国家注册的理由，同时建议申请人做出解释。申请人可以在上述书面通知送达之日起6个月内做出解释。主管机关在收到缴纳注册申请费和商标证书工本费凭证之日起1个月内在《商标国家注册簿》中对商标进行国家注册。主管机关立即将有关商标进行国家注册的信息和列入《商标国家注册簿》的信息在官方公报上公布。主管机关在商标注册后1个月内颁发商标证书或者集体商标证书。

在商标审查决定做出之前，商标注册申请人有权对申请材料进行补充、说明或者修改，但是补充材料不能增加申请书中没有的商品类别，亦不能对申请的商标标识做重大的更改。商标注册申请的审查期间，主管机关亦可以要求申请人提交补充材料。申请人在要求之日起2个月内未提交补充材料的，视为撤回申请。申请人可以申请延长上述期限，但最长不能超过6个月。商标国家登记日之前，可以在审查的任何阶段撤回商标注册申请。

对于联邦主管机关做出的拒绝受理商标注册申请、准予商标国家登记、对商标不予注册以及认定商标注册申请已被撤回的决定不服的，申请人可以在收到有关决定之日起3个月内向专利争议委员会提出异议。

通过2014年对《俄罗斯联邦民法典》的修订，俄罗斯在商标审查程序中引入复议制度，授权主管机关可以在商标注册前对商标注册决定进行复议。复议制度适用的情形包括：收到具有更早优先权的用于同类商品的相同或者近似足以导致混淆的标识申请；已注册的原产地标志与注册决定中所列商标相同或者近似足以导致混淆的；发现包含相同商标的申请，或者发现受保护的相同商标或者具有更早优先权的商标所列商品类别与所申请商标所列商品类别完全相同或者部分相同；以及将标识作为商标注册，申请人的变更可能导致消费者对商品或者商品制造者的误认。俄罗斯商标注册程序如图8－2所示。

（三）注册商标的续展与变更

商标权的保护期限为自向联邦知识产权行政主管机关提出商标注册申请之日起的10年内。商标权人可以在商标有效期的最后一年提出申请再续展保护。续展商权有效期的次数不受限制，每次可续展10年。商标权人在商标权保护期限届满前未提出续展申请的，俄罗斯法律赋予其在保护期限届满后6个月内提交续展申请的宽展期。商标权有效期续展需记入《商标国家注册簿》和商标证书。

商标权人欲对商标注册事项进行变更的，包括权利人的名称或者姓名、商标使用产品类别的缩减以及对商标个别元素的非实质性修改等，均应通知联邦知识产权行政主管机关。商标注册事项的变更，均应列入《商标国家注册簿》和商标证书中同时缴纳相应的费用。

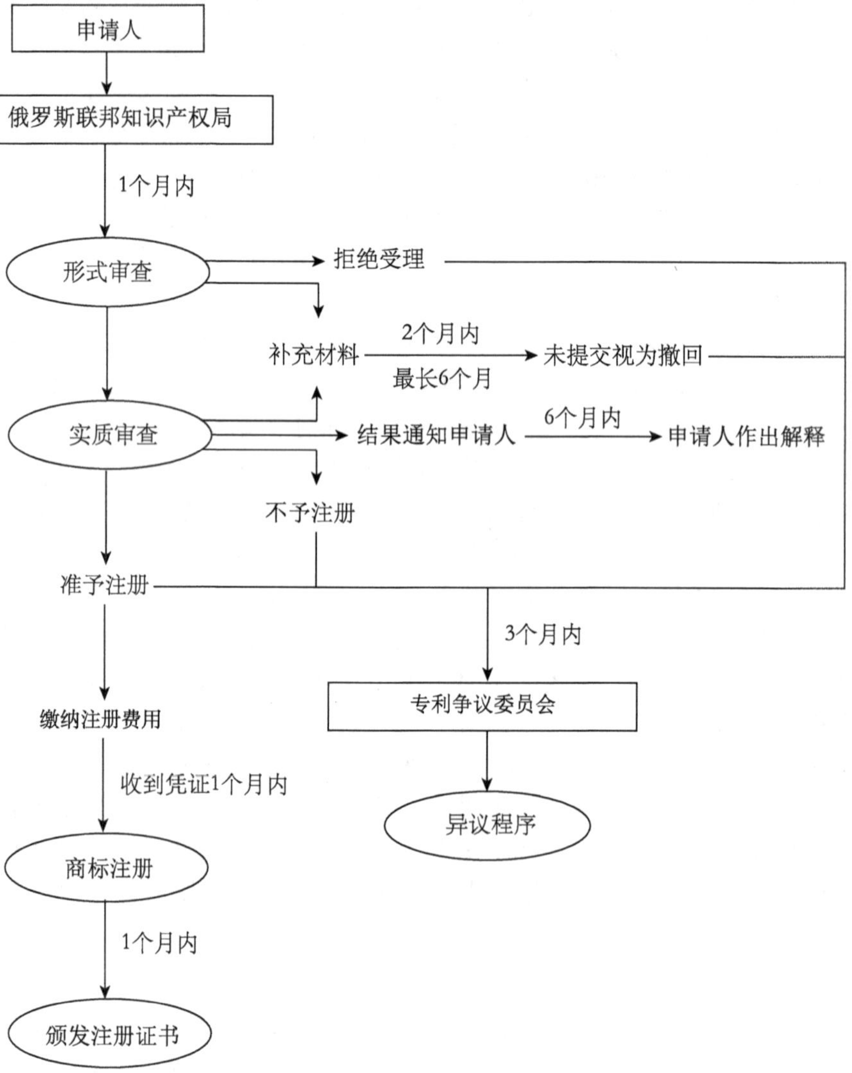

图 8－2　俄罗斯商标注册程序

三、商标权的终止

（一）商标权异议和无效程序

根据《俄罗斯联邦民法典》的规定，对商标保护的异议，包括对联邦知识产权行政主管机关的商标注册决定提出的异议，以及对根据该决定而产生的商标权提出的异议。关于异议的理由、异议人、主管机关及异议期限如表 8－2 所示。

表 8-2　俄罗斯商标异议和撤销事由

	异议事由	异议申请人	主管机关	异议期限
1	违反绝对注册条件	利害关系人	专利争议委员会	商标权有效期内
2	违反相对注册条件	利害关系人	专利争议委员会	商标登记信息在官方公报公布之日起 5 年内
3	主体不适格	利害关系人	专利争议委员会	商标权有效期内
4	商标优先权晚于他人受保护的驰名商标	利害关系人	专利争议委员会	法律保护有效期内
5	违反《巴黎公约》将商标权授予商标权人的代理人	有利害关系的《公约》缔约国内的商标权人	专利争议委员会	商标权有效期内
6	商标权人构成权利滥用或者不正当竞争	利害关系人	联邦知识产权行政主管机关	商标权有效期内
7	抢注驰名商标	利害关系人	专利争议委员会	商标权有效期内

需要注意的是，在商标异议和撤销的理由方面，在俄罗斯除了包括商标注册条件的事由以外，还包括商标权人构成权利滥用或者不正当竞争的情形。而在我国商标法并不存在以商标权滥用为由提出商标异议和宣告无效的规定，上述限制对于商标权人而言显得更为严格。

认定商标法律保护无效的法律后果是做出撤销商标注册的决定。联邦知识产权行政主管机关关于认定商标法律保护无效的决定或拒绝认定商标法律保护无效的决定自做出之日起生效。对上述决定不服的可以向法院提出异议。认定商标保护完全无效的，专利证书和《商标国家注册簿》的记载应予以作废；认定商标法律保护部分无效，则应颁发新的商标证书和将相应变更记入《商标登记簿》。在做出认定商标保护无效的决定前签订的许可合同，做出决定之前已经履行的部分仍然有效。不服行政主管机关决定的，可以向俄罗斯联邦知识产权法院提起诉讼。[1] 而对于其他知识产权侵权案件，则由其商事法院作为一审和二审，知识产权专门法院将作为再审法院，负责对其他商事法院就知识产权侵权案件所作出的判决进行法律审查。知识产权法院对由其作为一审法院审理的案件，将由 3 名或更多法官组成的合议庭进行审理。最高商事法院将负

[1] 俄罗斯联邦知识产权法院正式成立于 2013 年，属于俄罗斯仲裁法院系统内设置的审理知识产权案件的专门法院，负责管辖有专利、商标确权、撤销及其他行政决定的一审案件以及知识产权侵权的上诉案件。该法院网站为 http：//ipc. arbitr. ru，目前只有俄文版。

责对知识产权法院的司法活动进行法律审查，其将对知识产权案例法的创制进行监督和管理。

（二）商标保护的终止

根据《俄罗斯联邦民法典》的规定，商标保护在下列情形下终止（第1514条第1款）：（1）商标权有效期届满；（2）法院认定使用集体商标的商品不具有统一的品质或者其他共同特点的；（3）商标注册后在任何时间内连续3年不使用；（4）作为商标权人的法人终止或者个体经营者经营活动终止；（5）商标权人放弃商标权；（6）经法院认定，商标已经退化为指示特定种类产品的公有标识。对于驰名商标而言，可能因连续3年不使用、主体经营活动终止、权利人放弃、因其标识成为公有标识、丧失知名度等原因被终止。此外，在未同权利人签订合同而移转商标专属权的情况下，如果能够证明此种转移可能导致消费者对商品或者商品制造者的误认识，利害关系人可以提起诉讼，由法院判决终止对商标的保护。

（三）连续3年不使用的撤销

如果商标权人在注册后的任何时间内连续3年不使用注册商标，利害关系人可以在上述3年期限届满后向商事法院提出申请，要求撤销商标注册。这里所说的商标使用，是指商标权人、被许可人以及在权利人监督下使用商标的人依照法律规定进行商标使用行为，但是与商品进入民事流通领域无直接关系的情形除外。改变商标的个别元素，但是不影响商标的显著性，亦不会限制对商标的法律保护的，亦构成这里的商标使用。当然，在该类案件中，商标权人负有证明商标使用的证明责任。

四、商标的许可和转让

在俄罗斯，除了集体商标不得许可和转让以外，普通的商标是可以进行许可和转让的。在俄罗斯，注册商标的许可和转让均为要式法律行为，双方当事人不但须签订书面合同，而且须在主管机关进行登记。未采取书面形式或者未在主管机关登记的许可转让合同无效。

商标权人可以与他人签订商标许可合同，许可其在合同规定范围内使用商标。许可合同需要明文规定商标的使用方式，未明确规定的视为未许可。许可合同中需约定被许可人使用商标的地域范围。许可合同没有指明被许可人可以使用商标的地域范围的，则限于被许可人从事经营活动的领域内。许可合同的有效期不得超过注册商标的有效期，专有权终止时许可合同亦随之终止。许可合同未规定有效期的，除法律另有规定的以外，合同的有效期视为5年。被许可人必须保证其所生产和销售的商品符合许可人规定的质量要求。许可人有权进行监督。被许可人是产品制造者的，许可人和被许可人需对产品质量承担连带责任。此外，被许可的商标中包含原产地名称的，如果该原产地名称在俄罗斯联内已受法律保护，则只有在被许可人对该原产地名称同时享有权利时，其才有权使用整个商标。

商标权利人可以将其商标转让给他人。俄罗斯并不要求商标连同商誉一并转让。但是，商标转让有以下两个例外：第一，商标转让不得导致消费者对商品或者商品制造商误认；第二，转让含有不受保护元素的原产地名称的商标，需商标权利人对该原产地名称享有专有权利。

五、商标侵权与抗辩

（一）商标侵权

商标权利人对其注册的商标享有专有权和处分权。商标专有权是将商标用于对商标注册时指定的商品、工作、服务的个别化。具体来讲，使用商标的方式主要包括将商标使用于商品上、商品标签上、商品包装上，或者履行的工作或者提供的服务上，或者在商品流通领域的有关文件上，销售商品、完成工作和提供服务的要约以及在通告、招牌和广告上，以及互联网（包括域名和其他编址方式）上。因此，未经权利人许可，他人不得在同类商品上使用与权利人商标近似的标识导致混淆。

《俄罗斯联邦民法典》确立了混淆原则作为判断商标侵权成立的基本原则。在商品、商品标签、商品包装上非法使用商标或者使用与商标近似的标识可能导致混淆的，构成商标侵权。

此外，制作、传播或者以其他方式使用以及进口、运输或者保管反映个别化手段的物质载体导致侵犯他人专有权的，以及提供主要用于或者其准备用于实施侵犯个别化手段专有权的设备、其他装置和材料的行为，均构成对商标权的侵犯。

对未在俄罗斯注册的商标制造防预性标志的人，须依照俄罗斯的法律承担责任。

按照《俄罗斯联邦刑法》第 180 条的规定，多次非法使用相同近似商标或者非法使用未注册商标，或者造成巨大损失的，构成非法使用商标罪，须承担刑事责任。

（二）侵权抗辩

关于商标权的限制与例外，《俄罗斯联邦民法典》首先规定了商标权利穷竭原则。任何人使用或者转售对已由权利人或者经权利人同意而投入民事流通的商品，不构成对商标专有权的侵犯。关于商标的平行进口问题，俄罗斯、白俄罗斯和哈萨克斯坦于2010年签署协议，规定在三国领土范围内，他人通过与商标持有人进行民事交易或者获得商标持有人的同意后在相关的货物上使用该商标，则不视为侵犯商标专有权。在司法领域，俄罗斯各级法院对于平行进口的态度并不一致。俄罗斯最高法院倾向于采国内穷竭说，认为平行进口构成商标侵权。❶

此外，《俄罗斯联邦民法典》明确规定，在某些情况下，可以对商标专属权设置限制，但是这种限制应以维护权利人和第三方的合法利益为条件。但是目前，俄罗斯尚未制定限制商标权的具体条款。

虽然《俄罗斯联邦民法典》并未明确规定指示性使用、叙述性使用等商标权的限制性规定。但是，该法关于商标使用的规定在一定程度上排除了上述使用构成侵权的可能性。但是，在2016年的AVTOVAZ PJSC商标案件中，俄罗斯知识产权法院改变了指示性使用不构成商标侵权的观点，明确指出第三方销售者未经许可而展示他人商标的，即使销售的是商标所有人的产品，亦构成商标侵权。❷按照该判决，销售商在销售合法获得的产品时展示商标的，仍然需要取得商标所有人的许可。

（三）驰名商标的保护

由于频繁使用而使得俄罗斯境内的产品消费者广泛知晓的商标，可以向联邦知识产权行政主管机关申请认定为“俄罗斯驰名商标”，不论该商标已经在俄罗斯境内注册或者依国际条约而受到保护的商标，还是虽然实际使用但是不受俄罗斯法律保护。但是在他人就相同或近似商标享有优先权后才为消费者广泛知晓的商标，则不得被认定为驰名商标。驰名商标的认定采被动认定原则。被认定为驰名商标的，由主管机关列入《俄罗斯联邦驰名商标名录》，颁发驰名商标证书，驰名商标的信息在官方公报中公布。

《俄罗斯联邦民法典》明确规定，对驰名商标提供法律保护即确认驰名商标的专有权。驰名商标享有这种商标专有权，没有保护期限的限制，并享受跨类保护。驰名商标的持有人有权禁止他人在不同类别的商品使用相同商标，可能使消费者联想到驰名商标持有人并有可能因此损害驰名商标持有人的合法利益的行为。

---

❶ Natalya Babenkova, Protecting Against Parallel Imports into Russia, INTABulletin, 2012, 67 (4).

❷ Krusovice, Case No. A40 - 60322/10 - 12 - 360; Evian, Case No. A41 - 39651/09. See Julia Zhevid, Tatyana Kulikova, *Russian IP Court Issues Interesting Decision Concerning Use of Third Party Trademarks*, https: //www. petosevic. com/resources/news/2017/02/3618, last visited on 25 January 2018.

六、法律救济途径

（一）司法途径

对于包括侵犯商标权在内的侵犯知识产权行为，《俄罗斯联邦民法典》提供了以下几种法律救济。

第一，确认权利。对于那些否定或者以其他方式拒绝承认知识产权专有权利，因此可能侵犯权利人利益的人，权利人可以要求法院确认其权利。

第二，制止侵权或者构成侵权威胁的行为。对于那些正在实施侵权行为或者为实施侵权行为做出必要准备的人，权利人可以要求法院制止上述行为。就商标侵权而言，商标权人可以要求禁止侵权商品、商品标签和商品包装继续流通，费用由侵权人负担；如果侵权商品投入流通是公共利益所必需的，则权利人有权要求从侵权商品、商品标签、商品包装上去除非法使用的商标，费用由侵权人负担。在完成工作和提供服务时侵犯商标权的，应从完成工作或者提供服务有关的材料上去除侵权商标，包括文件、广告、标牌等。如果制作、传播或者以其他方式使用以及进口、运输或者保管反映个别化手段的物质载体导致侵犯他人专有权时，这种物质载体被视为侵权物品，并应依照法院判决禁止流通或予以销毁，而不给予任何补偿，但法律规定了其他后果的除外。主要用于或者其准备用于实施侵犯个别化手段专有权的设备、其他装置和材料，应根据法院裁判禁止流通并予以销毁，费用由侵权人负担，但法律规定移交作为俄罗斯联邦收入的情况除外。此外，如果各种不同的个别化手段（商业名称、商品商标、服务商标、商业标识）相同或者近似，并且可能误导消费者，或者可能误导先取得个别化手段专有权享有优先权的当事人的，权利人可以请求认定已提供法律保护的相同或者近似的商标无效，或者要求完全或部分禁止使用相同或近似的商业标识。

第三，赔偿损失。商标权人有权向侵权人主张损害赔偿。此外，权利人有权不要求赔偿损失，而要求侵权人给付侵犯上述权利的补偿金。在侵权事实得到证明时，支付补偿金的要求应当得到支持。同时，免除要求权利保护的权利人关于损失数额的证明责任。补偿金的数额由法院在法律规定的限度内，根据侵权行为的性质和其他情节并考虑请求的合理性和公正性予以确定。权利人有权请求侵权人对每次非法使用智力活动成果或个别化方法支付补偿金或者对全部侵权行为整体支付补偿金。商标权人有权根据自己的选择要求侵权人用支付补偿代替赔偿损失。补偿金的数额可以由法院根据侵权行为的性质在 1 万卢布至 5 万卢布之间进行裁量，亦可以非法使用商标的商品价值的 2 倍或者商标使用权价值的 2 倍计算。商标使用价值应当按照可比情况下合法使用商标通常应收取的价格计算。

第四，扣押侵权产品。对于侵权产品的制作者、进口商、保管人、承运人、销售人、其他传播人、非善意取得人，权利人可以请求法院扣押物质载体。

第五，公布法院关于侵权行为的判决并指出真正的权利人。

为在侵犯专属权案件中对索赔进行保全，应当按照诉讼程序法的规定对涉嫌侵犯个别化手段专有权的物质载体、设备和材料采用保全措施，包括扣押物质载体、设备和材料。

此外，如果法人多次或者严重侵犯个别化手段的专有权，法院可以按照检察长的请求依《俄罗斯联邦民法典》第 61 条第 2 款的规定做出对该法人进行清算的裁判；如果公民实施此种侵权行为，则他作为个体经营者的活动可以根据法院的民事判决或者刑事判决按法定程序予以终止。

（二）行政途径

在俄罗斯，行政机关有权对严重的商标侵权行为进行处罚。根据《俄罗斯行政违法行为法典》的规定，非法使用商标构成不正当竞争行为的，俄罗斯联邦反垄断委员会可以对侵权人处以 3 万 ~4 万卢布的罚款。

对于进口过程中涉嫌侵犯商标权的货物，商标所有人可以向俄罗斯海关请求保护。2004 年俄罗斯成立海关总署，隶属于俄罗斯联邦政府领导。俄罗斯海关实行垂直管理体制，海关总署统一管理全国海关。全国海关分为海关总署、直属地区海关局、隶属海关及海关监管点四个层级。2004 年实施的《俄罗斯联邦海关法典》增加了知识产权保护的内容，规定了为保护知识产权所采取的专门措施。海关总署还设立了专门负责知识产权保护的处室——打击文化珍品和侵犯知识产权商品走私处。根据知识产权权利人的请求，俄罗斯海关可以依法采取措施，暂停放行侵犯知识产权的货物。此外，海关采取的保护措施，不妨碍知识产权权利人按照俄罗斯联邦法律规定采取其他措施主张保护自身权利。

在执法过程中，对于进口带有与本国商标相同或者近似的他人在外国注册商标的商品，俄罗斯海关通常认为属于侵权产品。但是俄罗斯知识产权法院和俄罗斯联邦最高法院在 TRISOLEN 商标案件中做出相反的判决。[1] 在该案中，斯摩棱斯克海关扣押一批由德国进口的带有 TRISOLEN 商标的货物，货物出口方在德国是该商标的注册人，该商标与一家俄罗斯公司注册的 ТРИЗОЛЕН 商标构成近似。两级法院则确认带有出口国合法注册商标的商品进入俄罗斯境内并不属于违反《俄罗斯联邦行政违法行为法典》的行为。该判决在实质上突

[1] No. A43 - 10065/2016；No. 301 - Ад17 - 4305/2017.

破了商标保护的地域性原则。但是，在民事领域，俄罗斯知识产权法院似乎又倾向于认为上述行为构成商标侵权。❶

第五节　白俄罗斯商标法律制度

一、概　述

白俄罗斯地处东欧平原，是连接欧亚大陆的战略要地。白俄罗斯于 1991 年 8 月 25 日宣布从苏联独立，并于同年 12 月 19 日将国名改为“白俄罗斯共和国”。白俄罗斯是独联体的重要成员之一，与俄罗斯保持着紧密的战略联盟关系。1999 年，两国缔结《关于成立俄罗斯和白俄罗斯联盟国家的条约》。在经济领域，白俄罗斯也是欧亚经济联盟的重要推动者和参与者。我国于 1992 年与白俄罗斯建交，两国关系稳定发展。2013 年，两国建立了“全面战略伙伴关系”。2014 年，中国商务部与白俄罗斯经济部签署了关于共建“丝绸之路经济带”合作协议书。此外，两国正在联手建设“中国 - 白俄罗斯工业园”，通过这一平台深化两国产业合作。

取得独立之后，白俄罗斯即开始着手建立自己的知识产权保护法律体系。白俄罗斯现行的商标法的主要渊源有：1998 年颁布的《白俄罗斯民法典》第 5 编“知识产权编”的相关内容，❷ 以及 1993 年颁布的《白俄罗斯商标和服务标记法》，❸ 该法最近一次修订于 2012 年。此外，白俄罗斯于 2002 年颁布《白俄罗斯地理标志法》，❹ 该法最近修订于 2012 年。

在《白俄罗斯民法典》中，商标法的部分内容被安排于第 5 编“知识产权编”第 67 章“民事交易参与者、产品、服务的个别化手段”第 2 节“商标和服务标识”。与俄罗斯的模式不同，《白俄罗斯民法典》并未完全取代商标单行法，而是仅对商标法的基本原则和主要内容（例如商标的概念、商标的保护、商标权、商标权保护期限、商标的转让和许可等）进行了规定，具体细节问题则交由单行法进行规定。单行法除了规定细节问题以外，同时重述了民法典中的相关规定。

白俄罗斯加入的有关商标保护的国际条约包括《保护工业产权巴黎公约》《商标国际注册马德里协定》《商标法新加坡条约》《商标国际注册马德里协定

---

❶ No. A43 - 26595 - 2015.

❷ 1998 年 12 月 7 日第 218 - Z 号法律。

❸ 1993 年 2 月 5 日第 2181 - XII 号法律。

❹ 2002 年 7 月 17 日第 127 - 3 号法律。

有关议定书》《商标注册用商品和服务国际分类尼斯协定》《保护奥林匹克标志的内罗毕条约》等。白俄罗斯于1993年开始申请加入WTO，为此开始按照WTO的标准不断完善本国的知识产权立法。截至目前，白俄罗斯尚未正式加入WTO。

作为独联体的成员国，白俄罗斯加入了独联体内部的《制止和打击仿冒商标和地理标志措施协议》以及《知识产权法律保护和执法领域合作与建立各国间法律保护和执法委员会的协议》。并与中国、乌克兰、俄罗斯、摩尔多瓦、吉尔吉斯斯坦、阿塞拜疆、格鲁吉亚等国签订了专门的双边知识产权保护协定。

白俄罗斯历来重视知识产权保护。2012年，白俄罗斯政府颁布了《2012—2020知识产权发展战略纲要》，提出了与国际标准接轨、全面加强知识产权保护、管理与运营的目标。[1]

二、商标权的取得

在白俄罗斯，商标法保护的客体包括商品商标和服务商标。白俄罗斯商标权的取得采取注册主义，只有在主管机关注册的商标方能获得其国内法的保护。经核准注册的商标，由主管机关颁发商标证书。

（一）商标注册条件

1. 构成要素与禁用标识

根据《白俄罗斯商标和服务标记法》的规定，可以注册为商标的标识包括任何文字、字母、数字、图形、颜色的组合和三维标志（包括产品的形状或者产品的包装）以及上述要素的组合。

《白俄罗斯商标和服务标记法》明确禁止仅由国家纹章、国旗、国徽、国家正式名称，国际组织的旗帜、徽章及缩写，代表官方控制、保证、鉴定的符号，或者其他荣誉勋章构成或者与其近似可能造成混淆的标识注册为商标。当然，经有权机关或者标识所有人授权，上述标识可以作为不受保护的商标中的构成要素进行注册。此外，那些可能导致消费者对产品、产地或者生产者发生误认的标识，含有标示白俄罗斯参加的国际条约所保护的葡萄酒、烈酒产地的标识，或者违背公共秩序、人道主义和道德原则的标识亦不得注册。

2. 显著性

《白俄罗斯商标和服务标记法》规定，不具有显著性的标识不得作为商标

---

[1] 白俄罗斯《2012—2020知识产权发展战略纲要》的全文，见 http://belgospatent.by/eng/files/2017/Strategy_EN.pdf，2017年6月21日最后访问。

进行注册。具体来讲，该法又进一步列举了不具有显著性的标识，包括：通用的指代某类产品的标识，通用的符号和词汇，指代产品的种类、质量、数量、品质、功能或者价值，产品制造或者销售的地点、时间或者过程所必需的标记，以及完全或者主要由产品的属性所决定或者为了达到一定的技术效果或者实现产品的关键价值所必需的产品的形状或者包装。但是，不具有显著性的标识可以作为商标中次要的、不受保护的要素进行注册。此外，在申请日前，通过使用获得显著性的标识，可以进行注册。

3. 不与在先权利冲突

依《白俄罗斯商标和服务标记法》的规定，构成商标注册中的在先权利的有以下几种情况。

第一，不得与在先商标相同或者近似从而造成混淆。这些商标包括：在申请日或者优先权日前，他人于白俄罗斯在同类产品上已经注册或者已经申请注册的商标；依白俄罗斯参加的条约受白俄罗斯保护的他人在同类产品上的商标；以及依白俄罗斯国家科技委员会认定为驰名商标的他人在任何类型产品上的商标。经上述商标的所有人书面同意的，允许进行注册。

第二，在任何类别的产品上不得注册与白俄罗斯保护的原产地标记相同或者近似可能导致混淆的商标。但是，如果商标注册人对原产地名称享有专有使用权，且这些地理标志被作为不受保护的元素包括在商标之中，则应当允许其获得注册。

第三，不得将他人享有的、与受白俄罗斯法律保护的、先于商标注册优先权日的商号相同或者近似可能导致混淆的标识注册为商标。

第四，其他先于商标注册申请取得的合法权利。主要包括：他人在白俄罗斯享有的工业设计权；在白俄罗斯知名的科学、文学或者艺术作品中的姓名，作品中的人物，艺术作品或者作品的片段（经权利人许可的除外）；在白俄罗斯注册的大众媒体的名称（经所有人许可的除外）；白俄罗斯知名人物的姓、名、假名或者签名，肖像或者面容（经权利人许可的除外）。

（二）商标注册程序

1. 申请的提出

商标注册须由法人或者自然人委托代理人或者自行向主管机关提起。在白俄罗斯，受理商标注册申请的主管机关是白俄罗斯国家知识产权中心（The National Center of Intellectual Property，NCIP）。[1] 申请所需文件包括商标注册申请书、商标图样、商品或服务清单、委托书、付款单据。提交注册申请时没有

[1] 白俄罗斯国家知识产权中心的官方网址为：http：//belgospatent. by/。

商标已经被使用的要求。

2. 优先权

白俄罗斯的商标注册实行申请在先原则。商标注册申请日为商标局收到注册材料之日。同时，根据《巴黎公约》的规定，《白俄罗斯商标和服务标记法》规定了两种优先权，即公约优先权和展览优先权。享有优先权的主张须在提出注册申请时或者主管机关收到申请之日起2个月内（最长不超过3个月）提供相应的证明。

3. 申请的审查与决定

白俄罗斯国家知识产权中心接收商标注册申请，官方使用语言是俄语或者白俄罗斯语。在白俄罗斯，商标注册的审查被称为专家审查，包括初步专家审查（形式审查）和专家审查（实质审查）两个阶段。在商标注册审查过程中，申请人可以主动请求或者应审查员的要求参与审查过程，以解决审查过程中出现的特定问题。在商标注册日以前，申请人有权在审查的任何阶段补充、明确、更正其申请；如果实质性地改变申请标识或者扩张申请使用的产品类型，则需要单独提出申请。

根据实质审查结论，主管机关最终做出给予注册或者拒绝注册的决定。申请人不服商标注册决定的，有权在收到决定后3个月内向主管机关请求进行重新审查。重新审查的决定须在收到申请后2个月内做出。

不同意各个阶段的审查决定的，申请人有权在收到上述决定后1年内向主管机关设立的复审委员会或者法院提出异议。复审委员会须在收到异议后1个月内做出决定。不服复审委员会决定的，申请人有权在收到决定后6个月内向白俄罗最高法院起诉。白俄罗斯商标审查程序如图8-3所示。

对于决定准予注册的申请，主管机关在收到收费单据后1个月内将商标记载于联邦注册簿上，此后1个月内颁发商标注册证书。

（三）注册商标的续展与变更

白俄罗斯注册商标的保护期为自注册申请日起10年。在所有人的要求下，可将保护期再延长10年。延长保护的申请需在商标有效期的最后一年内提出。商标权人在商标权保护期限届满前未提出续展申请的，白俄罗斯法律赋予其在保护期限届满后6个月内提交续展申请的宽展期，但是需要支付额外的费用。商标注册期限的延展需要在商标注册簿上登记，并记载在商标注册证上。

商标所有人的姓名（名称）、假名，住所或者惯常居所的变更，减少商标注册簿上的产品类别，未在实质上更改商标要素等，需要通知主管部门。上述变更需要记载于商标登记簿和商标证书。主管机关可以主动或者依所有人的请

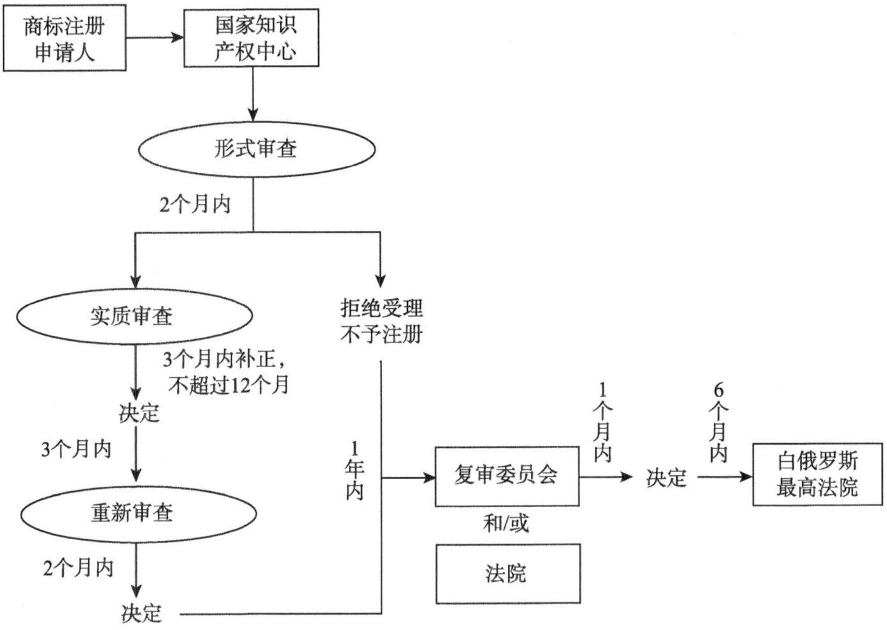

图 8－3 白俄罗斯商标审查程序

求更改商标注册中的语法、印刷或者其他明显的错误。依所有人的申请，商标注册的产品范围可以进行分割。

三、商标权的终止

（一）商标权撤销与无效程序

商标注册可以因商标的终止或者被认定为无效而撤销，商标撤销的决定须记载在登记簿中。

根据《白俄罗斯商标和服务标记法》的规定，任何人均可以在法定期间内向复审委员会提出认定商标无效的请求，要求认定商标注册全部或者部分无效。提出无效申请的理由主要有：（1）保护期内出现违反该法第 2 条第 1 款、第 4 条、第 5 条第 4 ~5 款的规定的；（2）保护期内商标退化为指示产品种类的通用名称的；（3）保护期内商标所有人被反垄断机构或者法院认定为从事不正当竞争行为的；（4）商标注册数据公布之日起 5 年内出现该法第 5 条 1 ~3 款规定情形的。不服复审委员会决定的，可以在收到决定后 6 个月内向白俄罗斯最高法院起诉。

（二）商标保护的终止

在白俄罗斯，导致商标保护终止的事由有：商标保护期届满，由于连续 3

年未使用而被白俄罗斯最高法院宣告提前终止保护，使用集体商标时不具有一直的品质或者其他属性，商标所有人书面放弃商标权，作为商标所有人的组织终止（自然人死亡）。驰名商标法律保护的终止，始于复审委员会采纳任意第三人提出的该标识已经在白俄罗斯联邦领域内失去了广为相关消费者所知的地位，不服该项决定的可以在接到决定后 1 年内向白俄罗斯最高法院起诉。

（三）连续 3 年不使用的撤销

值得注意的是，关于连续 3 年不使用的法律后果，《白俄罗斯商标和服务标记法》并未采用撤销的表述，而是采用了提前终止保护的表述。该法规定，从注册之日起 3 年内，若无正当理由未持续地将该商标用于注册时列明的全部或者部分货物，应提前终止对商标的保护。

所谓商标使用，是指商标所有人或者被许可人将商标用于注册的商品上，或者其标牌、包装、网络（包括域名）、民事交易领域中的文件，或者轻微改变某些要素但是不影响其显著性不会消除法律保护的使用。亦包括于白俄罗斯境内举行的展览会或者集市上在广告、印刷品、标志牌上使用商标，有合理理由不使用的除外。从事中介交易的人，依据合同约定，可以在产品上与生产者的商标同时使用自己的商标，或者去掉生产者的商标仅仅使用自己的商标。法人有权在产品上使用集体商标的同时使用自己的商标。

对于存在连续 3 年不使用情形的商标，任何人均有权自 3 年届满后提请白俄罗斯最高法院提前终止对商标的保护。法院应考虑商标所有人提供的关于商标使用的证据，考察未使用商标的理由是否属于商标所有人不可控的因素。白俄罗斯最高法院确认，他人经商标权人同意的使用亦属于此种情形下的商标使用。[1]

四、商标的许可和转让

《白俄罗斯商标和服务标记法》规定，商标权人可以通过合同的方式向他人许可或者转让其获得注册的全部或者部分类别产品上的商标权，商标权亦可以成为抵押的标的。作为商标许可和转让的限制，《白俄罗斯商标和服务标记法》规定，商标许可合同必须包含以下条款，即被许可人的产品质量不得低于许可人的产品，为满足上述条件，许可人应对被许可人给予一定的质量控制；商标转让不得造成消费者对产品或者其生产者的误认。在白俄罗斯，商标的许可、转让、抵押均为要式法律行为，上述各种类型合同的订立与变更均需在主管机关进行登记，不登记不发生法律效力。

---

[1] Case No. 12 – 01/08 – 2012.

五、商标侵权及抗辩

（一）商标侵权

根据《白俄罗斯商标和服务标记法》，商标所有人享有使用和处分商标的排他性权利，包括禁止他人使用商标的权利。未经所有人同意，任何人不得在白俄罗斯境内使用受保护的商标。具体来讲，商标侵权行为的主要类型有：未经许可的制造、使用、进口、许诺销售、销售以及其他民事交易行为，或者为上述目的储存带有商标的产品，或者带有近似商标的同种产品可能导致混淆，或者带有在被认定为白俄罗斯驰名商标的不同类别的产品。

在未经商标所有人许可的情况下，任何人都不得使用在白俄罗斯共和国领土上被保护并获得相应证书的商标，包括在商品和服务中、互联网域名、商品流通中所使用的介绍性材料、商品的标签和包装上使用，以及使用经修改后却并没有影响到其显著性特征的商标等行为。

（二）侵权抗辩

《白俄罗斯商标和服务标记法》对商标权的限制与例外并无详细规定。在白俄罗斯，尚不承认商标在先使用抗辩。

如前文所述，俄罗斯、白俄罗斯和哈萨克斯坦于2010年签署协议，规定在三国领土范围内承认平行进口的合法性，若他人通过与商标持有人进行民事交易或者获得商标持有人的同意后在相关的货物上使用该商标，则不视为侵犯商标专用权。《白俄罗斯商标和服务标记法》在2012年的修改中引入区域穷竭的规则。

（三）驰名商标的保护

2012年《白俄罗斯商标和服务标记法》的修订过程中引入关于驰名商标的专门规定。申请人可以向复审委员会将其商标或者作为商标使用的标识认定为白俄罗斯境内的驰名商标，条件是经过持续使用使得其商标为申请人产品的相关消费者所熟知。所谓作为商标使用的标识，是指符合本法第1条规定并作为商标使用，但是未在白俄罗斯境内获得法律保护的标识。驰名商标的保护没有期限限制。

被认定为驰名商标的，须记载于白俄罗斯驰名商标名录中，任何人均有权从名录申请获得需要的信息，进入驰名商标名录的信息于3个月内公布于官方公报。驰名商标证书于复审委员会将商标信息记录于驰名商标名录之日起1个月内颁发给申请人。

不服复审委员会做出的认定驰名商标决定的，申请人可以在收到决定后1

年内向白俄罗斯最高法院起诉；其他人则可以在相关信息记载于官方公报之日起 1 年内向白俄罗斯最高法院起诉。

驰名商标的保护扩展于禁止他人未经许可的制造、使用、进口、许诺销售、销售以及其他民事交易行为，或者为上述目的储存带有在被认定为白俄罗斯驰名商标的不同类别的产品。

六、法律救济途径

（一）司法途径

在白俄罗斯，商标侵权纠纷由复审委员会和白俄罗斯最高法院管辖。[1] 在同类产品上使用相同商标或者近似商标可能导致混淆的，侵权人须依据白俄罗斯的立法承担责任。使用相同或者近似可能导致混淆商标产品、标签、包装均为假冒产品。

商标侵权责任，除了停止侵害侵权行为和赔偿损失以外，还包括以下方式：（1）将非法使用的商标从产品或者其包装上除去；（2）扣押或者销毁非法使用商标的产品；（3）处以相当于非法使用商标产品价值的罚款以补偿受害一方。上述前两项救济措施产生的成本由侵权人负担。

（二）行政途径

在白俄罗斯，商标的行政保护主要是海关执法。白俄罗斯于 2010 年加入与俄罗斯、哈萨克斯坦三国建立的关税联盟，建立了“知识产权单一登记备案系统”。白俄罗斯知识产权海关执法的主要依据是《关税同盟海关法》第 46 章和《白俄罗斯海关法》第 12 章中关于涉及知识产权货物海关程序的规定。知识产权人可以依据这些法律向白俄罗斯海关申请登记以获得边境保护。在系统登记备案后，未超过保护期的商标可以享受为期两年的海关边境措施的保护。海关在检查中发现货物涉嫌侵害在其系统中登记备案知识产权的，将采取推迟 10 天清关的措施；经权利人申请，可以再延长 10 天。海关采取延迟清关措施的，将在次日通知申报通关人和知识产权人或者他们的代表人，告知对方的姓名、地址等联系方式；知识产权人须及时向海关、警署、国家知识产权中心、法院知识产权审判庭等主管当局提出知识产权保护相关程序，如果在规定期限内没有主管当局决定提取或者扣押货物，海关将继续进行清关放行程序。

[1] 2000 年 3 月以后，白俄罗斯最高法院的知识产权庭对涉及知识产权授权、保护和运用的所有案件行使专属管辖权。白俄罗斯最高法院的官方网站为 http：//court. gov. by，目前无英文版。

第六节　乌克兰商标法律制度

一、概　况

乌克兰位于欧洲东部，北邻白俄罗斯、东北接俄罗斯，地理位置优越、交通便利，是欧盟与独联体地缘政治的交叉点，官方语言为乌克兰语。乌克兰于1991年8月24日脱离苏联独立，并于当年12月21日加入独联体。独立以来，乌克兰长期受到政局动荡、经济衰退的困扰，近年来在国际支援下政治经济形势逐渐趋于稳定，开始了全面的社会经济改革，法律制度不断完善。在对外政策上，乌克兰一直在努力融入欧盟。2016年，乌克兰与欧盟签订的自由贸易区协定正式生效。中国与乌克兰于1992年建交，2011年建立战略伙伴关系，在各个领域展开深入合作。目前，我国是乌克兰的第二大贸易伙伴。

乌克兰现行的商标单行法《乌克兰商品及服务标识保护法》颁布于1993年，[1] 该法历经十次修订，最近的一次修订完成于2015年。[2] 此外，乌克兰于1999年颁布《原产地标识法》，专门规定关于原产地标识保护的相关问题。在2003年颁布的《乌克兰民法典》第五编中对商标法的实体法律规则进行了原则性的规定。

乌克兰是国际知识产权组织的成员，加入的与商标有关的国际条约有《巴黎公约》《马德里协定》《马德里协定相关议定书》《保护奥林匹克标志的内罗毕公约》《商标注册用商品和服务国际分类尼斯协定》《建立商标图形要素国际分类维也纳协定》《商标法新加坡条约》等。乌克兰于2008年正式加入世界贸易组织。目前，乌克兰已经形成符合TRIPS协议基本要求的知识产权法律保护体系。近年来，乌克兰一直为加入欧盟做努力。2014年，乌克兰与欧盟签订了自由贸易区协议。在知识产权领域，乌克兰已经开始对其知识产权立法和管理体制进行改革，以更接近欧盟的标准。近年来乌克兰知识产权管理体制和司法体制的重大变化值得关注。

此外，乌克兰已经与多个国家签订了专门的双边知识产权协定。我国亦于2002年与乌克兰签订了专门的双边知识产权协定。

二、商标权的取得

在乌克兰，商标法保护的客体包括商品商标和服务商标。乌克兰商标权的

---

[1] N 3771 XII –（3771 – 12）of 23. 12. 93，BD，1994，N 7，p. 37.

[2] N 317 VIII –（317 – 19）of 09. 04. 2015，BD，2015，N 26，st. 219.

取得采取注册主义。经核准注册的商标，由主管机关颁发商标证书。商标保护的范围为注册证书上的商标图案和注册的商品服务类别决定。

（一）商标注册条件

1. 构成要素与禁用标识

在乌克兰，可注册为商标的标识可以是词汇、人名、字母、数字、图形要素、颜色及颜色组合，以及上述要素的组合。

关于禁止作为商标注册的标识，《乌克兰商品及服务标识保护法》列举了如下类型。

第一类不得进行商标注册的是含有官方标记或者与其近似的标识。这些官方标识包括国徽、国旗和其他国家象征和标志，国际组织和政府间组织的全称或简称、它们的徽标、旗帜、其他象征和标志，官方的监督、保证或检验标记、印章、奖章等。当然，如果有关主管机关同意，则上述官方标记可以被作为不受保护的要素被包括在商标中进行注册。

第二类禁止注册的是与苏维埃有关的标识。在政治上，乌克兰对共产主义和国家社会主义持敌视态度。这种态度反映在商标注册上，即明确禁止与共产主义和国家社会主义有关的标识作为商标注册。这是乌克兰商标法的特别规定。乌克兰于 2015 年颁布了“在乌克兰境内谴责共产主义和国家社会主义（纳粹）极权主义政权、禁止宣传其标志”的法律。根据该法律，《乌克兰商品及服务标识保护法》明确规定共产党地区委员会书记及以上高级官员的姓名和昵称，乌克兰苏维埃社会主义共和国（USSR）以及其他苏联内或者自治的苏维埃共和国的高级权力机关和行政机关的高级官员的姓名和昵称（为乌克兰科学和文化发展除外），在苏维埃国家安全机关工作人员的姓名和昵称，与共产党的活动相关、与在乌克兰境内建立苏维埃政权相关的姓名等均不得注册。这一限制是乌克兰商标法律制度与其他国家最为不同之处。

2. 显著性

在乌克兰，不具有显著性且没有通过使用获得显著性的标识不得注册为商标。《乌克兰商品及服务标识保护法》明确规定，仅仅由指代产品或者服务的通用名称构成的标识，仅仅由描述产品或者服务的种类、质量、成分、数量、性质、用途、价值、生产地点和时间的词汇构成的标识，具有误导性或者欺骗性的，或者可能导致对产品、服务及其生产者发生误认的标识，仅仅由通用符号和词汇构成的标识，以及仅仅反映产品的性质，或者为获得某个技术效果、赋予产品实质的价值而必需的标识均不得注册。当然，上述标识未在商标中占主要地位的，可以进行注册。

3. 不与在先权利冲突

在乌克兰，注册商标同样要求不与在先权利相冲突，《乌克兰商品及服务标识保护法》详细列举了可能构成在先权利的各种情形。

第一类是在先商业标识，即商标注册不得与下列标识相同或者近似可能导致混淆：（1）他人在乌克兰在相同或者类似产品或者服务上已注册的商标；（2）根据《巴黎公约》第6条被认定为乌克兰驰名商标的未注册标识；（3）在商标注册申请日前为他人所有的在乌克兰知名的商号；（4）受《乌克兰产品原产地标志保护法》保护的原产地标志（包括酒类和含酒精的饮料），这些标志仅仅可以作为商标的构成要素为有权使用的人申请商标注册；（5）证明商标。

第二类是商业标识以外的在先权利，主要包括：（1）他人在乌克兰获得的外观设计专利；（2）在乌克兰的科学、文学、艺术作品中的人名、角色、作品的片段（取得著作权人同意的除外）；（3）乌克兰知名人物的姓名、笔名、肖像（取得同意的除外）。

（二）商标注册程序

1. 申请的提出

商标注册须由申请人向主管机关提起。2016年以前，在乌克兰受理商标注册申请的主管机关是乌克兰国家知识产权服务部（State Intellectual Property Service of Ukraine，SIPSU）。2016年，乌克兰对其国家知识产权管理体系进行调整，解散了国家知识产权服务部，将其管理职能交由经济发展与贸易部。[1] 目前，乌克兰的商标注册申请由经济发展与贸易部下设的知识产权局受理。

在乌克兰，商标注册申请奉行单一性原则，即一个商标的注册申请应仅涉及一个商品类别。一份申请需包含以下内容：商标注册申请、商标图形、注册的产品或者服务类别。在注册申请中须标明申请人的地址。申请注册颜色或者颜色组合商标的，申请人须说明要求保护的颜色。申请费以申请注册的类别为基础进行计算，申请费须与注册申请一并缴纳或者在申请日后2个月内（最长不得超过6个月）缴纳。

2. 申请日和优先权日

在乌克兰，商标注册实行先申请原则。申请日为主管机关收到合格申请之日。如果申请材料不符合法律规定，主管机关须立即通知申请人，申请人在收到通知后2个月内补正的，收到补正材料之日为申请日；申请人未能在2个月之内补正的视为申请未提出。

---

[1] 乌克兰经济发展与贸易部的官方网站为：http：//www. me. gov. ua/? lang = en – GB。

同时，《乌克兰商品及服务标识保护法》规定了两种商标申请优先权，即公约优先权和展览优先权。上述规定遵循了《巴黎公约》的要求，在此不再赘述。需要注意的是，申请人主张优先权的，在先申请不应被视为放弃或者注册不会被驳回。

3. 申请的审查与决定

乌克兰的商标注册申请的审查包括形式审查和实质审查两个阶段。申请日后，任何人有权要求获得商标注册申请材料。经过实质审查，审查员做出最终报告，主管机关根据该报告做出是否全部或者部分准予注册的决定。最终决定须告知申请人，申请人可以在接到决定后1个月内请求获得审查中对其不利的相关材料。经申请人的申请或者审查员要求，商标注册申请人可以参与商标审查程序。申请人有权要求改正注册申请中的错误，更改申请人的名称、地址等信息，或者缩小其主张注册的商标或者服务类别。必要时，审查员可以要求申请人补充材料。

在审查过程中，任何人均有权在审查决定做出5日前对商标注册提出异议，主张商标注册违反现行法律的规定。主管机关须在收到上述异议后2个月内通知申请人。申请人可以对该异议提出抗辩，或者对其注册申请进行修改。在商标注册决定中，主管机关须同时出具对上述异议的意见。

形式审查主要涉及的是申请日的确定、申请材料是否满足形式要求以及申请费的缴纳情况。实质审查阶段对商标注册申请是否符合法律规定的条件进行审查，审查员发现申请不符合法律要求的，可以向申请人告知初步结论，告知申请人需要补充的材料，申请人应在2个月内进行补正并告知审查员。在缴纳费用后，准予注册的商标被登记在商标注册簿上，1个月内颁发商标注册证书。

不服主管机关决定的，可以在收到决定之日起2个月内向上诉委员会上诉。上诉委员会须在2个月内处理该争议。

（三）注册商标的续展与变更

在乌克兰，商标权的取得自申请之日起计算，商标注册的有效期为自申请注册日起10年，经商标注册人申请可以进行续展，在缴纳续展费后可以将商标保护期续展10年。续展商标权有效期的次数不受限制，每次可续展10年。

三、商标权的终止

（一）商标无效程序

在乌克兰，法院可以全部或者部分地宣告商标注册无效的主要情形有：（1）商标注册不符合法律规定的保护条件；（2）商标注册证书中的商标要素和产品服务种类并未出现在注册申请之中；（3）商标注册证书的颁布导致侵犯他人权利的。需要注意的是，与其他国家的规定不同，根据上述情形规定提出请求均不受期限限制。

商标注册被宣告无效的，主管机关须在公报中进行公布。商标注册被宣告无效的，视为自申请日起无效。

（二）商标保护的终止

在乌克兰，商标权终止的情形主要有以下几种。

第一，商标权的放弃。商标注册证书所有人在任何时候均可以通过通知主管机关的方式全部或者部分地放弃权利，商标权的放弃自官方登记簿上公告之日起生效。

第二，因未缴费续展而终止。商标续展费需在商标保护期终止之日前6个月内缴纳；该费用的缴纳亦可宽限至保护期终止后6个月内，此时续展费用需增加50%。商标注册自续展费未缴纳之日起终止。

第三，因商标在申请日之后已经退化为指代特定产品或者服务的通用名称而被法院宣告终止。

商标权因上述三种情形而终止的，除商标注册证书所有人之外，任何人不得在3年之内享有重新就该标识申请注册。

第四，因连续3年不使用的终止。在乌克兰，法律明确规定商标注册证书所有人有义务持续地使用注册商标。如果商标自授予注册证书之日起连续3年未在注册的全部产品或者服务类别上于乌克兰境内使用，任何人均有权向法院要求宣告提前终止商标保护，商标注册证书所有人能够证明有理由不使用商标的除外。构成商标不使用理由的有：（1）无法由商标注册证书所有人决定的对商标使用的限制，例如进口货物或者法律规定的其他情形；（2）有人诉至法院主张商标的使用可能错误标示产品生产者或者服务提供者，或者其他在类似产品或者服务的提供者主张终止该商标保护的。此外，在商标注册人证书所有人控制下的第三人使用商标的情形亦视为商标注册证书所有人的使用。

四、商标的许可和转让

商标注册证书所有人可以通过合同全部或者部分转让在已注册类别产品或者服务上使用商标的权利，但是商标的转让不能造成消费者关于产品或者服务的混淆。商标注册证书所有人亦可以通过合同许可他人使用商标，但是许可协议中须包含质量控制条款，保障被许可人生产的产品或者提供的服务的质量不低于许可人。在乌克兰，乌克兰对商标的许可和转让并非要式法律行为，不以登记为生效要件。商标转让和许可合同自当事人签字时即告成立，双方当事人有权通过主管机关的登记簿告知公众商标的转让和许可情况。主管机关须为商标受让人颁发新的商标注册证书。这是2012年《乌克兰商品及服务标识保护法》修订后的内容，此前乌克兰商标转让需登记后方可生效。

五、商标侵权及抗辩

（一）商标侵权

注册证书所有人有权使用商标并享有法律规定的其他权利。商标的使用行为包括：（1）将商标贴附于注册类别的产品、产品包装、附属于产品的标牌上；（2）为许诺销售而储存带有商标的产品；（3）许诺销售、销售、进口、出口产品；（4）在提供服务时使用注册商标；（5）在商业文件或者广告、互联网上使用商标。同时，使用不同于注册商标但是仅仅是存在细微差别并未改变商标整体特点的商标，亦应视为使用注册商标。

商标注册证书所有人有权在商标标识旁边表明该商标系在乌克兰注册的商标。从事中介交易的商标注册证书所有人有权在他人生产的产品上与他人商标同时使用自己的商标，或者通过协议约定将他人的商标替换为自己的商标。

在乌克兰，商标侵权是指《乌克兰商品及服务标识保护法》第16条规定的行为，以及未经商标注册证书所有人同意使用商标的行为，同时包括为上述行为的预备行为。具体来讲，构成商标侵权的商标使用行为主要包括：（1）在注册类别的产品或者服务上使用注册商标；（2）在与注册类别的产品或者服务类似的产品或者服务上使用注册商标，可能导致相关公众对产品或者服务的提供者造成欺诈的；（3）在注册类别的产品或者服务上使用与注册商标近似的标识，可能导致相关公众就该标识产生混淆的；（4）在与注册类别的产品或者服务类似的产品或者服务上使用与注册商标近似的标识，可能导致相关公众对产品或者服务的提供者造成欺诈的，或者可能导致相关公众就该标识产生混淆的。此外，将相同或者近似商标使用在域名中，亦属于商标侵权行为。

（二）侵权抗辩

根据《乌克兰商品及服务标识保护法》的规定，商标注册证书所有人无权禁止他人使用商标的下述行为：（1）在申请日（或者优先权日）前使用商标的行为；（2）商标注册证书所有人或者经其许可在交易中使用商标，但是在产品进入流通环节后发生了改变或者质量变得低劣后，商标注册证书所有人可以禁止这种商标使用；（3）非商业性的商标使用；（4）在新闻中报道和评论；（5）出于善意地在名称或者地址中使用商标。

（三）驰名商标的保护

在乌克兰，有权认定驰名商标的机关包括上诉委员会和法院。对上诉委员会做出的认定驰名商标的决定不服的，可以向法院起诉。

认定驰名商标不论该商标是已否在乌克兰注册。认定驰名商标的主要考量因素包括：(1) 该标识在相关公众中的认知程度；(2) 标识使用的时间、地域；(3) 对标识进行宣传的时间、地域（包括广告、在市场上展示）；(4) 商标申请或者注册的时间和地域；(5) 有权机关认定为驰名商标的证据；(6) 标识的价值。

自认定为乌克兰驰名商标之日起，该标识可以被赋予与在乌克兰进行注册的标识相同的法律保护。此外，对驰名商标的保护还延及不类似的产品或者服务，条件是他人在该类产品或者服务上使用该标识表明与驰名商标所有人存在某种联系，或者其利益可能被损害。

六、法律救济途径

（一）司法途径

根据2016年通过的《法院体系和法官地位法》,[1] 乌克兰于2017年建立了知识产权高等法院,[2] 作为知识产权案件的一审法院，该法院内设上诉法庭负责知识产权案件的二审，而乌克兰最高法院则负责受理知识产权三审案件。根据《乌克兰商品及服务标识保护法》，乌克兰法院受理的商标案件主要包括确认商标注册证书的所有者、强制执行商标许可协议、商标侵权案件以及驰名商标认定案件。对于商标侵权行为，商标注册证书的所有人可以要求侵权人停止侵权行为、赔偿因侵权行为造成的实际损失，除去侵权产品或者其包装上可能导致混淆的标识、收回带有侵权标识的产品。向法院提起商标侵权之诉的诉讼时效为3年。此外，因侵权行为给商标所有人造成巨额损失的，行为人需要承担刑事责任。

（二）行政途径

在乌克兰，非法使用商标可能受到没收侵权产品、侵权工具等行政处罚。2012年，乌克兰颁布了新的海关法,[3] 为进一步实施打击假冒商品进出口系统措施提供了法律依据。该法于2017年进行了修订。根据《乌克兰海关法典》，商标所有人可以在海关进行登记，海关发现带有商标的货物进出口时，会通知商标所有人。商标所有人可以取证向进口商或者出口商提起诉讼。商标所有人

---

[1] No. 1402 – VIII of 2 June 2016.

[2] Order of the President of Ukraine “On Establishing a High Court for Intellectual Property Matters” No. 299/2017 of 29 September 2017; Order of the State Court Administration of Ukraine “On Determining the Number of Judges for the Intellectual Property High Court” No. 929 of 30 September 2017.

[3] No. 4495 – VI of 13 March 2012

可以在承运人同意的情况下要求在边境销毁侵权产品，亦可以要求承运人将商标从商品或者商品包装上移除。

第七节　本章小节

一、英　　国

"脱欧"之后，欧盟商标制度不再适用于英国。就英国国内商标法律制度而言，其主要特色在于，除制定法以外，在普通法上对于未注册商标亦提供保护。英国商标法是成文法，商标权通过注册而取得；仿冒法是普通法，仿冒诉讼的权利通过使用而取得。仿冒法属于英美法系普通法，仿冒法规定的实质与反不正当竞争法的内容相对应。近年来，英国仿冒法呈现扩张趋势，从直接的虚假表示行为扩张到做出虚假表示的经营者暗示消费者自己的商品或服务与原告的商品或服务间具有某种商业上的联系或是原告对被告的商业具有一定程度上的控制或责任。仿冒法的扩展在损害这个要素上表现为对商标的淡化被视为是仿冒行为造成的损害，具体表现为被告经营者的仿冒行为使原告商标的显著性降低，使得该商标标识商品或服务来源的独特性和识别性被淡化、减弱，在这种情况下，公众没有对商品的来源产生混淆，同时商品的名誉也没有受到损害，但这种淡化会造成当消费者提及该商标时，不再唯一地联想到该商标原来标识的商品、服务或其提供者，而是只联想到商标淡化者及其商品或服务。

二、瑞　　士

通过对比可知，瑞士与我国在国际公约或协定的加入方面一致，因此，双方在相关合作方面有共同的国际条约基础，我国企业在对瑞士投资或者拟在瑞士申请商标的，可以通过有关国际条约或协定进行。与我国的规定不同，瑞士商标法正文中规定了商标侵权的刑法保护，并明确了侵犯商标权达到刑事案件标准的应当处以何种刑罚。而我国商标法并未对该部分做出详细规定，而是交由刑法进行规定。瑞士刑法规定的侵犯商标权的法定刑期在5年以下，我国刑法规定侵犯商标权的可处以7年以下有期徒刑，可以看出我国立法层面对于打击侵犯商标权犯罪的力度更大。另外，在海关协助方面，在货物扣押、扣押担保以及损失赔偿方面，瑞士与我国的规定基本一致。不一致的是，瑞士通过在商标法中列专章进行规定，而我国则通过《知识产权海关保护条例》进行规定。

三、独联体诸国

（一）主要特色和发展趋势

在商标法律制度的协调方面，以俄罗斯为主导的部分独联体国家经济联系密切，开始对其商标法律制度进行一定协调。欧亚经济联盟的建立使得未来在其成员国内部协调知识产权法律制度成为可能。而其他非欧盟国家，包括部分没有加入欧盟的独联体国家，面临欧洲经济一体化，其商标法制均表现出了明显的向欧盟靠拢的趋势。

受此影响，向欧盟标准靠拢的独联体国家，其包括商标在内的知识产权制度和管理体制均经历了剧烈的变革。而有的国家，例如乌克兰，上述尚未完成。这些变化是"一带一路"推进过程中值得关注的问题。

在立法模式方面，大部分独联体国家受《独联体成员国示范民法典》的影响，均将知识产权的内容纳入各国的民法典之中。[1] 除俄罗斯以民法典取代了各知识产权单行法以外，其他各国均实行民法典与知识产权单行法并存的立法模式。上述模式在民法和知识产权单行法之间关系的处理上为我国提供了较好的经验借鉴。

（二）差异和风险点提示

在商标法律制度领域，各非欧盟成员国均加入了《巴黎公约》《马德里协议》等主要的商标法国际公约，亦建立起一套世界通行的商标法律制度。但是，在具体规则方面还存在一定的差异。这些差异的存在，正是中国企业"走出去"的过程，可能给企业品牌战略实施带来的主要法律风险之一。

第一，在可注册标识方面，俄罗斯、白俄罗斯和乌克兰仅仅保护传统的视觉商标，尚未将声音、气味等纳入保护范围；在亚美尼亚和摩尔多瓦，可以作为商标注册的标识除了传统视觉商标外，还包括全息图、定位信号以及听觉、嗅觉和触觉等。

第二，关于不使用商标的撤销，俄罗斯等独联体国家采取了商标注册后3年的规定，而采用欧盟标准的，例如亚美尼亚等国家则规定了5年的期限。

第三，在商标异议和撤销的理由方面，独联体国家专门规定商标权人构成权利滥用或者不正当竞争时，利害关系人可以向主管机关提出异议或者撤销。这与欧盟规定不同，在我国亦不存在类似规定。

第四，各国对许可转让和许可的生效要件的规定不尽相同。乌克兰对商标

---

[1] 在独联体议会大会的推动下，独联体国家开始了示范法运动。《独联体成员国示范民法典》是其中重要成果之一。

的许可和转让并非要式法律行为，不以登记为生效要件，而在俄罗斯、白俄罗斯等国以登记为要件。

第五，行政执法方面，与我国类似，独联体国家普遍具有强势的商标行政执法权，除了海关保护以外，行政机关还有权对商标侵权行为给予行政处罚。而对于瑞士等非欧盟成员国来讲，商标的行政保护仅仅限于海关保护。

第三编 非 洲

第九章　非洲阿拉伯区商标法律制度

第一节　区域概况

随着中国国内经济进入新常态，关于“促进国内企业境外投资，推进国际产能合作”的呼声越来越高，而西亚北非地区在推动“一带一路”产能合作大建设中占有重要位置。本章选取该区域我国近年贸易投资力度最大的几个国家为代表，对它们的商标法律制度进行重点介绍。

埃及，全称为阿拉伯埃及共和国，官方语言为阿拉伯语。但由于历史原因，英语、法语在埃及也被广泛使用。埃及位于北非东部，是亚、非之间的陆地交通要冲，也是大西洋与印度洋之间海上航线的捷径，战略位置十分重要。

1956 年 5 月 30 日中埃两国建交，2014 年 12 月中埃两国建立全面战略伙伴关系。近年来，中埃两国政府积极鼓励和推动双方企业扩大经贸合作，双边贸易额持续增长。在“一带一路”倡议的大背景下，“走出去”的中国企业在埃及会有更多的商机，了解埃及的商标法律环境，有助于我国企业在埃及更好地开展商务活动。[1]

阿尔及利亚全称阿尔及利亚民主人民共和国，是非洲北部马格里布的一个国家，其国土大部分在撒哈拉沙漠，北部则位于地中海沿岸。其国土面积居非洲各国、地中海各国和阿拉伯国家之冠，排名全球第 10 位。阿尔及利亚经济规模在非洲居第 4 位，仅次于南非、尼日利亚和埃及。国内有丰富的自然资源，石油与天然气是其国民经济的支柱。自从阿尔及利亚 1962 年独立以来，中阿双边友谊以及合作在政治经济和文化领域稳步推动。2014 年 2 月，阿尔及利亚成为第一个与中国建立全面战略合作伙伴关系的阿拉伯国家。近年来，双方在经贸领域的合作也卓有成效。自 2013 年以来，中国成为阿尔及利亚最大的进口国。双边贸易额在过去 10 年增长 10 倍。同时，阿尔及利亚已成为中国海外建筑企业最大的市场之一。

---

[1] 中埃两国经贸合作资料见中国－埃及经贸合作网，网址：http：//www. cec. mofcom. gov. cn/index. shtml［2017－04－02］.

第二节　埃及商标法律制度

一、概　　述

埃及有关商标的法律问题集中规定在《2002年关于知识产权保护82号法》（以下简称《埃及知识产权法》）和《部长理事会2003年第1366号决议，关于2002年第82号法中第一，第二和第四部分的实施细则》（以下简称《第1366号知识产权行政实施细则》）。具体而言，集中在《埃及知识产权法》的第二章（Book Two）中。此外，埃及还是世界知识产权组织的成员国，是《保护工业产权巴黎公约》《商标国际注册马德里协定》《制止商品产地虚假或欺骗性标记马德里协定》《商标法条约》《保护奥林匹克标志的内罗毕条约》《商标注册用商品和服务国际分类尼斯协定》的签署国。

在积极参与知识产权保护国际性公约的同时，埃及也积极地进行知识产权区域和双边的交流与合作，签订了较多与知识产权相关的区域和双边条约。这些区域条约主要包括：《非洲联盟组织法》（2001年）、《东部和南部非洲共同市场条约》（1999年）、《建立非洲及国际共同体阿布贾条约》（1994年）、《发展中国家间全球贸易优惠制度》（1989年）、《发展中国家间贸易协商协议》（1973年）等。在双边合作方面，埃及与欧盟、土耳其缔结有自由贸易条约，与加拿大、美国、阿尔巴尼亚、阿根廷、日本等国均缔结有投资保护和互惠协定。

从表9－1可以看出，埃及对商标的保护法律制度已经体系化。在国内立法上，《埃及知识产权法》全面的规定了当今商标法律制度所应包括的绝大部分内容，而且有《第1366号知识产权行政实施细则》加以细化，更具有可执行力。埃及参加了世界上通行的绝大部分商标法及其相关的国际条约，其对商标的法律保护符合一贯的国际标准。埃及诸多的区域和双边知识产权相关条约也说明埃及对国际商标保护的积极态度，综合来说埃及的商标保护法律制度是相当全面和先进的。

表9－1　埃及已加入与商标保护相关国际公约/协定一览表

序号	公约/协定名称	加入时间
1	与贸易有关的知识产权协定	1995年6月
2	建立世界知识产权组织公约	1975年4月
3	保护工业产权巴黎公约	1951年7月
4	商标国际注册马德里协定	1952年7月

续表

序号	公约/协定名称	加入时间
5	商标国际注册马德里协定有关议定书	2009 年 9 月
6	制止商品产地虚假或欺骗性标记马德里协定	1952 年 7 月
7	商标注册用商品和服务国际分类尼斯协定	2005 年 6 月
8	建立商标图形要素国际分类维也纳协定	尚未加入
9	保护奥林匹克标志的内罗毕条约	1982 年 10 月
10	保护原产地名称及其国际注册里斯本协定	尚未加入
11	商标法新加坡条约	尚未加入
12	商标法条约	1999 年 10 月

但具体条款的详细程度及由此导致的保护力度还需通过下文分析才能得出结论。

二、商标权的取得、续展与变更

埃及商标权的取得采用“注册 + 使用”的混合体制。除非有证据表明第三方已经在先使用，否则，凡进行商标注册并自注册之日起使用 5 年者，应被视为注册商标的所有人。在上述的 5 年期限内，商标的在先使用人可以申请宣告商标注册无效。对于恶意注册的商标，提出异议不受时间限制。一般认为，世界各国的商标取得体制主要包括注册体制、使用体制以及混合体制。其中注册体制是指取得商标的主要方式为在国家商标主管部门注册，法国是采用商标注册体制的典型代表，类似者还有巴西、中国、英国等。使用体制则以使用作为取得商标的条件，采取使用体制最为典型的国家是美国。混合体制不是一种单一的商标取得体制，也不是简单的两种体制的混合，而是从两种体制中衍生出来的多元取得体制，其包括：（1）“注册 + 使用”的取得体制，立法例为《埃及知识产权保护法》；（2）使用、注册均可取得商标的体制，采用此体制者如德国。❶

根据在埃及境内生效的国际公约，任何埃及或其他 WTO 成员的个体经营者或者法人均可基于互惠原则通过注册成为商标权人。申请注册集体商标的主体应为某特定集体的代表人。对于申请注册用以证明产品或服务品质的证明商标，主管机关基于公众利益考量可以授权自然人或法人来监控产品的来源、构成要素、制造方法、质量等要素。

❶ 十二国商标法翻译组. 十二国商标法［M］. 北京：清华大学出版社，2013：27.

(一) 商标注册条件

1. 构成要素与禁用标识

在埃及，可以进行商标注册的仅限于视觉标识，例如任何以特殊形式表现的人名、签字、文字、字母、数字、图形、符号、章戳、印记、标签、浮雕设计，或者上述要素的任何组合，只要能够区分商品来源及其所有人，均可用作商标。目前，埃及还未将声音、气味非视觉商标等纳入可注册的范围。

关于禁止作为商标注册的标识，《埃及知识产权法》第 67 条详细列举了如下类型。

第一类不得进行商标注册的是含有官方标记或者与其近似足以造成混淆的标识。这些官方标识包括国徽、国旗和其他国家象征和标志，国际组织和区域组织（如红十字、红新月）的名称，以及任何对上述标记的模仿。

第二类禁止注册的是那些可能导致虚假的、可能使消费者对商品或者商品制造者产生误认的，以及含有违背公共利益、道德原则要素和信仰的标识。

第三类不允许作为商标进行注册的标识与自然人的肖像及名誉有关。一种是未经自然人许可，对该自然人或其徽章的模画。另一种是申请人不得对其无法证明享有权利的荣誉称号申请注册商标。

第四类禁止注册的是包含可能导致公众无人产品真实产地的地理标志的标识。

2. 显著性

在埃及，禁止不具有显著性特征的标识作为商标注册。

3. 阿拉伯语

在埃及生产并销售的商品上使用的商标，其申请中必须含有对应的阿拉伯语（意译或音译），其他商标没有此项要求。商标可指定一种或多种颜色。如注册商标未指定颜色，则被视为在各种颜色上注册。

(二) 商标注册程序

1. 申请的提出

商标注册须由法人或者个体经营者向主管机关提起。申请人可以是任何埃及籍、在埃及设有工厂或经营场所的贸易商、制造商或经销商；外国主体或公民，只要其所属国与埃及签有双边条约；在与埃及签订有双边条约的国家有经营场所的经营者；在埃及或任何与埃及签订有双边条约的国家成立并具有法人资格的行业协会、生产商联合会或商会，以及公众团体。

具体申请方式由相应的法规规定。相应的法规还应事先规定申请及与之有关的所有程序所需费用，该费用应不超过 5 000 英镑。在埃及，商标应按商品制造或意图制造的类别注册，可以是一类或几类商品。注册后即限于所注册的商品类别内使用。在注册商品类别之外的商品上使用标识将导致《埃及知识产权法》第 91 条上的法律责任。

申请所需文件包括申请人名称及地址；申请商品或服务项目；商标图样；经过公证和认证的委托书；申请人为企业的，还需提供经认证的企业法人营业执照副本。

2. 优先权

《埃及知识产权法》规定了一种商标申请优先权，即公约优先权。在《巴黎公约》的缔约国之一提出第一个商标注册申请，之后的 6 个月内向主管机关提出商标注册申请的，申请人可以提出享有优先权，优先权日为第一个提出商标注册申请的日期。

3. 申请的审查与决定

商标注册申请提交后，商标注册审查官将对商标申请进行形式审查和实质审查。当两个或多个主体同时申请注册同一标识时，或在同一类产品上注册相似的标识时，注册应被中止，直到其中一人等到其他人都宣布放弃或有拘束力的判决做出。商业注册部（Trade Registration Department）可以依申请要求商标注册申请人对标识做必要修改，以清楚界定该标识，防止与已注册商标或已被受理注册申请的标识相混淆。这一要求修改的决定应在做出 30 天之内通过附有收信确认函的盖章邮件书面送达商标注册申请人。商业注册部可在商标注册申请人 6 个月内未作出相应修改时拒绝授予其注册商标专有权。对此，商标注册申请人可在收到商业注册部决定 30 天内向委员会提起上诉。该委员会应有 3 人组成，其中 1 人应为国会成员。在委员会因标识与相同或同类商品上已被注册商标类似而拒绝注册时，除非有具有执行力度法院判决，否则不授予该申请人注册商标专有权，该标识不予注册。

4. 商标尼斯分类的适用

为商标注册登记而设立国际商品和服务的商标尼斯分类，在埃及也是被遵守的。其中 42 种商标分类方法，经埃及加上 43 ~45 种后，此修改版在 2002 年 1 月 1 日起被埃及采用。服务分类采用本国分类，为 101 ~112 共 12 个类别。

一旦提起商标申请，商标就进入审查阶段。对第 02 类、05 类、08 类、13 类、14 类、15 类、23 类、24 类、25 类、27 类、28 类、29 类、30 类、32 类、33 类、34 类、35 类、36 类、37 类、38 类、39 类、40 类、41 类、42 类、43 类、44 类和 45 类的商标申请可以包括所申请种类的所有商品，其他种类的商标申请必须放弃此种类涵盖的至少一种商品。申请如果缺乏法律规定的条件，商标局会驳回申请。在收到驳回决定之后，申请人可以在 30 天之内进行申诉（见图 9 –1）。

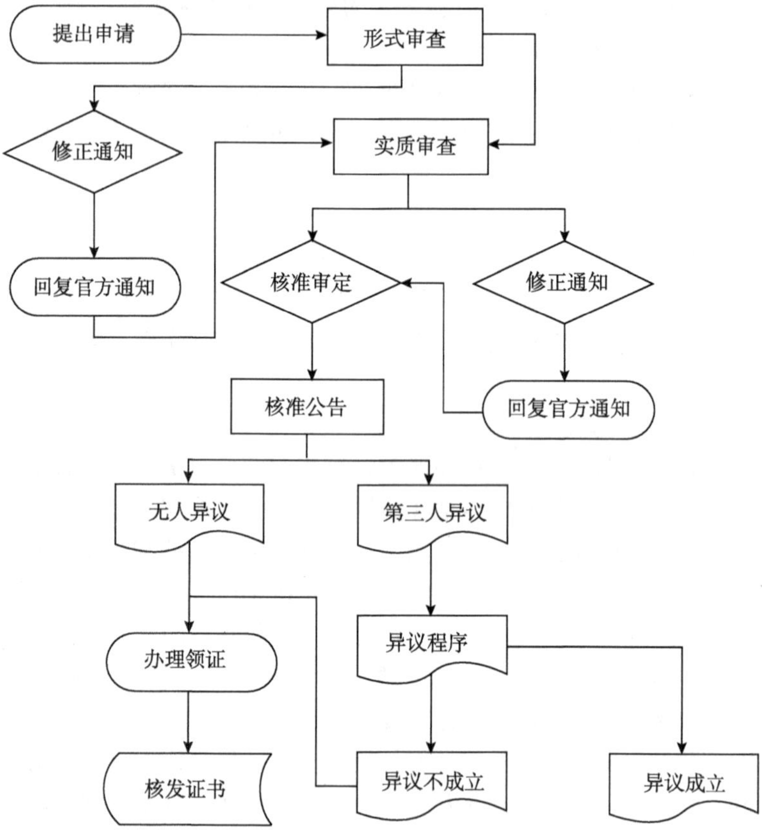

图9－1　埃及商标的注册申请与审查流程❶

（三）注册商标的续展与变更

对于注册商标的权利期限，《埃及知识产权法》规定有效期为10年，在有效期截止前最后一年内商标权利人可主动提出续展，续展不受次数限制，所缴费用同首次注册申请费。若商标权利人在10年有效期之后的6个月之内要求对商标续展，则需缴纳上述费用之外，还需缴纳不超过500英镑的额外费用。否则商业注册部门将撤销该商标。

注册商标持有人可以向商业注册部门书面要求对标识进行不实质性影响标识本质的更改。商标持有人也可以要求无任何附加条件的减少商标所涵盖的商品类别。商业注册部门做出批准或驳回修改请求的决定所受制的条件与当初批

❶　参见《埃及知识产权法》第76～77条等：申请第2、5、8、13～15、23～25、27～30、32～45类可要求该类所包含的所有商品/服务；其他类别则至少得删除一项商品/服务。

准原始注册申请的条件相同。前述商标异议、上诉及公布条款也适用于此种修改商标标识状况。

三、商标的许可和转让

在埃及，商标权利人转让商标的所有权，抵押或附件可独立于商事主体或利用项目。亦即埃及并不要求商标连同商誉一并转让。但反之，转让商事主体或利用项目的所有权时，所转让的内容包括以权利人名义注册的、与该商事主体或利用项目天然联系的商标，除非另有约定。如果商事主体或利用项目未连同商标一起转让，商标权利人可以继续在商标注册的同一或同类商品上使用该商标，除非另有约定。商标所有权的转让，以及处分或抵押商标的权利应在妥善记录在官方注册公报上后，才对第三人生效。登记者姓名或地址的变更也应当进行登记。

《埃及知识产权法》规定了商标的许可问题。商标权利人可以向一或多个自然人或法人许可在商标注册的全部或部分商品类别上使用该标识。除非双方约定，否则该许可不应排除商标权利人自身使用商标。此外，商标权利人在没有有效理由的情况下不应撤销或拒绝续展商标许可合同。这种规定有利于维护商标被许可方的前期投入成本和期待利益。商标使用权许可合同应被认证或签章，方能被记录在商标注册部门。只有被记录在商标注册部门并公布后该许可合同才对第三方生效。也就是说，埃及实行商标许可注册备案生效制度。同理，商标抵押及处置事项仅在向有权机关进行上述备案登记并公告后，方对第三方有效。

商标许可合同不应包括通过不合理限制许可维持商标注册带来的权利的条件。但商标许可合同可包括：（1）对许可使用商标期限的限制；（2）商标权利人为有效控制被许可方生产的使用商标标识的产品质量的合理条件，但这些条件不应限制被许可方自由管理及生产；（3）被许可方承诺不做减损商标所标识的产品名誉的事。

关于商标被许可人向第三方的再许可问题，《埃及知识产权法》规定，除非双方约定，否则被许可人不能将商标再许可给第三方，除非该再许可与标识所区分商品的商事主体或利用项目的转让有关。

对于商标许可合同的终止，《埃及知识产权法》规定商标权利人或被许可人均可以向商业注册部门要求撤销许可合同。商业注册部门应将一方的撤销请求通知另一方。

四、商标权的终止

(一) 商标权异议和无效程序

对于商标的异议,《埃及知识产权法》规定商业注册部门应当将接受商标注册申请的决定公布在商标和外观设计公报上。任何利害关系人可以以书面方式在公告之日起60天内向商业注册部门提出商标异议。商业注册部门应在收到商标异议通知起30天内向申请注册商标人发送一份异议的副本。商标注册申请人应当在收到异议副本之日起30天内向商业注册部门提供书面的异议答复,否则将被视为撤回商标注册申请。商业注册部门应在听取双方意见后,做出同意或驳回商标注册的决定。若同意商标注册,则主管部门可能要求注册商标申请人履行其认为对注册商标而言是必要的要求。注册商标申请人和商标异议人对上述商业注册部门的商标异议决定不服的,有权向行政法院上诉。

经由商业注册部门批准注册的商标应被公布在商标与外观设计公报上。商标权效力自申请注册之日起起算。商业注册部门应向注册商标持有人颁发含有前述公报所公布信息的证书。

商标异议的程序可如图9-2所示。

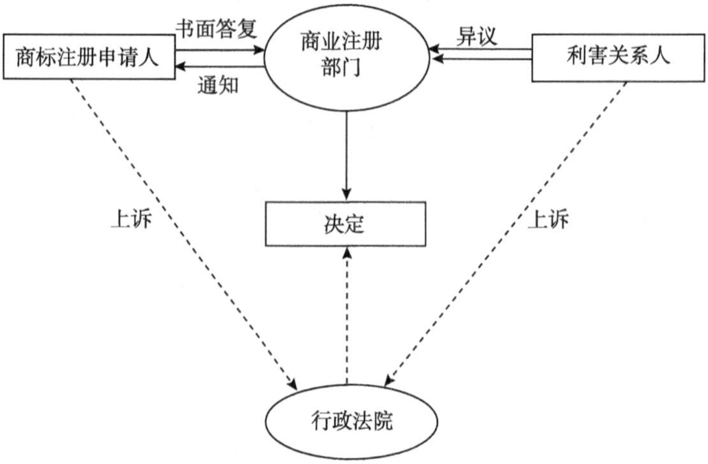

图9-2 商标异议流程

对于商标的无效,《埃及知识产权法》规定注册商标标识的在先使用人可在注册之日起5年内挑战注册的效力。在恶意注册情况下,在先使用人可随时请求商标无效,不受时间限制。

(二) 商标保护的终止

在埃及,商标的实际使用不是商标申请以及维持商标登记的效力的必要条件。根据《埃及知识产权法》的规定，商标保护在下列情形下终止：（1）商标权有效期届满及续展失败。（2）商标登记因为缺乏实际使用而被第三方通过诉讼程序撤销。具体而言，有权法院可在任何利害关系人的请求下，对注册后连续5年未严格使用的商标予以撤销，除非商标拥有者提出了为法院接受的不使用商标的合理理由。（3）标局可以依职权或依利害关系人申请注销恶意注册的商标。

在撤销之日起3年内，按照上述注册商标程序并缴纳不超过1 000英镑的费用，原注册商标权利人可以重新注册该标识。超过撤销之日起3年后，为原注册商标权利人或第三人利益，可根据同样条件、程序和费用在同种商品上重新注册该标识。然而，当撤销商标是根据有执行力的无效商标判决做出的，则该标识可以在撤销之后马上被第三方注册。商标的延期、续展、撤销及恢复注册事项均应在商标及外观设计公报上公布。

五、驰名商标的保护

驰名商标的持有人，无论是埃及还是世界其他国家的自然人或法人，都享有本法所赋予的法律保护，即使该驰名商标并未在埃及注册。商标注册部门应依职权拒绝在相同商品或服务上注册与驰名商标相同的标识，除非该商标申请由驰名商标所有者自己提出。此外，已注册驰名商标享受跨类保护。驰名商标的持有人有权禁止他人在不同商品或服务上注册与在WTO成员方及埃及注册的驰名商标相同的标识，当使用该标识的意图是导致消费者相信驰名商标所有者与这些产品有特定关系，并且有可能因此损害驰名商标持有人的合法利益。

六、商标侵权及其司法保护

对于侵犯商标权行为，《埃及知识产权法》提供了以下几种法律救济。

（1）对行为人假冒注册商标或以可能误导公众的方式模仿注册商标；欺骗性使用假冒或模仿的商标；欺骗性方式将第三方的商标附着于自己产品上；故意销售、许诺销售、发行，或为销售而获得带有假冒或模仿商标的商品，以及非法附着商标的商品，处以2个月以上有期徒刑或500～2 000英镑罚金。在重犯情况下，有期徒刑与罚金并处，有期徒刑期限不超过2个月，罚金为5万～10万英镑。法院应没收侵权产品、侵权所得及侵权工具。法院在宣判有罪时可以命令侵权企业关闭不超过6个月。

（2）对行为人为向公众提供商品而在其商品、商店及仓库内、广告、包装、发票、信件等上附加错误的地理标志；欺骗性在其商标或商业文件中加入地理标志，导致公众认为该地理标志已经被注册为商标；在《埃及知识产权法》第67条第2款、第3款、第5款、第7款情形下使用未注册的商标；使用与商品无关的名人的奖牌、证书、奖励或其他具有显著性的荣誉标识；将地理标志以误导公众认为其产品来自该产地的方式使用时，处以1个月以上有期徒刑，或2 000～1万英镑罚金。在重犯的情况下，有期徒刑不超过1个月，罚金为4 000～2万英镑。对企业来说，初次违反的企业关闭不超过6个月，再犯的企业责令关闭。

（3）法院可以在民事或刑事诉讼中判令销毁非法商标，以及必要时销毁带有非法商标或地理标志的货物、广告、包装、发票、书信等。法院还可以判令销毁侵权行为中使用的机器及工具。法院还可以判令侵权方承担判决公布在报纸上的费用。

七、地理标志

在《埃及知识产权法》中，除商标外，保护客体还有地理标志，亦即直接或间接与下列问题有关的分类标志：（1）商品自身的特点，包括的数量、质量、范围、方法、重量，组成要素等；（2）制造商品的主体，地点，方法；（3）专利或其他任何工业产权，或任何商业或工业特许权、奖励等；（4）特定商品的通用名称。商业标志应被实际使用，包括在产品、包装、发票、书信、广告或其他向公众提供商品的方法，以及商店、仓库内的广告牌。需要注意的是，《埃及知识产权法》规定，在产品的质量、范围、制造方法、重量、原料的来源等构成评价该商品价值的要素时，有权机关可以决定在产品不带有地理标志时禁止其进口及销售。并且通常而言这些标志应用阿拉伯语。地理标志获得注册后，其权利人享有以下权利：地理标志注册人和授权使用人将在地理标志受到侵权时获得救济；授权使用人对地理标志的使用具有专有权。

不应以导致公众误认为产品在非真实产地的地理区域的方式在产品上使用地理标志。在地理名称变为描述性，以商业意义表明商品性质而非其地理来源，该地理名称仍可在这些产品上使用。注册包含地理标志的商标的申请人应在特定名誉地理区域连续生产产品。任何利害关系人可以向有权的一审法院申请判决禁止使用不包含在注册商标里的地理标志，若使用该地理标志可能引起公众混淆商品来源，有权一审法院即在地理标志使用地点有管辖权的法院。

第三节　阿尔及利亚商标法律制度

一、概　　述

现行的《阿尔及利亚商标法》是2003年7月19日的《关于商标的Journada El Oula 1424 号第 03 – 06 号法令》。阿尔及利亚已加入的与商标保护相关的国际公约/协定如表 9 – 2 所示。

表 9 – 2　阿尔及利亚已加入与商标保护相关国际公约/协定

序号	公约/协定名称	加入时间
1	保护工业产权巴黎公约	1966 年 3 月 1 日
2	关于商标注册用商品和服务国际分类的良好协议	1972 年 7 月 5 日
3	马德里关于制止货物来源虚假或欺骗的协定	1972 年 7 月 5 日
4	关于商标国际注册的马德里协定	1972 年 7 月 5 日
5	保护原产地名称及其国际注册里斯本协定	1972 年 7 月 5 日
6	建立世界知识产权组织公约	1975 年 4 月 16 日
7	内罗毕保护奥林匹克标志条约	1984 年 8 月 16 日
8	关于商标国际注册马德里协议的议定书	2015 年 10 月 31 日

二、商标的取得、续展与变更

（一）商标的取得

《阿尔及利亚商标法》第 2 条规定，商标是指任何能够用图形或特别文字表示的标志，包括人名、字母、图形、图示或图像、产品的特征形状或其包装、颜色，单独或相互结合，意在并能够区分自然人或法人的货物或服务与他人的货物或服务；集体商标是用于保证商品或服务的原产地、构成、制造或任何其他共同特征的商标。

商标具有以下情形不可注册：（1）不构成《阿尔及利亚商标法》第 2 条第 1 款所指的标志。（2）属于公有领域或不具有任何特征的标志。（3）标志由产品或包装的形状组成，如果这种形状是由产品或包装的天然属性或功能决定的。（4）标志违反公共秩序或道德以及标志的使用受国家法律或阿尔及利亚的双边或多边协定所禁止。（5）标志复制、模仿或者在它的元素中包含了盾徽、旗帜或其他徽记，或由一个国家或国际公约设立的政府间机构控制和保证的名称、缩略语或缩写词或官方标志或符号，除非该国家或组织的主管当局授权。（6）关于产品或服务的性质、质量、出处或其他特征可能会误导公众或商业场所的标志。（7）标志，全部或部分包括有关商品或服务的地理来源，容易造成混乱的；或者说，如果他们被注册为商标，会不正当地妨碍其他有权人对该地理标志的使用。（8）标志与其他商标或商号相同或会引起混淆地相似，该商标或商号已在阿尔及利亚相同或类似的产品上众所周知（驰名），或标志是由该商标或商号的翻译构成。本款的规定应比照适用于与注册商标不相同或相似的产品或服务，只要这种标志的使用会表明这些产品或服务与注册商标所有人存有联系，并且会损害注册商标所有人的利益。(9) 标志与已经在申请的或已经注册的商标相同或类似，并且注册产品或服务也相同或类似，这种使用会导致混淆的可能性。就本款而言，所有有效声明的优先事项都被考虑在内。商标所适用的商品或服务的性质在任何情况下均不构成商标注册的障碍。

商标的注册赋予其所有人对其指定的商品和服务的所有权。根据《阿尔及利亚商标法》第 11 条的规定，商标所有权赋予其所有人转让、许可商标的权利，以及禁止他人未经许可商业性在相同或相似产品或服务上使用该商标的权利。阿尔及利亚驰名商标的所有人有权根据《阿尔及利亚商标法》第 7 条第 8 款的规定，禁止所有第三方在未经其同意的情况下使用他的商标。注册所赋予的权利的限制。商标的注册并不赋予其所有者权利禁止第三方善意地商业使用：(1) 他的名字、地址、化名；(2) 确切说明产品的种类、质量、数量、目的地、价值、产地或生产时间或提供服务的条件；前提是这是一种有限的使用，仅用于识别或告知，并且是根据工商事务的诚实做法。

(二) 商标的续展

商标权通过向主管机关登记取得，其续展权利也需要向商标登记主管部门申请。在不损害根据阿尔及利亚的国际协议获得优先权，商标有效期为 10 年，自申请之日起生效。商标每 10 年可以续展。续展在注册到期日后的第二天生效。凡在官方或官方承认的国际展览会展示贴有商标的产品或服务的，可以在展会结束后 3 个月内主张商标的优先权（商标注册之日自展示之日起算）。

三、商标的许可和转让

(一) 商标的许可

被许可人对商标的使用应被视为由商标的申请人或所有人对商标的使用。根据合同法规定，许可协议必须包含许可的标志、期限、被授予许可的产品或服务和可以加贴商标的领土，或者被许可人提供的商品或服务的质量。

许可证必须记入主管部门保存的商标注册簿中。

(二) 商标的转让

无论是否转让全部还是部分企业，注册申请或商标授予的权利，可以全部或部分转让或者质押。如果转让具有误导公众或商业界的效果，特别是在商标的商品或服务的性质、来源、制造方式、特性或适用性方面，转让是无效的。上述第 14 条所指的注册商标或者注册商标的转让或者质押，在无效的情况下，必须以书面形式确定，并由当事人按照有关法律的规定签字。公司合并或任何其他形式的继承进行的转让，应根据有关转让的法律，通过任何形成转让的文件予以确认。

四、商标的终止

商标权利的丧失有三种原因：（1）放弃，对全部或部分商品或服务的商标的注册可以放弃；（2）取消，如果商标不符合《阿尔及利亚商标法》第7条所列的（1）~（9）款，商标注册可以在申请日起应主管机关或者第三方的请求由有管辖权的法院以追溯效力废止；如果商标在注册后获得了独特的特征，并且是自商标注册之日起规定的5年内，则不得进行无效诉讼，除非后者的注册信息是恶意的；（3）撤销，主管法院撤销商标注册：a. 在有关部门或有关的第三方的要求下，如该法第7条（第3款、第5~7款）所提的任何理由是在注册后产生并在撤销决定的时刻依然存在。但是，如果撤销的理由来自第7条（第2款），那么当商标在注册后具有独特性时，注册不会被撤销；b. 应有关第三方的要求，如果商标没有按照《阿尔及利亚商标法》第11条使用。

商标注册所赋予的权利的行使受支配于商标在货物或其包装上的真实使用或者与商标所区分的服务。未使用将导致商标的撤销，除非在下列情况下：（1）未使用不超过连续3年；（2）在上述期限届满前，持证人提供情节严重的证据证明未使用，在这种情况下，未使用期限可以延长不超过2年。

五、商标的司法保护

任何未经许可等商标使用行为，构成侵犯注册商标的行为。假冒是一种违法行为，应受到《阿尔及利亚商标法》第27~33条规定的处罚。商标注册公布前的事实不得被视为影响其所附的权利。但是，向被控侵权人通知商标注册副本之后的事实可能会被记录和起诉。商标注册的所有人有权对已经侵犯或者正在侵犯注册商标的人采取法律行动；他享有同样的权利，对任何已经实行或者实行可能导致侵权行为的人采取法律行动。商标注册的所有人证明侵权行为已经发生，有管辖权的法院给予民事救济，对侵权行为的判决是赔偿商标所有人或者受益人独家开发权。如有必要，主管法院可以决定《阿尔及利亚商标法》第30条规定的其他措施。商标所有人证明其侵权威胁迫在眉睫的，有管辖权的法院对侵权威胁做出裁定，责令没收违法所用的物品和器材，并在适当的情况下销毁它们。本标题所指的任何诉讼的被告可以在同一诉讼程序中要求取消或撤销该商标的注册。在这种情况下，适用《阿尔及利亚商标法》第

20～21 条的规定。除合同另有规定外，经正式通知后，持有人不行使该权利的，商标专用权的受益人可以采取法律行为。

根据商标法的过渡性规定，在不损害 1966 年 6 月 8 日《第 66－156 号法令》的条款的情况下，以及经修订和补充的《刑法典》，任何人犯有假冒罪行，处 6 个月～2 年徒刑，并处以 250 万～1 000 千万第纳尔或以上两者之一加以下其一的罚款：（1）暂时或永久关闭机构；（2）没收罪行中使用的物品、器材和工具；（3）销毁侵权产品。监禁 1 个月～1 年，罚款 50 万～200 万第纳尔或以上两个刑罚之一：（1）违反该命令第 3 条规定，不在商品或者服务上加贴标识，或者故意销售或者出售一种或者多种无标识商品或者提供无标识服务的；（2）依照《阿尔及利亚商标法》第 4 条的规定，在商品或者服务上贴有未经注册或者申请的商标的，依照本法的过渡性规定执行。

根据法院院长的命令，商标所有人可在专家的协助下安排详细说明，无论是否扣押他声称标有争议商标的货物。如果申请人未能在 1 个月内使用民事或刑事诉讼程序，则说明或扣押应无效，但并不排除损害赔偿请求权。

六、集体商标

任何受公法或私法管辖的法人都可以持有集体商标。集体商标所有人应当依照有关法律、法规的规定，确保商标的正确使用。为此，关于使用集体商标的规定必须：（1）确定集体商标的特定使用条件；（2）规定对该标志的使用进行有效控制。

集体商标不得作为转让、特许或者质押，以及任何强制执行的措施。在不影响《阿尔及利亚商标法》第 21 条和第 24 条规定的情况下，有管辖权的法院应当应主管机关的请求或应有关的第三方的请求，撤销集体商标的注册：（1）持有该商标的法人不再存在；（2）持有人使用、授权或容忍在商标使用条例规定以外的条件下使用该商标；（3）拥有人使用、授权或宽容任何可能误导公众关于商标或服务的共同特征的商标使用。

第四节　本章小结

一、埃　　及

埃及缺乏知识产权保护文化传统，其知识产权保护状况饱受诟病。但是随着近年来埃及商标法律制度不断地完善，已经使得其与国际标准接轨。从这个角度来看，埃及商标法律制度与我国商标法律制度之间并不存在特别大的差异。主要的区别在以下几点。

第一，在立法体例上，埃及将商标与地理标志法安排在知识产权法典中。埃及设立包括著作权、商标及地理标志、专利及外观设计等各种知识产权在内的统一知识产权法的做法，为我国未来单独设立《知识产权法典》提供参考。

第二，在商标注册条件方面，埃及尚未承认声音可以注册。埃及采取“注册 + 使用”的混合体制，为我国提供有益的参考。

第三，在商标许可转让方面，实行商标许可登记生效制度，而我国实行商标许可合同登记备案制度。相比之下，我国的制度选择更具优势。

第四，在侵权救济方面，《埃及知识产权法》对商标侵权规定了较为严格的刑事处罚措施，并对二次犯罪的个人及企业加重处罚。

二、阿尔及利亚

目前，“声音”构成的商标还不能向阿尔及利亚商标注册部门申请商标注册；然而，“人名”可以作为阿尔及利亚商标的构成要素，并列于阿尔及利亚商标构成要素中的首位。而我国除了气味不可以注册为商标外，其他可视或非可视的要素或者其组合均可申请商标注册。《阿尔及利亚商标法》界定商标的范围时，特别指出“属于公有领域或不具有任何特征的标志”不可注册为商标，这为商标构成要素的公有领域作出保留。《阿尔及利亚商标法》规定的主张商标注册优先权的时限比较短，必须在官方或官方承认的国际展览会结束后3个月内主张商标的优先权。而我国商标法规定在我国政府主办或者承认的国际展览会展出的商品上首次使用的商标，自该商品展出之日起6个月内，商标注册申请人享有优先权，这比阿尔及利亚商标法规定的展览优先权时限多出3个月，更有利于商标权人的商标注册登记，保护其合法权益。《阿尔及利亚商标法》在赋予商标所有者权利时，对其权利的行使做出限制，即商标的注册并不赋予其所有者禁止第三方善意地商业使用商标的权利，这些善意的行为包括：（1）他的名字、地址、化名；（2）确切说明产品的种类、质量、数量、目的地、价值、产地或生产时间或提供服务的条件。

鉴于非洲阿拉伯地区国家商标法律制度与我国商标法存在的差异，无论是商标构成要素上的差别，还是商标优先权制度上的差别，抑或是商标转让与侵权上的差别，都应当引起我国企业对于其商标管理上的重视。毕竟商标权具有地域性，在我国受保护的商标，在域外便不一定会受到保护，甚至可能会被认定为无效。因此我国企业在“一带一路”倡议下“走出去”进行商标生产和销售时，应格外注意商标权益的保护，及时进行注册，有效对其商标权进行管理，规避不必要的商标法律风险，以免权益遭受不必要的损害。

第十章　非洲英语区商标法律制度

第一节　区域概况

一、概　　述

非洲使用英语作为官方语言的国家包括尼日利亚、肯尼亚、南非、冈比亚、塞拉利昂、利比里亚、加纳、埃塞俄比亚、乌干达、坦桑尼亚、赞比亚、纳米比亚、莱索托、斯威士兰、津巴布韦、博茨瓦纳、马拉维、塞舌尔、索马里、苏丹、厄立特里亚（英语、阿拉伯语）、喀麦隆（主要说法语，英语是官方语言之一，只有 2 个省以说英语为主）等 20 多个国家。这些国家几乎都是英国以前的殖民地。但也有例外，例如利比里亚是以前在美国受奴役的黑人建立的以自由为基础的国家。这些国家的矿产、动植物等自然资源丰富，产业结构以农业为主。其中较为发达的经济体包括尼日利亚、南非、肯尼亚、博茨瓦纳等，而乌干达、津巴布韦、赞比亚、利比里亚等国的经济形势较为严峻。近年来，非洲英语区国家的安全局势总体上趋于稳定，但部分国家仍然较为严峻。根据世界银行 2015 年 10 月发布的营商环境报告显示，在全球 189 个国家中，南非排名最高，位列第 43 位，博茨瓦纳排在第 71 名，赞比亚排名 98 位，肯尼亚排第 108 名，乌干达排名 115 位，津巴布韦排在第 157 位，尼日利亚排名 169 位，而利比里亚的排名相当靠后，仅排在 174 名，营商环境依然亟待改善。

二、知识产权法律制度概况

（一）非洲地区知识产权组织（ARIPO）概况[1]

1976 年 12 月 9 日在赞比亚卢萨卡举行的外交会议上，博茨瓦纳、冈比亚、加纳、肯尼亚、莱索托、马拉维、莫桑比克、塞拉里昂、索马里、苏丹、斯威士兰、坦桑尼亚、乌干达、赞比亚和津巴布韦共同创立了非洲地区工业产权组

[1] 根据非洲地区工业产权组织网站资料整理，网址：http：//www. aripo. org［2017 - 09 - 16］。

织（African Regional Industrial Property Organization，ARIPO）。与此同时，ARIPO与安哥拉、阿尔及利亚、布隆迪、埃及、厄立特里亚、埃塞俄比亚、利比亚、毛里求斯、尼日利亚、塞舌尔、南非和突尼斯12个国家进行合作，这些国家可以以观察员的身份出席ARIPO的会议。该组织是非洲地区英语国家工业产权保护区域性组织，现有成员国19个，总面积为700万平方公里，人口约2亿人。ARIPO总部最初设在肯尼亚首都内罗毕，1982年2月迁至津巴布韦首都哈拉雷。ARIPO目前已经对传统知识、专利、工业设计、实用新型、商标和版权都进行相应规定，建立了比较系统的知识产权管理和服务法律体系。

ARIPO主要是为了避免重复财务和人力资源，将其成员国的资源集中在工业产权事务中。因此，《卢萨卡协定》的序言清楚地表明，成员国“意识到他们从有效和持续的信息交流，统一和统一其在工业产权方面的法律和活动中获得的优势”。成员国还认识到，“建立非洲区域工业产权组织，研究和促进和合作工业产权事宜将最适合”。根据《卢萨卡协定》第3条规定，该组织目标是以工业产权合作促进成员国经济发展和技术进步。具体包括：（1）促进工业产权法律及其相关事宜的统一和发展，适应其成员和整个区域的需要；（2）促进成员在与工业产权有关的事项上建立密切关系；（3）建立对影响其成员的工业产权活动的协调统一和发展所必需或可取的共同事务或机关；（4）制订工业产权法管理人员培训计划；（5）组织工会会议，研讨会和其他会议；（6）促进思想和经验交流，工业产权研究；（7）促进和发展其成员在工业产权方面的共同观点和方法；（8）酌情协助其成员获取和开发与工业产权有关的技术；（9）做所有其他可能实现这些目标的其他事情。ARIPO也和下列工业产权局签署了合作协议，以保证技术合作以及文献和信息的相互交换：（1）英国专利局；（2）瑞典专利和注册局；（3）巴西国家工业产权局（INPI）；（4）美国专利商标局（USPTO），此外，该组织也同奥地利专利局、德国专利局和韩国工业产权局进行了合作。

当《卢萨卡协定》在1976年创设ARIPO时，条约确定了该组织在第3条中的目标，为该组织的理由奠定了基础，即制订进一步的法律文书，以便对该组织工作的业务细节进行详细阐述。到目前为止，该组织已经发展了《非洲区域工业产权组织框架内的专利和工业品外观设计议定书》（《哈拉雷议定书》）、《班珠尔商标议定书》和《关于保护传统知识和民间文艺表现形式的斯瓦科普蒙特议定书》。其中影响各国商标制度的主要是《班珠尔商标议定书》。ARIPO为其成员国提供的益处是：（1）共享资源，避免人力和财力资源的重复，使成员国在经济方面受益；（2）开辟新的市场，改善投资环境，促进技术信息的获取，特别是专利文献；（3）ARIPO地区工业产权制度补充了其成员国的工业产权制度，从而使其成员国的权利受到保护，申请人得到更多的申请途径的选择；（4）为外国申请人提供了地区工业产权制度。但是目前可通过ARIPO申请商标的国家有博茨瓦纳，莱索托、马拉维、纳米比亚、斯威士兰、坦桑尼亚、乌干达、津巴布韦、利比里亚9个国家。如果商标申请在某一个指定国家被驳回，商标仍然可以在其他未被驳回的国家注册。

从非洲地区工业产权组织的角度看，商标是对给定企业的货物进行个性化并能够将这些货物与竞争对手商品区分开的任何标志。所以一个商标应该具备向消费者指示商品来源和区分此企业的货物与彼企业的货物两大功能。受ARIPO保护的商标种类包括一般商标、设备标志、集体商标、认证标志、商品名称、地理标志。商标的构成要素包括单词、字母、数字、图形设计、色彩、声音、嗅觉和触觉等要素或者这些要素组合形成的二维或三维标志，但三维标志应是这些表示商品或包装形状的标记。从对商标的定义和保护范围等方面，大致可以看出非洲地区工业产权组织在立法已经对商标申请人提供了比较广泛的保护。

（二）非洲英语区国家国内知识产权法制概况

非洲国家存在众多法系，但现今主要的法系是非洲习惯法系、非洲伊斯兰法系、非洲大陆法系、非洲普通法系和非洲混合法系。由于英语区国家很多属于英国和美国殖民地的非洲国家适用，因此这些国家经常被称为非洲普通法系国家，如加纳、尼日利亚、肯尼亚、坦桑尼亚、利比里亚等。但是目前纯粹的普通法系国家已经很少了，大都是既接受大陆法又接受普通法，被称为混合法国家，如南非、喀麦隆、纳米比亚、毛里求斯等。

（1）尼日利亚。尼日利亚的知识产权保护法律包括《商标法》《专利和工业品外观设计法》《版权法》《国家工业技术产权办公室法》等，相关行政法规包括《国家农业种子法令》《版权（对等延期）命令》《专利和工业品外观设计（公约国）命令》。尼日利亚工业产权局专门负责专利和商标事务的管理，版权局主管版权事务。尼日利亚于1995年加入世界知识产权组织，也是专利合作条约的成员国。

（2）肯尼亚。肯尼亚保护知识产权的法律法规包括《工业产权法》《传统知识和文化表现法保护法》《版权法》《种子和植物品种法》《商标法》等，《竞争法》等法律也涉及知识产权的相关内容，此外《工业产权条例》《版权规例》《环境管理与协调条例》《工业产权法庭规则》《种子和植物品种条例》等行政法规为法律的实施提供了更为明确的操作规范。肯尼亚是非洲知识产权保护水平较高的国家，是《巴黎公约》《伯尔尼条约》《世界知识产权组织公约》《专利合作条约》《马拉喀什条约》《马德里协定》等国际条约的成员。

（3）南非。南非是非洲地区知识产权保护较为完善的国家，保护知识产权方面的法律法规包括《知识产权法》《“公共资助研究与开发法”知识产权法案》《专利法》《商标法》《版权法》《植物育种者权利法》《表演者保护法》等，与之相配套的行政法规也蔚为可观，形成了较为严密的知识产权法律保护体系。南非的知识产权国际化水平较高，目前已加入的国际条约包括《专利合作条约》《布达佩斯国际承认专利程序微生物保藏条约》《世界知识产权组织公约》《巴黎公约》《伯尔尼公约》等国际条约的成员国。目前，南非专利局负责知识产权相关事务。

（4）乌干达。乌干达保护知识产权的法律法规主要包括《工业产权法》《地理标志法》《商标法》《商业秘密保护法》《版权与邻接权法》等，其他配套的行政法规包括《专利条例》《工业产权条例》《工业产权（费用）条例》《商标条例》《版权与邻接权法规》等。进入21世纪以来，乌干达的知识产权法律法规体系逐步完善。目前，乌干达正在努力融入知识产权国际保护体系之中，已经是《专利合作条约》《内罗毕保护奥林匹克标志条约》《世界知识产权组织公约》和《巴黎公约》等国际条约的成员国。乌干达的版权局负责版权事务，工业产权局负责专利、商标等知识产权事务。

（5）加纳。加纳的知识产权保护法律包括《商标法》《版权法》《集成电路布图设计法》《地理标志法》《外观设计法》《专利法》《工业品外观设计法》等，与之相配套的行政法规包括《版权规定》《商标条例》等。加纳已是《保护录音制品制造商非法复制其录音制品公约》《表演与录音制品条约》《海牙协议》《马德里协议》《WIPO版权条约》《专利合作条约》《伯尔尼公约》《巴黎公约》和《世界知识产权组织公约》的成员国。虽然总体保护水平还不高，但知识产权保护目前已是加纳政府优先法规，并反映在国家贸易政策当中。近期，加纳政府的目标是进一步制定保护知识产权的法律条款，确立对版权和工业产权的有效管理和保护。

（6）津巴布韦。津巴布韦的知识产权保护法律主要包括《版权与邻接权法》《地理标志法》《集成电路布图设计法》《知识产权法庭法》《商标法》《商品商标法》《植物育种者权利法》《工业品外观设计法》等，配套的法规包括《版权与邻接权法规》《津巴布韦商标法规》《宣布紧急情况（艾滋病毒/艾滋病）公告》等。津巴布韦目前已经加入《德里协定》《专利合作条约》《世界知识产权组织公约》《伯尔尼公约》《巴黎公约》等国际条约。目前津巴布韦知识产权局负责专利、商标、工业品外观设计和著作权及邻接权等事务。

（7）赞比亚。赞比亚的知识产权保护法律主要包括工业品外观设计法、民间文艺表现形式保护法、专利和公司注册机构法、版权和履行权利法、专利和公司注册机构法、植物育种者权利法、版权和履行权法、保护名称、制服和徽章法、商品商标法、专利法等，配套的法规包括《植物品种和种子条例》《植物品种（马铃薯种子）条例》《注册设计（高等法院）规则》《注册设计规例》《专利条例》《商标条例》等。目前赞比亚已经加入《马德里协定》《专利合作条约》《世界知识产权组织公约》《伯尔尼公约》《巴黎公约》等国际条约。赞比亚的信息与广播服务部版权局负责版权事务，专利和公司注册局负责工业产权相关事务。

（8）利比里亚。利比里亚的知识产权保护法律主要包括1972年批准的《专利、著作权和商标法》《新工业产权法》等。利比里亚目前已经加入《马拉喀什条约》《专利合作条约》《马德里协定》《罗马公约》《巴黎公约》《伯尔尼公约》《世界知识产权组织公约》等。根据《工业产权法》，利比里亚建立了知识产权保护机构——利比里亚工业产权办公室，并于2010年加入非洲知识产权组织，成为第17个成员。

（9）博茨瓦纳。博茨瓦纳的知识产权保护法律主要是2010年颁布的《工业产权法》和2000年颁布的《版权与邻接权法》等，配套的法规包括《工业产权法令》《工业产权规定》《有关工业产权的附表1与费用相关的表格和附表》《版权与邻接权法规》等。目前博茨瓦纳已经加入了《马拉喀什条约》《海牙协议》《马德里协定》《WIPO版权条约》《WIPO表演与录音制品条约》《专利合作条约》《伯尔尼公约》《世界知识产权组织公约》《巴黎公约》等。目前博茨瓦纳负责知识产权事务的主要部门是公司与知识产权局。

第二节　尼日利亚商标法律制度

一、概　　述

尼日利亚联邦共和国在1965年1月1日制定了第一部商标法，并于1967年6月1日生效，现行版本的商标法是在1990年制定的，全称为《尼日利亚联邦共和国商标法》，分为14章，共69条。为了商标法的更好实施，尼日利亚在1967年5月9日制定商标法实施细则，并于1967年7月18日生效。

目前，尼日利亚已与世界众多国家和地区建立起贸易关系。2015年，其前十大贸易伙伴国为印度、中国、荷兰、西班牙、美国、巴西、英国、法国、南非、德国等，并多国签订了双边投资或税收协定。[1] 该国商标法律制度与国际公约的接轨程度尚在发展，已加入了部分与商标保护有关的国际公约或协定。尼日利亚于 1995 年 1 月 1 日加入世界贸易组织，成为 TRIPS 协议成员。

表 10－1 尼日利亚已加入与商标保护相关国际公约/协定

公约/协定名称	加入时间
与贸易有关的知识产权协定	1995 年 1 月
建立世界知识产权组织公约	1995 年 4 月
保护工业产权巴黎公约	1963 年 9 月
商标国际注册马德里协定	尚未加入
商标国际注册马德里协定有关议定书	尚未加入
制止商品产地虚假或欺骗性标记马德里协定	尚未加入
商标注册用商品和服务国际分类尼斯协定	尚未加入
建立商标图形要素国际分类维也纳协定	尚未加入
保护奥林匹克标志的内罗毕条约	尚未加入
保护原产地名称及其国际注册里斯本协定	尚未加入
商标法新加坡条约	尚未加入
商标法条约	尚未加入

二、商标注册条件

（一）商标注册原则和条件

1. 注册原则

在尼日利亚，商标权的获得需要经过注册。依照尼日利亚商标法律制度规定，商标权的注册遵循在先申请原则，商标权授予最先申请人。

2. 商标注册的条件

尼日利亚商标法以及实施细则对商标注册的条件进行了规定，包括实体条件与形式条件。

商标注册的实体条件包括积极条件和消极条件两个方面。在积极条件上，表现为商标的适格性和显著性要求。该国商标法规定，文字、名称、数字、颜色以及任何其他标志及其组合，即可作为商标注册。尼日利亚商标法，并未要

[1] 商务部国际贸易经济合作研究院，商务部投资促进事务局，中国驻尼日利亚联邦共和国大使馆经济商务参赞处. 对外投资合作国别（地区）指南——乌兹别克斯坦（2015 年版）[EB/OL]. [2017－07－28]. http：//fec. mofcom. gov. cn/article/gbdqzn/.

求商标必须以视觉方式为人所感知，而且商标可为公司或个人名称，或者将此种名称特殊化处理，或者是申请人的某种签名或者图画，亦可为申请人发明的单词等，只要具有特殊性的标志都可作为商标注册，因此为声音商标的注册留下可能性。在消极条件上，表现为商标注册的显著性和适格性要件。显著性是指商标可让他人明确商品或服务的来源，将此商品与彼商品区分开。适格性是指商标本身有能力或者经过使用后，可获得能力用于区分商品或服务来源。具体包括五个方面：一是缺乏显著性的标志一般不能作为商标注册，包括：(1) 商品和服务的通用名称或者描述。(2) 包含了商品或服务或者贸易中的通用部分或没有区分性的特征。(3) 化学物质及其提取有关的通用或公认的单个化学元素或混合物，抑或混合物的分离物的相关词汇。商标必须具有显著性，与其他商标相比具有特殊性。缺乏显著性的标志，不具有登记性和注册有效性。但是缺乏显著性的贸易标志，经过使用或者其他情形后，实际上具备区分商品或服务来源的功能，亦可作为商标注册，不过需要在注册时进行说明。另外，标识的全部或部分是由一种或者多种指定颜色构成，此时需要特别法庭对其特殊性质进行明确，如果未标明颜色，则视为注册的具有所有颜色。二是具有混淆可能性标志一般不能作为商标注册，包括：(1) 包含了其他已注册商标的不可分离部分。(2) 他人或企业、营业场所的名称。(3) 尼日利亚的权力机构的标识或者国家军队标识、国旗。(4) 商标包含总统、州长或者其他与他人官方身份有关容易造成混淆的词汇或者设备。(5) 其他国家、国际组织以及政府间组织有关的公共标志、旗帜和其他标志、名称。(6) 商标中包含了专利、已授予专利、已注册、注册设计、版权等容易误导他人的词汇。(7) 商标或者其描述中包含红十字或者日内瓦十字，以及其他与日内瓦、瑞士联邦十字标志或者十字相关的形状或者红字背景，容易误导他人的。具有混淆可能性的标志，如果获得上述标识所有人或者控制人同样使用，则上述标志可以作为商标进行使用。另外，如果商标中包含他人的商标部分或者全部，如果不会造成混淆，或者经过同意，那么可以使用。三是误导性、欺骗性的标志，不能获得商标注册。商标包含欺骗或者其他误导引起混淆的原因，从而在法庭上被剥夺受保护的权利，包括产品或服务的来源、产品或服务的其他描述可能误导公众或含有虚假信息；含有虚假、仿制或伪造的商业标识等。四是损害公共利益和公序良俗的标志，不能作为商标及其构成要素注册，包括违反道德的标识不可注册。五是其他注册排除事由，包括：(1) 申请在尼日利亚已注册相同或类似商标相同或类似的商品或服务上进行注册；(2) 申请注册的标志与他人既存的标识相冲突，可能造成他人特定的商品或服务的标识价值减损，如合法的外观设计权、名称权等。

商标注册的形式条件。在尼日利亚，自然人、法人和其他组织均可以申请注册商标，包括具有尼日利亚国籍的自然人和法人以及被允许开展商业活动的其他主体、参与的多边国际条约成员国公民或者主体、享有互惠关系的国家的自然人和法人等。尼日利亚的商标注册遵循申请在先原则，商标权授予最先申请人。如果两个或两个以上的申请人在相同商品或服务上同时申请相同或类似的商标，商标申请会被拒绝，除非双方达成协议或者法院做出判决支持一方的权利。在尼日利亚，商标未注册不会享有商标法的保护，但不意味着未注册的商标不受法律保护，假如出现假冒的情况，仍然可以采取救济手段。在尼日利亚申请商标注册的自然人或法人可通过有资质的代理机构，进行商标注册申请或者咨询意见。在该国，一份商标注册申请书只能涉及一类商品或者服务，但是一次申请可以递交多份申请书，其中涉及多类别商品或者服务的，应当分别提交相应申请。商标注册的申请书应提交给联邦贸易部商标注册中心。申请书的撰写及所提交的材料，应包括申请注册商标相同的且大小以及材质符合登记机关要求的一件复制件等符合商标法以及实施细则规定的格式和要求。如果商标申请中包含一个或者多个非罗马文字的，需要在提交申请时提交充分的翻译方法和翻译文本；如果商标中包含非英语语言的词汇的，应当向登记机关提交恰当的翻译和词汇语言的名称。关于商标的申请方式，应当采取书面形式向注册部门提交申请，在申请书的相应位置附上商标复制件等材料。

（二）商标注册审查程序

1. 注册申请与审查程序

第一步：确定申请日。按照该国商标法规定，商标注册自申请登记之日起视为申请日。该国商标法以及实施细则规定，商标优先权的享有，根据权利人在公约或者条约规定国家商标注册申请日确定；公约或者条约规定国家进行商标申请注册的日期视为尼日利亚的商标注册申请日。

第二步：商标初步审查。尼日利亚的商标注册，分为两类：A 部分与 B 部分。任何人欲注册商标或者使用商标的，应根据商标法及其附则中商标注册的 A 部分或者 B 部分注册条件进行商标注册。商标注册中心的登记机关在受理商标注册申请后，将会对商标申请进行实质性审查，并与其他在先已登记商标和已注册商标进行比较，以及对商标的显著性和适格性进行分析，以确定其是否符合该国商标法和实施细则的相关规定。经过登记机关的审查，可能拒绝商标注册申请或者完全接受商标申请，抑或附加条件的接受，如修正、修改或者添加限制条件。如果登记机关经过审查认为，虽不符合 A 部分商标注册条件，但是也不宜拒绝申请的 A 部分的商标注册申请，可作为 B 部分进行申请登记并按照 B 类进行审查。经过登记机关经过初步审查，如果肯定性认为注册申请符合商标法或商标实施细则的条件和程序，在肯定答复做出后的 3 个月内注册申请会被通过；如果认为注册申请不符合该国商标法第 18 条规定的，登记机关经过进一步的调查和考虑后，书面通知申请人拒绝登记。登记机关应在通知中写明拒绝和有条件接受申请的理由和根据。

第三步：商标注册异议和核准程序。根据《尼日利亚商标法》的规定，商标注册申请不应被决然拒绝或者接受，而应根据具体情形判断。如果登记机关做出核准商标注册的决定，无论是完全核准还是附条件的核准申请，应在期刊上刊登其核准决定，登记上应包括其核准内容，包括附加的条件和限制。如果申请人申请注册的商标属于该国商标法第 9 条第 1 款中的 e 项或者其他基于权益给出的申请理由，登记机关应在做出接受申请前，将其决定通知在期刊上刊登公告；如果登记机关认为此类申请最终应核准，那么其可要求再一次在期刊上公告商标决定，但不是必须这样做。商标在期刊上刊登公告的 2 个月内，此时任何人可以在此期限内，向登记机关就决定通知提出异议。异议声明应当按照规定格式书写，并且列明理由和证据。登记机关应将异议声明副本送达一份给申请人，申请人在收到异议声明之日后的 1 个月内，向登记机关提交一份按照规定格式书写的反异议声明，并在声明中列明理由和证据，如果不在规定日期提交反异议声明或者证据，那么视为放弃申请。在申请人提交反异议声明后，登记机关应将此声明副本送达反对商标登记的异议人，并且在聆听双方的陈述以及考虑双方提交的证据后，决定是否接受商标核准注册或者附加条件和限制。另外，登记机关应让商标注册申请人以及异议人在提交声明副本后，提供一笔诉讼保证金，如果拒绝提交，异议与反异议将被视为放弃。对于登记机关经过聆听双方声明和考虑证据后做出的核准决定，可作为向法院起诉的理由；起诉书应当按照规定格式书写，在诉讼中任何一方可以通过规定方式或者特殊委托的方式向法庭提交进一步的证明材料，但是异议人或者登记机关不可对商标注册采取进一步的反对立场，除非任何人按照该国商标法第 20 条规定条件提出；如果需要，应当聆听起诉人和登记机关的陈述，然后做出是否支持登记或者附加条件或者限制的判决；法庭可要求起诉人提交诉讼保证金，否则视为撤回起诉。法庭可在不实质性改变商标同一性的前提下要求商标进行修改，但是此时商标修改应在核准登记前在期刊上进行刊登公告。如果规定期限内没有异议以及公告期满，或者在异议程序中申请人的意见被支持，除非有错误，商标应被核准注册。如果由于申请人拖延的原因，商标注册在 12 个月内未完成，登记机关会按照规定出具一份商标注册未完成通知书，除非申请人在通知书的明确的日期内完成注册，否则视为放弃注册申请。商标注册核准之后，应当颁发申请人带有登记机关的商标登记证书。

2. 注册登记的相关费用

在尼日利亚联邦共和国，申请商标注册登记，包括后续的商标转让、许可以及续展等，均应当缴纳规定的税费。如果相关费用未缴纳，商标申请将不会被注册以及商标权的续展将无效。

3. 注册部门及联系方式

尼日利亚联邦贸易与投资部下设商标、专利与设计登记处，其中商标注册登记处主管全国的商标登记事务，包括办理商标注册、登记与发证事宜以及管理工作。尼日利亚的商标注册与登记过程中，对商标登记处的决定不服或者有异议，可向法院起诉。

三、商标使用、商标许可使用

（一）商标使用

根据《尼日利亚商标法》第37条规定，在尼日利亚申请注册商标，然后出口到尼日利亚以外国家或者在尼日利亚采取其他行为，如制造或者销售含有商标的商品，出口尼日利亚以外国家，或是在尼日利亚境内制造或者销售带有商标的商品，即属于本法或者普通法意义上的商标使用行为。该国商标法第35条第1款规定，商标登记后，商标权意图将商标转让给即将成立的法人团体，用于法人团体使用商标在核准商品或服务上；或者商标申请时，商标申请人同时提交一份商标许可申请，意图将商标被核准注册后立刻许可他人在核准商品上使用，而自己不使用、也未意图使用商标时，应当拒绝其商标注册申请。

（二）商标许可使用

商标许可使用是指，商标所有人与相对人签订商标转让合同等方式，许可他人使用其商标。

《尼日利亚商标法》第33条规定，商标所有者可以自由约定有无条件或者限制许可他人，在商标核准使用的部分商品上或者所有商品上使用注册商标。商标许可使用人可在其贸易过程有关的商品上或者商标核准注册的商品上使用注册商标；除非商标权人与被许可人约定商标许可的条件或者限制，否则商标许可人不受条件与限制约束。商标许可使用行为，需要商标权人与商标许可使用人按照规定格式书面向登记机关提出申请，而且商标权人或者登记机关权威认可或同意的行为人需要做出一份具有法律效力的声明。声明中应述及以下内容：（1）二者现在和将来的具体关系；（2）商标权人对许可行为的控制程度、被许可人是否为唯一被许可人以及未来是否有其他被许可人；（3）阐述被许可使用的商品类型、被许可使用的商品特征、条件或限制和何种情形可使用以及其他问题；（4）描述是否许可存在时间限制，以及提供登记机关或实施细则要求的一份关于能够说明许可期间的进一步文件或者证据。如果上述要求都被满足，登记机关将根据提交的文件或者信息，审查是否满足商标许可使用的条件以及是否违反公共利益，如果不存在问题，登记机关将会将被许可人登记为商标被许可使用人；如果可能导致商标非法交易，那么商标被许可使用人登记申请将会被驳回。如果商标许可申请人要求登记机关对其商标许可信息进行保密，那么登记机关会采取措施防止登记信息向其竞争对手公开。

四、商标变更、商标转让以及注销

（一）商标变更

商标变更是指商标登记机关的登记簿中的商标登记，存在错误或者遗漏或者需要修改时，对商标登记簿进行的修改变更。

根据《尼日利亚商标法》第38条规定，以下情况相关方可以主张商标变更：（1）登记条目未录入或者遗漏；（2）没有充分理由录入的登记条目；（3）登记簿中存在错误登记条目。

登记权人可按照规定向登记机关要求变更登记，变更的事由如下：（1）改正商标权人的名字或者地址错误；（2）变更商标权人名字或地址的任何变动；（3）取消商标注册的登记；（4）删除商标核准注册的商品或者商品类型；（5）在不扩张既存商标权的前提下，输入免责声明或者备注。登记机关对于商标变更做出的决定不服的，商标登记权人可向法院起诉。

（二）商标转让

商标转让是指商标专用权从商标权人转让给他人，由他人享有，是商标权的主体的变更，商标权属完全转移。

根据《尼日利亚商标法》第26条规定，商标权可与商誉一起转让。商标权转让，要么随着所有核准注册的商品转让，要么随着部分核准注册的商品转让。上述规定适用于注册商标，同样适用未注册商标。未注册商标与注册商标同时转让的，二者可一样可以在商品或服务上使用；未注册商标与注册商标一样，可同时转让，并且转让给同一个人；被转让的区别在于货物，或者与注册商标有关或者与未注册商标有关。

根据《尼日利亚商标法》规定，商标注册为联合商标的，在进行转让和分配时，应当作为整体进行，而不可分开进行；但是除了转让和分配外，可以登记为独立的商标。

行为人通过商标转让或分配获得商标权，那么其可以向登记机关申请登记他的信息。登记机关可根据其提供的证据和说明，在商标转让行为生效时，将其登记为核准注册的商品或服务上的商标权人，并且在登记簿上登记转让或分配的详情。对商标登记机关上述决定不服的，可向法院起诉。

（三）商标注销

商标注销是指商标权人或者其他人，依照商标法规定，向商标有关部门申请注销商标登记的行为。商标注销的，商标权自注销之日起不受商标法保护。

任何人可基于该国商标法第 31 条第 2 款或者第 56 条向法院或者商标登记机关申请注册商标注销。商标注销的理由包括，在注册商标时，商标权人没有真正意图在核准注册商品上使用商标，以及在申请注销日前 1 个月内也未真正在核准注册商品上使用过商标；截至申请注销日前 1 个月内，商标所有人在商标核准注册后没有使用或者真正意图使用的时间持续 5 年或者更长。

如果有证据表明，商标在注销日有关的日期或者期间，已被合法使用人或者商标权人在核准注册的商品或者类型上善意使用，法庭可驳回依照该国商标法第 31 条第 2 款提出的注销申请。

五、防御商标和证明商标

（一）防御商标

防御商标是指知名商标的商标权人在此商标核准注册的商品或服务上以外的同类别的其他商品或服务上注册的商标。防御商标是为了防止知名商标同类别的其他商品或服务上使用知名商标，导致商品或服务的来源的误认或者不合理商业关系的关联，即“搭便车”现象。

尼日利亚商标法规定，商标注册人可以在任何商品上注册防御商标，尽管商标权人已经以他的名义在这些商品上注册不是作为防御商标的商标。另外商标注册人可以申请在任何货物上申请商标注册不是作为防御商标的商标，尽管此商标已经被商标权人以他的名义在其他商品上已注册为防御商标。而且防御商标的注册，不会因为符合该国商标法第 31 条的注销条件，而被采取商标注销，属于商标注销的豁免条件。尽管商标注册为不同的商品类型，但是被注册为防御商标或者以同一个商标权人名义注册的，将会被视为与知名商标权有联系，从而在商标转让或者许可时，应当一并转让或许可，而不能分开进行。

（二）证明商标

证明商标是指由对某类商品或服务具有控制或者监督能力的机构注册并控制，用于该组织或者机构以外的单位或者个人使用于其商品或服务上，证明其商品或服务的原产地、质量、制造方法或者其他特定品质的标志。

根据《尼日利亚商标法》第 43 条规定，一个主体的商标适于在贸易时，证明商品或服务的原产地、原料、制造方法、质量和准确性以及其他特征，并将其从未证明的商品中区分开的，可作为证明商标在A部分以该主体名义进行注册。如果一个商标并不能以主体的名义对商品或服务产生证明效果，那么不能注册。

（三）联合商标

《尼日利亚商标法》第27条规定，当商标在注册时或注册后，以商标权人的名义，在相同商品上注册类似商标，或者同一类别容易造成欺骗或者混淆的商品上注册相同商标，此登记的多个商标结合为联合商标。当商标权人将两个或者以上的商标，注册为联合商标，登记机关根据商标之间不存在混淆或者欺骗可能，将联合商标进行分开登记，并且可对其进行修改。对于登记机关的上述决定不服的，可以向法院起诉。

六、商标的诉讼规则和法律责任

（一）诉讼规则

所有法律程序中，商标注册有效性受到质疑以及商标权人认为其有效时，法院有权证明商标注册的效力。如果商标注册的效力被法院认可，那么接下来的法律程序中，商标权人在其自费情况下获得了支持其利益的最终的命令或裁决，除非法院不认可其应拥有商标不具有有效性。

本法规定的任何情形，申请人可自由选择向法院或者向商标登记机关，进行申请，除了以下情形：（1）涉及商标的问题行为悬而未决的，应向法院申请处理；（2）在应向注册人提出申请的其他情况下，申请人可以在诉讼的任何阶段，向法院提出申请，或者在听取他方的陈述以及确定他们之间的问题后，向法院提出诉讼。

（二）法律责任

任何明知会发生导致商标登记条目错误、错误书写致使商标登记副本错误以及其他任何会产生或制作此类书写错误，仍然恶意去违反，是违法行为，将必须承担不超过7年监禁的法律责任。

任何人制作的标识，属于以下情形，将承担不超过200奈拉的罚款：（1）不属于注册标识，却影响其他注册的商标权；（2）属于注册商标不可分离的一部分；（3）影响注册商标核准注册的商品或者服务；（4）影响了注册商标排他性使用权。

如果任何人使用，以下与贸易、商业、工作与职业有关的标识，没有经过授权，将是违法的，并且根据简易程序裁决其应承担不超过40奈拉罚款：

(1) 任何形式持续使用尼日利亚国家权力机构或者军队（或者与军队的标识很类似容易导致欺骗或者误导）的标识，容易使人误解是受上述机关授权；(2) 任何形式持续使用设备、象征或者标题容易导致误认是总统或者州长的官方资格设置的。上述条款不可影响注册商标的权利去使用此类武器、设备、象征或者标题。

第三节　肯尼亚商标法律制度

一、概　　述

肯尼亚是非洲地区商标法律制度较为完备的国家，早在 1957 年就制订了比较系统的商标法。目前，肯尼亚已经建立了以商标法（2007）和知识产权法（2017）为核心，以传统知识保护法（2016）、竞争法（2010）等为配套的法律体系。在商标法律实践中，《商标规则》（2009）、《工业产权法庭规则》（2017）等行政法规也是肯尼亚商标法律实践的重要依据。值得关注的是，肯尼亚也是 ARIPO 的成员国，虽然也会按照《班珠尔商标协定》向 ARIPO 提交国际商标注册申请，且通过《班珠尔商标协定》协定获得的商标在肯尼亚也同样有效，但是肯尼亚依然有自己的一套商标注册和保护制度。

目前，肯尼亚已经加入多个知识产权国际条约，正在努力提升知识产权保护的国际化水平（见表 10－2）。

表 10－2　肯尼亚已加入与商标保护相关国际公约/协定

公约/协定名称	加入时间
与贸易有关的知识产权协定	1995 年 1 月
建立世界知识产权组织公约	1971 年 10 月
保护工业产权巴黎公约	1963 年 9 月
马德里协定	1998 年 6 月
保护奥林匹克标志的内罗毕条约	1982 年 9 月

二、商标的取得、续展和变更

（一）商标的取得

肯尼亚商标法上的商标（除证明商标外），指的是用于（或将用于）商品或者服务的交易过程中、指明商品或者服务与有权使用这个商标的特定主体之间联系为目的的标志，无论是否有任何迹象表明该主体或与交易过程中所使用（或将使用）同一货品使用该商标的商品或者服务相联系。肯尼亚商标法规定

实行商标注册制，而负责商标注册事务的机构为肯尼亚工业产权局。❶

1. 商标注册条件

第一，商标注册申请人必须是本国国民或者本国的商标代理人。如果申请人通常居住在肯尼亚以外的地方或主要地点在肯尼亚以外的业务，应由商标代理人代表。并且必须提供在肯尼亚的地址作为注册过程中文件接收地址，否则工业产权局可以拒绝注册。

在国际商标的注册申请方面，根据《班珠尔协定》向肯尼亚工业产权局提交 ARIPO 注册商标申请的，必须是肯尼亚的国民或者居民。

第二，可注册的商标标识可以是具有区别性的形象、短语、图形、牌子、标题、标签、姓名、签名、字、字母或数字或上述任何组合，且不论是以二维还是三维形式呈现都可以获得保护。但是这些标志必须具有区别性（Distinctiveness），即这些标志必须在货物或者服务交易过程中，使他人能够将该商标权利人的货物与服务同其他人的货物或者服务相区别，例如包含公司名称、新造的单词、申请人的签名，特定的颜色等。如果商标不是申请特定的颜色，那么它就适用于所有的颜色。同时，还有一些标志虽然具有区别性，但如果不能获得相应的授权就依然不能被注册，例如奥林匹克标志等。

第三，可申请注册的商标包括普通商标（商品商标和服务商标）、证明商标和集体商标三种。证明商标指的是用于依靠原产地、材料、制造方式、质量、准确性或其他特征将认证商品与非认证商品进行区分的商品商标。集体商标指的是用于将作为组织成员的商品或者服务的提供者与其他商品或服务提供者相区别的商标；但其他商品或者服务提供者也可以申请加入这个组织，然后使用该集体商标。

第四，肯尼亚的商标注册分为两个部分，分别是 A 部分和 B 部分。不同部分的注册商标享受到的注册商标权利和侵权救济情况是不同的。

2. 商标注册程序

第一，申请文件提交。注册申请人必须以书面的形式，按照以登记的 A 部分或 B 部分的规定方式提交相应的委托文件。包括委托书 1 份，必须由申请人签署；锌板 1 块，用于制作商标公告；8 张商标黑白图样，若是彩色的商标，也需提供 8 张彩色图样；巴黎公约成员国公民主张优先权的，需提供优先权证明 1 份，且该文件需办理公证手续。若是非英文书写的，则需提交相应的英文译文。

第二，商标注册审查。肯尼亚的商标审查程序分为形式审查和实质审查两

---

❶ 肯尼亚工业产权局的官方网站为 www. kipi. go. ke。

部分。形式审查是指商标审查员根据职权对申请注册的商标所进行的申请文件审查。如果申请文件不齐备，审查员将书面告知申请人或者代理人。申请人或者代理人在收到该通知后 14 日内补齐所缺部分，否则该申请将被视为自动放弃。商标审查员对通过形式审查的商标依据职权进行实质性审查。实质性审查的主要内容包括申请标的物是否具备可注册性，是否与在先注册的商标相同或近似，是否违背商标法有关禁用条款等。未通过实质性审查的商标将书面通知申请人或者代理人。申请人或者代理人在收到通知后的 1 个月内必须要求复审或者举行听证会，否则该申请将被视为无效。

第三，商标公告程序。通过实质审查的商标注册申请将在官方的商标公告上进行公告。

第四，任何利害关系人均有权自商标公告之日起 60 天内对被公告商标提出异议。商标异议需以书面形式提交，一式两份，阐明异议理由。备以一份在接到通知后 1 个月内可以提出异议答辩，商标异议由商标局裁定。

第五，商标注册救济。商标申请人若对商标局做出的任何决定不服，均可向地方法院提出上诉。异议人或者被异议人若对商标局的裁定不服，也可以向最高法院提出上诉。最高法院的裁决为最终判决。

第六，商标注册。商标局经过对在公告期内未被异议，或者异议不成立的商标，商标局应当予以注册，注册商标权自申请之日开始计算。

（二）商标的续展

肯尼亚会通知人员进行通知事项、费用，续展时间均为 10 年；如果因没有交费而停止，1 年内无论以何种目的提出申请的，均可以被视为已注册商标。

《肯尼亚商标法》规定商标注册有效期为初次申请日或上次续展日起算 10 年。注册商标到期不续展将导致商标失效。按相关法律规定，商标权利人在商标被官方从注册簿上移除前会收到两次“不续展通知”，第一次为移除前 60 天，第二次为移除前 30 天。然而，2017 年 6 月 30 日肯尼亚发布了如下新规定：

商标移除前 30 天的第二次“不续展通知”已被取消，仅保留一次商标移除前 60 天的通知，“不续展通知”到期日前仍不续展的商标将被官方以不续展为理由发布公告并将其从登记簿中删除。

凡进入宽展期的商标被引证用于驳回其他商标申请的，官方必须同时向引证商标持有人发出“不续展通知”并明确该通知到期的确切日期。这意味着驳回通知可以起到两个作用：（1）通知商标申请被驳回；（2）“不续展通知”接收人和被驳回商标申请人在收到通知后可以采取相应的措施。

（三）商标的变更

商标所有权人通过规定的方式申请增加和改变商标内容，更改内容基本上不影响上边的辨别功能，登记官可以同意或者拒绝这种申请，登记官可根据本条规定，在任何他认为这是有利的情况下，便可按规定的方式进行公告。如果在公告规定的时间内，任何人以规定的反对申请的方式向登记官发出通知，则登记官在听取当事人的要求后，应做出决定。在本款规定的许可范围内，经修改的商标应当按规定的方式进行公告。

三、商标的许可和转让

在肯尼亚，无论注册商标是否与商誉有关，都是可以进行许可和转让的。注册商标在其注册的所有货物或所有服务中，或仅在这些货物或服务中的一部分货物或一部分服务中，都是可转让的。而且，根据肯尼亚商标法的规定，如果某些未注册商标曾经或者正在被用于某些注册商标生产经营的同一商品或者服务中，那么在许可或者转让时，这些未注册商标也一并被许可或转让。

在许可中，中国拥有独占、排他、普通三种方式，而肯尼亚只有一种排他模式。

四、商标的终止

商标权终止是指由于法定事由的发生，注册商标权人丧失其商标专用权，不再受法律保护的制度。在肯尼亚商标法上，商标的无效包括两种情形：（1）商标不适合或者商标申请手段不适合导致的商标无效。（2）损害他人合法权益导致的商标无效。

商标的撤销是指注册员可在任何时候取消商标注册人关于任何商品或者服务的不再注册的商标。商标的注销有两种情况：

一是未申请续展注册或申请续展注册未获核准。注册商标期满，商标申请人可在规定的延长期内或者6个月内以规定的方式向注册官提出申请续展，否则，期限届满，商标人未提出续展申请或者续展申请未被核准，该注册商标终止。注册官须相应更改登记。

二是主动放弃。商标注册人对已登记的部分或者全部的商品或服务，可以自愿放弃注册商标，但是工业产权局可为放弃注册商标的权利人制定规则以保护商标权利人。

五、商标的侵权

（一）注册商标权被侵权

根据《肯尼亚商标法》的规定，下列行为将构成商标侵权：

（1）伪造注册商标：①未经商标注册人同意或者授权，使用注册商标或者与注册商标相近似的商标，容易导致混淆的行为。

②通过改变、增加、抹消等其他方式伪造注册商标的行为。

③未经商标注册人同意制造锻模、砌块、机械或者其他工具用于伪造注册商标的行为。

④未经商标注册人同意制造、进口或者拥有应用于商品注册商标或者相关服务的装置。

⑤未经商标注册人同意仿冒生产注册商标所用于的商品。

⑥进口任何与注册商标相关的复制品、模仿品或者翻译品，而不是进口该商品。

⑦未经商标注册人同意，在同一商品或者类似商品使用与其注册商标相同或者近似的商标，容易导致混淆的行为。

（2）销售侵犯商标权的商品。

（3）伪造、擅自制造他人注册商标标识或者销售伪造、擅自制造的注册商标标识的。

（4）未经商标注册人同意，更换其注册商标并将该更换商标的商品又投入市场的。

（5）给他人的注册商标专用权造成其他损害的。

（6）未按商品合同的要求，私自改变商品的内容、状态或者包装等，仍继续使用注册商标的行为。

（7）在注册商标适用于商品的情况下，任何其他商标在其商品上的应用。

（8）在注册商标适用于商品的情况下，在商品上添加任何其他可能会损害注册商标声誉的元素。

（二）未注册商标被侵权

根据《肯尼亚商标法》的规定，该法典并不提供未注册商标的救济措施，但是任何人也不得阻止未注册商标寻求对未注册商标的保护和诉讼救济，商标法相关条款也不能成为未注册商标寻求救济的影响。

六、商标权的限制

根据肯尼亚现行商标法的规定，注册商标不适用于与企业商誉有关的许可和转让规则。但是在一些情况下，注册商标是禁止转让的。例如考虑到要进行交易的商品或服务的相似性以及商标的相似性的情况下，相似或相同的商标，许可或者转让将导致或已导致就相同的商品或描述的商品或服务而言存在多个专有权人的情况，行使这些权利的商标的使用将是或已经可能欺骗或造成混乱。

此外，2015 年年初，肯尼亚卫生部公布控烟条例，将从 2015 年 6 月起禁止卷烟制造商、经销商和进口商在香烟包装和包装袋上印刷品牌名称或商标。另外，该包装正面和背面将带有健康警告和图标。个人不得制造、销售香烟，不得分销或进口烟草产品在肯尼亚出售，其包装只能有一个名称、品牌名称、文字、商标或画报或任何陈述或迹象表明烟草产品比其他烟草产品的健康危害更小。图像可以被打印成彩色，与背景区别确保能见度，而健康警告信息将打印在黑色和白色区域。为了使跟踪过程更容易，该法规要求，烟包含有批次，将有助于确定地点，生产日期和国家的起源。

七、驰名商标的保护

肯尼亚商标法中提及的有权根据《巴黎公约》或《WTO 协定》作驰名商标保护的商标，是肯尼亚范围内为公众众所周知的商标。商标所有者必须（a）是一个公约缔约国家的公民；（b）或居住在或有真实有效的工商营业在公约的缔约国家，不论那个人是否在肯尼亚进行业务或有任何商业知名度。除商标法另有规定的外，根据《巴黎公约》或 TRIPS 协议有权受保护的商标所有人为知名商标，有权受到禁令的约束，在肯尼亚的使用与其相同或类似的商品或服务相同或相似的商标，其使用可能导致商品或服务用户之间的混淆。其他商标或商标的重要部分可能损害、干扰或不公平地利用知名商标的特色的，不得注册。

在肯尼亚商标法上，驰名商标是允许进行防御性注册的。

因防御性商标的注册受到损害的，任何人可以向工业产权局提出申请，可将商标注册为防御性商标，本条第（1）款的规定对于商标以同一所有人的名义注册的商品不再符合作为防御性商标的情况，或可能被取消任何已注册为防御商标的商品，理由是不再有可能将商标与该等商品的使用作为第（1）款所述的指示本节。工业产权局可随时取消注册为商标的防御商标，该商标的名称不再以同一所有人的名义登记，而不是作为防御商标。

八、商标的行政保护

注册商标拥有商标专有权，受商标法的保护。未注册商标侵权时不受商标法保护，但不影响法条中相关诉讼权利。工业产权局有权制定诉讼形式，也有权规范法例、为商标的注册划分货物和服务、裁定重复商标和文件、管制出版物等，控制与商标相关的一切事项，任何人在登记注册时制造或者造成虚假记录的、以虚假声称来书写的；或产生、提出、引出证据证明此类用来书写记录的文字是虚假的，即构成犯罪，处5年以下的有期徒刑，或处1万先令以下的罚款。情节严重的，处5年以下的有期徒刑，并处罚金。可见，工业产权局在商标违法行为的处置方面能力较轻，主要是对注册环节的限制。

警察部门还有权对以下的侵权行为进行处罚：（1）未经商标注册人或权威机构的许可，就在同一或近似的商品或服务上使用与注册商标相同或近似的商标，导致欺骗或混淆的。（2）伪造注册商标，或对注册商标标识进行变更、添加，涂面等行为，造成欺骗或导致混淆的。（3）禁止不正当的销售或进口使用伪造注册商标或该商标是虚假申请的商品或相关服务。（4）任何人在肯尼亚境内设法帮助，教唆他人，或从肯尼亚境外帮助境内人员进行侵权的行为。

九、商标的司法保护

法院分为四级，由上诉法院、高等法院、驻节法院和区治安法院组成，在穆斯林人口占多数的地区，肯尼亚还设立了伊斯兰法院。民事方面，受到侵害的商标权人（包括注册商标权人和未注册商标权人）均可以向法院提起诉讼。在刑事方面，根据商标法的规定，任何人有伪造注册商标的行为，构成违法的，将处5年以下的监禁或20万先令以下的罚款，情节严重的，处5年以下的监禁，并处罚金。除了通过判决外，法院还可以收缴侵权商品。在本法中任何涉嫌或借助其他方式的侵权行为被怀疑为犯罪行为之后，侵权商品将被警方扣押并且侵权人不能向法院提起任何诉讼。

第四节 南非商标法律制度

一、商标立法情况概述

南非是非洲地区商标法律制度较为完善的国家，涉及注册商标的立法主要包括商标法（1993年第194号法）、商品标志法（1941年第17号法令）、知识产权法合理化法（1996年第107号法）和知识产权法修正案（2013年第28号法）等。其中，1993年发布的商标法是南非商标管理制度的核心法典，对商标、证明商标和集体商标的注册做出规定，明确在南非允许地理标志以集体商标和证明商标的形式被注册和保护。自颁布以来，该商标法并未进行全面的修改，但一些局部内容根据知识产权法修正案（1997 年）、公司法（2008 年）和知识产权法修正案（2013）所调整。为保障商标法的实施，南非还陆续颁布和修正了商标实施细则、商标实施细则、烟草制品控制法等。值得注意的是，南非在《商标法》之外还存在着《商品标志法》（2002 年修订），两者并行不悖：商标使用以商标法为准以外的商业标志的使用。

南非地区已经加入了不少与知识产权有关的国际条约，其中比较重要的国际条约包括 WTO 框架下的《与贸易有关的知识产权协定》、WIPO 框架下的《建立世界知识产权组织公约》《巴黎公约》和《日内瓦公约》等，并且还与加拿大、瑞典、阿根廷、毛里求斯签订了不少涉及商标问题的投资保护协定，进一步加强了南非商标保护的国际化水平。

南非贸易工业部下设企业与知识产权委员会（Companies and Intellectual Property Commission，CIPC），负责管理南非的知识产权事务，包括商标、专利、外观设计、版权等领域的立法和执法工作，是南非知识产权保护的重要部门。此外，CIPC 还负责履行公司法赋予的相关职责。[1]

截至 2015 年年底，中国累计对南非投资约 130 亿美元，在南非的中资企业逾 300 家，其中大中型企业约 140 家。[2] 在中国与南非的双边贸易领域，2015 年贸易额已达 460 亿美元，其中中国对南非产品出口结构进一步改善，高附加值、高技术含量的产品占比日渐上升，例如光学、照相及医疗设备增长 26.5%，铁道机车设备出口额扩大 2 倍，等等。

二、注册商标的取得、续展与变更

（一）注册商标的取得

根据南非商标，南非采取"注册在先"的原则，即谁先在该国注册商标，谁就拥有商标的专用权，并得到南非的法律保护。此前中国品牌在南非被抢注的情况时有发生，"长虹"就是典型案例。近年来，四川长虹电子集团既没有自己出口"长虹"品牌的产品到南非，也没有授权任何国内贸易公司向这个市场出口，但该市场上就发现了"长虹红太阳"彩电注册商标。[3] 这个案件值得国人警惕。

---

[1] 根据南非知识产权局网站整理，［2017－12－03］http：//www.cipc.co.za/.

[2] 南非中国经贸协会，南非中国经贸协会关于中国企业在南非发展的报告［R］．［2017－12－04］https：//max.book118.com/html/2017/0114/83765919.shtm.

[3] 佚名，商标国际注册有什么意义［EB/OL］，［2017－12－06］http：//www.kuaifawu.com/knowledge/shangbiaozhuce5.html。

在南非申请注册商标需要向南非贸易工业部下设的企业和知识产权委员会提出申请，但申请注册商标必须由代理机构进行，个人不得申请。南非遵循《尼斯国际分类》（第9版），规定商标可以在45种种类和类别下注册，其中，货物商标注册有34种类别，服务商标注册有11种类别。根据《南非商标法》的规定，提出注册的商标应当是在申请日前，能够区别其他提供相同商品或服务的主体的已注册或拟注册商标的标志。换言之，具有可商标区分性是商标可注册性条件。与此同时，《南非商标法》还明确规定了一些不允许注册的标识，包括（1）不具有区别性的标志；（2）仅指在贸易中可以指定种类、质量、数量、预期用途、价值、地理来源或其他的标志或指示；（3）或者货物或服务的特性；（4）或货物的生产方式或生产时间或提供服务的方式或时间；（5）仅由货物的形状、形状、颜色或图案组成，其形状、形状、颜色或图案是获得特定技术结果所必需的或货物本身的性质；（6）申请人对于申请标志不具有正当的财产权诉求；（7）申请注册人无意将其作为商标使用的商标；（8）是一种专门的形状，这种形状的商品配置或颜色，配置或颜色来获得一个特定的技术成果或结果是必要的，从商品性质本身的标记；（9）在申请日有在先申请的；（10）属于恶意申请的；（11）未经本国或者有关巴黎公约成员国主管当局、国际组织（视情况而定）授权而使用全部或者主要组成部分是本国、任何一个巴黎公约成员国或者国际组织的官方标志、国徽、国旗、名称及缩写（视情况而定）的标记；（12）包含任何表示国家赞助的字、字母或图形的标记以及本条例禁止的其他标志；（13）由于其使用方式而可能造成欺骗或混淆的标志；（14）与属于不同所有人的注册商标或与其类似的注册商标相同的标志，如果在该商标或注册商标项下的相同或者相似的商品或服务使用可能会造成欺骗或引起混淆的，除非该商标的所有人同意该商标的注册，否则不予注册；（15）与在先提出注册申请的商标相同或者相似的标志；（16）与他人的在先权利存在冲突的；（17）与南非国内的已知商标相同或者相似，允许其注册和使用可能导致不正当的竞争利益或者对已知商标的信誉不利的。

《南非商标法》对土著知识进行了特殊规定。2013年南非通过《知识产权法修正案》，在南非确立了土著知识保护机制，以专门的知识产权对传统知识进行保护。其中，在商标法部分，该修正案确定了土著术语和表达以及地理标志可以被注册为集体商标和证明商标，但是同时也要求这些土著术语和表达必须能够具有区别商品或服务来源的功能等基本条件。与此同时，该法案也规定了不能被注册为集体商标和证明商标的若干条件，包括商标或其主要部分是服务于产品或服务的设计、功能、数量、质量等特征相关，且必须是善意和在实践中逐步能够与产品或者服务相联系等。在土著术语领域，商标法与版权法的内容紧密联系，在“国家土著知识数据库”中。符合《南非著作权法》第28条C项规定的土著知识和术语权利人可以在本系统中进行附属注册。

《南非商标法》对商标注册还有一些限制性条件。例如，同一申请人申请的注册商标如果实质性相同，应当归于一个注册商标。商标的全部或部分可以用特定的颜色或颜色来限定，如果商标注册申请的情况下商标是如此有限的，在决定是否是商标时应予以考虑可区分性。实践中，商标的区别性存在不少争议，应当引起注册商标申请人的重视。在比较出名的Lubbe NO诉Millenium Style案中，法院比较了当时适用的立法（在注册日期），决定不允许根据当时适用的立法对鞋底形状和构型进行注册，因为，法院认为鞋底可能具有设计上的区别性，但这一事实并不意味着它们在商标意义上是具有区别性的，也就是说区别性的主要价值在于区别商标来源。法院认为，购买者通常将鞋底的图案或形状视为装饰性的或作为鞋底面设计的一部分，并且很少被认为是区别商品来源的标志。❶

从形式上看，在南非申请商标注册需要填写并提交TM1表格申请商标注册表，费用为590兰特。从提交申请之日算起，目前注册一个商标需要13～16个月，如果对于该商标申请没有组织或者个人提出有效的异议，则该申请就能够成功进行注册。❷

（二）注册商标的续展

南非商标的有效期为10年，而且只需要缴纳规定的续展注册费，商标有效期可以10年为单位无限延长。

注册商标权人应当按照规定的方式和期限提出申请续展注册的申请，续展注册商标的期限为10年，有效期从原注册期满日期或上次注册期满之日算起。这日期在这段被称为“最后的登记”的规定。企业和知识产权委员会应当在注册期满前的规定时间内按照规定的方式将通知送至登记地址，以通知注册商标权人续展并缴费；注册商标权人过期未进行续展的，注册商标将会被注销。但以第63条国际协议的方式提出申请情况下，对原登记的日期应为本款的目的，将被视为向商标局提交了该申请。

---

❶ Ryan Tucker，Spoor & Fisher，Pretoria，SOUTH AFRICA：Trademark Squatting to Stifle Competition [EB/OL] [2017-12-10] http://www.inta.org/INTABulletin/Pages/SOUTHAFRICATrademark SquattingtoStifleCompetition.aspx.

❷ 商务部国际贸易经济合作研究院，商务部投资促进事务局，中国驻南非大使馆经济商务参赞处. 对外投资合作国别（地区）指南——南非（2016年版）[R/OL]. [2017-10-01] http://fec.mofcom.gov.cn/article/gbdqzn/.

（三）注册商标的变更

企业和知识产权委员会可以修正官方导致的注册商标错误，同时也可以根据注册商标权人的正式申请修正或者变更商标。企业和知识产权委员会修正或者变更注册商标的主要方式包括：更正注册商标权人的名字、地址、服务地址、取消注册商标、删除注册商标的货物或服务种类，或者订立与商标有关的免责声明或备忘录，但不得以任何方式扩大商标注册所赋予的权利。企业和知识产权委员会可按注册商标权人或注册商标使用人的要求，在登记册内登记注册使用人的姓名或地址的任何更改。

如果注册商标遗漏了权利人或者存在错误，任何利害关系人可以向法院或者企业和知识产权委员会提出修正注册商标信息的申请。注册商标权人可以以规定的方式向企业和知识产权委员会提出申请，请求以基本不影响其区别性的任何方式添加或改变商标，但企业和知识产权委员会可以根据法律规定决定是否允许变更。

三、注册商标的许可和转让

（一）注册商标的许可使用

根据《南非商标法》的规定，除注册商标权利人以外的其他人可以通过许可的方式获得对注册商标的使用权，可以对注册商标项下的商品或者服务过程中使用该注册商标。注册商标的许可使用应当以书面的方式签订协议，并向企业和知识产权委员会进行登记，将被许可人登记为商标的注册使用者。注册商标许可协议应当包括以下信息：被许可人的姓名和地址、许可人与被许可人的现在（或将达成的）法律关系和将被注册使用的商品或服务等。

注册商标许可人和被许可人可以就收到侵权时的应对达成一些协议。例如，协议可以规定，在受到侵权时，注册商标的被许可人可以要求注册商标权人提起诉讼；如果在被许可人提出要求后的两个月内，许可人没有回应或者明确拒绝提起诉讼的，被许可人可以以自己的名义（如同他是所有人一样），将所有人作为共同被告人提起诉讼程序，但许可人除非参与到诉讼过程中，否则不承担任何成本。

（二）注册商标的转让

注册商标与经营者的商誉密切相连，因此从企业的角度而言，其转让应当慎重；但从政府的角度而言，企业的兴衰是正常现象，商标作为商业资源可以根据市场主体的意愿自由转让。南非的商标法允许注册商标进行转让，无论是否涉及其所注册的商品或服务的有关商业的商誉，这样的转让既可以只是注册商标某些商品或者服务内容的转让，也可是全部商品或者服务种类的转让。

注册商标的转让也必须签订书面协议，并向企业和知识产权委员会提出申请，并且必须书面表示该转让不影响之前注册商标所设置的抵押权（如果有抵押的话）。企业和知识产权委员会应当对注册商标权利人提出的转让申请进行审查，除非该注册商标的转让本身存在以欺诈手段或失实陈述取得的事实，或者，注册商标的转让可能会在南非国内引起混淆或者欺骗的可能性的，否则企业和知识产权委员会应当在收到注册申请之后的 6 个月内做出准许转让的决定。

对于基于土著知识和术语或地理标志注册的集体商标或者证明商标，南非商标法对其许可、获益或者转让均有特殊规定。

四、注册商标的终止

一般而言，南非的注册商标的有效期为 10 年，且可以无限延展，但是如果权利人到期不办理续展手续和缴纳相关费用的话，注册商标将被注销。此外，注册商标还有可能因为以下几种原因被终止。

（1）如果注册商标权人在注册登记过程中存在违反商标法规定的虚假陈述。

（2）任何人不满注册商标企业和知识产权委员会做出的注册商标决定的，可以通过司法途径进行救济；法院经审查认为企业和知识产权委员会注册决定有误的，可以要求企业和知识产权委员会变更该准予注册决定。

（3）如果注册商标权人或任何获准使用该注册商标的人未能遵守注册簿中与其有关的任何注册条件的，任何利害关系人可以向法院或者申请企业和知识产权委员会撤销该注册商标。

（4）商标必须使用是南非商标法上的重要规定。如果注册商标申请人没有任何真实使用意图，且该商标应该被他或被允许使用该商标的任何人使用的商品或服务所使用；实际上，申请人或者其他任何人在该申请日期前 3 个月内擅自使用该等商品或服务的商标，也会被认为没有任何真实使用意图。注册申请之前前 3 个月内，自注册商标注册证书发出之日起连续 5 年或更长时间内，任何注册或任何获准使用该商标的人士就该等货品或服务而提供的货品或服务如果没有真正使用该注册商标的，也算缺乏真正的使用意图，等等。在这个情况下，任何利害关系人均可以向法院或者企业和知识产权委员会提出撤销该注册商标。这一规定不适用于根据巴黎公约可以获得保护的驰名商标。

法院或者企业和知识产权委员会将根据法律规定对撤销申请进行审查，如果确定确实未使用的，应当发布撤销该注册商标的决定。自该决定自注册商标申请之日或者在有合理理由相信如果该命令的事由在该日期的早些时候就已经存在的话，该注册商标自商标申请日起无效。

与其他注册商标不同，《南非商标法》明确规定基于土著知识和术语或地理标志注册的集体商标或者证明商标，其存续时间是永久性的。

五、注册商标的侵权

在南非，注册商标权人对侵犯注册商标行为进行救济的方式主要有两种，一是依照商标法进行的救济，二是依照普通法进行的救济。其中，进行商标注册是权利人提起任何注册商标诉讼救济的前提条件，但本法中的任何规定均不影响任何人通过普通法中进行诉讼救济。

在商标法上，下述行为会被认为构成对注册商标的侵权。

（1）在商标注册的商品或服务的交易过程中，未经授权使用与注册商标相同或者相似的商标，可能导致欺骗或混淆的。

（2）在与商标注册的货物或服务相似的货物或服务的交易过程中，未经授权使用与注册商标相同或相似的商标，可能导致欺骗或混淆的。

（3）如果该商标是南非的驰名商标或者使用该标记可能会不公平地利用、损害鲜明的区别性或该注册商标的声誉，在商标相同或者近似的商标注册商品或服务交易过程中的未经授权的使用可能导致混乱和欺骗的。

此外，南非对于基于土著知识和术语或地理标志注册的集体商标或者证明商标的侵权有着特殊的规定。

六、注册商标的限制与例外

（一）注册商标的合理使用

在下列情况下，某些使用注册商标的行为也会被认为是合理的，将不会被认为是侵权，包括：

（1）任何人善意地使用自己的名字、营业地名称、其前任在商业中的名称，或任何此类前任的营业地名称的。

（2）任何人对货物、服务的种类、质量、数量、预期用途、价值、地理来源或其他特征的真实描述或指示，或货物的方式或时间或提供服务的使用。

（3）商标在货物或服务中的合理使用，在合理地表明该货物的预期用途，包括备件和配件以及此种服务的。

（4）经商标所有人的同意，在南非进行使用出口或分销、销售或出售的商品上使用该商标的。

（5）将商标作为容器、形状、结构、颜色或图案中的任何功利特征使用的。

（6）与商标有关的或与货物被出售或交易的任何方式使用，并被出口到任何市场的。

（7）任何相似或者相混淆的注册商标的使用，等等。

（二）在先权利对注册商标的限制

根据《南非商标法》的规定，任何商标法上的规定都不应允许注册商标的所有人干涉或限制任何人使用与商品或服务相同或近似的商标。在先使用权利人或原权利人所做的持续和真诚使用的关系商标日期，可以是对权利人或原权利人的货物或服务有关的第一个商标的使用，也可以是权利人以经营者或其原权人的名义对上述货物或服务的第一次注册（如果两者不一致，以较早时间为准）。这一限制，对驰名商标权利人也不例外。

七、驰名商标的保护

在南非，驰名商标将得到保护，且比一般注册商标相比保护程度更高。南非的商标法与巴黎公约的相关规定是一致的，要求权利人必须是在南非有知名度，且该权利人是巴黎公约的协约国，或者住所、真实有效的工商营业地址即可，不论这些人在南非是否有相关业务或者任何商誉。一般而言，根据《南非商标法》第34条的规定，在与驰名商标相同还是相似的商品或者服务上，任何使用驰名商标、可能导致商标显著区别性的削弱或者商誉减损的行为，均属于侵权行为。驰名商标权利人有权限制其他任何人在南非，在驰名商标相同或者相似的货物或服务相同或类似的货物或服务上使用该驰名商标的，或其中重要部分是对驰名商标的复制、仿制或翻译使用，很容易引起欺骗或混淆。根据南非的商标法，驰名商标权利人可以通过诉讼手段进行相应的救济，可以依据的法律既可以是商标法，也可以是普通法。

1996年南非最高法院裁判的麦当劳诉朱伯格旅行饭店有限公司案是南非对驰名商标进行保护的典型案例，在国际上具有较大影响。自1968年以来，麦当劳在南非先后取得52个注册商标。在该案中，法院确立了两个标准被广为推崇，一是关于驰名商标的认定方面，外国商标如果能够证明他的商标在南非有信誉，则其经营者就不需要在这个国家有任何商誉，因而也无须有实际的经营活动；二是驰名商标的证明方面，市场调研和专家证言等均可辅助证明驰名商标的商业信誉。[1]

---

[1] 张怀印，姚远光．南非驰名商标保护第一案：麦当劳案［J］．河南科技大学学报（社会科学版），2009，27（4）：84-87.

八、注册商标的司法保护

在南非，注册商标和未注册商标均能获得法律的保护，不过发生侵权时，权利人的救济渠道不同。根据商标法的规定，注册商标是依照商标法提起法律救济程序的前提，且任何人不得根据商标法就未注册商标受到侵害提起救济程序；但本条例任何条文均不得影响任何未注册商标权利人根据普通法对任何其他人提起侵权救济诉讼的权利。根据南非的诉讼制度，商标侵权行为没有法定时效，但侵权行为所造成的损害赔偿或合理使用费，应当在提起侵权行为发生之后的 3 年内提出。

注册商标权人遭受商标法规定的任何注册商标侵权时，均可向高等法院提起诉讼，请求法院给予保护，高等法院将可以决定采取以下措施：禁令、消除侵权商标的命令、损害赔偿以及经权利人同意情况下的合理使用费等。为确定该条所判给的任何损害赔偿金或合理的许可费，法院可指示进行的调查，并可规定进行其认为合适的此类调查的程序。但是任何人在根据该条提出程序前，须书面通知每名注册商标权利人，而任何注册商标权利人都有权干预这些程序，并追讨因侵权而可能蒙受的任何损害。

因对于基于土著知识和术语或地理标志注册的集体商标或者证明商标产生的纠纷，2013 年的南非知识产权法修正案对于审查机构、审判人员均有特殊要求。

九、注册商标的行政保护

南非商标法上对注册商标权利人的救济以司法救济为主，行政保护为辅，提倡权利人通过诉讼的方式解决纠纷和获得救济。

此外，南非海关主要负责监测包括入境口岸在内的知识产权保护事宜。根据法律规定，注册商标权利人应当向海关和海关总署进行注册商标的备案。这一备案过程的主要目的是防止假冒产品进入商业渠道。海关将对海关进口的货运集装箱进行检查，以查明涉嫌侵犯其数据库中记录的任何注册商标项下的产品，方便商标所有人核实相关注册商标项下产品的进出口管理。

第五节　本章小结

一、一体化趋势与商标保护水平提升

（一）ARIPO 商标保护一体化成就

作为典型的发展中国家地区，非洲英语区国家的商标保护尚处于起步阶段，各国在商标法制的完善程度、注册商标审查资源、注册商标审查能力等方面还有待提升，因此加强各国之间的合作对于提升非洲英语区国家的商标保护水平具有重要的意义。截至 2016 年，ARIPO 的 19 个成员中，已经加入《班珠尔协定》的国家仅有 10 个，还有 9 个国家尚处于观望状态。因此，实际上能够申请通过非洲地区工业产权组织申请商标注册，也仅能指定上述 10 个班珠尔协议的缔约国。[1]

根据《班珠尔协议》的规定，ARIPO 代表缔约国根据该议定书的规定，对商标进行注册和管理。申请人如果想要提出注册商标申请，既可以向 ARIPO 提出，也可以向缔约国的工业产权局提出；但是向缔约国的工业产权局申请的，应当在收到申请之日起 1 个月内，将申请书送交 ARIPO。申请人有权根据巴黎公约规定享有 6 个月的优先权。ARIPO 收到注册申请后，官方首先对该申请的形式进行审查。如果商标注册申请形式不符合要求，审查员将通知申请人限期补正，如果申请人无法对申请完成限期补正，该申请将被视为未提出。如果申请人对 ARIPO 做出的决定不服的，可以根据 ARIPO 的《哈拉雷议定书》第 4 条之 2 确定的上诉委员会提出上诉。形式审查通过后，ARIPO 总部将把该注册申请发送到申请指定的国家，并要求该国家限期内对该申请进行审查并把结果通报给 ARIPO 总部，审查过程中，每件商标注册申请均应按照指定国的国家法律进行审查，审查期限为 9 个月。指定国对商标的审查结果是允许注册，或者是指定国无法在 ARIPO 总部规定的期限内给出审查结果，商标将被视为符合要求并予以注册并公告在官方商标公报上。指定国商标注册部门可以在 ARIPO 总部规定的 9 个月的审查期限内与申请人进行书面沟通，如果该局拒绝申请，申请人可以在拒绝之日起 3 个月内，根据该国的国家法律，将申请在任何指定国处理。申请人可以根据情况对审查员的驳回向上诉委员会提出上诉。根据《班珠尔协定》的规定，权利人获得的商标注册有效期为自申请日期起 10 年，续展有效期也是 10 年。申请人可在自商标届满 1 年前提交续展申请，续展宽展期为 6 个月。

经过多年的努力，ARIPO 的商标保护已经在国际上取得一定地位，但仍然有待进一步提升。从商标申请量来看，2016 年 ARIPO 办事处收到的商标注册申请量从 2015 年的 283 件上升到了 2016 年 297 件，较前一年增加 4.9%，但相比于 2014 年的 362 件注册商标申请，仍差 65 件。其中，商标申请主体的来源国从 2015 年的 97 个减少到 81 个，印度和阿拉伯联合酋长国是英语区国

[1] ARIPO, ARIPOA Anual Report 2016 [R]. [2018-01-14]. file: ///C: /Users/Chen%20Xueyu/Downloads/ARIPO_Annual_Report_2016. pdf.

家之外的最大注册商标申请国，而中国的注册商标申请量并不显著。[1]

（二）非洲英语区国家商标保护的局限性

1. 宏观层面

ARIPO 自 1976 年成立至今，商标法保护体系仍在逐步完善之中，尤其是在顶层设计方面仍存在很多问题需要克服：首先，ARIPO 所涵盖的范围有限，不仅英语区国家尚未全部涵盖，甚至是 ARIPO 成员国之中也有 9 个国家尚未考虑加入这一体系。其次，作为商标法之外的重要保护制度，反不正当竞争法并没有被 ARIPO 的相关协议所规定，明显降低了商标保护的强度。最后，ARIPO 作为非洲地区的重要知识产权保护组织，辐射范围有限，且与非洲知识产权组织（OAPI）之间无论是在工作语言、审查规则还是保护资源等方面均未形成良好的衔接与配合，并且也不属于非洲联盟体系内的组织机构，难以有效保障非洲统一大市场的形成。

2. 微观层面

（1）申请类别有限。非洲地区工业产权组织的集中申请系统尚未获得非洲知识产权组织那样的接受度，对于企业而言，并非保护他们商标的一个特别有效的途径。该组织受理的申请量非常低，原因之一是只有 4 个成员（博茨瓦纳、莱索托、利比亚和斯威士兰）允许多类别申请，这意味着在所有其他成员国，必须为每个类别的商品和服务分别提交申请，这将耗费大量的时间和金钱。[2]

（2）审查实体标准不一。虽然班珠尔协议建立了类似马德里注册的体系，允许当事人通过只提交一份申请，就可以适用 10 个成员，从而可以节省注册商标申请程序的费用。但是由于班珠尔协定只涉及注册商标的申请、审查和授权等程序性内容，不涉及实体法规定，因此，每个国家都是独立的审查主体，都会依照各自国家的法律进行审查。这些成员国只要可以在申请日之后的 9 个月内做出不允许注册的决定，并通知非洲地区工业产权组织，该商标在这些成员国就不能被获得注册商标的保护。

（3）商标无法得到统一的侵权救济。虽然都是英语区国家，ARIPO 的一大问题是该组织成员国关于商标侵权法律实体规定和救济程序并不一致，而且所有侵权索赔都必须依照侵权行为发生地国的实体规定和救济程序提出，这导

---

[1] ARIPO，ARIPOA Anual Report 2016 ［R］．［2018 - 01 - 14］：file：///C：/Users/Chen%20Xueyu/Downloads/ARIPO_Annual_Report_2016. pdf.

[2] Jonty Warner，Zoe Bartlett，An overview of Trade Mark protection in Africa ［EB/OL］．［2018 -01 -10］．http：//www. kwm. com/en/knowledge/insights/an - overview - of - trade - mark - protection - in - africa - 20151211.

致了权利人进行侵权行为救济的难度加大、获得的损害赔偿的预期不同以及总体维权成本的明显增加。

（三）ARIPO商标保护一体化趋势

联合国非洲经济委员会（UNECA）2016年发布"创新、竞争与区域一体化"报告呼吁，非洲应当加速建立泛非洲知识产权组织（PAIPO），以解决非洲大陆急需解决的知识产权政策问题。该报告指出，ARIPO主要由英语国家组成，而OAPI主要由法语国家组成，国家、区域和非洲大陆层面的科学、技术及创新政策框架都是非常脆弱的。这两个组织的使命通常不利于它们帮助各国行使其专利权和应对知识产权"重商主义"，包括灵活性的使用。[1]

在此背景下，在非洲联盟框架下正在启动两项行动以推动非洲地区知识产权保护制度的一体化进程，即为建立统一的非洲知识产权组织的计划和非洲大陆自由贸易协定。2014年，非洲联盟大会专门讨论通过了一项决定，要求非洲联盟委员会将建立统一的非洲知识产权组织的计划提交司法和法律事务专门技术委员会进一步审议，并提出建议。该决定还要求非盟委员会为实施泛非知识产权组织制定路线图。该决定认识到ARIPO和OAPI作为泛非知识产权组织的基石，为两个机构与区域经济共同体和三方自由贸易区之间的合作和大陆自由贸易区等提供机会。[2] 而2015年启动非洲大陆自由贸易协定正在试图建立一个涵盖知识产权的广泛合作机制，大陆自由贸易区知识产权协议试图提供一个与全球规则相一致的知识产权保护和使用规则，并保持灵活性；同时打破非洲地区之内的不同市场划分，促进东非共同体和南非共体建立的自由贸易区。[3]

二、企业进行投资应注意的商标制度特点与风险

（一）非洲英语区国家的商标制度特点

（1）程序简单，时效拖沓。非洲地区国家的商标注册相对于欧美发达国家的商标注册申请成本是较低的，程序也相对简单，但是从实施成效来看，非洲地区的商标注册程序拖沓是常有的事，新商标申请的公布经常被拖延12～24个月。相比而言，ARIPO的商标注册制度补充了其成员国的工业产权制度，其规定了审查时限超期之后的视为符合注册条件的相关规定，使得该制度相比

---

[1] UNECA，AU，AfDB，ASSESSING REGIONAL INTEGRATION IN AFRICA VII［R］.［2018－01－13］. https：//www. uneca. org/publications/assessing－regional－integration－africa－vii.

[2] MAINA WARURU，Africa Should Speed Formation Of Pan－African IP Body，UN Report Says［N］. IP－Watch. 05/05/2016

[3] UNECA，AU，AfDB，ASSESSING REGIONAL INTEGRATION IN AFRICA VII［R］.［2018－01－13］. https：//www. uneca. org/publications/assessing－regional－integration－africa－vii

其他国家的单独申请程序的时限更有保障一些。通过 ARIPO 注册商标，申请人仅提交一份商标申请，可同时指定多个国家，从而省去逐一国家注册所需的大量申请文件和手续。若申请人需在多国进行商标注册，相较于在逐一成员国单独递交申请而言，通过 ARIPO 将节省一些成本。

（2）独立审查，风险不一。非洲英语地区国家的主要商标法法典（《商标法》及其附属规则）受英国法律体系的影响，相对比较完善，但从商标注册的确权实践层面，在各国都进行独立商标注册审查的情况下，无论从细致的审查规范性文件，还是审查人、财、物等资源都是相对匮乏的，审查的透明度较差，加之政局稳定性、政府行政效率等因素的影响，各国的注册商标审查不予批准风险总体较中国有更大的随意性，而且风险点较难提前把握。

（3）规范体系，实效不足。从法律文本来看，目前班珠尔协议渐成英语区国家商标协调保护的外部框架下，非洲英语区的不少国家已经制定了商标法及相关法律法规，商标法规范体系日渐完善。但从现实的商标执法和司法救济情况来看，英语区国家的商标保护还是存在不少问题。例如，在商标侵权司法救济方面，真正形成较大影响判例相当稀少，这意味着在总体上英语区国家的司法实践缺少判决的指导，因而很难对疑难商标侵权行为进行准确的判断。此外，在某些案件中，法庭并未提供完整的推理。比如，在维他麦诉曼吉食品案中（2013 年），肯尼亚高等法院判定维他麦是驰名商标，但是并未解释该裁判的依据，这使其他不确定他们的商标是否会被执法机关视为驰名商标的企业无法从中获得指引。[1]

由于这些问题的存在，国内企业在拟进入这些国家申请注册商标时应当提前进行规划，选择从国家层面的单独申请，还是 ARIPO 层面的申请，选择从市场层面进行提前布局，还是从维权层面进行，都需要进行全局性和战略性的考量。

（二）非洲英语区国家进行投资应注意的商标保护风险

（1）商标领域国内竞争国际化问题。长虹商标抢注案件中，被查明进行抢注的企业实际上是一家中国企业，[2] 因此本质上反映了中国企业对国内知名品牌国际市场的抢占问题。在国际市场上，“市场未动，商标先行”已成为开拓国际市场的普遍规则，但我国长期存在“重产品营销、轻知识产权；重市

[1] Jonty Warner，Zoe Bartlett，An overview of Trade Mark protection in Africa［EB/OL］.［2018 -01 -10］. http：//www. kwm. com/en/knowledge/insights/an - overview - of - trade - mark - protection - in - africa - 20151211.

[2] 佚名. 盘点那些在国外遭遇抢注的中国商标［EB/OL］.［2018 - 01 - 12］. http：//www. sohu. com/a/127033880_361113.

场开拓，轻品牌布局”的长短腿现象。长虹等中国知名商标在非洲被抢注的案件已经给国内的企业敲响警钟：“走出去”的第一步应当是知识产权（尤其是商标）的规划和布局。

（2）商标保护与当地土著知识保护制度之协调。非洲地区的传统知识文化资源丰富，很多国家都对传统知识文化进行强化保护的规定，这对商标制度存在明显的影响，典型的如南非等国。中国企业在相关国家进行商标注册和保护的时候，应当进行更为完善的商标注册检索，防止违反保护传统知识文化的相关法律制度。

（3）商标侵权保护的救济方式有效性有待评估。商标注册往往是中国企业在外国获得商标法保护的前提，但是通过注册往往并不意味着高枕无忧。例如，通过 ARIPO 注册的商标就并非绝对有保障，这些商标在博茨瓦纳、津巴布韦和莱索托能有效维权，但利比里亚、纳米比亚和坦桑尼亚权利不稳定，而马拉维、斯威士兰和乌干达其实是无效的，不被当地认可。因此，从维权的角度，选择以何种方式进行注册，应当与后续的维权难度结合考虑。但是即使是在商标获得注册且能够获得当地法律保护的情况下，发生侵权纠纷时，非洲地区的很多商标行政执法机构主要只负责商标确权，而救济更多的是需要通过诉讼手段解决。但是由于很多国家缺乏实际的判例，因而将给企业维权造成一定的麻烦。

三、中国与非洲英语区国家的商标制度合作与协调

（一）中国与非洲英语区国家的商标制度合作

近年来，中国与非洲英语区国家已经建立了十分密切的经贸联系。从 2016 年中国与非洲各国贸易额来看，进出口额排名靠前的非洲国家分别为南非（353.44 亿美元）、尼日利亚（106.64 亿美元）、加纳（59.76 亿美元）、肯尼亚（56.88 亿美元）、坦桑尼亚（38.81 亿美元），等等。[1] 随着经贸领域合作的加强，中国与非洲英语区国家的商标制度合作也在加强。在制度层面，2011 年，国家工商行政管理总局已经与 ARIPO 签订《中华人民共和国国家工商行政管理总局和非洲地区知识产权组织（英语局）合作谅解备忘录》，就中国援助非洲知识产权工作达成共识，将开展能力建设、学习研讨、信息交流、技术建设等方面的交流合作。同时还与津巴布韦、南非等多个国家通过建立政策沟通、信息交流、人员培训、国际事务协调等机制，强化双方在商标保护领

[1] 中非贸易研究中心．2016 中国与非洲各国贸易数据及相关排名［EB/OL］．［2018－01－20］．http：//www.fmprc.gov.cn/zflt/chn/zxxx/t1452476.htm.

域的广泛交流与合作。

（二）中国与非洲英语区国家的商标制度协调

目前，中国成为非洲第一大贸易伙伴，随着更多的中国产品进入非洲，以及更多的非洲产品进入中国，中非开展知识产权领域合作日显重要。然而，由于相关国家信息透明度差，商标品牌监测面临困难，加之非洲国家很多都在进口中国产品，我国企业“走出去”极易遭受商标侵权风险。在此背景下，中国在支持非洲英语区国家持续改进商标保护水平的努力的同时，如何加强中国与非洲英语区国家的商标保护协调制度显得十分重要。

为回应非洲国家对中国贸易产品的品牌和质量诉求，国内一些地方加快整顿和规范对非洲出口市场秩序，不少各地工商机关近期结合国家质检总局等部门还启动了针对非洲国家地区的“清风行动”等一系列行动，[1] 打击侵犯知识产权和制售假冒伪劣商品专项行动，着重开展对非洲出口商品专项治理行动。[2] 换言之，中国在强化对非洲地区包括商标侵权在内的知识产权侵权行为的打击方面进行了不少努力，并取得了一些成效。但这些专项整治行动尚未总结上升为常态化的制度构建。

从非洲国家的商标保护协调制度经验来看，部分国家与其他国家之间由于历史上存在的渊源，对这些国家的权利人专门建立了一些特殊的保护机制。例如在冈比亚，在英国获得商标注册的人可以亲自通过其在冈比亚的代理或代表书面告知海关相关官员有关带有与其注册商标近似容易引起混淆的货物将要进入冈比亚的情况，申请海关对其予以扣留直至相关权利依法得到澄清。申请人必须向海关支付由于扣留货物所引起的一切费用、可能造成的损失以及继续采取法律措施可能引起的其他费用。[3] 这些制度的建立本身可能具有殖民主义色彩，但是未来如果中国与相关国家基于互利互惠立场进行重新构建的话，也许对中非贸易将形成另外的制度促进。

---

[1] 张文礼. 质检总局发布出口商品打假维权“清风行动”报告［N］. 中国质量报，2017－05－22（002）.

[2] 中国工商报. 江苏开展对非洲出口商品“双打”专项行动［EB/OL］.［2018－01－20］. http：//www. saic. gov. cn/xw/yw/df/201609/t20160921_184351. html.

[3] 中国国际商标在线. 冈比亚商标的续展、使用、撤销、注销［EB/OL］.［2018－01－20］. http：//www. ipr. gov. cn/article/gjxw/gbhj/df/gby/201508/1879728. html.

第十一章　非洲法语区商标法律制度

第一节　非洲知识产权组织与《班吉协定》

一、区域概述

非洲广大国家依据官方语言在英语区和法语区分别成立了非洲地区知识产权组织（African Regional Intellectual Property Organization，ARIPO）和非洲知识产权组织（African Intellectual Property Organization，OAPI）。依据 1977 年的《班吉协定》，非洲先后有 17 个国家加入非洲知识产权组织，该组织的总部在喀麦隆首都亚温得。这些国家依据《伯尔尼公约》《巴黎公约》《建立世界知识产权组织公约》等知识产权领域的国际公约建立非洲知识产权组织，颁布《班吉协定》(《建立非洲—马尔加什工业产权局协定的班吉协定》)，目的在于建立统一的知识产权注册和保护体系和制度，更好地提升非洲的知识产权保护水平。因此，在非洲知识产权组织成员国内，包括商标、版权在内的众多知识产品若想获得授权，必须向该组织提出申请，不存在向各国分别申请的情形。因此在研究非洲法语区这 17 国的知识产权保护立法、制度等问题时，均应当主要参照非洲知识产权组织公布的《班吉协定》，再结合各国的国内立法部分进行制度细节上的“微调”或“备注”。《班吉协定》(1999 年最后一次修订)及其条例（1999 年）中有关商标注册、保护的相关规定理应成为本部分研究的重点和前提。因此，本部分的写作体例与其他章节有所不同，将先重点介绍《班吉协定》中有关商标制度的相关内容，再挑选喀麦隆、刚果两国介绍其国内的特有规定。但是考虑到该区域知识产权立法及实施的高度统一性，国家部分的介绍内容较为有限。

（一）加入国际条约情况

非洲知识产权组织本身就是协调非洲法语区成员国家知识产权立法的区域性组织，其指定的《班吉协定》也是法语区各成员必须遵守的区域多边协定。即各国有关专利、商标、作品的保护条件、权利范围、注册流程、侵权与救济等知识产权领域的基本立法内容均应当遵照《班吉协定》执行。各成员国领域内的自然人、法人也需向非洲知识产权组织进行统一的申请、注册、公告、异议等流程。如果说欧洲各成员国的立法逐步趋向一体化，那么非洲法语区成员的知识产权立法的一体化程度则更高。因为相较而言，欧洲专利有统一立法，但是其执行方面还需依据各成员国国内法；而商标、作品领域的立法更为分散，甚至没有欧洲统一的注册机构。非洲法语区则不仅在立法上包含各类知识产品的注册、侵权救济内容，兼具程序法与实体法；更有统一的注册登记机构供各成员国进行申请、核准、异议等程序。可以说，非洲知识产权组织成员国之间在知识产权的立法方面高度一致，其相互之间的差异仅体现在各成员国自身制定给的一些执行条例及参与的其他区域条约、国际条约之中。因此，总结欧洲法语区成员国参与的区域、国际条约远不如列举《班吉协定》参照的国际条约更有意义。

在最初制定《班吉协定》时，非洲知识产权组织成员国共有15个，包括：喀麦隆、贝宁、布基纳法索、中非共和国、刚果、乍得、加蓬、几内亚、几内亚比绍、科特迪瓦、马里、毛里坦尼亚、尼日尔、塞内加尔、多哥。后来随着赤道几内亚和科摩罗群岛的加入，现在其成员国已经扩展至17个。其总部设在喀麦隆首都雅温得，统一管理各成员国的商标申请、审核、复议、撤销、登记公告等相关事务。

从表11－1可以看出，非洲知识产权组织在制定《班吉协定》的过程中基本参照了作品、专利、商标、地理标志、植物新品种等领域的重要国际条约与协定。参照了12部重要的国际条约、协定，又受到法国等发达国家的制度影响，其有关知识产权立法的整体水平较高，覆盖客体范围较广，整体体例完整，保护力度较严，具有一定的立法水准。

表11－1 《班吉协定》参照的国际公约、协定

国际条约名称	知识产权类别	条约版本（年）
巴黎公约	工业产权	1967
伯尔尼公约	著作权	1971
海牙协定	外观设计	1967
里斯本协定	原产地名称	1967
建立世界知识产权组织公约	综合	1967
专利合作条约	专利	1970
内罗毕条约	奥利匹克标记	1981
布达佩斯条约	专利	1977
植物新品种国际保护公约	植物新品种	1991
马拉喀什协定	著作权	1994
商标注册条约	商标	1973
罗马公约	相关权	1961

（二）《班吉协定》概述

1977年3月2日，为提升非洲法语区的知识产权保护水平、统一协调各成员国知识产权行政管理状况、促进当地经济发展，喀麦隆、贝宁、布基纳法索、中非共和国、刚果等15国商议制定了《建立非洲—马尔加什工业产权局协定的班吉协定》。又依据《班吉协定》成立了非洲知识产权组织，重点负责协调、处理OAPI各成员国之间的知识产权行政管理相关事宜。

《班吉协定》的最初版本议定于1977年3月2日，生效于1982年2月8日；随后在1999年2月24日进行修订，修订版生效于2002年2月28日。为方便各成员更好理解《班吉协定》，促进条约的实施与落实，《班吉协定》还配套有一些实施条例与细则，如1999年2月24日也同期制订了《班吉协定条例》，主要解释协定中的相关条款的含义。非洲知识产权组织下设的机构主要包括三个，行政委员会、高级上诉委员会、总理事会。行政委员会主要负责起草落实《班吉协定》的实施条例并监督其实施情况；高级上诉委员会主要负责受理有关拒绝裁定的上诉，如拒绝商标异议的裁定、拒绝延长保护期的裁定、拒绝恢复权利的裁定等；总理事会主要负责非洲知识产权组织内部的行政事务。除此之外，非洲知识产权组织还设有专门的调解仲裁中心，供成员选择处理其国内或跨国的知识产权纠纷。

二、商标权的取得

（一）商标注册条件

依据《班吉协定》附件三第1条，各国申请人可以自行选择申请商品商标还是服务商标，但是各成员国可以自行设定商品或服务的类别。

1. 积极条件

非洲知识产权组织对其允许申请的商标设定有一项绝对要件，即申请的标记应当具有可视性。依据《班吉协定》附件三第2条第（1）款，可视性商标的构成元素包括姓名、名称、产品包装、字母、数字、颜色、标志等。为了强调可视性这一商标构成要件，1999年发布的《班吉协定条例》第五章第1条还专门规定“依据《班吉协定》附件三第2条第（1）款，气味和声音不得注册成为商标”。如此规定虽然具有较高程度的确定性，却不一定符合有关商标的国际立法趋势。随着气味、声音等新型标记的涌现以及各国商标立法逐渐提升的开放度，非洲知识产权组织在这方面的立法显得较为保守，立法技术上也没有为新构成元素留下接口。另外，对于集体商标需要特别注意一点，即集体商标的使用主体必须是法人。

2. 消极条件

在规定了商标的可视性要件之后，《班吉协定》附件三第3条罗列了五种不得注册为商标的情形，具体包括：（a）显著性缺失，因其标记的构成元素中含有产品或成分的基本名称；（b）与在先商标相似或冲突。在先商标既包括他人已经注册的商标，也包括他人在先申请或优先权日在先的情形，申请的商标因与他人在先商标相似且使用在相同或近似商品、服务类别，易引起混淆或误认而不得注册；（c）违反公序良俗、公共政策或法律规定；（d）易引起公众或商界关于地理位置、商品本质、特征等误认的；（e）非经有关国家或组织授权，不得复制、模仿、拼接该国或经国际条约设立的国际组织的徽章、旗帜、标记、大写字母、缩写等国防标记。

可以看出，非洲知识产权组织主要从两方面考量相关标志是否可以注册成为商标，一是商标构成要素是否具有显著性或与在先权利冲突；二是商标构成要素是否有违公益或影响消费者判断来源。相较于我国2013年修正的《商标法》，《班吉协定》中该条规定内容相当于我国现行《商标法》第7条、第9条、第10条、第12条等多个条款的总和。

（二）商标权的取得机制

同我国的商标权取得机制相同，非洲知识产权组织也以“先申请”制度作为其商标权的取得机制。依据《班吉协定》附件三第5条第（1）款，“商标权授予最先申请的主体”。但是《班吉协定》仍然规定了6个月的优先权日，即对于“第一次申请时知道或应当知道他人对该商标享有优先权的，他人可以在该申请公示后的六个月内向非洲知识产权组织主张权利”。双方对优先权的判定有争议的，非洲知识产权组织可以经双方协商后，依据书面材料判定当事人是否因先使用商标而享有优先权。

（三）商标注册程序

依据《班吉协定》附件第8～18条的规定，非洲知识产权组织范围内注册商标的流程主要包括申请、传送、接受、注册、颁发证书、公示、异议等环节，图11－1较为直观呈现了非洲知识产权组织成员国内自然人、法人申请商标的主要步骤及各步骤要求的时限。总体来看，其商标的注册相关程序主要包括以下步骤：（1）申请。意欲注册商标的自然人、法人可以向非洲知识产权组织或其国内负责受理商标的部门提出申请。申请人同时应当提交以下材料：申请表、申请费缴纳单、代理申请机构信息、商标的复印件及其欲注册的商品或服务类别。申请注册的商品或服务类别不受限制，但应当依据《尼斯协定》的划分类别进行选择。（2）生成或传送申请文件。对于直接向非洲知识产权组织申请的，该申请人将获得生成的申请文件；对于向成员国相关部门提交申请的，该相关部门应当将申请文件传送给非洲知识产权组织。本步骤的工作应当在5个工作日内完成。(3) 申请优先权日。符合优先权条件的申请人应当在提出申请后3个月内以书面形式向非洲知识产权组织提出优先权日的申请，同时应当附上在先申请的相关信息。(4) 受理申请。对于符合以上条件的，非洲知识产权组织或成员国相关部门会受理申请，并完成记载有申请人和申请商标相关信息的表格。(5) 审查申请。在受理相关申请后，非洲知识产权组织会进行审查，包括申请人的信息和商标的信息。如果申请商标有违道德、公共政策或模仿他国国家标记的，其申请将会直接遭到拒绝。如果申请商标的信息不够完整，其申请将会判定为非正常申请，给予申请人3个月的期限予以补充。申请人有特殊事由的，3个月补正期满还有30天的宽限期。申请人在完善材料后仍不合格的，其申请也将会被拒绝。拒绝申请的裁定统一由总理事会做出。(6) 核准注册并公示。审理后符合要求或补正材料后达到要求的，非洲知识产权组织会核准其注册并公示该

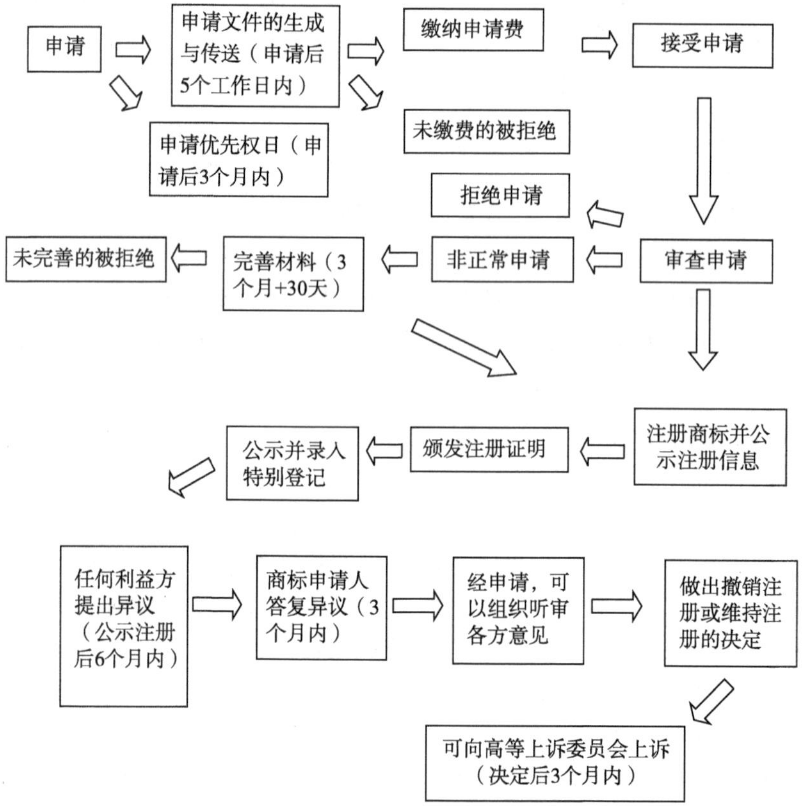

图11－1　非洲知识产权组织范围内注册商标流程

注册。(7) 上诉拒绝申请的裁决。申请人不符有关拒绝其申请的裁定的，可以在裁定后 60 天提出上诉，最终裁决由高级上诉委员会做出。(8) 颁发注册证书并公示。核准注册后，非洲知识产权组织会向申请人颁发记载有申请人信息和商标信息的注册证书，随后还会将该证书公示并录入商标特殊注册录。(9) 异议程序。任何利益方如果认为核准注册的商标侵犯其权益或与其在先商标冲突的，可以在其公示后 6 个月内向非洲知识产权组织提出异议申请。接到申请后，非洲知识产权组织应当通知商标申请人并给予其 3 个月的答复期。经当事人申请，非洲知识产权组织还可以组织听取当事人一方或各方的听审，最终做出维持注册或撤销注册的决定。撤销注册的，应当公示其撤销事宜。对于非洲知识产权组织异议决定不服的，当事人可以自决定起 3 个月内向高级上诉委员会提出上诉。

整体看来，除了传送等衔接成员国与非洲知识产权组织的程序外，《班吉协定》中有关商标注册、管理的相关流程与我国基本类似，这比较方便我国企业向非洲法语区提出商标申请。申请非常顺利的情况下，整个流程耗时约 1 年，且获得注册的商标可以在其 17 个成员内获得保护，申请手续简便，费用相对低廉，非常方便我国企业进行商标的区域统一布局。

三、商标保护期限、续展、终止

依据《班吉协定》附件三第 19 条之规定，注册商标的保护期限是 10 年，但是可以无限续展，每次续展的保护期限也是 10 年。对于续展的要求，《班吉协定》附件三第 21 条也做了详细规定。权利人按规定缴费后续展便可生效，缴费的期限为在其当前保护期限的最后 1 年；如果权利人没能在规定期限内缴费，《班吉协定》还规定了 6 个月的续展缴费宽限期，但是权利人需缴纳一些额外费用。权利人在续展其商标时，原先注册的商品、服务类别不得变更。审查人员无须对申请续展的商标进行实质审查，但是应当对其加以公示。除此之外，该条还规定，“他人就与已经终止保护的商标相同或近似的商标提起申请的，三年之内不得注册”。

在商标权的终止方面，《班吉协定》规定了权利人主动放弃、撤销、无效和恢复四种情形。在权利人主动放弃方面，《班吉协定》附件三第 22 条规定，权利人可就其商标申请注册的全部或部分商品、服务类别提出放弃。该放弃应当以书面形式知会非洲知识产权组织并予以公示。对于存在许可的商标，非经被许可人明确放弃，权利人应当在征得被许可人同意后提出放弃申请。在撤销商标方面，《班吉协定》详细规定了申请主体、条件、程序等内容。依据《班吉协定》附件三第 23 条规定，无特殊法律规定原因，经任何利益第三人申请，各成员国法院可对其域内连续5年未使用的商标做出予以撤销的裁决，该决定可以适用于商标核准注册的部分或全部商品、服务类别。在最终裁决做出之后，该裁决应当知会非洲知识产权组织并予以备案。在裁决商标是否应当撤销的过程中，有关自己或授权他人使用商标的举证责任归于权利人一方。依据《班吉协定》规定，被撤销的商标应当依照该附件实施条例的规定加以公示，而撤销的法律效果视为该商标权从未产生任何效力。在无效商标方面，《班吉协定》规定了严格的条件和程序。依据《班吉协定》附件三第24条规定，有关注册商标无效的裁决应当经检察机关、利益相关人、专业团体申请，并由一国的民事法庭裁定。裁定注册商标无效的事由包括《班吉协定》附件三第2条（可视性等构成商标的积极要件）、第3条（构成商标的消极要件和引起混淆的使用行为）以及与在先权利冲突（只得由在先权利人提出）。该无效裁决可以适用于商标核准注册的部分或全部商品、服务类别。在最终裁决做出之后，该裁决应当知会非洲知识产权组织并予以备案。依据《班吉协定》规定，被无效的商标应当依照该附件实施条例的规定加以公示，而无效的法律效果视为该商标权自始无效、始终无效。《班吉协定》附件三第25条有关恢复商标权的规定主要针对权利人因其不可控情况出现而错过商标续展的情形。对于遭遇不可控情况的权利人，可在缴纳续展费用和额外费用后提出恢复权利的申请。该申请提出的时间既要在该情况消失的6个月以内，又不得超过续展期限届满后的两年，需要特别加以注意。权利人在满足以上要求后，应当以书面材料说明其遭遇的特殊情况，结合缴费票据一起提交至非洲知识产权组织。非洲知识产权组织会对其申请事由加以审查，决定是否恢复其权利。决定恢复权利的商标应当依照该附件实施条例的规定加以公示；拒绝恢复权利的，申请人可以在决定做出30天内向高级上诉委员会提起上诉。除以上严格规定外，《班吉协定》还规定恢复权利的商标保护期不得延长，而在商标保护期届满后开始使用商标的第三人可以继续使用该商标。最后，《班吉协定》附件三第25条最后一款强调恢复商标权的规定适用的商标应在国际条约规定的期限内未提出注册申请，即其裁决的效力范围不得延及非洲知识产权组织之外。

四、商标的转让与许可

对于商标的转让，《班吉协定》附件三第26条规定权利人可将以上商标的部分或全部进行转让，但必须采用书面形式。该条规定，对于商标的转让、许可、质押等事项，当事人均需订立书面合同。而且，商标的转让和许可仅限于其核准的商品、服务范围，商标许可的权利范围仅限于成员的领土范围之内。需要注意的是，以上规定一般不得使用于第三人，除非该第三人在非洲知识产权组织进行了特殊注册。对于商标的许可，《班吉协定》附件三第27条规定，商标权利人可就其商标注册类别的全部或部分进行许可，许可双方需签署书面合同并进行特殊登记，许可的期限不得长于商标的注册期限。若当事人意欲撤销或终止许可，则可由权利人提出申请，或由被许可方举证许可合同已经终止。有关许可的权利范围需要特别加以注意，首先应当遵循“约定优先”原则由许可双方加以约定；在没有约定的情况下，双方的许可视为一般许可。同时，《班吉条约》有关许可类型的规定中，排他许可的许可权利范围与我国并不相同，我国的排他许可只禁止权利人和被许可人之外的第三人，而该协定中的排他许可还禁止权利人自己使用商标。除具体内容之外，《班吉协定》在立法体例上也比我国立法更为丰富，不仅兼具程序法和实体法，知识产权法和行政法，还将部分合同法的内容加入其中。如在商标许可部分，《班吉协定》附件三第30条规定了合同无效的情形，包括胁迫被许可人、非必要胁迫等。

五、商标权的侵权与救济

（一）商标权的范围

《班吉协定》没有明确列举商标权的具体权能，只是规定注册商标享有排他权，即他人未经注册商标权利人授权，不得在相同或近似的商品上使用相同或近似的标志。值得注意的是，《班吉协定》附件三第7条第（2）款对以上被禁止行为采用了不同的评判标准。对于在相同商品、服务上使用相同标志的情形，该款直接认定构成混淆而加以禁止；而对于在相似商品或服务上使用相同或近似标志的情形，则只有引起混淆时才被禁止。如此规定与我国区分假冒与侵权两种情形的规定较为相似。

在明确规定了注册商标享有的排他权之后，《班吉协定》附件三第7条第（3）款和第（4）款又规定了两种例外情形对其范围加以限制，即权利人不得禁止他人基于以下两种情形使用商标。第一种情形是基于表明身份或信息目的的使用，类似与描述性使用。他人善意使用其姓名、地址、化名、地理位置或关于其产品性质、质量、数量、目的、价值、产地等准确信息，且不会引起公众关于其商品、服务来源的误认。第二种情形是权利用尽。在一国领土范围内，他人合法取得该商标标记的商品且不对商品做任何改变的，权利人不得禁止他人使用该商标。除该条以外，《班吉协定》附件三第17条也明确规定，“对于不损害权利人和第三人合法利益的行为，如对表述性词汇的正当使用，各成员国应当限制商标权的权利范围”。由于《班吉协定》未明确列举商标权的权能与权利范围，则以上条款规定可以从限制商标权范围的角度明晰其权利范围。

（二）侵权法律救济

《班吉协定》附件三第 30～49 条针对侵犯商标权的行为规定了较为完整的民事、行政、刑事救济措施。比较特殊的是，其规定刑罚的部分不仅置于民事救济和行政救济之前，而且其刑罚的力度较大，体现了其打击侵犯商标权和制售假冒伪劣商品的决心。

在针对侵犯商标权的刑罚部分，最重的刑罚是处以 100 万以上 600 万以下法郎的罚款，并处 3 个月以上 2 年以下的有期徒刑，受到以上刑罚的行为包括：a. 用欺骗手段将他人商标贴附于自己的商品之上；b. 故意销售、许诺销售、提供、许诺提供假冒产品或以欺骗手段贴附他人商标的产品；c. 以欺骗手段模仿他人商标误导消费者；d. 故意销售许诺销售、提供、许诺提供以欺骗手段模仿他人商标误导消费者。总体看来，以上刑罚针对的行为具有两个特点，一是主观方面具有欺骗消费者或者假冒他人商标的意图；二是刑罚的主体不仅包括生产者或实施贴附行为的罪犯，还包括销售环节的流通主体。该条随后还将主体的范围扩展至故意提供此类标志的产品、服务及利用误导信息的罪犯。

针对强制标志和禁止标志的非法使用行为，《班吉协定》也规定了刑罚。刑罚的种类包括单处或并处 100 万以上 200 万以下法郎的罚款和 15 天以上 6 个月以下的拘役。受此刑罚的犯罪行为包括：a. 没有将强制标志附着于其商品之上；b. 将没有贴附强制标志的产品以强制标志类产品的名义进行销售、许诺销售；c. 违背标注强制标志条件的行为；d. 在其商品上贴附禁止标记的。

值得注意的是，在非洲知识产权组织成员国范围内，触犯以上刑罚条款的行为可能会被法院判处剥夺 10 年以内的选举权。而且累犯的处罚会加倍。

相比于严苛的刑事处罚，《班吉协定》对侵犯商标权行为并未规定细致的行政救济和民事救济。这两种救济措施主要包括以下三种：第一，没收侵权产品。法院可以裁决没收侵权人用以生产的工具以及相关侵权产品。第二，移转侵权产品。对于侵权产品的处理，《班吉协定》并没有选择销毁等方式将其退出流通市场，而是规定法院可以裁决将没收的侵权产品移转给权利人自己处理，不论之前的侵权行为是否已经对权利人造成了损害。这种救济方式的好处在于可以节省物质资源，给权利人的处理方式留下充足的自己决定的空间，但是应当以不造成混淆以及不损害第三人利益和公益为前提。第三，销毁侵权产品。在任何侵犯商标权的案件中，法院均可以裁决销毁没收的侵权产品及生产工具。

在针对民事救济的特别规定方面，《班吉协定》同时规定了程序法和实体法。其针对侵犯商标权行为的救济措施主要具有三方面特点：第一，适格主体较为广泛。依据《班吉协定》附件三第46条规定，提请民事救济的适格主体包括涉案商标的权利人、独占许可或排他许可的被许可人（如果合同约定须权利人提起，则在权利人起诉失败后被许可人可以提起诉讼）。一般许可的被许可人可以以独立第三人身份参与诉讼以获得其赔偿。第二，诉讼时效为3年。一般侵犯商标权行为的诉讼时效为3年，恶意注册的情形除外。第三，针对边境侵权行为可以提请调查和查封。针对边境侵权的特殊情形，权利人或独占许可、排他许可的被许可人可以提请法院、公共行政部门、海关等机构展开详细调查，在确定权力有效且提供保证金的情况下，还可提请上述机构实施查封。

六、其他标记的保护制度

（一）驰名商标

如前所述，非洲知识产权组织制定《班吉协定》过程中参考了诸多国际公约，其中有关驰名商标保护的立法主要也是参考了《巴黎公约》和TRIPS协议。《班吉协定》附件三第6条规定，“符合《巴黎公约》第6条第2款和TRIPS协议第16条第（2）款和第（3）款定义的驰名商标，其权利人可向成员国法庭申请无效与其商标混淆的商标。对于善意申请的商标，该诉讼应在其申请日起五年内提起”。

为了更好地了解非洲知识产权组织对于驰名商标的保护情况，我们可以简要回顾《巴黎公约》和TRIPS协议的相关规定。《巴黎公约》第6条第2款规定“本联盟各国承诺，如本国法律允许，应依职权，或依利害关系人的请求，对商标注册国或使用国主管机关认为在该国已经驰名，属于有权享受本公约利益的人所有、并且用于相同或类似商品的商标构成复制、仿制或翻译，易于产生混淆的商标，拒绝或撤销注册，并禁止使用。这些规定，在商标的主要部分构成对上述驰名商标的复制或仿制，易于产生混淆时，也应适用”。同时，该款也针对善意申请的商标规定了5年的除斥期间。可以说，《班吉协定》中有关驰名商标保护的规定基本借鉴自《巴黎公约》。而TRIPS协议主要是在驰名商标的认定和跨类保护方面提供制度蓝本。依据TRIPS协议第16条规定，成员国在认定驰名商标时应当考虑相关公众对该商标获得的保护等信息的知晓程度，同时应当对已经注册的驰名商标提供跨注册商品、服务类别的更大范围的保护。

（二）企业名称

在《班吉协定》中，企业名称是独立成章加以规定的，在立法条例上居于商标之后，在附件五中予以专门规定。该部分的内容涵盖商号的定义、权利范围、申请审批流程、无效、转让、权利救济等诸多方面。

有关商号的定义，《班吉协定》附件五第1条和第2条规定，商号应当是一个贸易、工业、农业等经营领域的公司已经使用并且为人知晓的标记。而且，商号的构成要素中不得包括违背道德和公共政策的组成要素，也不得包括容易让他人就其经营内容引起误解的组成要素。值得注意的一点是，《班吉协定》在商号的权利取得方面同时适用“先使用”和“先注册”两种原则，当事人需提供书面证据加以证明。对于在一国范围内连续5年公开使用被认定为驰名商号的，该权利人可获得一项特殊权利，即除善意第三人外，他人不得基于先使用情形挑战该驰名商号的权利归属。

对于已经注册的商号，其权利主要体现为消极的禁止权方面。依据《班吉协定》附件五第5条，对于已经注册的商号，相同经营领域的其他企业不得在其经营活动中使用易引人误解的类似标记。但是善意第三人基于描述用途或不会引人误解情形，可以使用注册的商号。对于在注册商号后取得权利，但是利益第三人商号又与已注册商号近似或部分近似的，该利益第三人必须采取必要措施将其商号与已注册商号加以明确区分。

在对商号的保护期限方面，《班吉协定》附件五第11条规定了与商标类似的条款，即注册商号的保护期为10年，到期可以续展，并给予权利人6个月的宽限期。除此之外，《班吉协定》附件五第12条也规定了恢复权利的情形，即权利人因特殊情形阻却其在法定期限内提出续展的，可以在阻却事由结束后6个月内，最迟2年内，缴纳续展费用与额外费用，进而提出恢复权利的请求。恢复后的权利应当及时登记、公示，其保护期限也不得长于原权利保护期限。需要特别值得注意的是，在非洲知识产权组织制定的《班吉协定》中，其对注册过的商号有着更为严格的保护，如只有注册过的商号才能获得刑事救济。即《班吉协定》附件五第16条第3款、第4款规定的，即使权利人未遭受损失，将注册企业名称与其他商号混淆的加害人仍可能承担3个月以上1年以下的有期徒刑，并处100万以上600万以下法郎的罚金。可以看出，《班吉协定》对于企业商号的保护非常重视，在立法方面，其受到的保护标准和水平远高于我国。

在注册商号的转让方面，《班吉协定》要求企业与商号相关的工艺、设备、贸易等必须同商号一并转让。同时，商号的转让合同为要式合同，当事人各方需订立书面合同，并及时向商号登记处登记备案。

（三）地理标志

与商号类似，《班吉协定》也将地理标志单独成章加以规定，在立法体例上与商标、商号呈现为并列之势。《班吉协定》附件六用18个条款明确规定了地理标志的定义、构成要素、保护条件、保护例外、注册及异议、侵权与救济等诸多内容。

《班吉协定》附件六第 1 条定义了地理标志的内涵：地理标志指用以区分产品来自特殊地理区域内的标记，且该特殊地域对该产品的质量、声誉或特征有着特殊影响。其中，产品包括农产品、手工艺品、自然生长的产品及工业生产的产品。在非洲知识产权组织成员国范围内，地理标志获得保护需要获得注册或者在其参与的国际条约内进行相关注册。如果申请注册的地理标志指向的地域在非洲知识产权组织成员国范围之外，则需参照该地域所在国参与的相关国际条约。在明确了地理标志的定义与保护条件之后，《班吉协定》附件六第 5 条还列举了地理标志不受到保护的几种情形：a. 其标志不符合该协定第 1 条有关地理标志的定义；b. 有违道德、公共政策或欺骗公众有关产品的来源、特征、生产过程等信息的；c. 在其本国不受保护、停止保护或被不正当使用的地理标志。

在明确地理标志的权利范围及使用方式方面，《班吉协定》附件六第 15 条同时规定了注册地理标志的使用方式与侵权构成。依据该条规定，地理标志获得注册后，特定地域内符合注册要求的生产、销售者可以在其产品上使用相关地理标志，用以表明其产品具有的特殊品质。而侵权或不正当使用地理标志的行为主要包括以下几种情形：a. 不得在同他人注册地理标志指向的相同或类似商品上使用该地理标志，即使其产品也来自特殊地域；b. 不得使用他人注册地理标志的翻译词语；c. 不得伴随“品种”“类别”“类似”“模仿”等字样使用他人地理标志；d. 不得使用其他标记误导公众混淆非来源于特定地域范围的产品。在处理商标权和地理标志权的冲突方面，《班吉协定》附件六分别在第 2 条和第 15 条第 6 款有如下规定：注册的商标含有地理标志，其使用可能给相关公众造成混淆的，该商标不得注册，已经注册的商标应当无效；注册的地理标志易误导公众认为其产品来自非相关特定区域的，该地理标志不得注册，已经注册的地理标志应当无效。对于酒类商标需要特别加以注意，如果在先使用的商标与在后注册的地理标志相同或者近似，商标的所有人可以在其原使用范围内继续使用该商标，酒类的标志除外。在解决商标权与地理标志权的冲突方面，之所以对酒类商标施加如此更为严苛的规定，与地理标志制度的起源相关。地理标志制度的建立初衷正是在于保护法国、德国等欧洲国家的农业产品，葡萄酒、白酒等酒类产品更是其中的保护重点。而非洲知识产权组织成员国的官方语言大多为法语，作为曾经的法国殖民地，其立法不免受到法国相关制度的影响，对酒类产品给予更高程度的保护便不难理解了。

第二节　喀麦隆商标法律制度

一、概　　述

喀麦隆地处非洲中西部，与尼日利亚、查得、刚果共和国等国接壤，首都位于亚温得，国土面积约47.5万平方公里，2016年统计总人口约为2 344万人，国内生产总值达302.96亿美元（世界排名94名）。因其地质类型与文化类别差异多样，喀麦隆又有"小非洲之称"。从15世纪至20世纪中叶，喀麦隆经历了长期的欧洲殖民时期。其中，1884年至"一战"期间，喀麦隆成为德国殖民地。"一战"以后，尽管在1919年签订的《凡尔赛条约》中获得联合国席位，但是该席位被交由法国、英国托管，喀麦隆的领土也被分别交由两国托管。"二战"以后，联合国替代了法、英两国托管喀麦隆，期望帮助该国逐渐实现自治。1960年，原由法、英两国控制的北部、南部地区先后经全民公投独立，并于1961年合并，将国名定为"喀麦隆统一共和国",1984年更名为"喀麦隆共和国"。

由于特殊的历史原因，喀麦隆的官方语言为法语和英语，其国内的司法体制也呈现出普通法系（英国为代表）与大陆法系（法国为代表）共存的"二元司法体系"特有现象。[1]同样，非洲广大国家依据官方语言在英语区和法语区分别成立了非洲地区知识产权组织和非洲知识产权组织和非洲知识产权组织。

在2017年公布的世界创新指数排名中，喀麦隆在榜单收录的127国中仅列第117位，不论在全球范围还是非洲内部均处于较为靠后的位置。一国的知识产权发展水平与其创新能力息息相关，喀麦隆自身的知识产权发展水平虽然有限，但是呈现出良好的上升发展势头。喀麦隆申请商标的数量自2009年起有了较为快速的增长，从2009年的139件增至2015年的近5 000件。[2] 随之而来，商标获准注册的数量也是稳中有升。

二、喀麦隆商标特有制度介绍

如上所述，喀麦隆是创立非洲知识产权组织的核心成员之一，其商标制度

---

[1] Henri JOB Law Firm. Cross – border Registration of IP rights in OAPI member states: the Cameroon perspective. http://www.buildingipvalue.com/07MENA/p.242 – 244%20Hen%20Job.pdf

[2] 参见 http://www.wipo.int/ipstats/en/statistics/country_profile/profile.jsp? code = CM, [2017 – 09 – 20].

实施的主要依据是区域条约《班吉协定》，申请商标也需向非洲知识产权组织提起。在其国内，分管商标事项的部门是工业、矿业、科技发展部（Ministry of Industry，Mines and Technological Development，MINMIDT）。[1]

在国内立法方面，喀麦隆的宪法并没有保护知识产权的专门条款，国内单行法立法方面也更为重视著作权法。如其在2000年、2001年分别制定了版权法及其配套的实施条例，却没有商标法或工业产权法的单行法。在加入的国际条约方面，喀麦隆已经加入的国际条约包括《巴黎公约》《伯尔尼公约》《建立世界知识产权组织公约》《专利合作条约》等。此外，2007年2月27日，为了加强喀麦隆与世界知识产权组织的沟通与合作，与世界知识产权组织总干事谈话后签订了《商标法新加坡条约》（Singapore Treaty on the Law of Trademarks，STLT）。这也成为喀麦隆在商标法制度范畴内区别于非洲知识产权制度的突出体现。

加入STLT需以遵守《巴黎公约》中商标法部分和《尼斯协定》为前提，但其与商标国际注册马德里体系之间不存在任何正式联系。STLT包括32个条文、10条细则和12个国际书式范本，旨在简化、协调缔约方有关提交国家或地区商标和服务商标申请的行政程序。[2] STLT的适用范围较为广泛，不仅包括颜色商标、位置商标、动作商标等不常见的可视化标志，还包括声音商标等非可视标志。相较于非洲知识产权组织的《班吉协定》，STLT具有三个特点：第一，商标申请流程得到极大简化。STLT规定的申请流程包括提交申请、授予申请日期、分解申请或注册、登记名称或地址变更、登记申请或注册的所有权变更、更正错误、续展注册和使用许可备案七大步骤。STLT针对其中的每一个步骤均规定了缔约方商标局最多可以要求申请方提交的形式要素，并规定了受理多类申请的简化程序方便申请人简便、快速完成申请流程。第二，协调统一各国注册流程。由于STLT所有缔约方的商标制度均以同一套经协调、简化的手续为基础，因此他们会发现在这些国家比别处更易于注册和维护商标。统一的注册流程不仅方便商标的主观部门加强管理，也利于申请人降低申请成本，由此提升了该条约成员国吸引外国投资的机会。第三，程序救济措施多样、高效。如果注册申请人向缔约方商标管理部门办理程序时没能适时完成有关程序，有关管理部门应当依据条约规定提供延长期限、继续处理或恢复权利。[3] 如此规定为申请人提供了极大的制度确定性和容错性，非常利于吸引外

---

[1] 喀麦隆工业、矿业、科技发展部的官方网站为http：//www. minmidt. cm/。

[2] 参见《商标法新加坡条约常见问题解答》，世界知识产权组织，2015年。

[3] STLT第14条第2款规定，商标局认为申请人未能遵守期限，但已作出应作的努力的，或根据缔约方的规定，未能遵守期限并非出于故意时，予以恢复权利。

国投资者或申请人。

可以看出，STLT 的作用范围主要在于商标的注册步骤，并不涉及随后的审查、异议部分，更与商标的实体法部分无关，其意图在于协调、简化商标的注册流程，影响范围主要在于喀麦隆国内的工业、矿业、科技发展部。喀麦隆加入 STLT 并不会动摇《班吉协定》在调整其国内知识产权立法、执法方面的基础地位，也不会分裂其与非洲法语区其他国家在知识产权制度方面的高度一致性。

第三节　刚果民主共和国商标法律制度

一、概　　述

刚果民主共和国地处非洲中部，首都位于金沙萨。其陆地面积约 234.5 万平方公里，是非洲第二大、世界第十一大的国家。刚果的人口超过 8 100 万人，是世界人口第十六多、非洲人口第四多的国家，以及正式法语人口最多的国家。历史上，葡萄牙、英国等航海发达国家的航海家曾到达刚果并建立过短期贸易。1876 年，比利时国王雷奥波尔特二世在布鲁塞尔召开国际开发非洲会议，随后以国际开发的名义建立多处贸易站，进而成立了刚果独立区，并且在 1885 年成立刚果自由邦。同年获得在柏林会议中的列强所承认，使比利时国王成为刚果自由邦的主人，1908 年该地正名为"比属刚果"。1960 年 6 月 30 日，刚果共和国独立，中途曾改称扎伊尔，后恢复国名为刚果民主共和国至今。

1960 年 6 月 30 日，刚果共和国独立，1961 年同我国正式建交。中途曾短暂终止外交关系，1972 年起双方实现外交关系正常化。两国自 1982 年起开展互利合作。2011 年两国签署《双边投资促进和保护协定》，2016 年 6 月刚果议会批准生效。根据我国外交部发布的信息显示，[1] 1973 年和 1988 年两国签订两项贸易协定，规定双方贸易以现汇支付，并互相给予最惠国待遇。2016 年，双边贸易额为 30.8 亿美元，同比下降 24.1%，其中中方出口 9.9 亿美元，同比减少 29.7%，中方进口 20.9 亿美元，同比下降 21.1%。中方主要出口机电产品、纺织品、医药和服装等，进口铜钴产品、原木、锯材等。2015 年 1 月起，刚 97% 输华商品享受零关税待遇。在经济援助项下，中国在刚果（金）承担了人民宫、体育场、制糖联合企业、手工农具厂、稻谷技术推广站、贸易

[1] http://www.fmprc.gov.cn/web/gjhdq_676201/gj_676203/fz_677316/1206_677680/sbgx_677684/[2017-09-28].

中心和金沙萨邮件分拣中心、金沙萨综合医院、布卡武机场路翻修等成套项目。两国在贸易往来与经济合作方面有着长期友好关系。

在商标制度方面，刚果也是1977年制定《班吉协定》、成立非洲知识产权组织的初始成员国之一。因此其商标制度的立法、执法基础同样是《班吉协定》，与非洲法语区其他16个成员国有着统一的制度基础，制度差异性不大。依据世界知识产权组织数据库的统计显示，[1] 刚果国内申请、注册商标的事项自2007年起，在2007～2011年，年申请注册量不足100件，获得注册的商标数量均不足60件；在2012～2015年，商标的申请量和获得注册数量均明显提升，平均年申请量在200件以上，获得注册的年平均数量在150件以上。但值得注意的是，2007年以来在刚果申请与获得注册的商标均来自国外申请人，跨国企业的商标布局策略和抢注他国商标的现象日渐显现。作为非洲饱受战争的国家之一，发展知识产权制度并非其当前建设的重点之一。

二、刚果商标特有制度介绍

作为非洲知识产权组织的成员国之一，刚果的商标制度基础是《班吉协定》。其国内负责商标事务的政府部门是其工业部下属的工业产权理事局（Directorate of Industrial Property）。[2]

在其国内立法方面，《刚果宪法》第29条就确定了知识产权的地位，规定“公民的科学研发和文艺创作受到保护，权利人可就侵权行为向法院提请查封、扣押、没收等救济”。知识产权的单行法立法方面，刚果曾在1982年制定《工业产权法》，其中有涉及商标的相关内容。在加入国际条约方面，刚果先后加入《巴黎公约》《伯尔尼公约》《建立世界知识产权组织公约》等国际公约,但是有着根本影响的无疑是《班吉协定》。

在刚果加入《班吉协定》后，其国内立法与《班吉协定》规定存在冲突的，将依据《班吉协定》的规定执行，但是从其曾经的《工业产权法》中可看出其国内立法的四处主要差别：（1）明确保护未注册商标。《工业产权法》在第127条明确规定该法案适用于尚未注册的商标，为未注册商标提供保护。（2）注册流程没有异议程序。《工业产权法》第134～第137条非常简要规定了商标申请注册的流程，包括提出申请、注册、公示等环节，但是没有规定异议程序。（3）申请人为商业主体。《工业产权法》将申请人明确限定为商业、手工业、制造业的商主体，可以是自然人也可以是法人，但必须从事商业经营活动。（4）3年内使用规定。《工业产权法》明确规定权利人获得注册后应当

---

[1] http：//www.wipo.int/ipstats/en/statistics/country_profile/profile.jsp？code＝CD，[2017－09－20].

[2] http：//www.wipo.int/members/en/contact.jsp？country_id＝30，[2017－09－21].

在3年内使用，但是没有明确未使用的后果。

除此之外，还有一点需要特别注意。美国大使馆在其发布的外国投资环境的报告中提示“尽管刚果有关知识产权制度的立法比较健全，但其执法情况非常不理想，甚至几乎无法实施”。❶

第四节　本章小结

一、非洲知识产权组织商标保护制度特点与优劣

客观来看，作为非洲知识产权组织的知识产权制度条约，《班吉条约》一方面以《巴黎公约》《伯尔尼公约》等12部国际公约作为其指定的制度蓝本，另一方面又不可避免受到法国等原殖民国际制度的影响，因此其总体的保护水平很高。由于各成员国均需参照《班吉协定》实施其知识产权制度，故区域内立法、执法的统一度很好。为了顾及17个成员的差异性需求，《班吉协定》的一些条款势必更为宽泛，所以逐条对比我国商标立法与这一区域性条约并不是十分恰当，比较意义也十分有限。在此，对非洲法语区商标制度的特点进行总结，供我国法律人士和投资人士比较借鉴。

（一）商标程序法立法、执法实现区域立法高度统一

在非洲知识产权组织成员国内，包括商标、版权在内的众多知识产品若想获得授权，必须向该组织提出申请，不存在向各国分别申请的情形。该组织的总部在喀麦隆首都亚温得，统管该地区的商标注册事宜。因此在研究非洲法语区这17国的知识产权保护立法、制度等问题时，均应当主要参照非洲知识产权组织公布的《班吉协定》，再结合各国的国内立法部分进行制度细节上的“微调”或“备注”，区域立法高度统一。

（二）商标法实施实现统一立法 各成员国分别实施

与欧洲不同，OAPI有区域性的管理商标注册的办公室、高级上诉委员会、总理事会等区域性机构，故其程序法实现了立法、执法区域化。实体法方面，也实现了立法统一，分别执法，但是各成员国执法也需要严格执行《班吉协定》的规定，统一化程度也较高。

（三）部分成员国存在“二元司法体系”

如喀麦隆，由于特殊的历史原因，其国内的司法体制也呈现出普通法系

---

❶ http：//export. gov/usoffices，［2017－09－21］.

（英国为代表）与大陆法系（法国为代表）共存的“二元司法体系”（bi - jural contry）特有现象。因此，喀麦隆的商标制度不仅有体系完备的成文法，也存在英美法系的仿冒之诉制度。

（四）较为严苛的刑罚措施

《班吉协定》规定的刑罚措施的严苛性主要体现在以下三方面：第一，立法体例中刑罚位于行政救济、民事救济措施之前。第二，刑罚种类较为多样。除了常见的单处、并处罚金、拘役、有期徒刑之外，还规定有剥夺选举权，这在侵害商标权的刑罚措施中非常罕见。第三，接受刑罚的行为种类多样。依据《班吉协定》规定，侵犯商标权的侵权行为和犯罪行为在客观行为方面差别不大，两者的区别主要体现在主观状态方面。一般的民事侵权行为如果在主观上具备了故意、明知后利用等要件，就可能构成犯罪行为，刑事打击力度较大。

二、中资企业对外投资商标事务注意事项

非洲法语区国家高度的立法、执法一致性为我国企业投资非洲、提前布局商标战略提供了高度的确定性、便捷的注册流程和较为低廉的注册成本。客观对比，在非洲知识产权组织注册商标的耗时比在中国注册的耗时略长，费用略高，但是考虑到注册后保护范围可以延及非洲法语区的 17 个国家，故在该区域注册商标的举动是便捷、经济而且一举多得的。我国企业在非洲法语区投资商标事务应注意以下事项。

（一）尽早布局、多类申请

在非洲法语区的注册不同于其他国家或地区的商标注册，其注册的效力范围可以波及非洲法语区的 17 个国家，可谓是“一劳永逸”。“走向世界，商标先行”，在我国经营成熟的企业往往拥有较高知名度的商标，这类企业应当及早制定其全球的商标布局，向非洲知识产权组织提请注册其国内的知名商标。而对于想在非洲建立新品牌的企业来讲，非洲的商标注册工作尚处于起步阶段，这些企业有充分的选择空间注册适合企业产品的商标，可供选择的构成元素较为丰富。除了在注册时间上尽早提起，利用好优先权日等国际条约的优惠政策外，我国企业还可以尽量扩展其商标注册的商品、服务类别，这不仅符合《班吉协定》中多类注册的规定，更利于我国企业在未来拓展业务范围和防止他人“抢注”。

尤其注册商标的时间紧迫性方面，我国企业之前已有被抢注的惨痛教训，要给予高度重视。2017 年 8 月 31 日，我国商标局罕见在其网站上发出了商标“抢注”预警信息，“近日我局收到相关函件，称有一名外籍商人将 120 多个中国玩具企业的厂名及商标以个人名义在智利工业产权局（INAPI）申请注册，主

要涉及第 28 类玩具相关产品……鉴于该抢注行为一旦成功，可能阻碍我国相关厂商的产品进入智利及南美周边国家市场，直接影响相关企业利益，现提醒相关企业积极通过当地法律和行政程序依法主张自身权利”。[1] 智力“抢注”事件对我国玩具企业进驻该国市场造成诸多障碍，为此，国家商标局作为公权力机构罕见介入私权范畴，值得我国所有企业在海外投资中予以高度重视。

（二）合理利用成员国内的简便注册程序、提高注册效率

对于加入非洲知识产权组织的 17 个国家，其国内的商标注册申请可以直接向非洲知识产权组织提出，也可以向成员国分管商标事务的主管部门提出。表面看起来，向成员国主管部门提出的申请，最后还需移送至非洲知识产权组织，似乎费时费力。但是对于喀麦隆等加入了 STLT 的成员国来讲，其注册的流程会依据条约约定得到极大简化，且未在约定期限提请注册的救济措施也非常多样，通过成员国提出申请反而比直接向非洲知识产权组织提出申请更为简便、快捷、经济。因此，我国企业向这些成员国申请注册商标时切不可抱有固有思维，应当灵活运用两条申请渠道，提升申请效率。

（三）正当使用、主观善意、严防侵权犯罪行为

如前所述，非洲知识产权组织的《班吉协定》对侵犯商标权的侵权犯罪行为有着较为严厉的惩罚措施，尤其是其刑罚力度较大，需要我国企业在对外投资时特别注意。因此，我国企业在这 17 个国家从事注册商标相关产品、服务的提供、生产、销售、许诺销售、进出口等行为的过程中，应当审慎查明使用标记的归属情况，尤其应掌握外国权利人持有相关商标的情况；同时在使用商标时应当保持善意的主观状态，谨防故意侵权行为被认定为犯罪行为，避免可能受到的罚金、剥夺选举权、拘役、有期徒刑等严苛刑罚。

---

[1] http：//sbj. saic. gov. cn/tzgg/201708/t20170831_268774. html，［2017－09－29］.